Pawlowski · Einführung in die Juristische Methodenlehre

Einführung in die Juristische Methodenlehre

Ein Studienbuch zu den Grundlagenfächern
Rechtsphilosophie und Rechtssoziologie

Von

Dr. Hans-Martin Pawlowski
em. o. Professor an der Universität Mannheim

2., neubearbeitete Auflage

C.F. Müller Verlag
Heidelberg

Hans-Martin Pawlowski (1931) studierte in Münster, Freiburg und München Rechtswissenschaften, Philosophie und Geschichte. Nach dem Assessorexamen (1960) promovierte er 1960 in Göttingen bei Karl Michaelis, 1964 wurde er dort für Bürgerliches Recht, Zivilprozeßrecht und Rechtsphilosophie habilitiert. Nach einem Ruf auf den Lehrstuhl für Zivil- und Zivilprozeßrecht (1965) an der damaligen Wirtschaftshochschule in Mannheim war er dort 1969/70 Rektor der Universität, 1973-1990 Mitglied des Sozialwissenschaftlichen Instituts der Universität Mannheim und 1989-1993 im Vorstand der Forschungsstelle für gesellschaftliche Entwicklung (FGE) der Universität Mannheim.

Wichtige Veröffentlichungen u.a.: „Rechtsgeschäftliche Folgen nichtiger Willenserklärungen" (1966), „Das Studium der Rechtswissenschaft" (1969), „Gesetz und Freiheit" (1969), „Methodenlehre für Juristen" 3. Aufl. (1999), „Allgemeiner Teil des BGB", 6. Aufl. (2000), „Die Bürgerliche Ehe als Organisation" (1983), „Die Freiwillige Gerichtsbarkeit" (zus. mit St. Smid 1993).

Die Deutsche Bibliothek – CIP-Einheitsaufnahme

Pawlowski, Hans-Martin:
Einführung in die Juristische Methodenlehre : e. Studienbuch zu d.
Grundlagenfächern Rechtsphilosophie und Rechtssoziologie /
von Hans-Martin Pawlowski. – 2., neubearb. Aufl. –
Heidelberg: Müller, 2000
  (Jurathek Studium)
  ISBN 3-8114-2243-X

Gedruckt auf säurefreiem, alterungsbeständigem Papier aus 100% chlorfrei gebleichtem Zellstoff (DIN-ISO 9706).

© 2000 C.F. Müller Verlag, Hüthig GmbH, Heidelberg
Satz: Textservice Zink, Schwarzach
Druck und Bindung: Druckerei Röck, Weinsberg
ISBN 3-8114-2243-X

Vorwort

Auch die zweite Auflage der Einführung in die Methodenlehre will in die Teile der Rechtsphilosophie und Rechtssoziologie einführen, die mit der praktischen Rechtswissenschaft in Verbindung stehen – und verfolgt damit das Ziel der „Aufklärung" über die Verbindung des Rechts zu den unterschiedlichen weltanschaulichen Konzepten, die in unserem pluralistischen Staat das Leben der Bürger bestimmen. Sie soll aber vor allem schon dem juristischen Anfänger einen Überblick über die unterschiedlichen juristischen Arbeitsmittel und Argumentationsformen vermitteln, die unser geltendes Recht prägen. Dabei wird noch genauer als früher herausgearbeitet, daß und warum in unserem heutigen Recht weiterhin nebeneinander Arbeitsmittel der Begriffsjurisprudenz neben denen der Interessenjurisprudenz und der Wertungsjurisprudenz angewandt werden und angewandt werden müssen: weil sich nämlich die historisch späteren methodischen Konzepte jeweils nur als Ergänzung und Vertiefung der frühen Konzepte darstellen.

Mannheim, im Mai 2000   *Hans-Martin Pawlowski*

Vorwort zur ersten Auflage

Die neuen juristischen Prüfungsordnungen legen fest, daß sich die Studenten der Rechtswissenschaft im Verlauf ihres Studium auch mit einer Reihe von Grundlagenfächern zu beschäftigen haben, zu denen i.a. neben anderen auch die Rechtsphilosophie und die Rechtssoziologie zählen. Die meisten juristischen Fakultäten empfehlen in ihren Studienplänen ihren Studenten verständlicherweise, sich mit diesen Fächern bereits am Anfang des Studiums zu beschäftigen, damit sie in ihrem Fachstudium auf diese Grundlagen aufbauen können. Dies schließt zwar eine spätere vertiefte Beschäftigung mit den Grundlagenfächern nicht aus; diese ist vielmehr sehr erwünscht. Man wird aber angesichts der Stoffülle wohl davon ausgehen müssen, daß sich nicht alle Studenten zu einer derartigen Vertiefung entschließen werden.

Die Bezeichnung „Grundlagenfächer" verweist nun nicht auf eine direkte Beziehung dieser Fächer zur Rechtswissenschaft. Der Student der Rechtswissenschaft wird sich vielmehr bereits am Beginn seines Studiums darüber klar sein, daß er später als Richter oder Verwaltungsbeamter seine Entscheidungen z.B. nicht mit dem Hinweis auf eine oder seine (Rechts-)Philosophie begründen kann. Rechtsphilosophie und Rechtssoziologie stellen sich also nur in einem sehr vermittelten Sinne als Grundlagen der Rechtswissenschaft dar. Der Ort, an dem sich Rechtswissenschaft und Rechtsphilosophie oder Rechtssoziologie treffen, ist aber die juristische Methodenlehre, in die dieses Werk den Studienanfänger ebenfalls einführen soll. Rechtsphilosophie und Rechtssoziologie werden im Folgenden nicht von ihrem eigenen Selbstverständnis her dargestellt, sondern nur insoweit, als ihre Argumente und Erkenntnisse im Rahmen der juristischen Methodenlehre von Bedeutung sind – soweit sie also indirekt zur Verbesserung (Aufklärung) der professionellen Rechtswissenschaft beitragen. Die Einführung in die juristische Methodenlehre umfaßt daher die Teile der Rechtsphilosophie und Rechtssoziologie, die mit der praktischen Rechtswissenschaft in Verbindung stehen.

Es leuchtet wohl ein, daß die Darstellung der juristischen Methodenlehre im Folgenden nicht abschließend gemeint ist: Die Beschäftigung mit dieser juristischen Disziplin wird sich vielmehr in den Fachvorlesungen und -übungen bis an das Ende des Studiums fortsetzen – meist allerdings nicht unter der Bezeichnung „Methodenlehre", sondern als „Rechtsdogmatik", die letztlich über die „richtige" juristische Methode Auskunft gibt. Am Anfang des Studiums kann es nur darum gehen, den Studenten mit den juristischen Arbeitsmitteln bekannt zu machen, die heute allgemein verwendet werden – also mit Analogie und Umkehrschluß, teleologischer Reduktion, einschränkender und ausdehnender Auslegung usf. Die Frage, wann diese im Einzelfall zulässig sind, muß dem späteren Fachstudium vorbehalten bleiben. Der Student wird aber mit den späteren fachlichen Erörterungen und Diskussionen besser umgehen können, wenn er am Beginn seines Studiums verstanden hat, in welcher Weise die Arbeitsmittel der professionellen – fachlichen – Rechtswissenschaft mit verwandten wissenschaftlichen Bemühungen und auch mit weltanschaulich geprägten Positionen zusammenhängen.

Eine „Aufklärung" über die Beziehungen ist zudem gerade in unserem „pluralistischen" Staat unbedingt erforderlich, da dieser auf der Glaubens- und Gewissensfreiheit aufbaut und seinen Bürgern keine bestimmte Weltanschauung vorschreibt. Denn in einem Staat, in dem die Vertreter verschiedener Weltanschauungen nebeneinander leben, wird der Jurist ohne diese „Aufklärung" immer wieder der Gefahr zum Opfer fallen, sein persönliches – privates – (Vor-)Verständnis der Welt für selbstverständlich (allgemein) zu halten. Es entspricht daher der Sache, um die es in der juristischen Ausbildung geht, wenn jetzt die juristischen Prüfungsordnungen die Beschäftigung mit den Grundlagenfächern stärker betonen. Diese Beschäftigung wird allerdings nur dann zur „Aufklärung" führen, wenn sich der Student von sich aus daran beteiligt, wenn er studiert und nicht nur ihm Fremdes lernt. Denn „Aufklärung" heißt erwachsen – mündig – werden, herausgehen aus der selbstverschuldeten Unmündigkeit, wie es Immanuel Kant nannte. Es ist für die Gestaltung unseres Gemeinwesens von vitaler Bedeutung, ob dieses Streben nach Mündigkeit unseren Juristenstand in Zukunft prägen wird.

Mannheim, im Juli 1986 *Hans-Martin Pawlowski*

Inhaltsverzeichnis

2. Teil
Was ist das Geschäft der Rechtswissenschaft?

Abkürzungs- und Literaturverzeichnis

Engisch, K., Logische Studien	Logische Studien zur Gesetzesanwendung, 3. Aufl. 1963
Esser, J., Tübinger-F.	Festschrift zum 500jährigen Bestehen der Tübinger Juristenfakultät, hrsg. von J. Gernhuber, 1977, S. 133 ff.
Esser, J., Vorverständnis	Vorverständnis und Methodenwahl in der Rechtsfindung. 2. Aufl. 1970
Fikentscher, W., Methoden	Methoden des Rechts, Bd. I und II, 1975; Bd. III, 1976; Bd. IV und V, 1977
Flume, W.	Allgemeiner Teil des Bürgerlichen Rechts. Bd. II. Das Rechtsgeschäft. 2. Aufl. 1975
GebrMG	Gebrauchsmustergesetz, in der Fassung der Bekanntmachung vom 28. August 1986, BGBl I, S. 1455
Geiger, Th., Rechtssoziologie	Vorstudien zu einer Soziologie des Rechts. 1947, zitiert nach der von P. Trappe besorgten Ausgabe
GeschmMG	Gesetz betreffend das Urheberrecht an Mustern und Modellen (Geschmacksmustergesetz) in der Fassung der Bekanntmachung vom 28. August 1986, BGBl I, S. 1456
GG	Grundgesetz für die Bundesrepublik Deutschland vom 23. Mai 1949, BGBl., S. 1
Gilles, P., Schiedermayr-F.	Festschrift für G. Schiedermair. Hrsg. von Lüke und Jauernig, 1976, S. 183 ff.
GS	Großer Senat
GRUR	Gewerblicher Rechtsschutz und Urheberrecht
GVG	Gerichtsverfassungsgesetz in der Fassung der Bekanntmachung vom 9. Mai 1975, BGBl I, S. 1077
GVZ	Gerichtsvollzieher
Habermas, J., Erkenntnis	Erkenntnis und Interesse, 1968, zitiert nach der Suhrkamp Taschenbuchausgabe, 1973
Habermas, J., Logik	Zur Logik der Sozialwissenschaft. Materialien, 3. Aufl. 1969
Habermas, J., phil. Diskurs	Der philosophische Diskurs der Moderne. 1985
Habermas, J., Theorie Kom. H.	Theorie des kommunikativen Handelns, Bd. I und II, 1983
Habermas/Luhmann, Theorie	Theorie der Gesellschaft oder Sozialtechnologie? – Was bringt die Systemforschung? 1971
Heck, Ph., Begriffsbildung	Begriffsbildung und Interessenjurisprudenz. 1932
Hegel, G.F.W., Rechtsphilosophie	Grundlinien der Philosophie des Rechts (1821). In: Sämtliche Werke, hrsg. v. J. Hofmeister, Bd. 12, 4. Aufl. 1955
Henkel, H., Rechtsphilosophie	Einführung in die Rechtsphilosophie. 2. Aufl. 1977.
HGB	Handelsgesetzbuch vom 10. Mai 1897, RGBl., S. 219
Höffe, O., Klassiker	Klassiker der Philosophie, hrsg. von O. Höffe, Bd. I und II. 1981
h.L.	herrschende Lehre
Hübner, H., Allg. Teil	Allgemeiner Teil des bürgerlichen Gesetzbuches. 2. Aufl. 1996
Hübner, K., Kritik	Kritik der wissenschaftlichen Vernunft. 1978
Inst	Corpus juris civilis, Institutiones; vgl. Dig.
IP Prax	Praxis des internationalen Privat- und Verfahrensrechts
JuS	Juristische Schulung. Zeitschrift für Studium und Ausbildung
JZ	Juristenzeitung

Kant, I., Metaphysik	Metaphysik der Sitten. in: Werke in 6 Bd., hrsg. v. W. Weischedel, Bd. IV, 1968
Koch/Rüßmann	Juristische Begründungslehre. 1982
Kriele, M., Theorie	Theorie der Rechtsgewinnung. 1967
Larenz, K., Allg. Teil	Allgemeiner Teil des deutschen bürgerlichen Rechts. 7. Aufl. 1989
Larenz, K., Methodenlehre	Methodenlehre der Rechtswissenschaft. 6. Aufl. 1991
Larenz, K., Richtiges Recht	Richtiges Recht. Grundzüge einer Rechtsethik. 1979
Larenz/Canaris	Methodenlehre der Rechtswissenschaft. 3. Aufl. 1995
LG	Landgericht
Looschelders/Roth, Methodik	Juristische Methodik im Prozeß der Rechtsanwendung. 1996
LM	Das Nachschlagewerk des Bundesgerichtshofs in Zivilsachen. Hrsg. von Lindenmaier-Möhring
Luhmann, N., Rechtssoziologie	Rechtssoziologie. 3. Aufl. 1987
Luhmann, N., Rechtssystem	Rechtssystem und Rechtsdogmatik. 1974
Luhmann, N., Soziale Systeme	Soziale Systeme, Grundriß einer allgemeinen Theorie. 1984
Luhmann, N., Zweckbegriff	Zweckbegriff und Systemrationalität. 1968, zitiert nach der Suhrkamp Taschenbuchausgabe 1972
MarkenG	Gesetz über den Schutz von Marken und sonstigen Kennzeichen (Markengesetz – MarkenG) vom 25.10.1994, BGBl I, S. 3082
MDR	Monatsschrift für Deutsches Recht
Michaelis, K., Huber-F.	Festschrift für E.R. Huber. Hrsg. von Forsthoff u.a., 1973, S. 311 ff.
Mot.	Motive zum Entwurf eines Bürgerlichen Gesetzbuches für das Deutsche Reich. Bd. I-V, Leipzig 1888
Müller, Fr., Normstruktur	Normstruktur und Normativität. 1966
Müller, Fr., Methodik	Juristische Methodik. 7. Aufl. 1995
MünchKomm-BGB/Bearb.,	Münchener Kommentar zum Bürgerlichen Gesetzbuch. Hrsg. von Rebmann und Säcker, Bd, I, 3. Aufl. 1993
NJ	Neue Justiz
NJW	Neue Juristische Wochenschrift
OLG	Oberlandesgericht
Pawlowski, Allg. Teil	Allgemeiner Teil des BGB. 6. Aufl. 2000
Pawlowski, Duden-F.	Festschrift für Konrad Duden. Hrsg. von G. Wüst u.a. 1977, S. 349 ff.
Pawlowski, Methodenlehre	Methodenlehre für Juristen. 3. Aufl. 1999
Pawlowski, Moral	Recht und Moral im Staat der Glaubensfreiheit. Hrsg. von N. Fehl und R. Wildenmann. 1992
Pawlowski, Rechtswissenschaft	Das Studium der Rechtswissenschaft. 1969
Pawlowski, Ryffel-F.	Festschrift für H. Ryffel. Hrsg. von V. Heyen, 1984, S. 87 ff.
Pawlowski, Wildenmann-F.	Festschrift für R. Wildenmann. Hrsg. von M. Kaase, 1986, S. 172 ff.
PatG	Patentgesetz. In der Fassung der Bekanntmachung vom 16. Dezember 1980, BGBl. 1981, I, S. 1
Popper, K., Forschung	Logik der Forschung, 1. Aufl. 1934, 3. Aufl. 1969
Prot.	Protokolle der Kommission für die 2. Lesung des Entwurfs des Bürgerlichen Gesetzbuches. Im Auftrag des Reichsjustiz-

	amtes bearb. von Achilles, Gebhard, Spahn, Bd. I-VII, Berlin 1897-99
Raisch, P., Methoden	Juristische Methoden. 1995
Rawls, J., Gerechtigkeit	A Theory of Justice, 1971; deutsch von H. Vetter: Eine Theorie der Gerechtigkeit. 1975
Rehbinder, H., Rechtssoziologie	Rechtssoziologie. 1977
RG	Reichsgericht
RGZ	Entscheidungen des Reichsgerichts in Zivilsachen
Roellecke, Müller-F.	Festschrift für Gebhard Müller. Hrsg. von Ritterspach und Geiger, 1969, S. 331 ff.
Röhl, Kl., Rechtssoziologie	Rechtssoziologie. Ein Lehrbuch. 1987
Ryffel. H., Rechtsphilosophie	Rechts- und Staatsphilosophie. Philosophische Anthropologie des Politischen. 1969
Ryffel, H., Rechtssoziologie	Rechtssoziologie. Eine systematische Orientierung. 1974
Rz	Randziffer
von Savigny, F.C., Beruf	Vom Beruf unserer Zeit für Gesetzgebung und Rechtswissenschaft. 1814 (Nachdruck der Ausgabe von 1840, 1967)
Schapp, J., Methodenlehre	Hauptprobleme der juristischen Methodenlehre. 1983
Schapp, J., Subjektives Recht	Das Subjektive Recht im Prozeß der Rechtsgewinnung. 1977
Schmidt, F., Methode	Zur Methode der Rechtsfindung. 1976 (aus dem Schwedischen u. Englischen übertragen von J. Heilmann)
Simon, J., Freiheit	Freiheit. Theoretische und praktische Aspekte des Problems. Hrsg. von J. Simon, 1977
Simon, J., Wahrheit	Wahrheit als Freiheit. Zur Entwicklung der Wahrheitsfrage in der neuen Philosophie. 1978
Soergel/Bearb., BGB	Bürgerliches Gesetzbuch, Bd. 3, 10. Aufl., 1969
StGB	Strafgesetzbuch in der Fassung der Bekanntmachung vom 10. März 1987, BGBl I, S. 945
Suhr, D., Situation	Die kognitiv-praktische Situation. 1977
UrhG	Gesetz über Urheberrecht und verwandte Schutzrechte (Urheberrechtsgesetz) vom 9. September 1965, BGBl I, S. 1273
UWG	Gesetz gegen den unlauteren Wettbewerb, vom 1. Juni 1909, RGBl. S. 499
von Weizsäcker, C.F., Einheit	Die Einheit der Natur, 2. Aufl. 1982
von Weizsäcker, C.F., Garten	Der Garten des Menschlichen. 1977
Wieacker, F., Privatrechtsgeschichte	Privatrechtsgeschichte der Neuzeit. 2. Aufl. 1967
WZG	Warenzeichengesetz, in der Fassung der Bekanntmachung vom 2. Januar 1988.
ZfA	Zeitschrift für Arbeitsrecht
Zippelius, R., Methodenlehre	Juristische Methodenlehre. 7. Aufl. 1999
Zippelius, R., Wesen	Das Wesen des Rechts. 3. Aufl. 1973
ZPO	Zivilprozeßordnung, in der Fassung vom 12. Sept. 1950, BGBl I, S. 533
ZRP	Zeitschrift für Rechtspolitik
ZZP	Zeitschrift für Zivilprozeß

Einleitung

§ 1 Probleme einer autonomen Rechtswissenschaft

1. Warum juristische Methodenlehre?

a) Zur Entwicklung der juristischen Methodenlehre

Die juristische Methodenlehre hat in der deutschen Rechtswissenschaft zunehmend **1** an Bedeutung gewonnen. Sie ist sogar „lehrbuchfähig" geworden. Diese Entwicklung begann mit der „Einführung in das juristische Denken" von *Karl Engisch* (1956)[1] und der großen „Methodenlehre der Rechtswissenschaft" von *Karl Larenz* (1960)[2], denen dann neben weiteren umfassenden Darstellungen[3] eine große Anzahl „schmalerer" – aber z.T. dennoch sehr bedeutsamer – Methodenlehren[4] gefolgt sind. In diesen Zusammenhang gehören zudem die Darstellungen der „juristischen Rhetorik"[5] oder der „juristischen Argumentationslehre"[6], die die gleiche Problematik von einem etwas anderen methodischen Ausgangspunkt her behandeln. Die *Methodenlehre* hat sich zu einem neuen Zweig oder *Fach der Rechtswissenschaft* entwickelt. Nach einigen juristischen Prüfungsordnungen[7] zählt sie sogar zu den „Grundlagenfächern", in denen die Studenten während ihres Studiums bestimmte Leistungen erbringen müssen.

---

1 9. Aufl. hrsg. von *Th. Würtenberger* u. *D. Otto* 1997.

2 6. Aufl. 1991; vgl. jetzt Larenz/*Canaris*, Methodenlehre der Rechtswissenschaft. 3. Aufl. 1995.

3 *Wolfgang Fikentscher*, Methoden des Rechts in vergleichender Darstellung. Bd. IV, Dogmatischer Teil, 1977; *Pawlowski*, Methodenlehre für Juristen. 1981, 3. Aufl. 1999; *Franz Bydlinski*, Juristische Methodenlehre und Rechtsbegriff. 1981, 2. Aufl. 1991.

4 Hier seien nur einige genannt: *H. Coing*, Grundzüge der Rechtsphilosophie. Kap. VI. 5. Aufl. 1994; *J. Esser*, Vorverständnis und Methodenwahl in der Rechtsfindung. 2. Aufl. 1972; *Koch/Rüßmann*, Juristische Begründungslehre. 1982; *Looschelders/Roth*, Juristische Methodik im Prozeß der Rechtsanwendung. 1996; *Fr. Müller*, Juristische Methodik. 7. Aufl. 1995; sowie *ders.*, Strukturierende Rechtslehre. 2. Aufl. 1994; *P. Raisch*, Juristische Methoden. 1995; *B. Rüthers*, Rechtstheorie. 1999, §§ 20 ff.; *J. Schapp*, Hauptprobleme der juristischen Methodenlehre. 1983 sowie *ders.*, Methodenlehre des Zivilrechts. 1998; *J. Vogel*, Juristische Methodik. 1998; *R. Wank*, Die Auslegung von Gesetzen. 1997 oder *R. Zippelius*, Juristische Methodenlehre. 7. Aufl. 1999.

5 *Ch. Perelmann*, Logique juridique nouvelle theorétique. 1976; deutsch, Juristische Logik als Argumentationslehre. 1979, übersetzt von J.M. Broekman; *ders.*, Das Reich der Rhetorik. Rhetorik und Argumentation. 1980; *Fr. Haft*, Juristische Rhetorik. 4. Aufl. 1990; *W. Gast*, Juristische Rhetorik. 2. Aufl. 1992.

6 *G. Dux*, Der Strukturwandel der Legitimation. 1976; *G. Struck*, Zur Theorie der juristischen Argumentation. 1977; *H. Rodingen*, Pragmatik der juristischen Argumentation. 1977; *R. Alexy*, Theorie der juristischen Argumentation. 2. Aufl. 1991; *W. Krawietz*, Juristische Entscheidung und wissenschaftliche Erkenntnis. 1978; *Koch/Rüßmann*, Juristische Begründungslehre. 1982; *A. Peczenik*, Grundlagen der juristischen Argumentation. 1983; *E. Bund*, Juristische Logik und Argumentation. 1983; *U. Neumann*, Juristische Argumentationslehre. 1986.

7 Vgl. u.a. die §§ 4 I, 5 IV 1c und 8 I 3c der Verordnung der bad.-württ. Landesregierung über die Ausbildung und Prüfung der Juristen (JAPrO) in der Fassung v. 21. April 1997 (GBl Bad.-Württ., S. 153).

Die Juristen haben sich zwar schon seit jeher Gedanken darüber gemacht, wie das jeweilige Recht methodisch „richtig" zu ermitteln und anzuwenden sei. Die Diskussion darüber vollzog sich aber in einzelnen Abhandlungen und Aufsätzen – also monographisch. Vorlesungen über juristische Methodenlehre – wie die von *F.C. von Savigny* im WS 1802/3 in Marburg[8] – blieben Ausnahmen. Im ganzen war man der Überzeugung, daß ein guter Jurist Methode habe, aber nicht darüber spreche. Methodische Fragen diskutierte und behandelte man im Zusammenhang der verschiedenen Zweige der Rechtswissenschaft.

2 Das heutige Bedürfnis nach allgemeinen Darstellungen der juristischen Methodenlehre – und damit nach einer „Professionalisierung" dieses Faches – verdankt sich nun nicht den besonderen Neigungen einiger Autoren, sondern der Tatsache, daß der Konsens über das schwindet, was man im und mit dem Recht überhaupt tun kann. Diese Erscheinung kann man einmal im gesellschaftlichen und politischen Leben beobachten:

So hörte ich zum **Beispiel** in einer Radiosendung, wie eine feministische Linguistin ihre Geschlechtsgenossinnen aufrief, in Zukunft nicht mehr so irrelevant, dumm und inkompetent zu reden wie bisher – was schon bei einem Vertreter des „Machismo" störend aufgefallen wäre.

Ein andermal hörte ich Vertreter der Kirche davon sprechen, daß der Mensch mit den Atomwaffen Gott die Schöpfung aus der Hand schlage und sich zum Herrn der Geschichte mache – was jedermann sagen kann, der nicht an Gott glaubt, nicht aber jemand, der als Theologe sein Brot verdient: Denn dies macht nur solange Sinn, als man davon ausgeht, daß der Mensch auch mit der Atombombe Gott ebensowenig erreichen kann wie mit dem Turmbau zu Babel. Und kürzlich rief eine christliche Vereinigung, unterstützt von evangelischen und katholischen Bischöfen, „in Treue zum Evangelium" zu einer „weltweiten Aussetzung der Vollstreckung der Todesstrafe vor dem Jahre 2000" auf – und begründete dies u.a. mit dem Argument, daß „in demokratischen Ländern ... die Kosten bei Anwendung der Todesstrafe höher (seien) als die Kosten bei lebenslanger Haft.

Anläßlich des Todes von „Lady Di" konnte man schließlich hören und lesen (und dies auch in seriösen Zeitungen), daß das englische Königshaus – mit den Hauptleidtragenden, den zwei Söhnen, die gerade ihre Mutter verloren hatten – gefälligst an der öffentlichen Trauer teilzunehmen hätten, woraufhin man dann in den Nachrichten des deutschen öffentlich-rechtlichen Fernsehens Frauen und Männer sah und hörte, die freudig bekundeten, wie sie in *ihrer* Trauer durch die jungen Prinzen getröstet worden seien, denen sie die Hand geben durften.

Und in der sog. Spendenaffäre der CDU konnte man immer wieder hören oder lesen, daß der frühere Bundeskanzler *Kohl* sein Ehrenwort „über das Gesetz" oder sogar „über die Verfassung" stelle – obwohl Art. 47 GG bestimmt, daß Angeordnete berechtigt sind, über Personen, die ihnen in ihrer Eigenschaft als Abgeordneter ... Tatsachen anvertraut haben sowie über diese Tatsachen selbst das Zeugnis zu verweigern".

Was bei derartigen Erscheinungen ins Auge fällt und Anstoß erregt, ist ihre mangelnde Konsistenz – man kann auch sagen ihre Dummheit[9]. Nun hat es Dummheit

---

8 Erhalten in einer Vorlesungsnachschrift von *Jakob Grimm*, hrsg. von G. Wesenberg, Stuttgart, 1951.

9 Dummheit nicht, weil diejenigen, die sich an derartigen Aktionen oder Äußerungen beteiligen, nicht intelligent wären – nicht selten ist vielmehr das Gegenteil der Fall. Man kann und muß aber deshalb von „öffentlicher Dummheit" sprechen, weil sich in Aktionen und Äußerungen dieser Art Auffassungen ausdrücken, die in sich inkonsistent sind – die ihren eigenen Kriterien widersprechen. Erklärungsbedürftig ist dabei der Umstand, daß dies heute vielfach den Beteiligten (wie auch den Lesern oder Hö-

schon immer gegeben. Was heute jedoch verwirrt, ist, daß sie mit dem öffentlichen Anspruch auftritt, ebenso „rational" bzw. ebenso beachtlich zu sein wie andere Meinungen: *Es fehlen die Kriterien.*

Vergleichbare Erscheinungen finden sich aber auch in der Rechtswissenschaft und in **3** der Justiz. So findet man Entscheidungen auch von Oberlandesgerichten, die in einem so erschreckenden Maße falsch sind, daß Kandidaten, die im Examen vergleichbare „Rechtsauffassungen" vertreten, kein „ausreichend" mehr erlangen können.

Ein **Beispiel** bietet hier ein Urteil des OLG Hamm[10], das einer Klägerin wegen Verletzung ihres allgemeinen Persönlichkeitsrechts ein Schmerzensgeld von DM 5000 zusprach, weil der Beklagte ihr – nach dreijährigen intimen Beziehungen – versprochen hatte, sich scheiden zu lassen und sie dann zu heiraten, ohne dies ernstlich zu wollen. Beide hatten vorher immer wieder über die Scheidung diskutiert; der Mann hatte einmal ja und einmal nein gesagt – und schließlich auch das nicht ernst gemeinte Versprechen abgegeben. Dritten hatten beide schon immer wahrheitswidrig vorgespiegelt, daß der Mann bereits in Scheidung lebe: Diese Entscheidung widerspricht ersichtlich Art. 6 unserer Verfassung, der die Ehe unter den Schutz der staatlichen Ordnung stellt[11].

Hierhin gehören aber m.E. auch Urteile, auf die sich die Studenten im Examen berufen können und mit denen sie sich auseinandersetzen müssen – weil sie vom Bundesverfassungsgericht stammen: nämlich das Urteil über die Kruzifixe in christlichen Gemeinschaftsschulen[12] oder die Urteile, die feststellen, daß der Ausspruch „Soldaten sind Mörder" die Soldaten der Bundeswehr nicht beleidigt, obwohl unser Recht diese z.T. auch gegen ihren Willen (wenn auch nicht gegen ihr Gewissen) zum Wehrdienst verpflichtet[13].

Was es nahelegt, sich heute explizit mit der juristischen Methodenlehre zu befassen, **4** ist allerdings nicht der Mangel, wohl aber die mangelnde Erkennbarkeit von Kriterien für die Richtigkeit und Rechtlichkeit von juristischen Entscheidungen. Denn wenn auch im Recht und in der Rechtswissenschaft vieles „streitig" ist, so gibt es doch auch wiederum vieles, was schlicht „falsch" ist. Es ist nicht alles „vertretbar". Und für die Unterscheidung von „Falschem" und „Vertretbarem" braucht man Kriterien.

Diese Kriterien haben die Juristen bisher meist gewissermaßen „intuitiv" erworben, **5** nämlich durch Übung – wie man überhaupt die Methoden und Techniken einer Wissenschaft, einer Kunst oder eines Handwerks dadurch erlernen kann, daß man sie unter Anleitung eines „Meisters" ausübt. Die juristische Ausbildung vermittelte dem angehenden Juristen das notwendige *Judiz*, das ihn befähigte, mit Streitigkeiten an-

---

rern) nicht auffällt – wobei es dahinstehen kann, ob es nur den Hörern oder Lesern nicht auffällt, denen bewußt inkonsistente Erklärungen „verkauft" werden oder auch den Erklärenden selbst. Es spricht viel dafür, daß dies in der Struktur unserer „Massenmedien" begründet ist – und dabei insbesondere in der Struktur der Wahrnehmung von Fernsehsendungen; dazu *Pawlowski*, Probleme der Steuerung durch staatliche Gesetze. In: R. Wildenmann (Hrsg.), Umwelt, Wirtschaft und Gesellschaft. Wege zu einem neuen Grundverständnis. 1986, S. 317 ff., 324 ff.

10 NJW 1983, S. 1436; dazu *Pawlowski* NJW 1983, S. 2809 f.

11 Es sei noch angemerkt, daß das Gericht dem Beklagten zudem noch 2/3 der Prozeßkosten auferlegte, obwohl die Klägerin 10 000 DM eingeklagt und daher nur zur Hälfte obsiegt hatte – was offensichtlich gegen § 92 ZPO verstieß.

12 Dazu *Pawlowski*, Festschrift für G. Roellecke. 1997, S. 191 ff., 203 und i.ü. *ders.*, Methodenlehre, Rz 966.

13 Dazu *Pawlowski*, Roellecke-F. (Fn 12), S. 191 ff., 210, und i.ü. *ders.*, Methodenlehre, Rz 800, 825a.

gemessen umzugehen, vorgetragene Meinungen einzuordnen usf. Dieses Judiz wurde gebildet und ausgebildet im Umgang mit guten – oder doch vertretbaren – juristischen Texten, mit Lehrbüchern, Monographien, Entscheidungen usf. Und der Student der Rechtswissenschaft konnte davon ausgehen, daß die Entscheidungen und die Literatur, die gedruckt vorlagen, Rechtsauffassungen enthielten, die juristisch zumindest vertretbar waren. Dies ist heute nicht mehr durchweg der Fall. Der Student, der der eben angeführten Entscheidung des OLG Hamm vertraut, wird im Examen keinen Erfolg haben – und es gibt heute leider eine ganze Reihe ähnlicher Beispiele. Dasselbe gilt für einen nicht unerheblichen Teil der Studienliteratur. Es wird daher immer wichtiger, sich explizit mit der Methodenlehre zu befassen. Die intuitive Methode reicht nicht mehr aus. Der angehende Jurist muß sich vielmehr bewußt die Kriterien aneignen, die es ihm ermöglichen, selbst zu beurteilen, worauf er sich stützen kann, was „vertretbar" ist.

b) Die Ursachen dieser Entwicklung

6 Die einfache Feststellung, daß Staat und Recht heute für viele unverständlich und undurchschaubar sind, genügt allerdings nicht, um die Beschäftigung mit der juristischen Methodenlehre als einen notwendigen Bestandteil der juristischen Ausbildung auszuweisen. Notwendigkeit und Aufgabe der Methodenlehre für das Verständnis des Rechts werden vielmehr erst deutlich, wenn man sich vergegenwärtigt, welche Ursachen und welche Zusammenhänge zu der geschilderten Entwicklung geführt haben. Denn die oben angesprochenen Erscheinungen sind naturgemäß nicht zufällig aufgetreten; sie sind vielmehr Folge einer bestimmten geistesgeschichtlichen und politischen Entwicklung. Und erst dieser Hintergrund macht verständlich, warum es heute notwendig ist, sich explizit mit der juristischen Methodenlehre zu befassen.

7 Fehler, falsche Entscheidungen und Dummheit hat es – wie vermerkt – schon immer gegeben. Dummheit war wahrscheinlich zu allen Zeiten gleich verteilt. Daß sie heute z.T. so *schwer erkennbar* geworden ist – für den, den sie plagt und für den, der mit ihr konfrontiert wird –, hängt damit zusammen, daß wir heute nicht mehr in einer allgemeinen, von allen anerkannten Ordnung leben. Wir sprechen bei unserem System vom *Pluralismus* [14] – und meinen damit eine verhältnismäßig junge Gesellschafts- und Lebensordnung. Dieses System ist dadurch gekennzeichnet, daß es nicht mehr von einer *vorgegebenen Ordnung* (Rz 293) ausgeht, in der sich das Recht als ein Ausschnitt aus einem (überkommenen) zusammenhängenden breiten System von Normen und Überzeugungen darstellt (von Recht, Moral und Sitte), von dem her es dann im Bedarfsfall auch ergänzt werden kann. Der pluralistische bzw. freiheitliche Staat, der auf der Glaubens- und Gewissensfreiheit seiner Bürger aufbaut, geht vielmehr von der Vorstellung einer *aufgegebenen Ordnung* aus, wie *Hans Ryffel* es genannt hat (dazu genauer Rz 292 ff.). Diese aufgegebene Ordnung will für alle Bürger richtig sein, die bei uns leben – und das sind heute Christen, Atheisten, Muslime, Buddhisten

---

14 Dazu *Pawlowski*, Wildenmann-F., S. 172 ff.; *ders.* Moral, S. 37 ff. und i.ü. Methodenlehre, Rz 832 ff., 895 ff.; vgl. auch *E.W. Böckenförde*, Staat, Gesellschaft, Freiheit. 1976, S. 60 ff. oder *A. Hollerbach* in: Hesse/Kirchhoff (Hrsg.), Handbuch des Staatsrechts. Bd. VI, 1989, § 138 Rz 80.

bzw. Angehörige der europäischen, der vorderasiatischen oder der fernöstlichen Kultur. Und das schließt es u.a. aus, unser Recht und unsere Gesetze im Bedarfsfall mit der Hilfe eines Rückgriffs auf die *überkommenen* (christlichen) Normen und Werte zu ergänzen.

Unser BGB – und auch noch unser Grundgesetz – sind allerdings zu einer Zeit erlassen worden, in der sich diese Gesetze noch als ein Ausschnitt aus einem zusammenhängenden Komplex von Normen und Überzeugungen darstellten, der für ihre *Auslegung* einen *einheitlichen Interpretationsrahmen* bot.   **8**

Wenn also zum **Beispiel** § 138 BGB bestimmt, daß „ein Rechtsgeschäft, das gegen die guten Sitten verstößt, … nichtig" ist, so konnte man dieser Bestimmung bei Erlaß des BGB ohne weiteres die Aufgaben zuweisen, „ein Recht höherer Ordnung" zu verwirklichen[15] und „das Recht und seine Ausübung in den Schranken der Sittlichkeit zu halten"[16]. Dabei war klar, was die Sittlichkeit bestimmte: Es waren die Normen der christlichen Ethik. So stellte noch 1954 der Große Senat des BGH in seiner Entscheidung zur Verlobten-Kuppelei[17] fest, daß der außereheliche Geschlechtsverkehr gegen das Sittengesetz verstoße, das unabhängig davon gelte, ob man es persönlich anerkenne. Die Geltung des christlich geprägten Sittengesetzes war selbstverständlich, auch wenn man es übertrat, denn „in der Verborgenheit anerkennt das Laster die Tugend".

Auch unser Grundgesetz beginnt noch mit einer Präambel, die von der Verantwortung (seiner Verfasser) vor Gott spricht, womit damals selbstverständlich der christliche Gott gemeint war. Noch stärker zeigt sich diese Einbindung in die christliche Tradition in den Landesverfassungen. So lautet Art. 1 I der Verfassung von Baden-Württemberg[18]: „Der Mensch ist berufen, in der ihn umgebenden Gemeinschaft seine Gaben in Freiheit und in Erfüllung des christlichen Sittengesetzes … zu entfalten"[19]. Und eine ganze Reihe von Landesverfassungen bestimmen, daß „die Jugend … in Ehrfurcht vor Gott, im Geist der christlichen Nächstenliebe" (Art. 12 I Verf. Bad.-Württ.) oder „zur Gottesfurcht und Nächstenliebe" (Art. 33 Verf. Rheinland-Pfalz)[20] zu erziehen sei. Die Bundesrepublik und ihre Länder haben sich damals durchaus noch als „christliche Staaten" konstituiert, die sich zwar verpflichten, allen anderen Glaubensrichtungen gegenüber *Toleranz* zu üben, die sich in der Tradition des „christlichen Abendlandes" aber selbst den überkommenen christlichen Normen oder Werten verpflichtet fühlten und von daher ihre rechtlichen Urteile ableiteten (christlicher Toleranzstaat).

---

15 So BGHZ 17, S. 327 ff., 332 (zu § 826 BGB).

16 So Staudinger/*Dilcher*, Kommentar zum Bürgerlichen Gesetzbuch, Bd. 1, 12. Aufl. 1980, § 138 Rz 5; Soergel/Siebert/*Hefermehl*, Bürgerliches Gesetzbuch, Bd. I, 10 Aufl. 1967, § 138, 1; vgl. auch BGHZ JZ 1977, S. 173 ff., der von den „sozial-ethischen Schranken" der Rechtsausübung spricht. Der 1. Entwurf zum BGB enthielt noch die Formulierung: „Ein Rechtsgeschäft, dessen Inhalt gegen die guten Sitten oder die öffentliche Ordnung verstößt, ist nichtig" (Mot. II, S. 727). Im 2. Entwurf hat man dann u.a. den Hinweis auf die „öffentliche Ordnung" (den „ordre public") gestrichen (Prot. I, S. 258), weil dieser Begriff zu unbestimmt und im übrigen in dem Begriff der „guten Sitten" bereits enthalten sei. Der Begriff der „guten Sitten" geht also über den engeren Begriff der „Sittlichkeit" hinaus, umfaßt aber eben auch Verstöße gegen „das Sittengesetz" (die Sittlichkeit); dazu u.a. W. *Flume*, Allg. Teil, § 18, 1, S. 363 ff.; *K. Larenz*, Allg. Teil, § 22 III, S. 435 ff.

17 BGHSt 6, S. 46 ff.; dazu *Pawlowski*, Rechtswissenschaft, § 7, 1, S. 115.

18 Vom 11.11.1953 (BGBl, S. 173).

19 Wozu ein Kommentar hervorhebt, daß dies selbstverständlich kein Postulat für alle Bürger sei: *K. Braun*, Kommentar zur Verfassung des Landes Baden-Württemberg, 1984, Art. 1, 5.

20 Vom 18.5.1947, VOBl, S. 209; vgl. auch Art. 7 I Verf. NRW v. 6.7.1950 GVO Bl, I, S. 5.

9 Dieser überkommene gemeinsame christliche Hintergrund ist heute verschwunden[21]. Wir leben nicht mehr in einem *christlichen* Staat – und die meisten wissen auch wenig oder nichts von christlicher Theologie. Selbst die Theologen scheinen, wie bemerkt (Rz 2), die dadurch gestifteten Zusammenhänge leicht zu vergessen. Damit ist nicht nur die Verständigung schwerer geworden, weil jetzt jeder von seiner Weltanschauung her spricht, in deren Zusammenhang bestimmte Aussagen nicht selten etwas anderes bedeuten als für die Anhänger anderer Weltanschauungen. Man denke nur an Begriffe wie Freiheit oder Demokratie u.ä.m.

9a Mit diesem Verlust des allgemeinen weltanschaulichen Hintergrundes ist nun ein Maßstab oder ein Korrektiv entfallen, der neben dem technischen juristischen Wissen erkennen ließ, ob bestimmte Aussagen „passen", ob sie „richtig" sein können, ob sie „vertretbar" sind. Es gibt außer dem Recht keinen allgemein verbindlichen Zusammenhang mehr, auf den wir zurückgreifen können, um rechtliche Aussagen auf ihre Qualität hin zu prüfen. Und das erschwert die Ausbildung eines gewissermaßen *natürlichen* Judizes, das sich nicht nur auf die juristisch-technischen Erkenntnisse stützen kann, sondern auf alles das, was man in Elternhaus, Schule und Kirche (in der Gesellschaft) gelernt hat.

9b Zudem liegt auf der Hand, daß die wachsende Europäisierung des Rechts, aufgrund deren immer mehr Normen „europakonform" auszulegen sind[22], die Abkoppelung des Rechts von den direkten[23] Einflüssen der übrigen gesellschaftlichen Normensysteme (Moral, Sitte etc.) noch verstärken wird, da der Rückgriff auf die unterschiedlichen britischen, französischen oder griechischen Vorstellungen von „öffentlicher Ordnung" oder „guten Sitten" die einheitliche Anwendung europäischer Normen gerade nicht fördern würde.

9c Will man also heute die allgemeine Aussage des § 138 BGB präzisieren, so kann man nicht mehr auf das (außerrechtliche, allgemeine) „Sittengesetz" zurückgreifen – auf das „Anstandsgefühl aller billig und gerecht Denkenden", wie man früher sagte[24]. Man braucht dazu vielmehr einen allgemeinverbindlichen (und d.h. einen rechtlichen) Maßstab[25], der von der jeweiligen „öffentlichen Meinung" unabhängig ist (dazu Rz 237 ff.). Die juristische Methodenlehre muß damit heute eine Aufgabe wahrnehmen, die früher gemeinsame Weltanschauungen, Glaubensrichtungen oder Philosophien erfüllten.

---

21 Dazu ausf. *Pawlowski*, Methodenlehre, Rz 832 ff. – was auch bei der Auslegung einzelner Vorschriften von Bedeutung ist, nicht zuletzt bei der Auslegung des § 138 BGB; dazu *Pawlowski*, Allg. Teil, Rz 498 ff.

22 Dazu nur *Pawlowski*, Methodenlehre, Rz 363 f., 1051 ff., 1067 ff. oder *ders.*, Allg. Teil, Rz 41a.

23 Man muß sich jedoch darüber klar sein, daß das Recht weiterhin auf eine positive Beziehung zu diesen Normensystemen angewiesen ist – weil es ihnen seine Verbindlichkeit verdankt; dazu noch gleich Rz 15 und ausf. *Pawlowski*, Methodenlehre, Rz 829 ff., 991 ff. oder *ders.*, Kirche & Recht 1998, S. 201 ff.

24 Mot. II, S. 727; vgl. z.B. RGZ 80, S. 232; dazu kritisch *Pawlowski*, Rechtswissenschaft, § 7, 1, S. 115 ff.

25 Dazu *Pawlowski*, Allg. Teil, Rz 498 f.

c) Juristische Methodenlehre und Ethik

Damit lassen sich die Ursachen für die heutigen *Schwierigkeiten* im Umgang mit dem **10** Recht (und den Gesetzen) bereits beschreiben: Sie ergeben sich aus der Änderung des Verhältnisses der verschiedenen Normensysteme, die unser Handeln bestimmen – nämlich *aus der Änderung des Verhältnisses von Recht und Moral oder Ethik*, die ihrerseits dem weiteren Zusammenhang der Politik zuzuordnen sind. Diese Änderungen haben sich dabei im weiten Umfang fast unbemerkt vollzogen – wie die eben angeführten Beispiele zeigen. Man muß sie sich aber bewußt machen, wenn man sich wissenschaftlich – methodisch – mit dem Recht befassen will[26]. Daher werden wir uns jetzt dem Verhältnis von Politik und Recht (Sphäre des Staates) einerseits und Moral und Ethik (Sphäre der Gesellschaft) andererseits zuwenden. Weil hier nun verschiedene Verständnisse und Problemstellungen sehr unterschiedliche Assoziationen hervorrufen, ist zunächst kurz zu skizzieren, was mit diesen Komplexen angesprochen ist.

Mit *Ethik oder Moral*[27] wird zunächst ein Doppeltes angesprochen. Bei ihnen geht es **11** 1. um Inhalte (Kriterien) – d.h. um Regeln und Normen für ein richtiges (gutes) Leben.

Und es geht bei ihnen

2. um Begründungen (Rechtfertigungen), die erkennen lassen oder verständlich machen, *weshalb* bestimmte Inhalte richtig (gut) sind: z.B. „weil es Gott geboten hat", „weil es der Natur" oder „weil es der Entwicklung der Produktionsverhältnisse entspricht"[28]

Diese Begründungen und Rechtfertigungen sind die Grundlage für das Erleben von Sinn.

Mit *Politik* wird dann der Zusammenhang von Handlungen angesprochen, die sich auf Staat und Recht richten – also auf das Herstellen und Einrichten von Institutionen und Verfahrensformen für das Zusammenleben der Bürger. Und d.h. für den rationalen Menschen naturgemäß, daß sich auch Politik und Recht auf ein „gutes" Handeln richten – nämlich auf ein ökonomisches, effizientes usf. und insofern „richtiges" Handeln.

Zwischen Politik, Recht, Moral und Ethik bestand (und besteht) daher ein enges Ver- **12** hältnis: Es geht bei ihnen gleichermaßen um „richtiges" (gutes) Handeln. Daher hat man auch in der Vergangenheit Moral, Politik und Recht immer als einen einheitlichen Zusammenhang angesehen – als ein einheitliches Normensystem. Alle Staaten

---

26 Zum Folgenden eingehend *Pawlowski*, Ryffel-F., S. 87 ff. sowie *ders.*, Festschrift für A. Troller. 1986, S. 31 ff.

27 Mit Ethik und Moral werden im Folgenden der Sache nach identische Zusammenhänge angesprochen, nämlich die Überlegungen über die richtige Antwort auf die Frage „Was soll ich tun?"- wobei sich die Ethik dieser Frage aus der Sicht des einzelnen nähert, während es bei der Moral um gruppenspezifische Antworten geht bzw. um die Antworten von Glaubensgemeinschaften; dazu Rz 44 f. und *Pawlowski*, Methodenlehre, Rz 819 ff.

28 Es leuchtet wohl ein, daß man nicht gleichzeitig Glaubensfreiheit gewährleisten und eine dieser möglichen Begründungen vor allen anderen als „richtig" oder „verbindlich" auszeichnen kann. Und hierin liegt der Grund für die Entwicklung vom toleranten Glaubensstaat zum pluralistischen Staat bzw. zum Staat der Glaubensfreiheit.

waren deshalb *Glaubensstaaten* – was man heute nicht selten (aber unverständig) kritisiert.

13 Schwierigkeiten traten in diesem Zusammenhang zunächst durch die *Reformation* auf, die die Einheit des Glaubensstaates bedrohte. Diese Schwierigkeiten wurden daraufhin in Deutschland zunächst ohne bleibenden Erfolg im „Augsburger Religionsfrieden" (1555) und dann schließlich im „Westfälischen Frieden" von Münster und Osnabrück (1648) durch die *Herstellung eines Rechtsverhältnisses*[29] zwischen den „Religionsparteien" überwunden[30].

Die Begründung dieses Rechtsverhältnisses wurde allerdings durch den Rückgriff auf die Gemeinsamkeiten ermöglicht, die zwischen den „Religionsparteien" (den Katholiken, Lutheranern und Calvinisten) bestanden – also durch den Rückgriff auf Zusammenhänge, die in unserem Jahrhundert kirchlich zur Begründung der „Ökumene" geführt haben und gesellschaftlich zur Rede vom „christlichen Abendland".

14 Dieses Rechtsverhältnis verband zunächst allerdings nur Katholiken und Lutheraner und seit dem Westfälischen Frieden auch die Calvinisten bzw. die Reformierten; es bezog sich nicht auf „Sekten", wie es damals hieß – also nicht auf die sog. Schwarmgeister oder auf die Täufer (Baptisten) usf. Damit verblieb ein *Bedürfnis* der Minderheiten *nach rechtlicher Anerkennung von Glaubensfreiheit* – ein Bedürfnis, das man heute nicht nur im Hinblick auf Christen anerkennt, sondern auch im Hinblick auf Atheisten, Muslime usf.

Dieses Verlangen nach Glaubensfreiheit führte zunächst zu der Forderung nach *Toleranz* – d.h. nach einem Staat, der von Rechtswegen alle Glaubensrichtungen duldet. Nach Anerkennung der rechtlichen Gleichheit aller Bürger und des Grundsatzes der Volkssouveränität führte das Verlangen nach Glaubensfreiheit schließlich konsequent zur Forderung nach einem Staat, der auf der Glaubensfreiheit aufbaut – d.h. nach einem *pluralistischen Staat, der alle Glaubensrichtungen nicht nur duldet, sondern* sie *als gleichberechtigt anerkennt*[31].

15 Damit läßt sich der Unterschied zwischen einem christlichen (oder humanistischen) Toleranzstaat und einem Staat der Glaubensfreiheit folgendermaßen beschreiben: Der **Toleranzstaat** beruht auf dem Glauben der Mehrheit, die die Dissidenten duldet, soweit diese die – liberalen – Gesetze beachten. Man weiß in ihm der Sache nach, was „richtig" (Recht) ist – und man kann in ihm daher auch das Rechts von der *herrschenden* Moral her ergänzen. Daneben duldet man (aus Toleranz) die Dissidenten, weil man ihre Gewissensentscheidungen soweit wie möglich respektiert – auch wenn sie vom *richtigen* Glauben (der Mehrheit) abweichen und daher nur Entscheidung eines *irrenden Gewissens* sein kann. Der Toleranzstaat kann daher im Grunde von den

---

29 Diese Herstellung eines Rechtsverhältnisses gelang nur in Deutschland, nicht aber in den übrigen europäischen Staaten. Was das für die Rechtsentwicklung bedeutet, zeigen heute noch die Verhältnisse in Nordirland, wo Katholiken erst in den 70er Jahren Zugang zum Staatsdienst erlangten.

30 Dazu *Karl Michaelis*, Die Deutschen und ihr Rechtsstaat. Schriftenreihe der Juristischen Gesellschaft e.V. Berlin, 1980.

31 Dazu *Pawlowski*, Methodenlehre, Rz 833 ff. m.Nachw.

Dissidenten nicht als „ihr Staat" anerkannt werden: Weil er sie nur als „Irrende" verstehen kann.

Der **Staat der Glaubensfreiheit** ist dagegen so verfaßt, daß sich sein Recht von allen Glaubensrichtungen, die in ihm vorhanden sind, als „richtig" verstehen läßt – als Versuch zu einer richtigen Ordnung. Er muß sich also als „Staat aller Bürger" ausweisen lassen[32]. Und er kann dies, wenn und weil er den verschiedenen Glaubensgemeinschaften sein Recht (seine Richtigkeit) nicht aufdrängt, sondern *von ihnen her* rechtfertigt (legitimiert). Das Recht des pluralistischen Staates muß damit also ganz bestimmte Bedingungen erfüllen: Es muß so beschaffen sein, daß es sich zwar nicht aus den Vorstellungen einer oder mehrerer Glaubensgemeinschaften „ergibt" (ableiten läßt), daß sich ihm aber alle im Staat vertretenen Glaubensgemeinschaften *anschließen* können, weil es sich auch von ihren Voraussetzungen her als ein Versuch zu einer richtigen Ordnung verstehen läßt (*Anschlußrationalität*)[33].

Man weiß im Staat der Glaubensfreiheit also der Sache nach (noch) nicht, was „richtig" ist; man weiß nur, daß das Richtige (das Recht) als das „gemeinsam Richtige" (dazu Rz 292 ff.) gemeinsam erarbeitet werden muß.

Ein praktisches **Beispiel** für die Probleme, die sich in diesem Zusammenhang ergeben, bietet **16** die Frage des „Schächtens" von Tieren, auf das strenggläubige Anhänger der mosaischen Religion angewiesen sind. Diese Art des Schlachtens von Tieren empfinden die Anhänger anderer Glaubensrichtungen nicht selten als – bei uns verbotene – Tierquälerei. Es liegt auf der Hand, daß wir nicht ernsthaft behaupten können, daß unser Staat allen Bürgern Glaubensfreiheit gewährleistet, wenn wir den strenggläubigen Anhängern der mosaischen Religion nicht die Möglichkeit bieten würden, Fleisch von geschächteten Tieren zu beziehen. Sie gehen nach ihrem Glauben davon aus, daß das von (ihrem) Gott angeordnete Schächten die Tiere nicht quält. Geht doch auf diesen Gott auch die bekannte Anordnung zurück, daß man dem Ochsen, der da drischt, nicht das Maul verbinden soll[34].

Naturrecht und „ethisches Minimum"

Man versucht nun vielfach, diesen Problemen, die sich aus der Gleichberechtigung **17** der verschiedenen Glaubensrichtungen für unser allgemeines, für alle verbindliches Recht ergeben, mit dem Hinweis auf Gegebenheiten zu begegnen, die man als „objektiv", „profan" oder „säkular" versteht – also als nicht religiös oder weltanschaulich bedingt: So verweist man auf *Mehrheitsentscheidungen*[35], auf ein allen gemeinsames, weil in der Natur des Menschen verankertes *Naturrecht* (Rz 95, 186, 342 f.),

---

32 Daher spricht auch das BVerfG zu Recht vom „Staat als Heimstatt aller Staatsbürger" (BVerfGE 19, S. 206 ff., 216) oder vom Prinzip der „Nichtidentifikation" (BVerfGE 41, S. 29 ff., 50) und stellt fest, daß „Der ‚ethische Standard' des Grundgesetzes ... erkennbar die Offenheit gegenüber dem Pluralismus weltanschaulich-religiöser Aussagen (ist) ... In dieser Offenheit bewährt der freiheitliche Staat des Grundgesetzes seine religiöse und weltanschauliche Neutralität"; dazu die Angaben bei *A. Hollerbach*, Staatskirchenrecht (Fn. 14), § 138, Rz 89, 95, 110, 111 oder *Pawlowski*, Methodenlehre, Rz 827 ff.

33 Zu den Kriterien, die in diesem Zusammenhang zu beachten sind, ausf. *Pawlowski*, Methodenlehre, Rz 891 ff.

34 Dazu *Pawlowski*, Wildenmann-F., S. 172 ff.

35 Dazu *Pawlowski*, Methodenlehre, Rz 840 ff.

auf Werte und insbesondere auf *Grundwerte*[36] (Rz 287 ff.) oder heute zunehmend auf *Menschenrechte*[37]. Im übrigen spricht man in diesem Zusammenhang gern vom *ethischen Minimum*[38] (Rz 34 f.). Andere Autoren versuchen, an die Moral der Mehrheit[39] anzuknüpfen und verweisen nach dem Vorgang von *H. Henkel*[40] auf einen Zusammenhang, den man zum Unterschied zur sog. Hochmoral als *Sozialmoral* charakterisiert (Rz 222). Alle diese Versuche sind jedoch noch dem Konzept des – wenn auch toleranten – Glaubensstaates verpflichtet, für den es unerheblich ist, ob man den Umfang dessen mehr oder weniger begrenzt, was undiskutiert und nicht hinterfragbar geglaubt werden muß (dazu unten Rz 287 ff.).

18 Man kann sich die Schwierigkeiten, ein derartiges „ethisches Minimum" zu konstruieren, leicht an dem **Beispiel** des Dekalogs verdeutlichen – also der 10 Gebote: 2. Mos. 20, 2 ff.; 5 Mos. 5, 6 ff., 20, 2 ff.[41]. Ein Gebot der ersten Tafel lautet bekanntlich: „Du sollst den Feiertag heiligen" – wobei dieser Feiertag der „Sabbat" war, also unser heutiger Samstag und nicht der Sonntag. Man überlege, was ein Jude oder ein Christ auf die Frage antworten würde, ob die Christen dieses Gebot beachten.

Auf der 2. Tafel findet sich das Gebot: „Du sollst nicht ehebrechen". Damit war jedoch im Zusammenhang der jüdischen Vorstellungen nur verboten, das (Eigentums-)Recht des Mannes an seiner Ehefrau zu verletzen – nicht aber zum **Beispiel** der außereheliche Verkehr eines Ehemannes mit einer unverheirateten Frau. Es liegt auf der Hand, daß im Zusammenhang unseres Rechts „Ehebruch" etwas anderes bedeutet: Er stellt sich nicht als Verletzung des Rechts eines Dritten (des Ehemannes) an der Frau dar; sein „Unrecht" ergibt sich vielmehr aus der Verletzung der gegenseitigen Treuepflicht des Ehegatten.

19 Wir können und müssen also davon ausgehen, daß sich Politik und Recht einerseits und Moral und Ethik andererseits im Zusammenhang unseres pluralistischen Staates nicht mehr als Einheit darstellen: Wir können das *Recht nicht* länger als einen *Ausschnitt aus einem übergreifenden, uns allen gemeinsamen System von Normen und Überzeugungen* verstehen und behandeln, in dem Recht, Moral und Sitte eine Einheit bilden. Und daraus folgt auch, daß wir das Recht im Bedarfsfall – nämlich dann, wenn wir nicht genügend Rechtssätze finden – nicht mit Hilfe *unseres* moralischen Empfindens ergänzen können und dürfen.

20 Aber wenn wir danach auch davon ausgehen müssen, daß sich Politik, Recht, Moral und Ethik nicht mehr als unterschiedliche Ausprägungen eines allen gemeinsamen Normensystems darstellen, so ist damit nicht gesagt, daß jetzt *alle* Beziehungen oder Verbindungen zwischen Recht (und Politik) und Moral oder Ethik aufgehoben sind. Denn die frühere Feststellung, daß es in all diesen Zusammenhängen um richtiges

---

36 Dazu ausf. *Pawlowski*, Methodenlehre, Rz 849 ff. sowie *ders.* in: Wolter/Riedel/Taupitz, Einwirkungen der Grundrechte auf das Zivilrecht, Öffentliche Recht und Strafrecht – Mannheimer Fakultätstagung über 50 Jahre Grundgesetz. 1999, S. 39 ff.

37 Dazu *Pawlowski*, Methodenlehre, Rz 860 ff.

38 Dazu kritisch *Pawlowski*, Rechtswissenschaft, § 7, 1. S. 117 ff., 129 ff.; informativ auch *M. Trapp* ARSP 72 (1986), S. 153 ff.

39 So z.B. *K. Larenz*, Allg. Teil, § 22 III, S. 436 ff.

40 Rechtsphilosophie. 2. Aufl. 1977, § 8, 3, S. 71 ff.; dazu kritisch *Pawlowski*, Rechtswissenschaft, § 72, S. 127 ff., 133 ff.

41 Vgl. in diesem Zusammenhang auch das in *Pawlowski*, Methodenlehre, Rz 844 ff. dargestellte Beispiel aus dem Bereich der japanischen Kultur.

(gutes) Handeln geht, bleibt weiterhin gültig. Aufgehoben ist nur der *direkte* (unvermittelte) Zusammenhang dieser Komplexe – ihre Einheit. Wir wissen jedoch praktisch auch, daß zwischen Politik und Recht einerseits und Moral und Ethik andererseits weiterhin eine – wenn auch indirekte – Verbindung besteht: Schon weil wir Politik und Recht weiterhin „moralisch" beurteilen. Diese Verbindung ergibt sich daraus, daß uns unsere Moral die „Gründe" liefert (und liefern muß), von denen her sich die Normen des geltenden Rechts als „richtig" verstehen lassen, bzw. zumindest als ein Versuch *richtiger* Lösungen. Ethik und Moral ermöglichen also eine *Rechtfertigung des Rechts*[42], auf der dessen Verbindlichkeit (*Bindungswirkung*) beruht. Man muß sich also darüber klar sein, wie sich das Verhältnis von Politik und Recht einerseits und Moral und Ethik andererseits heute darstellt, wenn man mit dem Recht richtig (methodisch) umgehen will – weil man sonst **immer wieder** der **Gefahr** erliegt, **das allgemeine,** für alle geltende **Recht von der eigenen Moral her zu bestimmen.**

Recht und Ethik im pluralistischen Staat

Fragt man nach Kriterien für die „Richtigkeit" (Güte, Gerechtigkeit) einer staatlichen **21** Ordnung, so lassen die bisherigen Überlegungen bereits erkennen, daß die normativ-ethische Dimension des Rechtes im Zusammenhang des pluralistischen Staates überhaupt nicht in den Blick kommt, wenn und solange man von überkommenen, „vorgegebenen" Maßstäben ausgeht. Der Zugang zu dieser Dimension öffnet sich vielmehr erst, wenn man sich auf die Aufgabe des Rechts (und damit des Staates) besinnt – wenn man also vom Recht ausgeht und nicht von der Ethik oder Moral. Aufgabe des Rechts und des Staates ist es, in einem Gebiet das gemeinsame Leben zu gewährleisten. Ein normatives Kriterium für die Richtigkeit (Güte) eines Rechtssystems (eines Staates) bietet daher die Zahl der „Außenseiter"[43], die nicht an dem gemeinsamen Leben teilhaben – d.h. also (vereinfacht gesprochen) die Zahl der Bürger, die verhungern oder getötet und verletzt werden (Sphäre der Gesellschaft) oder die zur Verhinderung dieser Folgen in Gefängnissen oder Irrenanstalten eingesperrt werden (Sphäre des Staates)[44]. Denn dieses – empirische überprüfbare – Kriterium kann man unter Annahme der Gleichberechtigung aller Bürger nur ablehnen, wenn man selbst (für sich) weder das Verhungern bzw. die Tötung oder Verletzung noch die Einweisung in ein Gefängnis oder eine geschlossene Anstalt als ein Übel ansieht, das der Staat (mit Hilfe der Rechtsordnung) so weit wie möglich ausschalten sollte. Staat und Recht dienen damit einer auch ethisch und moralisch relevanten Aufgabe – nämlich der Erhaltung des Lebens ihrer Bürger.

Die Kriterien für die optimale Erfüllung dieser Aufgabe ergeben sich dann aber nicht **21a** aus einer bestimmten Ethik oder Moral, sondern aus dem *Erfolg* des Rechts. Und die-

---

42 Dazu schon *Pawlowski*, Rechtswissenschaft, § 7, S. 86 ff.; d*ers.*, Moral, S. 11 ff. sowie ausf. *ders.*, Methodenlehre, Rz 839 ff.
43 Dazu ausf. *Pawlowski*, Rechtswissenschaft, § 11 III, S. 270 ff.
44 Der Text bezieht sich dabei auf unseren Staat, der die Todesstrafen abgeschafft (Art. 102 GG) hat und der selbst seiner Polizei nicht den „gezielten Todesschuß" zur Durchsetzung ihrer Aufgaben zubilligt. Entscheidend ist, daß die Sanktionen des Staates, die einzelne Bürger zu „Außenseitern" werden lassen, nur gerechtfertigt sind, wenn sie größere „Übel" in der Sphäre der Gesellschaft verhindern.

ser ist offensichtlich von verschiedenen Randbedingungen abhängig. Das Recht als Friedensordnung bietet damit eine Problemstellung, die sich von den Problemstellungen der Ethik oder Moral unterscheidet[45]: *Recht ist eine Art sich zu einigen, ohne sich zu schlagen – und die Rechtswissenschaft ist die Wissenschaft davon, wie man dies herbeiführt.* Recht und Politik unterscheiden sich von Ethik und Moral durch die *Beschränkung ihrer Aufgabenstellung* – die wiederum ihre technische Handhabung ermöglicht.

22 Man mag sich daran erinnern, daß das Recht schon in seinen Anfängen darauf ausgerichtet war, die Ausübung von Gewalt zu beschränken. Dies zeigt u.a. das bekannte Wort aus dem Alten Testament, nach dem „Auge um Auge, Zahn um Zahn" vergolten werden solle (2. Mos., 21, 24). Dem heutigen Menschen mag dieses Talions-Prinzip hart anmuten. Aber auch wir wissen, daß wir unmittelbar dazu neigen, den zu erschlagen, der uns zum **Beispiel** „nur" ein Auge ausgeschlagen hat. Es ging also auch bei dem „harten" Talions-Prinzip bereits um die Beschränkung von Gewalt – von sonst „normalem" Verhalten. Und diese Beschränkung kennzeichnet auch noch heute *rechtliche* Regelungen gegenüber informellen (vorrechtlichen) Regelungen – oder sollte es wenigstens.

23 Die damit verbundene Rechtfertigung des Rechts aus seinem – empirisch überprüfbaren – Erfolg mag manchem fast zynisch erscheinen. Daher sei darauf hingewiesen, daß sich die damit skizzierte Beschränkung der Aufgabe des Staates und des Rechts aus der Lehre der Theologen der Reformation ergibt (nämlich aus der Lehre von den zwei Reichen bzw. zwei Regimentern Gottes), nach der es Aufgabe des Staates (und zwar auch des heidnischen Staates) ist, das Leben der Menschen zu erhalten: Für die Erlösung durch die Verkündigung (Predigt) des Wortes Gottes. Dem entspricht heute die Feststellung *A. Hollerbachs*[46], daß es beim Staat nicht um eine Wahrheits- und Tugendordnung gehe, sondern um eine Friedens- und Freiheitsordnung. Diese Beschränkung des Staates (der Not- oder Erhaltungsordnung) auf die Erhaltung des Friedens und damit des Lebens – damit sich die Heilsordnung der Kirchen und der übrigen Weltanschauungsgemeinschaften[47] (Rz 44 f.) verwirklichen kann – nimmt dem Staat nichts von seiner Würde. Die Arbeit „nur" für die Erhaltung des Menschen (und nicht gleichzeitig für sein „Heil") bleibt durchaus eine Aufgabe, der man sich mit Begeisterung widmen kann: Sie ist des Schweißes der Edlen wert – auch, und besonders dann, wenn man an dem Heil zweifelt. Diese Arbeit wird heute aber nur so-

---

45 Dazu eingehend *Pawlowski*, Ryffel-F., S. 87 ff. sowie *ders.*, Festschrift für A. Troller. 1986, S. 31 ff.

46 Staatskirchenrecht (Fn. 14), § 138, Rz 80.

47 Man unterscheidet bei uns zwar meist zwischen religiösen (theologischen) und weltanschaulichen (philosophischen) Überzeugungen. Dieser bei uns historisch überkommenen Unterscheidung kommt aber nur eine äußerliche Bedeutung zu (dazu noch Rz 44 f.). Den sachlichen Zusammenhängen entspricht es dagegen, wenn man theologische und philosophische Überzeugungen gleich behandelt, wie es das Gesetz über die religiöse Kindererziehung (RKEG.) v. 15. Juli 1921, RGBl., S. 939) in seinem § 6 anordnet: Man braucht sich nur zu vergegenwärtigen, daß die heutige *Mischehe* nicht mehr wie in den 50er Jahren die Ehe zwischen einer Katholikin und einem Protestanten ist, sondern die Ehe zwischen einer Grünen und einem Atomtechniker oder zwischen einer Raucherin und einem militanten Nichtraucher. Es macht in unserem Zusammenhang (anders als vielleicht bei den Problemen der Rechtsstellung der Glaubens- oder Weltanschauungsgemeinschaften) eben keinen Unterschied, ob die rechtlichen Probleme nach den Art. 2 und 5 oder nach Art. 4 GG zu beurteilen sind; dazu noch Rz 44 f.) und i.ü. *Pawlowski*, Die „Bürgerliche Ehe" als Organisation. 1983. S. 5; vgl. auch *A. Hollerbach*, Staatskirchenrecht (Fn. 14), § 138, Rz 113, 124 ff., 137 ff.

lange „richtig" geleistet, wie sie innerhalb der durch die Anerkennung der Glaubensfreiheit aller (Rz 13 ff.) gesetzten Grenzen bleibt – wenn sie sich also an die Beschränkung der Aufgaben hält, die Staat und Recht zu erfüllen haben.

Der „Staat der Glaubensfreiheit" ist also das Ergebnis einer Entwicklung, die durch die Lehren **24** christlicher Theologien eingeleitet wurde[48]; er ist insofern nicht zuletzt eine Folge des Christentums. Der Staat der Glaubensfreiheit ist aber damit kein *christlicher* Staat. Er hat vielmehr den Glauben freigegeben und verzichtet darauf, die geistigen (weltanschaulichen) Überzeugungen seiner Bürger zu kontrollieren (Rz 25). Und es ist von daher wahrscheinlich, daß er nur solange Bestand haben wird, als Christen in ihm leben, die diesen Verzicht erbringen können, weil sie wissen, daß Gott Herr der Geschichte ist. Die normative Anerkennung der Glaubensfreiheit erhält ihre Rechtfertigung jedoch keineswegs (nur) aus dem Christentum. An ihr sind praktisch zum **Beispiel** bei uns gerade die Muslime interessiert.

Zur Klarstellung sei im übrigen vermerkt, daß die Erhaltung des Friedens und des Lebens **24a** nicht selten eine Verbesserung der Lebensverhältnisse erfordert – zum **Beispiel** eine Verbesserung der Chancengleichheit, der Ausbildung usf.: Nur nicht auf Kosten des Lebens. Verbesserung der Lebensverhältnisse und ähnliche Ziele sind danach also vom Recht her gesehen immer nur *sekundäre* Ziele (dazu noch Rz 262 ff.). Ihre Rechtlichkeit – d.h. ihre Vereinbarkeit mit dem bereits erreichten Recht[49] – ergibt sich daraus, daß sie das primäre Ziel des Rechts fördern, nämlich die Erhaltung des Friedens und damit des Lebens.

Es wäre allerdings ein Mißverständnis, wenn man den vorstehenden Überlegungen entnehmen würde, daß danach das Leben das „höchste Gut" sei. Der einzelne Rechtsgenosse kann und wird vielmehr – nicht selten zu Unrecht, vielfach aber auch zu Recht – andere Güter höher schätzen als sein eigenes Leben. Es kann „richtig" sein, sein eigenes Leben um höherer Ziele willen zu opfern. Nur: Staat und Recht können dieses Opfer nicht fordern, weil es ihre Aufgabe ist, das Leben des Menschen zu erhalten.

Aus diesem Ansatz ergeben sich i.ü. noch weitere Folgen für die Ausformung unserer **25** rechtlichen Ordnung, die ich hier nur andeuten kann[50]. Denn auch wenn man die Rechtssphären der Bürger formal gegeneinander abgrenzt, wird ein friedliches gemeinsames Leben nur möglich sein, wenn sich die Mitglieder der verschiedenen Glaubens- und Weltanschauungsgemeinschaften auf die für das Zusammenleben jeweils notwendigen *Einzelentscheidungen* einigen können – und sei es im Wege des gegenseitigen Aushandelns eines Kompromisses. Und aus dieser faktischen Voraussetzung für einen pluralistischen Staat bzw. einen Staat der Glaubensfreiheit – aufgrund derer *E. W. Böckenförde*[51] diesen als einen Staat charakterisiert, der darauf verzichte, seinen eigenen Existenzbedingungen zu kontrollieren[52] –, ergeben sich eine Reihe von Konsequenzen für die Organisation des Staates und auch für die Art seines Rechts, die hier nur angedeutet werden können.

---

48 Dazu *Pawlowski*, Moral, S. 153 ff.
49 Dazu *Pawlowski*, Moral, S. 11 ff.
50 Dazu i.ü. ausf. *Pawlowski*, Methodenlehre, Rz 832 ff., 891 ff.
51 Staat, Gesellschaft, Freiheit. 1976. S. 60 ff.
52 Nämlich die weltanschaulichen Überzeugungen seiner Bürger. Von daher ist es wahrscheinlich, daß dieser freiheitliche Staat nur solange Bestand haben wird, als Christen in ihm leben, die diesen Verzicht unterstützen und tragen können, weil sie wissen, daß Gott Herr der Geschichte ist – ihr Gott, von dem sie wissen, daß sein Wesen Liebe ist; vgl. 1. Joh., 4, 8.

25a   So macht die genauere Überlegung[53] u.a. deutlich, daß in einem derartigen Staate nur solche Normen als Rechtssätze erlassen werden können, die folgenden **5 Prinzipien** entsprechen, um so **das Zusammenspiel von** (allgemeinem) **Recht und** (besonderer) **Moral** im Einzelfall zu **regulieren:**

1. *Ausgeschlossen* sind einmal *alle* rechtlichen *Regelungen, die* die Rechtsgenossen selbst *zu Handlungen zwingen, die* sie aufgrund ihrer weltanschaulichen oder kulturellen Prägungen als *sündhaft, unverantwortlich* usf. ansehen müssen.

Ein historisches **Beispiel** bietet hier die Verpflichtung zur Teilnahme am Kaiserkult für Christen, ein aktuelles die Verpflichtung der Töchter fundamentalistischer Muslime zur Teilnahme am koedukativen Sportunterricht[54].

2. *Ausgeschlossen* sind zudem alle Verhaltensweisen, die dazu führen, daß Dritte aufgrund weltanschaulich oder kulturell bedingter Aktivitäten *Eingriffe in* ihre *Rechte* hinnehmen müssen[55].

Wer zum **Beispiel** aus religiösen Gründen Menschenopfer für erforderlich hält, mag sich zwar selbst als Opfer anbieten können; er kann aber nicht verlangen, daß sich Dritte gegen ihren Willen opfern lassen. Von aktuellerem Interesse ist, daß niemand verpflichtet sein kann, selbst an Blutübertragungen teilzunehmen und daß sich niemand strafbar macht, der der Blutübertragung bei seinem Ehegatten oder seinen Kindern nicht zustimmt – wie das BVerfG zu Recht festgestellt hat[56]. Dies schließt aber nicht aus, daß der Staat durch seine Vormundschaftsgerichte Blutübertragungen bei Kindern auch gegen den Willen der Eltern zulassen kann: Die Eltern mögen über ihr eigenes Leben verfügen, nicht aber über das Leben ihrer Kinder.

3. *Ausgeschlossen* ist auch, daß jemand *an Handlungen gehindert wird, die für die Betätigung seines Glaubens zentral* sind[57].

Hier sei zum **Beispiel** für Christen an die Bedeutung der Verkündigung[58] und Mission sowie der Teilnahme am sakramentalen Geschehen erinnert, für Juden an die Bedeutung *koscherer* Speisen[59] oder für Zeugen Jehovas an die Verpflichtung zur Mission.

25b   4. *Anzuerkennen* sind im übrigen *Ansprüche auf Gleichbehandlung* aller religiösen Besonderheiten.

---

53 Was ich anderwärts ausführlich begründet habe; dazu Methodenlehre, Rz 888 ff.
54 Dazu u.a. BVerwG NVwZ 1994, S. 578 f. mit krit. Anm. von *U. Wesel* NJW 1994, S. 1389 f. – allerdings mit der Begründung, daß dieser Unterricht nicht koedukativ erteilt zu werden brauche, was die Klägerin unnötig belaste – und i.ü. OVG Münster NVwZ 1992, S. 77; OVG Lüneburg NVwZ 1991, S. 79 bzw. *J. Rux* Staat 35 (1996), S. 523 ff. oder *Kunig/Mager* Jura 1992, S. 364 ff.
55 Dazu *J. Rux* Staat 35 (1996), S, 523 ff., 527: das Recht zur Mission umfaßt nicht das Recht zur Zwangsmission.
56 BVerfGE 32, S. 98 ff.
57 So auch *J. Rux* Staat 35 (1996), S. 523 ff., 528.
58 Vgl. dazu *A. Hollerbach*, Grundlagen des Staatskirchenrechts. In: Isensee/Kirchhof (Hrsg.), Handbuch des Staatsrechts. Bd. 4, 1989, Rz 99.
59 Daher gilt das Verbot des Schächtens zwar für glaubenslose oder christliche, nicht aber für jüdische Metzger; BVerwGE 42, S. 128 ff., 131 und NJW 1996, S. 672 ff. und für Österreich die Darstellung bei *P. Lewisch* JurBl. 1998, S. 137 ff. (dazu oben Rz 795b); vgl. dazu i.ü. *M. Heckel*, Das Gleichbehandlungsgebot im Hinblick auf die Religion. In: Listl/Pirson (Hrsg.), Handbuch des Staatskirchenrechts der Bundesrepublik Deutschland. Bd. I, 2. Aufl. 1994, S. 623 ff., 641; *E. Pache* Jura 1995, S. 150 ff.; *J. Müller Vollbehr* JuS 1997, S. 233 ff.

Wenn zum **Beispiel** Diakonissen oder Ordensschwestern ein Paßbild mit Haube einreichen dürfen (die ihr Ohr verdeckt), so dürfen auch Muslime Paßbilder mit Kopftuch einreichen[60].

5. *Bei erlaubten, aber nicht gebotenen Verhaltensweisen sind* schließlich *Kompromisse erforderlich*. Denn bei diesen Verhaltensweisen ist es, wenn verschiedene moralische Konzepte differieren, für die Wahrung des gemeinsamen Friedens *notwendig*, Minderheiten zum *Verzicht auf einzelne*, ihnen an sich *erlaubte Verhaltensweisen* zu veranlassen – wenn ihre Zulassung der Mehrheit besondere Schwierigkeiten bereitet.

Denn wenn die Erhaltung des Friedens (und damit des Lebens) auch nicht für alle das höchste Ziel oder den höchste Wert darstellt, so kann man mit dem Hinweis auf dieses Ziel doch gegenüber allen den Verzicht auf (nur) erlaubte – und damit nicht notwendige, weil nicht unbedingt gebotene – Verhaltensweisen rechtfertigen: Weil erlaubte Verhaltensweisen nur möglich sind und bleiben, solange man lebt. Zu diesen erlaubten aber nicht gebotenen Verhaltensweisen zählt zum **Beispiel** die Zulässigkeit der Mehrehe bei den Mormonen oder den Muslimen[61].

Diese Kriterien geben Anlaß zu einer weitverzweigten Kasuistik, der wir hier nicht nachgehen können. *Von grundsätzlichem Interesse ist aber, daß sich nach ihnen das, was Recht sein kann, als zufällig* (kontingent) *darstellt – bedingt durch Art und Zahl der Weltanschauungs- und Glaubensgemeinschaften, die sich in einem Staate finden*[62].   **25c**

Dürfen zum **Beispiel** Ordensschwestern Hauben tragen, wenn sie studieren, kann man Muslimen nicht das Tragen von Kopftüchern verbieten – wie es in der Türkei der Fall war.

Ist zum **Beispiel** für fundamentalistische Christen oder Muslime die Unterordnung der Frau in der Ehe eine religiöse Verpflichtung, so darf nicht nur das Eherecht dieses Verhalten nicht als rechtswidrig qualifizieren; man muß vielmehr auch davon ausgehen, daß auch das Familienrecht die Entziehung der elterlichen Sorge nicht allein mit einem derartigen Verhalten der Eltern begründen darf. Wer meint, daß es den Kindern schade, wenn sie in patriarchalisch strukturierten Familien aufwachsen – weil sie dort ein *falsches* Verhalten lernen –, mag dafür sorgen, daß die Kinder in der Schule andere Verhaltensmodelle kennen lernen. Die Eltern können sich nicht dagegen wehren, daß der Staat ihre Kinder mit Auffassungen und Lehren bekannt macht, die sie als falsch oder sündhaft empfinden. Sie dürfen ihre Erziehung aber darauf ausrichten, daß die Kinder zu ihren kulturellen, weltanschaulichen oder religiösen Überzeugungen hin beeinflußt werden, solange sie nicht aus diesen Gründen Verhaltensweisen an den Tag legen, die die Gesundheit oder die kulturellen Fähigkeiten der Kinder negativ beeinflussen – wenn sie also die Kinder nicht zum Schulbesuch anhalten, angezeigte Blutübertragungen versäumen usf.

Was also heute *bei uns* Recht werden kann, ist danach durch die historische Entwicklung bestimmt, die dazu geführt hat, daß bei uns heute gerade diese Weltanschau-   **25d**

---

60 So VG Wiesbaden NVwZ 1985, S. 137 f.
61 Dazu *Pawlowski*, Methodenlehre, Rz 920 ff.
62 Dazu bereits *Pawlowski*, Wildenmann-F., S. 172 ff.; *ders.* in: R. Wildenmann (Hrsg.), Umwelt, Wirtschaft, Gesellschaft. Wege zu einem neuen Grundverständnis. 1986, S. 317 ff. Vgl. z.B. auch BVerwG 42, S. 128 ff. (1973): *Wenn* aufgrund eines Ministerialerlasses die Kinder von Juden und 7-Tage-Adventisten samstags vom Schuldienst befreit sind, dann müssen auch die Kinder anderer religiöser Gemeinschaften, die den Schulbesuch am Samstag aus religiösen Gründen ablehnen, vom Schulbesuch am Samstag befreit werden.

ungs- und Glaubensgemeinschaften verbreitet sind, weshalb sich in Mitteleuropa auch andere Probleme stellen, als es in Japan[63] oder in den USA der Fall ist.

25e Die Möglichkeit eines friedlichen Zusammenlebens der Vertreter verschiedener Weltanschauungs- oder Glaubensgemeinschaften mit unterschiedlichen kulturellen Prägungen ergibt sich danach daraus, daß die Zahl der Handlungen, die sich dem einzelnen selbst aufgrund seiner Weltanschauung oder seines Glaubens als absolut ge- oder verboten darstellen, verhältnismäßig klein ist, und daß sich der daneben notwendige Verzicht auf eine Reihe (nur) empfohlener Verhaltensweisen als ein zumutbares Opfer für die Erhaltung des allgemeinen Rechtsfriedens darstellt. Es liegt dabei auf der Hand, daß in diesem Zusammenhang einer Mehrheitsentscheidung für oder gegen die Zulassung bestimmter Verhaltensweisen auch eine legitimierende Bedeutung zukommt.

26 Wir können und müssen damit davon ausgehen, daß das Recht kein Gegenstand ist, der dem freien – instrumentalen – politischen Zugriff unterliegt, daß wir es aber auch nicht direkt mit Hilfe moralischer und ethischer Überlegungen ergänzen können. Dem *Recht* kommt vielmehr eine *beschränkte Autonomie* zu: Denn es muß sich gegenüber allen Glaubensrichtungen, die im Staat vertreten sind (Rz 15), als richtig bzw. sachgerecht, angemessen usf. erweisen – und nicht nur als reine Dezision, als willkürliche Entscheidung der Herrschenden oder der Mehrheit. Es liegt auf der Hand, daß der Umgang mit diesem Recht ein hohes Maß an wissenschaftlichen, methodischen Kenntnissen voraussetzt. *Man muß* vor allem *wissen, was nicht zum* allgemeinen, für alle verbindlichen *Recht gehört*, wenn man nicht immer wieder Opfer seiner eigenen weltanschaulichen, moralischen oder politischen (Vor-)Urteile werden will, deren man sich vielfach nicht bewußt ist. Ist doch vor allem Moral das, was sich von selbst versteht und daher für uns persönlich selbstverständlich ist. So wie wir uns aber auch bei unserem eigenen Handeln zu Recht an unseren moralischen, politischen und weltanschaulichen Überzeugungen orientieren: Wir müssen wissen, daß sie das allgemeine, für alle verbindliche Recht nicht bestimmen können und dürfen. Diesen Abstand auch gegenüber den eigenen – weiterhin selbstverständlichen – ethischen und moralischen Urteilen kann der Jurist aber nur gewinnen, wenn er sich mit den Voraussetzungen ethischer und moralischer Urteile befaßt hat, wenn er also weiß, um was es in der sog. praktischen Philosophie geht, die diese Frage behandelt. Eine Einführung in die juristische Methodenlehre muß daher auch über diese Vorfragen bzw. Voraussetzungen unserer Rechtswissenschaft informieren. Der angehende Jurist muß sich daher auch mit den *Grundlagen* der Rechtswissenschaft befassen.

2. Ziel und Gang der Darstellung

27 Aus diesen Überlegungen ergibt sich dann das Ziel der folgenden Darstellung: Es geht beim Recht um *richtiges* Handeln und Entscheiden – wir verbinden Recht daher mit dem Begriff der „Gerechtigkeit". Daher müssen wir uns vergegenwärtigen, um

---

63 Dazu das in *Pawlowski*, Methodenlehre, Rz 844 ff. dargestellte Beispiel aus dem Bereich der japanischen Kultur.

was es geht, wenn wir fordern, daß unser Recht gerecht (richtig) sein soll oder – bescheidener – jedenfalls „ein Versuch sein muß, unser gemeinsames Leben richtig (gerecht) zu regeln".

Die Frage nach der Gerechtigkeit unseres Rechts[64] führt uns aber über den Zusammenhang unserer Rechtswissenschaft hinaus. Denn wenn wir auch darauf bestehen sollten, daß unser Recht und damit unsere Rechtswissenschaft mit „dem Recht" und „der Gerechtigkeit" zusammenhängen, so wissen wir auch, daß unser Recht nicht die einzig richtige Ausprägung der Gerechtigkeit ist. Denn wir wissen nicht nur, daß andere Rechtsordnungen Recht und Gerechtigkeit auf anderen Wegen zu verwirklichen suchen. Wir können und sollten vielmehr nicht bestreiten, daß auch die Politiker oder die Ökonomen, Soziologen u.a.m auf ihre Weise und mit ihren Mitteln nach Gerechtigkeit streben – und zwar nicht selten nach der Gerechtigkeit, die *noch nicht* geltendes Recht ist. **27a**

Die Frage nach der Gerechtigkeit unseres Rechts verweist uns also auf allgemeine Überlegungen, die wir als „philosophisch" zu bezeichnen pflegen. Und dies verweist den Juristen darauf, sich auch mit der Philosophie und insbesondere mit der Rechtsphilosophie zu beschäftigen. Denn unsere bisherigen Überlegungen haben zwar bereits erkennen lassen, daß man von der (Rechts-)Philosophie keine direkte Hilfe für den *richtigen* Umgang mit dem Recht erwarten kann: Man findet nämlich nie *die* (Rechts-)Philosophie, sondern immer nur verschiedene (Rechts-)Philosophien. Und der richtige Umgang mit unserem Recht kann nicht davon abhängen, daß man einer dieser verschiedenen Philosophien folgt. Wir können uns als Juristen bei unseren Entscheidungen nicht darauf berufen, daß sie deshalb richtig (gerecht) seien, weil dieser oder jener Philosoph dieses oder jenes lehrt. Der Jurist muß sich aber mit Philosophie und Rechtsphilosophie beschäftigen, um bei seinem Umgang mit dem Recht unterscheiden zu können, was nur *Recht sein sollte* – nämlich von den Voraussetzungen einer bestimmten Philosophie her – und was zum *allgemeinen* Recht gehört, das für die Vertreter aller philosophischen Richtungen verbindlich ist. Eine Einführung in die juristische Methodenlehre muß also über das Grundlagenfach „Rechtsphilosophie" informieren. **27b**

Vergleichbare Probleme ergeben sich für den Juristen heute auch im Verhältnis zu den benachbarten Sozialwissenschaften – und hier insbesondere im Verhältnis zur (Rechts-)Soziologie. Auch von ihr kann der Jurist keine direkten Hilfen für seinen Umgang mit dem Recht erwarten, weil auch sie wie alle anderen Wissenschaften „Schulwissenschaft" ist. Der Jurist kann sich zur Rechtfertigung seiner Entscheidung ebensowenig darauf berufen, daß ein Soziologe dieses oder jenes lehrt, wie er sich auf die Lehren dieses oder jenes Philosophen stützen kann. Die Beschäftigung mit der Soziologie, die sich auch mit den Problemen des Zusammenlebens der Menschen in einer Gesellschaft befaßt, kann den Juristen aber bei seinem Umgang mit dem Recht ebenfalls helfen, zu *erkennen, was nicht zum* allgemeinen, für alle verbindlichen *Recht gehört* – sondern „nur" zu den Normen bestimmter (seiner) Gruppen, Schichten etc. Wer lernen will, mit dem Recht und den Gesetzen wissenschaftlich – **28**

---

64 Dazu *Pawlowski*, Moral, S. 11 ff.

methodisch – umzugehen, braucht daher auch Informationen über das Grundlagen-fach „Rechtssoziologie".

Zum Gang der Darstellung

29   Die Einführung in die juristische Methodenlehre muß daher von der Frage nach der Gerechtigkeit (§ 2) ausgehen und das Verhältnis von Philosophie und Wissenschaft (§ 3) zu klären suchen, bei dem es um die Frage geht, was man wissen kann und was es heißt, etwas zu wissen (§ 4). Dann muß das Recht als Gegenstand der Rechtswis-senschaft (§§ 5-8), der Rechtsphilosophie (§ 9) und der Rechtssoziologie (§ 10) be-schrieben und analysiert werden – um damit die notwendige begriffliche Vorklärung für den methodischen Umgang mit unserem Recht zu erreichen. Von daher ist dann als Gegenstand der Rechtswissenschaft das Problem der *richtigen* – gerechten – Ent-scheidung zu bestimmen (§ 11), für das die Rechtswissenschaft Lösungen bieten kann, weil sie Zugang zu den Erfahrungen über einen sehr langen Umgang mit diesen Problemen bietet. Die Rechtswissenschaft erweist sich damit als eine Erfahrungswis-senschaft – als ein Spezialgebiet der allgemeinen Sozialwissenschaft (§ 12).

30   Eine Einführung in die juristische Methodenlehre kann dabei nur dazu dienen, in die verschiedenen Probleme einzuführen und naheliegende Mißverständnisse auszuräu-men. Sie kann keine „Antworten" oder „Lösungen" für die dabei aufgeworfenen Fra-gen und Probleme anbieten – und sie braucht dies auch nicht. So wird sich insbeson-dere zeigen, daß Wissenschaftstheorie, Rechtsphilosophie und Rechtssoziologie keine Antworten auf die Frage nach der Gerechtigkeit bieten – jedenfalls keine Ant-worten, von denen der Jurist ausgehen und auf die er dann seine Folgerungen „auf-bauen" könnte. Dies sollte aber den juristischen Leser nicht enttäuschen oder verdrie-ßen: Denn Rechtswissenschaft als „Wissenschaft vom Recht" oder als „wissenschaft-liche Methode der Rechtserkenntnis" – und mit ihr der Berufsstand der „gelehrten Ju-risten" – gibt es gerade deshalb, weil die anderen Wissenschaften oder Bemühungen keine ausreichende Antwort auf die Frage nach dem Recht und der Gerechtigkeit ge-ben können.

31   Und selbst die Darstellung der juristischen Methodenlehre wird zwar einen Über-blick über die heute verwendeten und erarbeiteten juristischen Arbeitsmittel geben – und über die Probleme, die sich bei ihrer Anwendung stellen. Aber auch hier kom-men selbstverständlich Antworten und Lösungen erst in den Blick, wenn man sich in unser Recht eingearbeitet hat – und auch dann wird vieles umstritten bleiben, weil die Rechtswissenschaft wie alle anderen Wissenschaften ein Diskussionszusammenhang ist, der ständig zu neuen Fragen und Antworten fortschreitet. Was also eine Einfüh-rung in die juristische Methodenlehre bieten kann, ist eine erste Klärung – ist *Aufklä-rung*. Diese muß aber am Anfang aller wissenschaftlichen Tätigkeiten stehen, bei der man *wissen* muß, *was man tut*.

1. Teil

Was ist das Geschäft der Philosophie?

§ 2 Die Frage nach der Gerechtigkeit

Beginnen wir also mit der Frage nach der Gerechtigkeit: 32

„Drei Breitengrade werfen die ganze Jurisprudenz über den Haufen; ein Meridian entscheidet
über die Wahrheit; in wenigen Jahren des Besitzes verändern sich die grundlegenden Gesetze;
das Recht hat seine Epochen …: Eine schöne Gerechtigkeit, deren Grenze ein Fluß ist! Was
auf dieser Seite der Pyrenäen Wahrheit ist, ist auf der anderen Irrtum."

Diese Sätze aus den „Pensées" von *Blaise Pascal* (1623-1662) sprechen auch für uns
noch das Problem des Rechts und der Gerechtigkeit direkt an – wenn auch die Grenze
nicht immer ein Fluß sein muß. Auch für uns war es lange ein Problem der Gerechtigkeit – oder eine Erscheinung der Ungerechtigkeit –, daß diesseits und jenseits der
Elbe dieselben Taten einmal belohnt und gefeiert und zum anderen verurteilt und bestraft wurden, wie zum **Beispiel** Flugzeugentführungen durch arabische „Guerillas".
Und ähnliches gilt heute für andere Grenzen: Für die Grenze zwischen Süd- und
Nordkorea, zwischen der Türkei und dem Irak usf. Wäre es nicht besser, wenn überall
das gleiche Recht gelten würde? Aber: Da stocken wir sofort. Denn daß es nicht besser (auf Erden) sein würde, wenn überall das gleiche Recht gelten würde, leuchtet
ebenfalls ein. Schon klimatische, noch mehr aber historische und andere Gründe legen es nahe, die rechtlichen Regeln je nach den Bedürfnissen bestimmter Zonen,
Völker oder Kontinente zu differenzieren. Ein „gleiches Recht für alle" – für die
ganze Welt – würde voraussetzen, daß alle gleich über das Recht denken und gleiche
Bedürfnisse haben – was evident nicht der Fall ist. Das Recht ist daher „zu Recht" an
bestimmte Grenzen gebunden.

Man wird nun einwenden, daß es uns allerdings wenig berührt hat, daß man jenseits   33
der Elbe im Intershop einkaufte, während wir hier zu Edeka gingen. Und man wird
hervorheben, daß Differenzierungen nicht nur in der Kleidung, sondern auch im
Recht allerdings im weiten Umfang notwendig sind und daß sie die Welt auch schö-
ner machen. Man erwartet in Tunis oder Madras nicht nur eine andere Hautfarbe und
andere Häuser, sondern auch andere Verhaltensregeln. Dort ist es – Gott sei Dank –
anders als bei uns in Wanne-Eickel oder in der Neckarstadt. Und wenn jemand erfährt, daß es in der Bar von Palermo nach einer Zecherei „unterm Tisch" ebenso ist,
„wie bei uns in Wanne-Eickel", dann ist das enttäuschend. Nur Morde, Flugzeugentführungen, Diebstahl u.ä. – also *böse* Handlungen –, die sollten überall
gleich beurteilt werden. Ein **ethisches Minimum** – das sollte überall gleich gewähr-

leistet sein[1]. Heute spricht man in diesem Zusammenhang gern von den Menschenrechten[2].

Diese Lehre vom Minimalkonsens ist weit verbreitet. Wir werden noch öfter Anlaß haben, uns mit ihr zu beschäftigen. Sie scheint praktisch und effizient zu sein: Maoisten, Russen, Amerikaner und selbst „wilde Völker" lehnen zum **Beispiel** den Mord ab oder auch die willkürliche Zerstörung fremder Güter. Man kann sich mit fast allen Menschen über derartige Fragen bald einigen. Nur: Man spreche einmal mit einem Araber über Flugzeugentführungen durch arabische Guerillas! Oder man erinnere sich an die sog. Zwangsadoptionen der DDR[3], die unsere Öffentlichkeit eine Zeitlang erregten und die man heute wieder zu verfolgen sucht.

34   Man muß bei diesen Hinweisen auf das sog. **ethische Minimum** aber bedenken, daß eine Teilung in rechtliche Verhaltensregeln, die überall verschieden sein können und in den Grundvorrat von Recht, der überall gleich sein soll, nur möglich ist, **wenn man** das **Recht** mit Hilfe seiner Beziehung zu anderen Gegebenheiten **aufteilt**: nämlich in moralisch bedeutsames Recht (wie zum **Beispiel** das Tötungsverbot) und in moralisch indifferentes Recht (technisches Recht), das überall anders sein kann (wie zum **Beispiel** die Anordnung von Rechts- oder Linksverkehr auf den Straßen). Das *eigentliche* Recht ist dabei der Komplex der Regelungen, die von der Moral bestimmt sind, wie das Tötungsverbot u.ä.m. Die anderen Regelungen sind dagegen nur im technischen Sinne Recht. Eine derartige (Auf-)Teilung des Rechts ist aber nur möglich, wenn man das Recht mit *der* Moral verbindet.

35   Dabei kann dann aber *die* Moral nur eine bestimmte Moral sein – also entweder die eigene oder (wenn man sich auf eine bestimmte Rechtsgemeinschaft beziehen will) die Moral der Mehrheit. Daher ist auch die **Trennung von Recht und Moral,** die sich in Europa als Folge der Glaubenskriege entwickelt hat (vgl. Rz 12 ff.), als ein **Fortschritt der Freiheit** begrüßt worden. Die Verbindung von Recht, Politik und Moral, die den Glaubensstaat kennzeichnet (Rz 15), der Religionsfreiheit letztlich ausschließen muß (weil diese zu verschiedenen Arten von Moral führt), erscheint uns als rückständig[4] – ja fast als „mittelalterlich". Und daher gefährden auch alle Versu-

---

1   Vgl. dazu u.a. *Arthur Kaufmann* JuS 1978, S. 361 ff., 364: Es ist Aufgabe des Rechts, die elementaren sittlichen Forderungen zu garantieren.

2   Dazu *Pawlowski*, Ryffel-F., S. 87 ff. sowie *ders.*, Wildenmann-F., S. 172 ff.

3   Die DDR entzog „republikflüchtigen" Eltern die elterliche Sorge über ihre zurückgelassenen Kinder und gab die Kinder zur Adoption durch „familienfremde" Adoptionswillige frei – ein Verfahren, das im Zusammenhang des Rechts der DDR korrekt war: Denn die Eltern zeigten durch ihre „Republikflucht", daß sie ihre Kinder nicht im Geist des Sozialismus erziehen wollten, wie es aufgrund der Verfassung der DDR nach § 42 des Familiengesetzbuches der DDR ihr Recht und ihre Pflicht war. Diese Verletzung ihrer Pflichten *schadete* damit nach den Vorgaben des Rechtes der DDR der geistig-seelischen Entwicklung der Kinder ebenso wie bei uns eine Erziehung zur Prostitution zur Hehlerei. Können aber die Eltern ihre Kinder nicht selbst erziehen, dann liegt es auch nach unserer Auffassung nahe, die Kinder in einen neuen Familienverband einzugliedern – und sie nicht etwa in Heime zu verweisen. Nach dem Recht der DDR lagen also keine Menschenrechtsverletzungen vor. Andererseits leuchtet ein, daß die Übereinstimmung dieser Praxis mit Gesetz und Verfassung der DDR die hiesige Empörung nicht verhinderte – ob und in welchem Sinne diese *berechtigt* war, ist eine ganz andere Frage.

4   Dies ist natürlich ein oberflächliches Urteil – was uns vielleicht heute besonders deshalb bewußt wird, weil sich gerade in unserer Zeit wieder Tendenzen zur Rückkehr zu einem „Glaubensstaat" bemerkbar

che, das Recht (wieder) mit der Moral zu verbinden oder auf sie zurückzuführen, unsere Freiheit – was die folgenden Überlegungen noch einmal von einem anderen Aspekt her verdeutlichen mögen.

Fassen wir unter Moral die Vorstellungen über das zusammen, was gut und böse ist: **35a**
Moral ist das, was sich von selbst versteht. Dann ist nicht zu übersehen, daß diese Vorstellungen sowohl allgemein als auch konkret verschieden sind.

Allgemein streitet man zum **Beispiel** darüber, ob es „gut" ist, Abtreibungen generell zuzulassen oder nicht. Konkret – im Einzelfall – streitet man sich darüber, ob generell unzulässige Flugzeugentführungen als „gut" oder „böse" zu beurteilen sind. Verbindung von Recht und Moral heißt dann: *Herrschaft einer Meinung.* Denn in einem Gebiet können zwar nebeneinander verschiedene Arten von „Moral" praktiziert werden, in ihm kann aber nur ein Recht gelten – jedenfalls nach unserer heutigen Organisation.

Nun ist es zweifellos notwendig, daß man in einem Gebiet eine Rechtsordnung errichtet, um die Gleichförmigkeit des Verhaltens zu erreichen, die für das Funktionieren des technischen Apparates erforderlich ist, der unser Leben gewährleistet. Wenn man dabei aber das Recht an die Moral bindet, dann ist der Angehörige einer Minderheit (der Dissident), der *seiner* Moral folgt, nicht nur in der Gefahr, unrecht zu handeln. Er wird vielmehr zudem auch als „böse" (schlecht) abgeurteilt. Trennt man dagegen Recht und Moral, so mag ihn seine Moral zu Handlungen veranlassen, die rechtlich nicht zulässig (unrecht) sind; man braucht ihn deshalb aber nicht als „böse" oder „schlecht" zu qualifizieren. Die persönliche Freiheit ist also größer, wenn man Recht und Moral trennt. Der Dissident, den seine Moral zu Handlungen veranlaßt, die gegen die von der herrschenden Moral getragenen Rechtssätze der Mehrheit verstoßen, mag dann zwar rechtswidrig handeln. Man braucht ihn aber nicht als unmoralisch (böse) zu verurteilen und damit gewissermaßen aus der Gemeinschaft zu verstoßen.

Die Trennung von Recht und Moral begrenzt zudem die Herrschaft der Mehrheit: **36**
Denn das Recht ist bei dieser Trennung in Zweifelsfällen aus sich selbst heraus zu ergänzen und nicht aus der Moral der Mehrheit[5]. Von daher ist der Dissident an die Moral der Mehrheit nur soweit gebunden, als diese zu Recht geführt hat – zu Gesetzen. Im übrigen kann er *seiner* Moral folgen, ohne damit rechtswidrig zu handeln. Es liegt auf der Hand, daß dies insbesondere für diejenigen unserer Mitbürger von Bedeutung ist, die aus anderen Kulturen kommen – denken Sie nur an die Rechtsstellung der Türken, die in unserem Lande leben. Man kann also festhalten, daß es nicht besser ist, wenn überall das „gleiche Recht" gilt – weil dies der Beschränkung der Aufgabe des Rechts (Rz 21 ff.) zuwiderlaufen würde, die wir uns eingangs vor Augen geführt haben.

---

machen – allerdings zu einem *toleranten* Glaubensstaat. Das oberflächliche Urteil des Textes hat aber dennoch ein gewisses Recht: Wir haben Grund, weiterhin für einen Staat der Glaubensfreiheit einzutreten, weil nur dieser das friedliche Neben- und Miteinander von Menschen mit unterschiedlichen religiösen, weltanschaulichen und kulturellen Prägungen gewährleistet; dazu *Pawlowski*, Wildenmann-F., S. 172 ff. und Festschrift für A. Troller. 1986, S. 31 ff. sowie ausf. *ders.*, Methodenlehre, Rz 832 ff.
5 Dazu *Pawlowski*, Methodenlehre, Rz 824 ff. m.Nachw.

37   Damit ist aber unser Eingangszitat nicht widerlegt. Wir müssen jetzt vielmehr den Gedanken nachgehen, die dieses Zitat rechtfertigen. Denn es ist doch etwas dran an dem Satz: „Eine schöne Gerechtigkeit, deren Grenze ein Fluß ist!" Wenn Recht auch überall verschieden sein kann und muß, so ist doch abzulehnen, daß man unter Recht lediglich eine so oder so gesetzte und vorhandene Regelung verstehen sollte – eine staatliche Zwangsordnung. Was dieses Zitat *Pascals* plausibel sein läßt, hat schon *Augustin*[6] (354-430) danach fragen lassen, wodurch sich Staaten von „großen Räuberbanden" unterscheiden. Denn Ordnung (Zwangsordnung) herrscht auch in einem KZ oder in Gangsterorganisationen. Und es gab und gibt in derartigen Organisationen auch in gewisser, sozusagen technischer Hinsicht „Recht": Es gab in den KZ's Dienstvergehen und Disziplinarstrafen. Und es gibt in Gangsterbanden vielfältige Anordnungen und Regeln, deren Verletzung „bestraft" wird. Dennoch weigern wir uns, in diesem Zusammenhang von „Recht" zu sprechen. Es geht beim Recht zunächst nicht um Zwang, sondern um Bindung. Denn Recht setzt immer eine allgemeine Anerkennung voraus – ja sogar eine internationale Anerkennung. Und wenn für diese internationale Anerkennung auch eine Reihe mehr „faktischer Umstände" bedeutsam sind (wie die „Effektivität" und „Dauer" der Herrschaft, das Vorhandensein eines „Staatsgebietes" u.ä.m.), so bestimmen diese *faktischen* Umstände doch nicht allein den Rechtscharakter eine Ordnung.

So erfüllt zum **Beispiel** – wie man hört – die Herrschaft der Opiumproduzenten im „Goldenen Dreieck" zwischen Burma, Thailand und Kambodscha die *faktischen* Voraussetzungen für die internationale Anerkennung eines Staates. Und wenn es sich dort nicht um Opiumproduzenten, sondern um Sozialrevolutionäre, Maoisten oder Nationalisten handeln würde, könnten die dortigen Machthaber wohl auch eine gewisse internationale Anerkennung erwarten. Eine Organisation von Opiumproduzenten oder Opiumhändlern kann aber eine derartige Anerkennung nicht erwarten.

37b   Macht oder Gewalt allein führt also nicht zu „Recht". Eine (Zwangs-)Ordnung kann vielmehr nur dann als Rechtsordnung anerkannt werden, wenn der die Ordnung bestimmende und verbürgende Machthaber mehr will, als eine Zwangsordnung, wenn er sich an der „Gerechtigkeit" orientiert – was u.U. mit Hilfe einer Ideologie begründet werden kann. Recht ist also immer mehr als Zwangsordnung, wenngleich es hier anders sein kann als dort.

38   Wir wollen hiermit die Überlegungen abschließen, die nur den Hintergrund des *Pascal*-Zitats vertiefen sollten. Denn es ist wohl einmal deutlich geworden, daß die Frage nach Recht und Gerechtigkeit uns heute in ähnlicher Weise bewegt, wie sie schon *Pascal* oder *Augustin* bewegt hat. Und es ist wohl gleichzeitig deutlich geworden, daß mit dieser Frage eine Reihe praktischer Schwierigkeiten und Probleme zusammenhängen: Wir haben zwar alle eine gewisse Vorstellung und mehr oder weniger Erfahrungen vom Recht – wir haben Verträge abgeschlossen, wir wissen, daß wir zahlen müssen, wenn wir die Kleidung oder das Auto eines anderen beschädigen usf. Und wir sind überzeugt, daß dies alles mit „Recht" und „Gerechtigkeit" zusammenhängt

---

6 *Aurelius Augustinus*, De civitate dei. 413-426. Übersetzt von W. Thimme, Vom Gottesstaat. Taschenbuchausgabe 1977, Buch 4, 4, S. 173; dazu *A. Schöpf* in: Höffe, Klassiker, I, S. 154 ff. oder *A. Ignor* in: Kl. Adomeit, Rechts- und Staatsphilosophie. Bd. I: Antike. 2. Aufl. 1992, S. 183 ff.

– wie wir andererseits wissen, daß man darüber, was wirklich „gerecht" ist, schon unter unseren Mitbürgern und noch weniger mit Angehörigen anderer Kulturen eine völlige Übereinstimmung herbeiführen kann.

Diese Schwierigkeiten können einmal dazu verführen, die Frage nach der Gerechtigkeit für „unentscheidbar" zu erklären – und sie dem bloßen Streit der Meinungen zu überweisen. Dann kann man nicht (mehr) allgemein – mit dem Anspruch auf Geltung für alle – davon sprechen, daß unser Recht etwas mit Gerechtigkeit zu tun hat. Und es leuchtet wohl ein, daß es auf Dauer auch für die Rechtspraxis von Bedeutung ist, ob die an ihr Beteiligten davon ausgehen, daß Recht etwas mit „Gerechtigkeit" zu tun hat oder nicht (dazu Rz 288 ff.). **39**

Es ist daher besser, sich diesen Schwierigkeiten zu stellen – sie ernst zu nehmen und nicht in den Bereich der bloßen Meinung auszuweichen. Und dieses „Ernstnehmen" der Schwierigkeiten besteht darin, daß man sich ihnen wissenschaftlich-methodisch nähert, daß man fragt, was und wie viel man im Hinblick auf sie wissen kann, und was (heute noch) unentscheidbar ist und daher nur tentativ (probeweise) behandelt und entschieden werden muß – orientiert an Plausibilitäten und Wahrscheinlichkeiten. Fragen wir also, was wir von der Gerechtigkeit „wissen" können, was man im Hinblick auf sie wissenschaftlich feststellen und aussagen kann – Fragen, die herkömmlich von den Philosophen behandelt werden. Fragen wir also nach dem Geschäft der Philosophie. **40**

§ 3 Philosophie und Wissenschaft

Bei der Frage nach dem Geschäft oder dem Gegenstand der Philosophie kann es hier naturgemäß nicht um eine wirklich angemessene Antwort gehen – also nicht um eine Antwort von der Philosophie her. Denn Philosophie ist ebenso wie das Recht Gegenstand eines Vollstudiums. Und dieses Studium der Philosophie führt ebenso wie das des Rechts günstigenfalls zu der Fähigkeit, sich besser als andere mit der Philosophie zu befassen; es vermittelt nicht die Kenntnis *der* Philosophie. Es kann hier also nur um eine kurze, erste Verständigung gehen, bei der man zweckmäßigerweise vom Sprachgebrauch ausgeht. Hier verweist die Wendung „der philosophiert" nicht selten darauf, daß „der" in einer gewissen Weise unverbindlich spricht: nicht an den harten Tatsachen orientiert, spielerisch, aber auch zweifelnd, kritisch, suchend. Die Feststellung, daß „der philosophiert" scheint zu meinen, daß „der" eine bestimmte Haltung einnimmt, daß er infragestellt, bezweifelt. Ist dies aber tatsächlich das Charakteristikum der Philosophie? **41**

Dieses „Infragestellen" nehmen nämlich die Wissenschaften – und auch die Rechtswissenschaft – ebenso für sich in Anspruch wie die Philosophie. Denn ohne dieses Infragestellen bleibt man im Bereich der reinen Technik. Das Infragestellen unterscheidet gerade die wissenschaftliche Haltung von der rein technisch-instrumentalen Haltung; es ist der Motor des wissenschaftlichen Fortschritts. Was unterscheidet nun **42** aber das „Infragestellen" der Philosophie von dem „Infragestellen" im Zusammenhang der Wissenschaft?

43 Im Verhältnis von Rechtswissenschaft und Rechtsphilosophie wird man zunächst geneigt sein, den Unterschied in der „dogmatischen Bindung" zu sehen: Die (Rechts-)Philosophie fragt bindungs- und voraussetzungslos, die (Rechts-)Wissenschaft ist an das positive Recht gebunden und daher „dogmatisch"[1]. Die Voraussetzungslosigkeit wird aber gerade auch als Merkmal der Wissenschaft überhaupt angeführt, insbesondere als Merkmal der Naturwissenschaft. Und wir wissen auch, daß gerade die Philosophie faktisch häufig „dogmatisch" ist, wie zum **Beispiel** der Marxismus. Oder – wenn man sich nicht an den Namen hält: Die Dogmatik kennzeichnet gerade die Theologie, die in gewissem Sinne *die* Philosophie ist. Der „Dogmatiker" ist für uns häufig gerade der Gegensatz zum „Praktiker" – wobei der Philosoph nicht den Praktikern, sondern den Dogmatikern zugeordnet wird.

44 Die grundsätzliche Unterscheidung von Theologie und Philosophie ist übrigens nur eine zeitbedingte Erscheinung der europäischen Geschichte. Sie geht auf *Thomas von Aquin* (1224/25-1274)[2] zurück und diente zu seiner Zeit der Lösung eines bestimmten Problems[3]: Es ging damals nämlich um die Vermittlung der Theologie und Philosophie der Scholastik, die bis dahin mit der Philosophie *Platons* (428/427-348/347 vor Chr.) verbunden war, mit den Schriften des *Aristoteles* (384-322 vor Chr.). Diese waren nämlich damals im arabisch-persischen Raum wieder entdeckt und kommentiert worden (so u.a. von *Avicenna* bzw. *Ibn Sina* 980-1037) und wurden dann auch in Europa rezipiert – veranlaßt durch die ins Latein übersetzten Schriften des *Averroes* von Cordoba (1126-1198). Diese *Aristoteles*-Rezeption stieß im Christentum wie auch im Islam auf den scharfen Widerstand der an der (neu-)platonischen Philosophie orientierten Theologen. Den Averroisten oder Aristotelikern drohte zeitweilig die kirchliche Verurteilung – die in der islamischen Welt schließlich erfolgte. In Europa gelang es aber *Thomas von Aquin*, die beiden Denkrichtungen mit Hilfe eines „Wahrheitsbegriffs" zu vermitteln, der es erlaubte, der Philosophie und der Theologie eine je eigene Weise der Wahrheit zuzuordnen[4] – wobei man statt Philosophie und Theologie auch *Aristoteles* und *Platon* sagen kann[5]. Diese Unterscheidung eröffnete dann die Möglichkeit der eigenständigen (nicht an die Vorgaben der Theologie gebundenen) Untersuchung der „Welt", deren direkte Rückwirkung auf die Theologie (auf den „Glauben") damit zunächst neutralisiert waren. Und dies war dann von großer Bedeutung für die Entwicklung nicht nur der europäischen Universitäten, sondern für die Entwicklung des europäischen Denkens überhaupt.

44a Man muß sich heute jedoch vergegenwärtigen, daß diese Gegenüberstellung von Theologie und Philosophie einer zeitbedingten Problemstellung verpflichtet ist. So hat es zum **Beispiel** keinen Sinn, sich darüber zu streiten, ob man *Konfuzius, Laotse* oder *Platon* als Philosophen oder als Theologen zu bezeichnen hat; sie waren jeweils beides[6]. *Thomas von Aquin* behan-

---

1 Vgl. nur *A. Kaufmann* in: Kaufmann/Hassemer (Hrsg.), Einführung in Rechtsphilosophie und Rechtstheorie der Gegenwart. 6. Aufl. 1994, S. 1 ff.

2 Vgl. dazu u.a. *R. Heinzmann*, Thomas von Aquin. In: Höffe, Klassiker I, S. 198 ff.

3 Vgl. *C.F. von Weizsäcker*, Garten, S. 173: „Die Annahme dieses Systems (des *Aristoteles*, d. Verf.) nötigte die christlichen Scholastiker, den Unterschied zwischen Philosophie und Theologie zu erfinden."

4 Vgl. u.a. *W. Weischedel*, Der Gott der Philosophen. 1971/72, hier zitiert nach der Taschenbuchausgabe 1979, Bd. I, § 26, S. 131 f. oder *R. Heinzmann* (Fn. 2), S. 206 ff.

5 Vgl. *F.C. von Weizsäcker*, Garten, S. 172 ff. *J. Simon*, Freiheit, S. 12 ff., führt diese Unterscheidung auf die Bedürfnisse der apologetischen Diskussion mit dem Islam zurück.

6 Weshalb das Gesetz über die religiöse Kindererziehung zu Recht anordnet, religiöse und nichtreligiöse Weltanschauungen gleich zu behandeln; vgl. Rz 23 Fn. 47.

delte zu seiner Zeit das Problem, wie sich die bereits durch die menschliche Vernunft (das lumen naturale) gewährleistete Erkenntnis zu der Erkenntnis verhielt, die durch die göttliche Offenbarung gewährt wird. Und das verweist auf eine ganz bestimmte Theologie – nämlich auf „Offenbarungstheologie". Wir müssen heute wieder berücksichtigen, daß es auch eine ganz andere Art gibt, über und von Gott zu sprechen, nämlich ohne Offenbarung, allein vom menschlichen Denken her: Wir nennen das „Mythologie"[7] oder „philosophische Theologie"[8] – je nach der Art der verwandten Begriffe. Und dabei ist es grundsätzlich gleich, ob man das „letzte Prinzip", das höchste Gut (das summum bonum), „Gott", „Natur" oder „Materie" nennt. Offenbarungstheologie ist also nur eine der möglichen Theologien. Von daher kann man die Theologie als den Teil der Philosophie bezeichnen, der sich mit der Frage nach den Grundlagen des Seins, des Lebens, der Natur etc. befaßt – oder man kann die Theologie seines Glaubens als die *richtige* Philosophie bezeichnen.

Der Unterschied zwischen dem Infragestellen der Philosophie und der Wissenschaft **45** wird deutlicher, wenn wir uns an die historische Entwicklung halten, die in unserer Universität noch in etwa organisatorisch aufbewahrt ist. Die Philosophischen Fakultäten stellen i.a. eine Organisation der unterschiedlichsten Wissenschaften dar; sie umfaßten z.T. bis vor kurzem noch immer Mathematik, Psychologie und weitere Naturwissenschaften: Weil sich nämlich alle diese Wissenschaften aus der Philosophie entwickelt haben[9]. Mathematik, Chemie etc. waren zunächst Gebiete der Philosophie; die Physik war nur ein Spezialgebiet der Naturphilosophie. Und es war zunächst nur eine Folge der stärkeren Spezialisierung, daß sich die Spezialisten der einzelnen Gebiete der Naturphilosophie nur noch mit ihrem Spezialgebiet (und nicht mehr mit der allgemeinen Philosophie) beschäftigen. In der jüngeren Wissenschaftsgeschichte sei hier an die Bedeutung *Wilhelm Wundts* für die Philosophie und die (empirische) Psychologie erinnert.

Damit hängt auch die Möglichkeit einer Rückentwicklung zusammen – also der Erscheinung, daß gerade bedeutende Vertreter einer Einzelwissenschaft sich von dieser Einzelwissenschaft her wieder der (allgemeinen) Philosophie zuwenden und diese vorantreiben – woran die Namen *Albert Einstein, Karl R. Popper, Carl Friedrich von Weizsäcker* oder *Werner Heisenberg* erinnern mögen. (Natur-)Wissenschaft und Philosophie sind also nicht etwas anderes – ihr Verhältnis läßt sich vielmehr mit dem von Allgemeinem und Besonderem vergleichen. Der Hinweis auf die stärkere dogmatische Abhängigkeit der Wissenschaft hängt hiernach damit zusammen, daß der Gesprächszusammenhang der (Einzel-)Wissenschaften i.a. durch eine stärkere Bindung an die heutigen Fragestellungen und Argumentationen geprägt ist. Wer aus der heutigen wissenschaftlichen Diskussion aussteigt, der „philosophiert" – mit der Chance, daß seine Philosophie dann wieder Wissenschaft wird. Das macht verständlich, daß die Philosophie ihrerseits dogmatisch wird, soweit sie „Schulphilosophie" ist, soweit sie also in einem vergleichbaren Gesprächszusammenhang steht wie die Wissenschaften.

---

7 Dazu nur *K. Hübner*, Die Wahrheit des Mythos. 1985 und m.E. auch heute noch richtungsweisend *F.W.J. Schelling*, „Philosophie der Offenbarung" und „Philosophie der Mythologie"; dazu u.a. *W.E. Ehrhardt* in: Pawlowski/Smid/Specht, Die praktische Philosophie Schellings. 1989, S. 139 ff.

8 Dazu nur *W. Weischedel*, Der Gott der Philosophen. 1971/72; vgl. Fn. 4.

9 Dazu *R. Specht*, Zur gegenwärtigen Lage der Philosophie. In: Mitteilungen der Gesellschaft der Freunde der Universität Mannheim, 1970, Heft 19, S. 19 ff. oder *J Simon*, Freiheit, S. 12 ff.

47 Kann man daher **Philosophie und Wissenschaft** nicht nach der Art ihres Vorgehens unterscheiden – nach der Art des Infragestellens –, so bekommt man ihren **Unterschied** doch **von ihrem Gegenstand her** in den Blick. Die Wissenschaften wie Physik, Biologie oder Rechtswissenschaft haben jeweils „ihr" Gebiet, und zwar ein Gebiet, das durch einen *abstrakten* Gegenstand bestimmt ist: Materie und Energie, Leben oder Recht. Die Philosophie umfaßt dagegen als solche „das Ganze". Sie wird zwar faktisch auch unterteilt in Bindestrich-Philosophien: Natur-Philosophie, Rechts-Philosophie usf. – weil man sich mit „dem Ganzen" nicht direkt befassen kann. Dennoch bleibt Rechtsphilosophie „Philosophie"; sie ist nicht Rechtswissenschaft, soweit sie das Recht von dem Zusammenhang der Philosophie her angeht – also „vom Ganzen her". Damit tritt ein weiterer Aspekt des Verhältnisses von Wissenschaften, Dogmatik und voraussetzungsloser (dogmatikfreier) Philosophie in den Blick. Die Wissenschaften werden nämlich durch ihren besonderen Gegenstand konstituiert; sie setzen dabei jedoch ihren Gegenstand voraus: Rechtswissenschaft gibt es nur, wenn es Recht gibt – was das auch immer sein mag. Astronomie gibt es nur, wenn es Sterne gibt etc. Dabei sagt nicht die Rechtswissenschaft, was Recht „ist" und nicht die Astronomie, was Sterne „sind" und nicht die Physik, was Materie „ist". Diese Wissenschaften gehen vielmehr davon aus, daß ihr Gegenstand als solcher „vorhanden" ist, und sie müssen davon ausgehen. Änderungen der Anschauungen über das, was Materie „ist", sind nicht Gegenstand der Physik, sondern der Philosophie[10].

48 Dies mag das **Beispiel** des *dialektischen Materialismus* verdeutlichen, auf dem der Marxismus aufbaut(e). Für den Marxismus war es schon von seinen Anfängen her wichtig, zu bestimmen, was wirklich ist – worüber die Philosophen seit jeher streiten. Kommt der Idee oder der Materie Wirklichkeit zu (Idealismus/Materialismus)? Soll man von der Form oder dem Inhalt, von dem Allgemeinen oder dem Einzelnen ausgehen (Realienstreit: Universalismus/Realismus)? Oder auf den Menschen übertragen: Ist dieser primär Geist oder Fleisch bzw. Seele oder Körper? *K. Marx* setzte hier (noch)[11] auf die Materie – wobei klar[12] zu sein schien, was Materie *ist*: „Das, was man anfassen kann" – wovon damals auch die Naturwissenschaften ausgingen. Von daher stammte dann das starke Pathos des Marxismus, Wissenschaft zu sein. So stieß man in der DDR immer wieder auf Plakate mit der Inschrift: „Der Marxismus ist wahr, weil er Wissenschaft ist."

49 Dieser Ausgangspunkt wurde infolge der naturwissenschaftlichen Entwicklung problematisch, und zwar durch die Entdeckung der Umwandlung der Elemente infolge

---

10 Vgl. *C.F. von Weizsäcker*, Einheit der Natur, S. 287 ff. oder auch *Fr. Müller*, Strukturierende Rechtslehre. 2. Aufl. 1994, S. 15.

11 Obwohl man besser davon ausgehen sollte, daß dieser Gegensatz zwischen „Materie" etc. einerseits und „Geist" etc. andererseits seit I. *Kant, J.G. Fichte* und *G.W.F. Hegel* obsolet geworden ist.

12 *K. Marx* selbst hat zwar den Terminus „Materialismus" nur in Ermangelung eines besseren Ausdrucks aufgegriffen (dazu u.a. *G. Gurvitch*, Dialektik und Soziologie. 1962, übersetzt von L. Geldsetzer, hrsg. von Maus u. Fürstenberg 1965, S. 145 ff.); ihm ging es in der Nachfolge *Hegels* um die Überwindung des Gegensatzes von Idealismus und Materialismus (dazu u.a. *D. Henrich*, Hegel im Kontext. 2. Aufl. 1975, S. 187 ff., 195 ff.); sein Begriff der Wirklichkeit war daher erheblich differenzierter. Nur: Wirkungsgeschichtlich setzte sich bei den „Marxisten" die Parteinahme für die „Materie" als „Basis aller Wirklichkeit" durch.

von Radioaktivität oder Atomspaltung. Die Physik (die „idealistische Physik", wie sie *J.W. Stalin* später nannte) sagt seitdem nichts mehr über das „Sein" der Materie" aus; ein Atom wird von ihr dargestellt als Funktion (Gleichung) „$f(x) = \ldots$". Damit war in der *Marx*schen Definition „Wirklichkeit = Materie" die Materie undeutlich (unbekannt) geworden und damit ihrerseits erklärungsbedürftig – was *W.I. Lenin* auch sofort erkannte. *Lenin* definierte daher kurz nach Begründung der Zerfallstheorie der radioaktiven Elemente durch *E. Rutherford*[13], die zweifelhaft werden ließ, was Materie „ist", die Materie durch die Wirklichkeit: Alles was wirklich ist, ist Materie. Sollte also zunächst der Begriff „Materie" erklären und damit bestimmen, was „wirklich" ist, so sollte jetzt der Begriff „Wirklichkeit" erklären und damit bestimmen, was „Materie" ist. Materie und Wirklichkeit definieren sich seitdem im Zusammenhang des dialektischen Materialismus gegenseitig. Damit wurde die Gleichung (Beziehung) zwischen Wirklichkeit und Materie zur inhaltslosen Tautologie, die daraufhin mit verschiedenen Inhalten wieder angefüllt werden konnte. Und das hat dann auch konsequent dazu geführt, daß sich eine *marxistische* Philosophie entwickelt hat mit Anlehnung an andere Philosophien, an die Existenzphilosophie etc.: Der dialektische Materialismus war nicht (mehr) „wissenschaftlich". Er gehört vielmehr zu den „Weltanschauungen" – und d.h. in den Bereich der „Philosophien" oder „Theologien" (Rz 44 f.).

§ 4 Was können wir wissen? Ansätze der Philosophie

1. Von Plato bis Popper

Der Unterschied zwischen Wissenschaft und Philosophie ist damit schon deutlicher **50** geworden: Die Wissenschaften setzen ihren je eigenen Gegenstand voraus und untersuchen das Verhalten dieses Gegenstandes unter verschiedenen Bedingungen – wenn das, dann das: Wenn Wasser erhitzt wird, dann verdampft es etc. Demgegenüber untersucht die Philosophie, was ein Gegenstand ist – oder anders ausgedrückt: Die Philosophie fragt nach der Grundlage des Denkens. Wovon können wir ausgehen? Von der Idee (*Platon*, 428/427-348/347 vor Chr.)[1] oder vom einzelnen Gegenstand *(Aristoteles*, 384-322 vor Chr.)[2]? Vom Denken (*Descartes*, 1596-1650)[3] oder von den Empfindungen (Empiristen, Sensualisten: *Locke*, 1632-1704[4], *Hume*, 1711-1776)[5]? Von den Ideen (Idealisten: *Berkeley*, 1685-1753) oder von der Materie (Materialisten: *de la Mettrie*, 1709-1755)? Seit I. *Kant* (1724-1804)[6] versucht man, dieser „Grund-

---

13 *E. Rutherford* gelang 1918 die Umwandlung von Stickstoffatomen (N) in Sauerstoffatome (O). Die Spaltung von Uranatomen gelang 1938 *O. Hahn* und *Stassmann*.

1 Dazu *J. Mittelstraß* in: Höffe, Klassiker, I, S. 38 ff.

2 Dazu *O. Höffe* in: Höffe, Klassiker, I, S. 63 ff.

3 Dazu *R. Specht* in: Höffe, Klassiker, I, S. 301 ff.

4 Dazu *R. Brandt* in: Höffe, Klassiker, I, S. 350 ff.

5 Dazu *J. Kuhlenkampff* in: Höffe, Klassiker, I, S. 434.

6 Dazu *O. Höffe* in: Höffe, Klassiker, II, S. 7 ff.

lage des Denkens" – dem „Gegenstand" – durch die genauere Analyse des Vorgangs des Erkennens selbst näher zu kommen; *Kant* durch die genauere Analyse der menschlichen Erkenntnisfähigkeit (des „Erkenntnisapparates"), *E. Husserl* (1859-1938)[7] durch eine genaue Beschreibung des Phänomens (der Wirklichkeit) als solchem, was dann konsequent (reduktionistisch) bei *L. Wittgenstein* (1859-1951)[8] zur Sprache führte: Erkenntnis wird konstituiert durch die Sprache und bleibt in der Sprache. Die daran anknüpfende weit verzweigte Richtung der Philosophie bezeichnet man heute als „analytische Philosophie"[9].

51 Gegen alle diese Unternehmungen der Erkenntnistheorie hat *Hans Albert*[10] eingewandt, daß sie am Offenbarungsmodell der Theologie orientiert seien. Diese beginnt vielfach mit einer „Offenbarung", um dann von dort aus weiter zu denken. Das gleiche gilt aber auch für die theologischen Konzepte, die nicht von einer „Offenbarung" ausgehen, sondern von einem „Gottesbeweis" – also von Mythologien (Rz 44 f.). Und es sei bemerkt, daß man zu diesen Mythologien heute auch den Marxismus zählen kann (Rz 48), da es keinen grundsätzlichen Unterschied macht, ob man dabei von „Gott", dem „Summum Bonum", „der Natur" oder „der Materie" spricht (Rz 44 f.). Wenn es sich aber auch für die Theologien empfehlen mag, von der „Offenbarung" Gottes (also eines „höheren Wesens") auszugehen, weil man sonst dieses „höhere Wesen" nicht erkennen kann – oder von Gott, der Natur oder der Materie als einer gewissen Grundlage auszugehen, weil man doch etwas Gewisses braucht, an das man sich halten und auf das man alles aufbauen kann –, so ist damit nicht gesagt, daß auch alle Philosophien mit einer derartigen „festen" oder „gewissen" *Grundlage* beginnen oder von ihr ausgehen müssen. *Albert*[11] meint vielmehr, daß man sich in einem Zirkel verstricke, wenn man erkennen wolle, wie man erkennt – und spricht in diesem Zusammenhang von dem Münchhausen-Trilemma: Weil man dabei die Erkenntnis immer schon voraussetzen muß. Denn wie soll man erkennen, wie man erkennt, wenn man (noch) keine (wahre) Erkenntnis hat? – wenn man nicht sagen will: „Real ist, was die Erkenntnis als real behauptet"[12].

52 Da uns das Problem des **Zirkels der Erkenntnis** immer wieder beschäftigen wird, sei hier kurz die Beschreibung des „Münchhausen-Trilemmas" durch *Albert* wiedergegeben:

---

7 Dazu *K. Held* in: Höffe, Klassiker, II, S. 274 ff.
8 Dazu *M. Helme* in: Höffe, Klassiker, II, S. 340 ff.
9 Dazu u.a. *W. Stegmüller*, Probleme und Resultate der Wissenschaftstheorie und analytischer Philosophie. 1973 oder *Eike von Savigny*, Analytische Philosophie. 1970.
10 Traktat über kritische Vernunft. 1968, 3. Aufl. 1975, S. 13 ff. sowie *ders.*, Traktat über rationale Praxis. 1978; vgl. schon *K.R. Popper*, Logik der Forschung. 1934, 3. Aufl. 1969, S. 69 ff.; zur Kritik des von *Albert* und *Popper* vertretenen „Kritischen Rationalismus" (dazu Rz 57 ff.) *K. Hübner*, Kritik, S. 273 ff. und schon S. 56 ff., 190 ff.; *J. Strangas* ARSP 70 (1984), S. 475 ff. oder *V. Hösle* in: Jermann (Hrsg.), Anspruch und Leistung von Hegels Rechtsphilosophie. 1987, S. 15 ff. bzw. ausführlich *ders.*, Wahrheit und Geschichte. 1984, S. 656 ff.
11 Kritische Vernunft, S. 13 und auch *K.R. Popper*, Forschung, S. 60 ff.; vgl. im übrigen die Ausführungen *Alberts* gegenüber den Kritikern des Münchhausen-Trilemmas, a.a.O., S. 183 ff.; gegen die „Ursprungsphilosophie" auch *J. Habermas*, Zur Logik der Sozialwissenschaft. Materialien. 3. Aufl. 1973, S. 43 ff.; *G. Dux*, Strukturwandel der Legitimation. 1976 oder *N. Luhmann*, Soziale Systeme, S. 649 ff.
12 *N. Luhmann*, Soziale Systeme, S. 648.

„Wenn man für alles eine Begründung verlangt, muß man auch für Erkenntnisse, auf die man jeweils die zu begründende Auffassung ... zurückgeführt hat, wieder eine Begründung verlangen. Das führt zu einer Situation mit drei Alternativen, die alle drei inakzeptabel erscheinen, also: zu einem Trilemma ... Man hat hier offenbar nur die Wahl zwischen:

1. einem *infiniten Regreß*, der durch die Notwendigkeit gegeben erscheint, in der Suche nach Gründen immer weiter zurückzugehen ...

2. einem *logischen Zirkel* in der Deduktion, der dadurch entsteht, daß man im Begründungsverfahren auf Aussagen zurückgreift, die vorher schon als begründungsbedürftig aufgetreten waren ... und schließlich:

3. einem *Abbruch des Verfahrens* an einem bestimmten Punkt, der zwar prinzipiell durchführbar erscheint, aber ... willkürlich (sein) würde."

Albert trifft mit dieser Charakterisierung eine wesentliche Ähnlichkeit all dieser (und auch noch späterer) philosophischer Unternehmungen. Es geht bei ihnen allen gewissermaßen um einen *archimedischen* Punkt, um einen absolut gewissen Anfang, von dem aus man dann alles andere begründen (ableiten etc.) kann. Das macht auch verständlich, daß sich die (Schul-)Philosophie dann im Ergebnis nicht selten als „dogmatischer" (gebundener) darstellt als die Wissenschaft. Denn wenn man einmal einen derart *festen* Punkt hat, dann sind die weiteren Schritte (dogmatisch) gebunden. Philosophieren heißt demnach zwar bedingungslos – ohne Gegenstand – anfangen, nach dem Anfang kommt aber dann die Bindung an den Anfang. **53**

Diese Überlegungen lassen übrigens auch erkennen, daß und weshalb die Rechtsphilosophie nie am Anfang der Philosophie stand und stehen konnte[13]. Denn wenn man mit etwas Bestimmtem anfangen muß – mit etwas, was klar, unbestreitbar, jedem beweisbar ist –, dann kann man nicht mit dem „Recht" anfangen. Denn „Recht" kann offensichtlich nicht etwas „Erstes" sein wie „Gott", „Materie" oder „menschliche Erkenntnisfähigkeit". Rechtsphilosophie ist von daher immer Anwendung einer bestimmten (der *kantischen* oder der *husserlschen* etc.) Philosophie auf das Recht. Man könnte daher bezweifeln, daß Rechtsphilosophie für Juristen überhaupt von Bedeutung ist. Denn man scheint sich danach erst mit einer allgemeinen Philosophie beschäftigen müssen, um deren Richtigkeit oder Angemessenheit beurteilen zu können, bevor man sich dann der Rechtsphilosophie zuwendet. Eine Einführung in die Rechtsphilosophie müßte danach also immer erst in eine Philosophie einführen – in die *kantische* oder *husserlsche* Philosophie oder in die des jeweiligen Autors. Sie müßte deren Voraussetzungen offenlegen und diskutieren, um dann zur Rechtsphilosophie zu kommen. Das wäre aber ein Unternehmen für sich – und zwar kein Unternehmen der Rechts-Philosophie, sondern der allgemeinen Philosophie. Wir werden daher einen anderen Zugang zur Rechtsphilosophie suchen müssen. Vorher sind aber noch einige Bemerkungen zur allgemeinen Philosophie erforderlich, die wir in der von *H. Albert* bestimmten Form verlassen haben, in der Philosophie zunächst voraussetzungslos nach einer Gegebenheit fragt, die alles andere begründet – also als Theologie nach einem „Beweis für Gott" oder als christliche Theologie nach der „Offenbarung" oder als Philosophie nach dem Grund der Erkenntnis –, um dann von dort weiterzudenken. **53a**

---

13 Was sich jetzt übrigens zu ändern scheint, da *J. Simon* in seinem Werk „Wahrheit als Freiheit". 1978 zu dem Ergebnis kommt, daß die Philosophie mit der Rechtsphilosophie beginnen sollte (Wahrheit, S. 399 ff.; dazu noch unten Rz 62) – dies allerdings wohl nicht von ungefähr erst *am Ende* seines Werkes.

2. Positivismus, Konventionalismus, kritischer Rationalismus

54   Wenn man nichts „Erstes" (Unwandelbares, Klares, Beweisbares etc.) finden kann, von dem man ausgehen und die Welt aufbauen kann – weil alles, wovon man ausgeht, selbst hinterfragt (relativiert) und damit selbst als etwas Abhängiges dargestellt werden kann –, dann bleibt als Ausgangspunkt nur die Tätigkeit dieses Fragens selbst. Dies nun nicht in dem Sinne, daß jetzt dieses Fragen als ein *erstes* Vorhandenes genommen wird, das alles begründet. Es wird vielmehr zunächst nur als vorhanden hingenommen: Es ist so – es gibt es; sehen wir also, wie es in sich konsistent ist, wie man methodisch fragen kann, nämlich in sich widerspruchsfrei, konsistent. Damit hat man einen sogenannten **positivistischen Ansatz**, der in vielen verschiedenen Spielarten vorkommt[14].

55   Man kann hier einmal so vorgehen, daß man die methodischen Anforderungen (die Regeln des Fragens) *setzt*:

Man fragt zum **Beispiel** danach, was Recht ist, definiert dazu Recht als die Summe der gesetzlichen Normen und gibt die Regeln an, nach denen man die Normen behandeln wird. Man beginnt also mit Festsetzungen (Definitionen) und fährt dann konsequent (methodisch) fort. Dies scheint dem Verfahren der Mathematik zu entsprechen, die auch von „Axiomen" ausgeht und dann nach den Regeln der Logik schließt und folgert – obwohl man bei genauerem Hinsehen feststellen muß, daß auch die Mathematik damit nicht voll beschrieben ist. Diese Methode hat auch dort nur ihr begrenztes Recht.

56   Man kann aber auch so vorgehen, daß man sagt, man wolle sich an die Regeln halten, die von allen (bzw. von allen Zunftgenossen oder von allen Diskussionspartnern) anerkannt werden (Pragmatismus oder *Konventionalismus*). Auch bei diesem Ansatz beginnt man festlegend – jetzt aber stärker durch das je Vorhandene gebunden: Man beginnt mit den Regeln und Definitionen, die bisher anerkannt werden. Die Festlegung erfolgt nicht durch einseitige Definitionen, sondern durch mehrheitlichen Konsens. Und sie kann auf diesem Wege dann auch geändert werden. Diese Verfahren kranken nach *Karl R. Popper* und *Hans Albert* aber weiterhin daran, daß sie „Gegenstände" voraussetzen, die von der Art der Frage und dem Vorgang der Erkenntnis unabhängig sind. Vor allem aber spricht gegen diese Verfahren, daß man nach ihnen dieses Fragen selbst (also die Methode des Fragens) nicht zu einem Gegenstand der Überlegung und der Forschung machen kann, da die Methode des Fragens entweder „gesetzt" (definierend festgelegt) oder „vereinbart" wird.

57   *Popper* und *Albert* haben daher eine Verbesserung dieser Verfahren vorgeschlagen (sog. *kritischer Rationalismus*)[15]: Danach soll man immer zwischen der Behandlung zweier Themenkomplexe unterscheiden. Den einen Komplex bildet die Methode des Fragens selbst. Und es überzeugt, wenn *Popper* hervorhebt, daß man auch über dieses Problem diskutieren können muß. Er macht dabei darauf aufmerksam, daß man die „Gegenstände" der Erkenntnis als festgeschrieben behandeln muß, wenn man die

---

14   Dazu *A. Engländer*, Jura 2000, S. 113 ff. m. Nachw.
15   Vgl. dazu die oben Fn. 10 angeführten Schriften. Zur Übernahme dieses Ansatzes für die Rechtswissenschaft vgl. *K.H. Fezer* JZ 1985, S. 163 ff.

Probleme der Methode der Erkenntnis diskutieren will. Den anderen Themenkomplex bilden die einzelnen Gegenstände der Erkenntnis und ihr Verhalten bzw. ihr Verhältnis. Fragt man danach, so muß man die Methode des Fragens (die Erkenntnismethode) als festgeschrieben behandeln. Das Konzept des Kritischen Rationalismus ermöglicht also die Diskussion und Erforschung sowohl der Fragen der „Methode" als auch der Fragen des „Inhalts" von Erkenntnis. Man kann beiden Fragen nachgehen – nur nicht gleichzeitig.

Als Methode des Fragens schlagen *Popper* und *Albert* vor, daß man dann, wenn man **58** vor einer Erscheinung steht und sie „erklären" will (wie kommt es dazu?), allgemeine Sätze (Gesetzeshypothesen) ausprobieren solle. Diejenigen Sätze, die die Erscheinung erklären können, erklären sie, wenn sie nicht durch andere Erscheinungen widerlegt (falsifiziert) werden. Die Möglichkeit der Falsifikation bleibt dabei aber immer noch bestehen. Man kann daher Hypothesen und Theorien nicht „beweisen"; man kann von ihnen vielmehr nur sagen, daß sie noch nicht falsifiziert worden sind und sich insofern bewährt haben. Der Grund für diese vorsichtige Interpretation ergibt sich aus der Logik: *Popper*[16] weist darauf hin, daß man All-Sätze (allgemeine Sätze) nicht beweisen könne, da die Erkenntnis immer die Erfahrung übersteige; man kann aus einer oder zwei Millionen gleichartiger Erfahrungen nicht logisch zwingend folgern, daß sich die nächste Erfahrung in den bisherigen Zusammenhang einfügt. Es gibt keine „Logik der Induktion"[17] – weshalb man vom kritischen *Rationalismus* spricht – und nicht von Empirismus.

Popper[18] verdeutlicht das an dem **Beispiel** des Satzes: „Es gibt keine weißen Raben." Diesen (All-)Satz kann man zwar widerlegen (falsifizieren) – nämlich durch Vorzeigen eines weißen Raben; er ist aber nicht bewiesen (verifiziert), wenn man heute keinen weißen Raben findet, da man möglicherweise nach 1000 Jahren doch noch einen finden kann. D.h. es gibt keine Logik der Induktion; induktive (verallgemeinernde) Schlüsse mögen zwar plausibel, wahrscheinlich, praktisch etc. sein; sie sind aber nicht zwingend beweisbar (wahr).

Der Kritische Rationalismus geht also nicht von der Frage aus, was denn nun (Grund- **59** lage allen Seins) *ist*. Er beginnt nicht mit dem Nachweis oder gar Beweis einer festen Grundlage, auf die dann alles Folgende aufbaut. Für ihn tritt an die Stelle der Frage nach dieser „Grundlage" die vergleichbare Frage danach, wie man alles richtig behandeln bzw. erkennen kann. Die Vertreter dieser Lehre vindizieren dafür den Namen *Wissenschaftstheorie* oder Wissenschaftslehre[19] – womit sie in Anspruch nehmen, die Grundlagen für eine Methodenlehre aller Wissenschaften zu entwickeln. Man kann diese Unternehmung als Versuch verstehen, aus der Philosophie eine *neue* (Einzel-)

---

16 Forschung, S. 32 ff., 199 ff. und auch *ders.*, Grundprobleme der Erkenntnislogik. 1934, in: G. Skirbekk (Hrsg.), Wahrheitstheorien. 1977, S. 109 ff. (Suhrkamp-Taschenbuch – Wissenschaft 210).

17 Dazu kritisch *K. Hübner*, Kritik, S. 286.

18 Über weitere Begründungen für diese Auffassung, die über die Logik hinausgehen, vgl. auch seine Ausführungen in: R. Harré (Hrsg.), Problems of Scientific Revolution: Progress and Obstacles to Progress in the Sciences. 1975, S. 73 ff.; dazu u.a. *C.F. von Weizsäcker*, Garten, S. 197 ff.

19 Woraus sich Anklänge und Beziehungen zur „Wissenschaftslehre" *J.G. Fichtes* ergeben – wie der Titel „Traktat über kritische Vernunft" von *H. Albert* an entsprechende Schriften von *D. Hume* (Traktat über den menschlichen Verstand) und *I. Kant* (Kritik der reinen Vernunft) anknüpft und damit seine Verpflichtung gegenüber diesen Philosophen ausweist.

Wissenschaft zu entwickeln – nämlich die Wissenschaft von den Wissenschaften, bzw. von einer Methode der Wissenschaft(en)[20].

60 In der *Wissenschaftstheorie* haben sich – z.T. gleichzeitig, z.T. ausgelöst durch den Kritischen Rationalismus – eine Reihe weiterer Positionen entwickelt. Hier sei zum **Beispiel** auf die Darstellungen von *Th.S. Kuhn*[21] und I. *Lakatos*[22] verwiesen, die die Wissenschaftstheorie durch eine Aufarbeitung der Wissenschaftsgeschichte zu fundieren suchen und dabei besonders herausgearbeitet haben, daß die Entwicklung der Wissenschaften nicht gradlinig – in fortlaufender Verbesserung der vorhandenen Erkenntnisse – verlaufen ist. *Kuhn* hat vielmehr eindringlich beschrieben, wie immer wieder neue *Paradigmata*[23] einander ablösten – daß man also wissenschaftliche Theorien nicht etwa deshalb aufgegeben hat, weil sie durch (neue) Erfahrungen widerlegt (falsifiziert) wurden, sondern weil man sich in der wissenschaftlichen Diskussion aus außerwissenschaftlichen Gründen an neuen, gewissermaßen „revolutionären" Ideen orientierte (sog. *Paradigmenwechsel*). Die Wissenschaftler, die dann noch an den alten Theorien festhielten, schieden damit aus der wissenschaftlichen Diskussion aus. Erwähnt seien auch der „wissenschaftstheoretische Anarchismus" *P.K. Feyerabends*[24] sowie die von der analytischen Philosophie (vgl. Rz 50) ausgehenden Untersuchungen W. *Stegmüllers*[25] und seiner Schule. Diese wissenschaftstheoretischen Bemühungen können hier jedoch nicht weiter verfolgt werden[26], da dies uns unserem Ziel einer kritischen Fundierung der juristischen Methodenlehre m.E. nicht näher bringen würde.

3. Ansätze der neueren Philosophie

61 Ebenfalls für Juristen von Interesse ist das Werk *Kurt Hübners* „Kritik der wissenschaftlichen Vernunft" (1978), das sich mit seinem Titel in die kritischen Unternehmungen der modernen Wissenschaftstheorie einreiht und das einen Entwurf einer „Theorie der Wissenschaftsgeschichte und der Geschichtswissenschaften" enthält[27],

---

20 Dies gilt bereits für den „Positivismus" und den „Konventionalismus". Den Anfang des zuletzt genannten Unternehmens des „Kritischen Rationalismus" kann man bei *K.R. Popper* ansetzen, der sich zunächst mehr von naturwissenschaftlichen und insbesondere physikalischen Methoden herkommend in seinem Hauptwerk „Logik der Forschung". 1934, mit dem Positivismus des sog. Wiener Kreises auseinandersetzte, von dem er sich durch seine Ablehnung der induktiven Logik absetzte. Seine Gegner identifizierten seine Ausführungen allerdings vielfach gerade mit den Lehren des Wiener Kreises – dem er im übrigen angehörte. – H. *Albert* kommt dagegen von der Wirtschaftswissenschaft her und hat sich daher von Anfang an mehr um die Anwendung dieser Grundsätze auf wissenschaftliche Zusammenhänge bemüht, die man früher den Geisteswissenschaften zurechnete, denen er die gleichen Methoden empfiehlt, wie sie die Naturwissenschaften bereits anwenden – nämlich Bildung von Theorien (d.h. von zusammenhängenden Gesetzeshypothesen), die sich dann in Konfrontation mit der Empirie zu bewähren haben oder falsifiziert werden.
21 Die Struktur wissenschaftlicher Revolutionen. 1962, deutsch 1967, 3. Aufl. übersetzt von H. Vetter, 1978, Suhrkamp-Taschenbuch – Wissenschaft 25.
22 History of Science and Its Rational Reconstructions. In: Boston Studies in the Philosophie of Science, Vol VIII, 1971.
23 Zu diesem Begriff u.a. I. *Mittenzwei*, Teleologisches Rechtsverständnis. 1988, S. 279 ff.
24 Ausgewählte Schriften. Hrsg. von H. Spinner, Bd. I, 1974.
25 Probleme und Resultate der Wissenschaftstheorie und Analytischer Philosophie. 1973.
26 Einen einführenden Überblick gibt H. *Spinner*, Pluralismus als Erkenntnismodell. 1974; dazu kritisch A. *Schwan* in: Simon, Freiheit, S. 171 ff., 179 ff. oder I. *Mittenzwei*, Rechtsverständnis (Fn. 23), S. 275 ff.
27 Vgl. die Überschrift zum 2. Teil seines Werkes.

der über den Kritischen Rationalismus hinausführt, indem er dessen Annahmen konsequent verschärft.

So weist *Hübner*[28] u.a. überzeugend darauf hin, daß das Falsifikationsmodell des Kritischen Rationalismus letztlich daran scheitert, daß man „Theorien" nicht durch „Tatsachen" widerlegen und damit nicht empirisch falsifizieren kann. Und das deshalb nicht, weil **Tatsachen** (oder „Basissätze" in der Terminologie der Wissenschaftslehre) selbst nicht **theorieunabhängig** sind[29] – wie ja auch *Popper* darauf hinweist, daß die Erkenntnis die Erfahrung immer übersteigt (Rz 58). So werden die Tatsachen, die eine Theorie falsifizieren, mit Hilfe von Meßgeräten festgestellt, die ihrerseits in Orientierung an bestimmten „Theorien" hergestellt worden sind. Beruht es aber auf einer theoretischen Festlegung, ob zum **Beispiel** irgendein Meßresultat – oder mehrere – zumindest einer aus der Theorie abgeleiteten Voraussage widerspricht, dann wird die Theorie nicht durch die empirischen Tatsachen widerlegt – sondern durch die Art der theoretischen Festlegung.

Nach *Hübner*[30] kann man daher im Rahmen bestimmter theoretischer Systeme in vergleichbarer Weise die Wahrheit einer Theorie „beweisen" oder „falsifizieren" – nämlich nicht absolut, sondern immer nur in Hinblick auf dieses oder jenes System von Theorien. Die **Wahrheit** wissenschaftlicher Aussagen bezieht sich danach immer auf ein bestimmtes theoretisches System[31]. Sie ist daher aber – wie *Hübner*[32] bemerkt – nicht „relativ", sondern **relational** (systembezogen).   **61a**

Hübner betont dabei zu Recht, daß sich dieser *relationale* Wahrheitsbegriff von einem *relativen* (Standpunkt- oder personenbezogenen – also subjektiven) Wahrheitsbegriff unterscheidet: Die Wahrheit im Sinne des relationalen Wahrheitsbegriffs ist nämlich von der Subjektivität des Betrachters unabhängig. So kann der Betrachter zum **Beispiel** durch einen Automaten ersetzt werden. Die relationale Wahrheit ist also nur programm- bzw. systemabhängig. Damit richtet sich dann das Interesse vor allem auf die Diskussion über das „richtige Programm" bzw. auf die „Rechtfertigung theoretischer Grundsätze"[33]. Und damit gewinnt dann die Rechtserkenntnis (bzw. das Verfahren der Rechtserkenntnis) im Zusammenhang der Wissenschaftstheorie ein besonderes Interesse – was u.a. schon der Titel einer Arbeit von *H.F. Spinner* deutlich macht, die den Titel trägt: „Die Entstehung des Erkenntnisproblems im griechischen Denken und seine klassische Rechtfertigungslösung aus dem Geiste des Rechts." (1977).   **61b**

Ähnlich argumentiert auch *C.F. von Weizsäcker*[34], wenn er darauf hinweist, daß man sich bei der Falsifikation auf Gesetze (Regeln) berufen müsse, die man als solche nach den Annahmen des Kritischen Rationalismus nicht verifizieren (beweisen) könne. Und *J. Simon*[35] hebt in seinem Werk „Wahrheit als Freiheit" (1978) hervor, „daß die Wahrheit ... ihrerseits bedingt sei, und zwar in Rechtsverhältnissen, die *bestehen* müssen ...". Diese Wendung der Wissenschafts- und Erkenntnistheorie ist naturgemäß für den Juristen von besonderem Interesse – schon weil sie ihn zur Präzisierung seines eigenen Modells der Rechtserkenntnis veranlassen   **62**

---

28 Kritik, S. 68 ff., 191 ff.; vgl. zum Folgenden auch die Ausführungen von *G. Teubner*, Festschrift für
      J. Esser. 1995, S. 191 ff. oder in: R. Martinsen (Hrsg.) Das Auge der Wissenschaft. 1995, S. 137 ff.
29 *K. Hübner*, Kritik, S. 56 ff.
30 Zu ähnlichen Ergebnissen kommt die Darstellung von *N. Luhmann*, Soziale Systeme, S. 686.
31 *K. Hübner*, Kritik, S. 273 ff.; vgl. hierzu schon *T.S. Kuhn*, Revolutionen (Fn. 21), S. 65 ff.
32 Kritik, S. 280; vgl. auch *R. Zimmermann* ARSP 72 (1986), S. 1 ff. Dem entspricht im übrigen auch
      der Hinweis von *N. Luhmann* auf die „Geschlossenheit" selbstreferentieller Systeme, die zu einer
      „Offenheit der Erkenntnis" führt; vgl. Soziale Systeme, S. 25, 357 ff. (dazu Rz 64 ff., 348 ff.).
33 *K. Hübner*, Kritik, S. 322.
34 Einheit der Natur, S. 241
35 Wahrheit, S. 318

muß. Sie macht aber andererseits deutlich, daß der Jurist seine (Erkenntnis-)Methode nicht direkt aus der Wissenschaftstheorie ableiten kann.

63 Für die normale wissenschaftliche Arbeit behalten danach auch nach der Auffassung *Hübners* die vom Kritischen Rationalismus beschriebenen Methoden ihren praktischen (pragmatischen) Wert. Ihr Geltungsbereich und ihre Aussagekraft ist zwar relativiert; sie behalten aber ihre Bedeutung als Erklärungsansätze für heutige wissenschaftliche Methoden[36].

4. Theorie der „autopoietischen Systeme"

64 Über die Wissenschaftstheorie hinaus verweisen schließlich auch die Arbeiten *N. Luhmanns*[37], der von der *Systemtheorie* ausgehend die Grundlage einer allgemeinen soziologischen Theorie vorgelegt hat. Dabei ist in unserem Zusammenhang von Interesse, daß er dieser Theorie auch *Bedeutung für die Erkenntnistheorie* zuschreibt[38]: Sie soll nämlich eine „posttranszendentale, naturale Epistomologie" ermöglichen[39] – also eine Erkenntnistheorie, die nicht beim Bewußtsein ansetzt, wie die Philosophie des (Selbst-)Bewußtseins seit *R. Descartes* (Rz 50, 73 ff., 253, 343), sondern (wieder) bei „der Welt". *Luhmann*[40] hat sich hierbei auf die in der Biologie entwickelte Theorie der „selbstreferentiellen, autopoietischen Systeme" bezogen – d.h. von Systemen, die in unserer Erfahrung vorkommen, deren Einheit sich daraus ergibt, daß sie die Welt auf sich beziehen (d.h. selbstreflexiv, selbstreferentiell sind[41]) und sich damit selbst reproduzieren (autopoiesis)[42].

64a Auch diese Theorie setzt beim Zirkel der Erkenntnis (Münchhausen-Trilemma, Rz 52) ein – also beim Verhältnis von Erkenntnis und Gegenstand. Sie will diesen Zirkel aber nicht (durch Festlegungen) durchbrechen, sondern „konditionieren", indem sie Unterscheidungen (Differenzen, Differenzierungen) einführt, die auf Gründe und Gründe von Gründen verweisen. Der „infinite Regreß", zu dem diese Operation führt, wird nicht abgeschnitten. *Luhmann*[43] hat vielmehr darauf hingewiesen, daß er „Approximationshoffnung" erlaubt: „Wenn man die Gründe wieder begründet und jede Etappe für Kritik offen und revisionsbereit hält, wird es immer unwahrscheinlicher, daß ein solches Gebäude ohne einen Realitätsbezug hätte ausgeführt werden können".

65 Grundvorgang der Erkenntnis ist demnach das „Diskriminieren" (in dem Sinn des operativen Einführens und Handhabens einer „Differenzierung" – einer Unterschei-

---

36 Zu einigen Modifikationen noch gleich Rz 71.
37 Soziale Systeme. Grundriß einer allgemeinen Theorie. 1984; dazu *ders.*, Die soziologische Beobachtung des Rechts. 1986.
38 Soziale Systeme, S. 647 ff.; *J. Habermas* (phil. Diskurs, S. 430) spricht in diesem Zusammenhang von einer Denkbewegung von der „Metaphysik" zur „Metabiologie".
39 *N. Luhmann*, Soziale Systeme, S. 647 ff.
40 Soziale Systeme, S. 30, 246, 648; vgl. auch *N. Luhmann* Zeitschr. f. Rechtssoz. 1985, S. 1 ff., 3 ff.
41 *N. Luhmann*, Soziale Systeme, S. 57 ff.
42 *N. Luhmann*, Soziale Systeme, S. 60 ff., 206 ff.; zum – umstrittenen – Begriff der Autopoiesis ausführlich *G. Teubner*, Recht als autopoietisches System. 1989, S. 21 ff., 32 ff. m.Nachw.
43 Soziale Systeme, S. 648 f.; vgl. auch *ders.*, Zeitschrift f. Rechtssoz. 1985, S. 1 ff., 3 ff.

dung), was dann durch Interagieren (Zusammenwirken mit anderen) und Beobachten entwickelt wird[44]. Diese Differenzierung (Unterscheidung) wird durch das jeweilige „System" vollzogen, das die Umwelt auf sich bezieht und sich damit von der Umwelt unterscheidet. Das System bildet dabei eine „geschlossene Einheit" (die aber gegenüber Erkenntnis – der Umwelt – offen ist), was *Hübners* „relationaler Wahrheit" entspricht. Erkenntnis und Wissen sind nach diesem Ansatz ersichtlich Erscheinungen, die nicht nur bei Menschen (bzw. genauer: bei psychischen Systemen)[45] auftreten, sondern auch bei sozialen Systemen oder biologischen Systemen.

Ein **Beispiel** dafür bieten die Immunsysteme[46] – also Eiweißsysteme, die sich „selbst" von anderen Eiweißsystemen unterscheiden (nämlich von den Infektionsträgern), ihre Organisation auf sie einstellen und „lernen" können (wie u.a. Impfungen zeigen) usf.

Auch diese Theorie verspricht also wie der Kritische Rationalismus keine *objektive* (absolute) Erkenntnis. Es geht ihr u.a. gerade darum, die Unabgeschlossenheit und Offenheit aller Erkenntnis abzubilden, und diese dabei andererseits vor dem Vorwurf der Willkürlichkeit zu schützen[47]. Und wir werden uns später bei der Beschäftigung mit Fragen der Rechtssoziologie (Rz 313 ff.) noch näher mit einigen Fragen der „Systemtheorie" befassen müssen. Hier sei nur bemerkt, daß diese Theorie nur einen Ansatz unter anderen Ansätzen bieten will. Sie stützt sich gewissermaßen auf einen *Theorienvergleich*[48] (dazu unten Rz 327) – und sie stellt schon von daher nicht den Anspruch, einen *notwendigen*[49] Ausgangspunkt für rechtswissenschaftliche Methoden und Überlegungen zu liefern. **66**

Dazu kommt, daß die Theorie der autopoietischen Systeme Erkenntnis in einer Weise beschreibt, die diese nicht auf Menschen (auf psychische Systeme) beschränkt – sie tritt, wie bemerkt, auch bei „Immunsystemen" auf. Rechtserkenntnis ist aber augenscheinlich etwas, was mit Erscheinungen verbunden ist, die *nur* bei Menschen vorkommen. Wir sprechen im Verhältnis der Tiere untereinander nicht von Recht. *Luhmann*[50] hat zwar auch den Sonderfall der *psychischen* Systeme behandelt – aber nicht in einer Art, die diesen Systemen eine „besondere Form der Erkenntnis" zuschreibt. Er hat zudem in seiner „Rechtssoziologie"[51] hervorgehoben, daß man auf die „vereinfachende Selbstbeschreibung des Rechts" (durch das Rechtssystem) nicht verzichten könne (dazu noch Rz 340). Die Ausrichtung dieser Theorie auf die Sozialwissenschaften legt es jedoch nahe, daß sich auch die Juristen mit ihr beschäftigen. **66a**

---

44 *N. Luhmann*, Soziale Systeme, S. 650; dazu *ders.* Zeitschr. f. Rechtssoz. 1985, S. 1 ff., 6 ff.
45 Zum Verhältnis Mensch/Psychisches System noch unten Rz 323.
46 *N. Luhmann*, Soziale Systeme, S. 504 f.
47 *N. Luhmann*, Soziale Systeme, S. 34.
48 *N. Luhmann*, Soziale Systeme, S. 652; dazu noch unten Rz 327.
49 Schon weil sie die Unterscheidungen, auf denen sie aufbaut, nicht als „notwendig" ausweist und auch nicht ausweisen will; dazu *N. Luhmann*, Soziale Systeme, S. 34 sowie *ders.* Zeitschr. f. Rechtssoz. 1985, S. 1 ff., 5; zum Verhältnis von Systemtheorie und Rechtswissenschaft auch *G. Roellecke* JZ 1999, S. 213 ff.
50 Soziale Systeme, S. 364.
51 *N. Luhmann*, Rechtssoziologie, S. 360; dazu *ders.*, soziologische Beobachtung (Fn. 37), S. 19.

5. Die Wahrheitsfrage

67 Gegen diese Ansätze der Wissenschaftstheorie und der Systemtheorie sind nun eine Reihe von Einwendungen erhoben worden. Diese richten sich einmal dagegen, daß danach die Wahrheit aller wissenschaftlichen Aussagen problematisch bleibt. Denn man kann von diesen Ansätzen her von „Theorien" (von zusammenhängenden Gesetzeshypothesen) nur sagen, daß sie bisher trotz entsprechender Versuche nicht widerlegt (falsifiziert) worden sind, und daß sie sich insofern „bewährt" haben. Man kann danach von Theorien und den mit ihrer Hilfe gewonnenen Ergebnissen (Feststellungen) aber nie sagen, daß sie „bewiesen" seien. Man kann also von diesen Ansätzen her nicht zu *wahren* Feststellungen gelangen.

Dazu kommt noch, daß die Widerlegung (Falsifikation) einer Gesetzeshypothese meist nur dazu führt, daß man die Theorie (den Zusammenhang einer Anzahl von Hypothesen) „umbaut" – indem man zum **Beispiel** den Geltungsbereich der falsifizierten Hypothesen durch besondere Annahmen einschränkt und die Theorie im übrigen durch weitere Hypothesen ergänzt.

68 Die wissenschaftsgeschichtliche Forschung hat zudem ganz allgemein herausgearbeitet, daß wissenschaftliche Hypothesen und Theorien nicht widerlegt, sondern fallen gelassen werden – und dies dazu meist aus *außerwissenschaftlichen* Gründen: sog. Paradigmen-Wechsel (*P. Kuhn*, Rz 60). Das führt aber alles augenscheinlich nur zu einer guten Beschreibung der üblichen Arbeitsweise. Die Wissenschaft stellt sich danach jedoch als ein Unternehmen dar, das letztlich nicht zu wahren (verbindlichen) Sätzen führt; Grund ihrer Aussage ist vielmehr die zufällige Entwicklung dieser je vorhandenen Art von Theorien. Diese Wissenschaftstheorien haben also einen deutlichen Bezug zur Methode des Konventionalismus, dem weiterhin ein beschränkter Geltungsbereich zuerkannt wird. Bei einem Streit über die „Tatsachen" sind die „Theorien" festzuschreiben (zu vereinbaren). Die Neuerung gegenüber dem Konventionalismus besteht nur darin, daß auch die Art des Fragens selbst problematisiert werden kann.

69 Diese Art von Einwänden ist allerdings wieder in sich problematisch. Denn sie entspringen offensichtlich selbst dem Bedürfnis nach einem „festen" bzw. „sicheren" Grund – also dem Bedürfnis nach Dogmatisierung und Unfehlbarkeit. Sie entsprechen damit zwar einem immer wieder festzustellenden Zug der menschlichen Natur; sie entsprechen aber nicht der Beobachtung, daß die Geschichte der Wissenschaft(en) eine „Geschichte der Irrtümer" ist.

Man meint zwar vielfach, daß nur die Geschichte der Philosophie und der Weltanschauungen eine Geschichte der Irrtümer und Verirrungen sei – und hebt diese von der Geschichte der sog. exakten Wissenschaften ab. Man sollte aber nicht vergessen, daß man in den exakten Naturwissenschaften noch vor nicht allzu langer Zeit mit Gegenständen wie dem „Äther" oder dem „Phlogiston" etc. arbeitete, deren Nicht-Vorhandensein man heute allgemein anerkennt[52]. Und selbst in der Mathematik kann man ähnliche Beispiele finden. So halten heute zum **Beispiel**

---

[52] Dazu überzeugend *R. Specht*, Zur gegenwärtigen Lage der Philosophie. In: Mitteilungen der Gesellschaft der Freunde der Universität Mannheim, 1970, Heft 19, S. 19 ff. und auch die Darstellung bei *T.S. Kuhn*, wissenschaftliche Revolutionen (Fn. 21).

viele Mathematiker das Unternehmen der Mengenlehre als Versuch einer rein formalen Begründung der Mathematik für widerlegt.

Wenn *Popper* und *Albert* es daher vorziehen, die wissenschaftlichen Aussagen (Erkenntnisse) von vornherein in einer Art darzustellen, die diese als problematisch (möglicherweise irrig) ausweisen (*Fallibilismus*), dann besteht gerade darin ein Vorzug ihrer Wissenschaftstheorie. Denn sie verweisen damit auf die Aufgabe der Forschung (Wissenschaft), immer wieder neu zu prüfen und nichts als „absolut wahr" hinzunehmen. Und das kann die Wissenschaft vor Selbstzufriedenheit schützen, die Kritik ausschließt. Diese „Mängel" begründen gewissermaßen einen *ethischen Vorzug* dieser Art Wissenschaftstheorie; er kann ihre Überlegenheit gegenüber anderen Theorien begründen. Denn der Glaube an die Richtigkeit der eigenen Erkenntnis stellt sich ja meist von selbst ein – und dies zudem oft zu früh. **70**

Es sei noch angemerkt, daß sich auch nach den eben erwähnten Ansätzen von *Hübner, Simon* und *Luhmann* (Rz 61 ff.) die jeweilige Erkenntnis (bzw. Wahrheit) als unabgeschlossen und insofern als „problematisch" darstellt: Nach *Hübner* und *Luhmann* aufgrund des *relationalen* Wahrheitsbegriffs, der dazu führt, daß jede Änderung des Systems[53] zu „neuen" Wahrheiten führt – nach *Simon*[54], weil die Wahrheit ihre Bedingung in Rechtsverhältnissen findet, „die *bestehen* müssen ..." Und Recht ist immer auch Prozeß. In diesen Beschreibungen tritt der Aufruf zur (Selbst-)Kritik in anderer Weise, aber ebenso deutlich hervor, wie in den Beschreibungen des Kritischen Rationalismus. Diese Autoren meinen allerdings, auf das Ideal der „Annäherung an die Wahrheit" verzichten zu müssen[55], das dem Kritischen Rationalismus ein anziehendes Pathos verleiht. Und man kann bezweifeln, ob diese Vorstellung der „Annäherung an die Wahrheit" durch die „Entwicklung durch Evolution" (durch Anpassung) ersetzt werden kann, auf die *N. Luhmann*[56] in diesem Zusammenhang verwiesen hat. **71**

6. Kritische Theorie (J. Habermas)

a) Kant-, Hegel- und Marx-Kritik

Gegenüber dem Ansatz des Kritischen Rationalismus hat aber die sog. Kritische Theorie einen weiteren Einwand erhoben – und dieser Streit Kritischer Rationalismus versus Kritische Theorie (verbunden mit den Namen von *Popper/Albert* einerseits und *Adorno/Habermas* andererseits) hat unter dem Stichwort **Positivismusstreit**[57] einiges Aufsehen erregt. Hier soll dieser Einwand anhand einer Argumentation von *Jürgen Habermas* in seinem Werk „Erkenntnis und Interesse" (1968)[58] dargestellt werden, die m.E. gerade für Juristen von Bedeutung ist. Denn wenn auch **72**

---

53 „Geschichte" ist nach *K. Hübner* eine „Selbstbewegung" von Systemmengen, Kritik, S. 193 ff., 241 f. und öfter.
54 Wahrheit, S. 397.
55 Vgl. z.B. *K. Hübner*, Kritik, S. 273 ff.
56 Soziale Systeme, S. 651 ff., 654.
57 Vgl. dazu *Th.W. Adorno* u.a. (Hrsg.): Der Positivismusstreit in der deutschen Soziologie. 1969, 3. Aufl. März 1974 und *Simon-Schaefer/Zimmerli*, Theorie zwischen Kritik und Praxis. 1975.
58 Hier zitiert nach der Suhrkamp-Taschenbuchausgabe von 1973; dazu auch die von W. Dallmayr, Materialien zu Habermas' „Erkenntnis und Interesse". 1974 herausgegeben – z.T. kritischen – Diskussionsbeiträge; zum Folgenden zunächst *K.J. Huch* in W. Dallmayr, Materialien, S. 22 ff.

Habermas seine Darstellung in seinen späteren Werken[59] vielfach erweitert und dabei auch modifiziert hat, so sind doch seine späteren Ausführungen für die hier verfolgte Frage nach dem Geschäft der Philosophie weniger von Interesse. Daher werden wir uns im Folgenden weiterhin an seiner früheren Darstellung orientieren, die für unsere auf die Rechtswissenschaft bezogenen Fragestellungen einen geeigneteren Zugang bietet.

73 „Erkenntnis und Interesse" beginnt mit einer Darstellung der Erkenntnistheorie seit I. *Kant*, die von der Kritik, ausgeht, die *G.W.F. Hegel* an der Erkenntnistheorie *Kants* übt. Ein erster Einwand ist hier der Hinweis auf den bereits erwähnten „logischen Zirkel" jeder Erkenntnistheorie[60] – nämlich darauf, daß Erkenntnistheorie versucht, vor dem Erkennen die Möglichkeit der Erkenntnis (das Erkenntnisvermögen) zu untersuchen oder sogar *kritisch* zu untersuchen, was *H. Albert* als das Münchhausen-Trilemma (Rz 52) bezeichnet hat. *Hegel* hält *Kant* aber vor allem entgegen, daß dieser Erkenntnis (*wahre* Erkenntnis!) dadurch sichern wolle, daß er das Erkenntnisvermögen beschreibe (indem er es also definiere und kritisiere)[61]. *Objektive* Erkenntnis ist dann – wie *Hegel* polemisch ausführt – das Erkannte abzüglich der Gestaltung durch das Erkenntnisvermögen (durch den Erkenntnisapparat). Man könnte danach meinen, daß man zu wahren (objektiven) Erkenntnissen gelangte, wenn man die „Verzerrung" des „Erkannten" durch den „Erkenntnisapparat" hinwegdenkt. *Hegel* versucht das damit zu verdeutlichen, daß er „Erkenntnisvermögen" und „Erkenntnis" durch „Zähne" und „Essen" ersetzt. Dann geht es bei dieser Erkenntnistheorie um dem Versuch, aus dem „Mageninhalt" durch Abzug der „Zähne" das „verspeiste Tier" zu rekonstruieren.

74 *Habermas* stimmt dieser Kritik sachlich zu, meint aber, daß sie auf einer Fehlinterpretation der Ausführungen *Kants* beruhe. Man verstehe nämlich die Erkenntnistheorie *Kants* nicht angemessen, wenn man meine, daß *Kant* versucht habe, zu beschreiben wie *objektive* (wahre) Erkenntnis(se) erlangt werden könne. Man müsse vielmehr davon ausgehen, daß auch *Kant* bereits die Erkenntnis als *Produkt* (als Produktion) des erkennenden Subjekts beschrieben habe[62]. *Objektivität* der Erkenntnis heißt dann nichts anderes als vollständige Beschreibung des Produktionsvorgangs „Erkenntnis" und des Produkts dieses Vorgangs: des Erkenntnisgegenstandes. Bei dieser Interpretation besteht dann die Ergänzung, die *Hegel* dieser Beschreibung hinzufügt, darin, daß dieser (nach *Habermas* zu Recht) darauf aufmerksam macht, daß eine vollständige Beschreibung dieses *Produktionsvorganges* noch erfordert, auch das erkennende Subjekt selbst in seiner Bildung nachbildend (reflexiv) aufzubauen und darzustellen – d.h. in der Art, wie es geworden ist: seine Natur in ihrer Bildung bzw. das „Bild sei-

---

59   Von denen insbesondere seine „Theorie des kommunikativen Handelns". 2. Bd. 1981, und seine Vorlesungen „Der philosophische Diskurs der Moderne". 1985 zu nennen sind sowie seine unter dem Titel „Faktizität und Geltung". Beiträge zur Diskurstheorie des Rechtes und des Rechtsstaats. 1992, erschienene Rechtsphilosophie; dazu u.a. I. *Maus* Rechtstheorie 26 (1995), S. 507 ff.

60   Hierzu eingehend *J. Simon*, Wahrheit, S. 1 ff. und zur Interpretation von *Kant* und *Hegel*, S. 184 ff., 214 ff.

61   Dazu *G. Roellecke* ARSP 82 (1996), S. 187 ff.

62   Wovon man heute weithin ausgeht; dazu *nur G. Roellecke* JZ 1999, S. 213 ff., 215 unter Hinweis auf *N. Luhmann*, Erkenntnis als Produktion. 1988.

ner Natur"(-geschichte). Es geht dabei um das von *J.G. Herder* skizzierte Projekt, die Geschichte der Entwicklung des Menschen (d.h. der Gattung „Mensch") als Kulturwesen in einer vergleichbar exakten Weise darzustellen, wie die biologische Entwicklung des Menschen als Teil der Natur.

Eine Theorie über die (geschichtliche) Entwicklung der Menschen, die aufzeigt, was zu „uns" geführt hat, kann man aber nur erarbeiten, wenn man vom Standpunkt des „absoluten Wissens" ausgeht – wie *Hegel* es tut: „Die Wahrheit ist das Ganze". Damit ist man aber wiederum nicht auf etwas Gewisses verwiesen (denn das Ganze steht niemand zur Verfügung), sondern auf einen Prozeß, der die Wahrheit bringen mag – wenn er irrtumsfrei, unendlich durchgeführt wird –, der aber hier und jetzt die Wahrheit noch nicht verbürgt. Und damit ist man wiederum in einer ähnlichen Lage, wie wir sie bei der Darstellung des Ansatzes von *Popper* und *Albert* gefunden haben.

75 Dieses Reden vom Standpunkt des absoluten Wissens her meint übrigens nicht – wie man zuweilen lesen kann –, daß man davon ausgehen müsse oder auch nur dürfe, daß man selbst das **absolute Wissen** bereits erlangt habe und über dieses Wissen verfügen könne – was dann das Bewußtsein davon einschließt, daß spätere Zeiten über dieses „Wissen" nicht mehr hinausgelangen können. Man kann *Hegel* nicht die Erwartung unterstellen, daß mit ihm die Geschichte der Philosophie aufhöre. Es geht in diesem Zusammenhang vielmehr um die Bestimmung der richtigen Aussageform: Wenn die „Wahrheit das Ganze" ist, dann scheinen *wahre* Aussagen zunächst unmöglich zu sein. Denn „das Ganze" kann nie Gegenstand einer Aussage sein und damit können einzelne Aussagen des Subjekts über einzelne Zusammenhänge schon der Form nach nicht „wahr" sein. *Wahre Aussagen* (d.h. Aussagen, die „wahr sein können") *werden* aber *möglich*, wenn man *vom Ganzen* („vom absoluten Wissen" oder von der „Wahrheit") *her* spricht, wenn also die Wahrheit gewissermaßen „Subjekt" der Aussage wird – und nur darum geht es beim *absoluten* Wissen. Es geht daher bei den Hinweisen auf das *absolute* Wissen wie überhaupt auf das „Absolute" jeweils darum, die möglichen Aussagen so zu strukturieren, daß niemand das „Absolute" als Garant der Wahrheit für sich in Anspruch nehmen und darüber verfügen kann[63]: Es geht bei diesen Hinweisen also immer darum, *die* Wahrheit „offen" zu halten (dazu Rz 66, 70 f. und noch Rz 295, 345).

76 Dies kann vielleicht eine Parallele zur Theologie noch deutlicher machen: So führt zum **Beispiel** *Karl Barth*[64] bei der Beschreibung der Dogmatik als Methode der (Versicherung von) theologischen Erkenntnis aus, daß theologische (und dogmatische) Aussagen nur dann richtig (wahr) sein können, wenn sie „von Gott her" gesprochen werden – wenn also Gott gewissermaßen zum Subjekt der Aussage wird. Demgegenüber sind Aussagen vom Subjekt her „über Gott" schon der Form nach falsch: Da sich deren Wahrheit nach äußeren menschlichen (d.h. von Menschen aufzustellenden) Kriterien ergibt. Der Mensch kann aber „über Gott" nicht „urteilen" (und das heißt „wahre" Aussagen machen); er kann ihm nur gehorchen oder nicht gehorchen. *Barth* hebt dabei aber nachdrücklich hervor, daß auch die theologischen Aussagen „von Gott her" wie alle menschlichen Aussagen nie die *volle* Wahrheit ausdrücken und daher immer wieder der Korrektur bedürfen. Nur: Anders als „von der Wahrheit", „vom Ganzen" oder von „Gott her" läßt sich Wahrheit nicht aussagen. Die *Wahrheit einer Aussage beruht* also *nicht nur auf sachlichen* (d.h. von der Sache her gegebenen), *sondern daneben noch auf* weiteren Voraussetzungen, nämlich auf *persönlichen Voraussetzungen der Erkenntnis* (dazu noch Rz 295 f.).

---

63 So auch *J. Strangas* ARSP 70 (1984), S, 475 ff., 490.
64 Kirchliche Dogmatik. Bd. I 1, Die Lehre vom Worte Gottes. 8. Aufl. 1964, § 7, 2, S. 291 ff., § 8, S. 320 ff.

77 *Habermas* beschreibt dann, wie nach seiner Interpretation *K. Marx* diesem Dilemma zu entkommen suchte. *Marx* meinte, *Hegel* „auf den Kopf" (oder genauer: vom Kopf auf die Füße) zu stellen; er verließ die Philosophie des Bewußtseins, die die Erkenntnistheorie seit *R. Descartes* darstellt[65], und ging nicht vom *Primat des Geistes* aus – d.h. von der Reflexion eines Subjekts über seine *Natur* –, sondern von der Natur (des Gegenstandes) selbst. Das führt dann zu einer anderen Beschreibung des Vorgangs bzw. des Verfahrens der Erkenntnis: Erkenntnis bleibt dabei für *Marx* – wie in den eben geschilderten Anschauungen – zwar weiterhin „Produktion" des erkennenden Subjekts, jetzt aber nicht Produktion von *Bewußtseinsinhalten*, sondern materielle, gegenständliche Produktion. Das erkennende Subjekt, das sich in der Phänomenologie *Hegels* selbst nachdenkend (im Nachhinein) bildet bzw. reflexiv überdenkt, wird bei *Marx* zum Teil einer Gattung[66]; die Bildung wird zum Stoffwechsel. Absolute oder objektive Erkenntnis ist dann die Erkenntnis (die bewußte Selbstproduktion und Reproduktion) der Gattung „Mensch" (homo sapiens). Die Form der Produktion ist die Arbeit. Diese ist ein Prozeß zwischen Mensch und Natur: Ein Prozeß, worin der Mensch seinen Stoffwechsel durch seine eigene Tat vermittelt, regelt, *kontrolliert* – wobei das Entscheidende die Regelung bzw. Kontrolle durch *eigene Tat* ist, also durch zurechenbare Handlungen: Denn Stoffwechsel infolge Ernährung kennzeichnet alles Leben. Und diese *Arbeit* ist nach der Interpretation von *Habermas* bei *Marx* nicht nur eine anthropologisch[67], sondern *auch eine erkenntnistheoretisch* grundlegende Kategorie*, weil die *objektive* Natur für unsere Gattung die durch Arbeit (durch gesellschaftliche Arbeit bzw. durch die Arbeit der Gattung) veränderte Natur ist[68]. Unsere Umwelt – die wir erkennen – ist die von Menschen gestaltete Umwelt, wie uns ein Blick auf dem Fenster bestätigen wird.

78 *Habermas* meinte nun damals, daß *Marx* diesen Reproduktionsprozeß der Gattung zu eng (zu reduktionistisch) beschrieben habe[69]. Arbeit sei nämlich als Naturprozeß auch immer mehr als ein Naturprozeß: Weil Arbeit Natur (Stoff bzw. Materie) mit Sinn und menschlichen Zwecken vereinige. Er beschreibt daher die Arbeit als eine „Synthesis" – als eine Vereinigung unterschiedlicher Gegebenheiten –, während sie sich nach seiner Interpretation bei *Marx* sozusagen als Primärerscheinung darstellt: als reines Faktum. *Menschliche* Arbeit sei daher (anders als zum **Beispiel** die Arbeit der Weber-Ameisen) nicht nur beschreibbar und definiert durch Produktion (durch instrumentales Hervorbringen), sondern in demselben Maße auch durch Interaktion

---

65 Soweit sie die „Wahrheit" der Erkenntnis eines Subjekts thematisiert: Diese Erkenntnis vollzieht sich immer im Bewußtsein des Erkennenden; dazu *J. Habermas*, phil. Diskurs, S. 161; dagegen aber z.B. *Th.W. Adorno*, Negative Dialektik. 1966, hier zit. nach dem Suhrkamp-Taschenbuch – Wissenschaft 213, 1975, S. 184 ff., und jetzt die „posttranszendentale, naturale Erkenntnistheorie" *N. Luhmanns* (dazu Rz 64, 339 ff.).

66 Was der Sache nach aber auch schon für *I. Kant, J.G. Fichte* oder *G.W.F. Hegel* zutrifft; das „Subjekt" *Kants*, das „Ich" *Fichtes* oder das „Selbstbewußtsein" *Hegels* sind nicht – oder nicht nur – individuelle „Iche".

67 Anthropologisch unterscheidet sich nach *K. Marx* der Mensch vom Affen durch die Arbeit.

68 *Habermas* beruft sich dazu auf *K. Marx*, Das Kapital. Bd. I, Berlin 1960, S. 185 ff.

69 Dazu kritisch u.a. *G.E. Rusconi* und *E. Hahn* bei Dallmayr, Materialien, S. 107 ff., 114 ff. und 220 ff., 223 ff. Diese Kritik ist in Hinblick auf die *Marx*-Interpretation wohl berechtigt. *J. Habermas* beschreibt die Lehre *Marx'* daher heute anders; vgl. phil Diskurs, S. 80 ff.

(Reflexion und Kommunikation!)[70]. Die von den Menschen „produzierte" Umwelt unterscheidet sich von der von Tieren (u.a. von Weber-Ameisen) produzierten Umwelt deshalb, weil sich die Menschen über die Art der Produktion „verständigen". D.h. der Mensch unterscheidet sich von dem Tier nicht nur durch Arbeit, sondern auch durch bestimmte Verhaltensmöglichkeiten (Sprache, Reflexion)[71].

Dies versuchte *Habermas* schließlich noch mit einem weiteren Gedankengang deut- **79**
licher zu machen: Arbeit ist zunächst ein instrumentaler Prozeß, der etwas hervorbringt, und der deshalb auch von daher kritisierbar ist. In der *Marx*schen Ökonomie sei dieser Prozeß aber anders als in dessen Erkenntnistheorie ein Prozeß der durch die Produktionsbedingungen gestaltet wird. Und diese Produktionsbedingungen bringen – in der gegenwärtigen Lage – verschiedene Klassen hervor, die als Subjekte in bestimmter Weise agieren. Der Prozeß der Arbeit sei daher zwar einerseits durch materielle Notwendigkeiten bestimmt (nämlich durch die Produktionsverhältnisse), andererseits aber auch durch die Interaktion der verschiedenen Subjekte dieses Prozesses – nämlich durch die „Klassen", die ein „Klassenbewußtsein" entwickeln. Damit tritt neben das Wissen über die effektive Produktion (neben das „instrumentale Produktionswissen") das Wissen über die effiziente Interaktion (das „instrumentale Kommunikationswissen"). Erst damit wird nach *Habermas* der *Marx*sche Ansatz konsequent zu Ende geführt, nach dem die Geschichte die Naturgeschichte der Menschen ist. Auch *Marx* habe die damit gegebene Unterscheidung zwischen Humanwissenschaft und Naturwissenschaft anerkannt – wenn er auch (vielleicht aus Gründen der Legitimation) wie *Kant* die Identität von Wissenschaft und Naturwissenschaft betont habe und daher wohl der hier von *Habermas* hervorgehobenen Unterscheidung weniger nachgegangen sei.

Wenn aber so erkenntnistheoretisch nicht nur die Arbeit für die (Art der) Reproduktion **80**
der Gattung entscheidend ist, sondern auch die Interaktionen (die Kommunikation), dann ist nach *Habermas* die Art der Erkenntnis bedingt durch den (objektiven) Stand der vorhandenen Subjekte (der Klassen), die die Organisation der Interaktion bilden. *Habermas* postuliert daher konsequent, daß Erkenntnistheorie als Gesellschaftstheorie beschrieben werden müsse. Wenn Erkenntnis eine Produktion des erkennenden Subjekts ist – also eine Produktion der Gattung in den von ihr produzierten Verhältnissen – , dann ist für die Erkenntnis (für den Inhalt der Erkenntnis) auch die Stellung des erkennenden Subjekts in diesen Verhältnissen bedeutsam. Und das *nicht*, um damit *objektive* Erkenntnis(se) zu verbürgen – oder genauer: *objektivistische* Erkenntnisse, weil dies dem Versuch gleichkäme, vom Mageninhalt auf das ungekaute Essen zu schließen. Auf die genauere Analyse und Beschreibung der Stellung des erkennenden Subjekts innerhalb der vorhandenen gesellschaftlichen Verhältnisse wird man aber verwiesen, wenn man sich über die Bedingungen einer erfolgreichen Kommunikation mit anderen Subjekten Gedanken macht – sie ist also notwendig, wenn man das Kommunikationswissen (Interaktionswissen) erweitern will.

---

70 Hierzu auch *J. Habermas*, Zur Rekonstruktion des historischen Materialismus. 1976, S. 144 ff.
71 Das hat *Habermas* dann später zur Ausarbeitung einer „Theorie des kommunikativen Handelns" (2. Bd., 1981) geführt, in der er diese Problematik mit Hilfe der Handlungstheorie, Systemtheorie und der Sprachanalytik weiter ausgearbeitet hat.

b) Die verschiedenen Methoden der Erkenntnis: Ch.P. Peirce und W. Dilthey

81 Damit hatte sich *Habermas* einen Ausgangspunkt erarbeitet, von dem her er nun Folgerungen für das weitere Geschäft der Philosophie ableiten – also dogmatisch arbeiten – konnte. Dieser Ausgangspunkt gab ihm zudem gewissermaßen ein Koordinatenkreuz[72] an die Hand, das ihm erlaubte, auch die philosophische Betätigung anderer einzuordnen und sie damit zu relativieren und zu kritisieren.

Aus diesem Ansatz ergibt sich zunächst einmal die enge Bindung zwischen Erkenntnistheorie und Gesellschaftstheorie. *Habermas* sah gerade das Ziel seiner Überlegungen darin, die **Erkenntnistheorie als Gesellschaftstheorie** zu konstituieren. Eine wissenschaftliche Erkenntnis ist danach erst dann ausreichend beschrieben, wenn die „gesellschaftlichen Verhältnisse" oder die „gesellschaftlichen Bedingungen" beschrieben werden, unter denen sie gemacht wird – wenn also die Zwecke angegeben werden, denen sie in diesem Zusammenhang dienen soll, und die gesellschaftliche Stellung der Erkennenden, also ihre Stellung im Organisationszusammenhang „Gesellschaft"[73].

Naturerkenntnis

82 Die Verbindung von Erkenntnistheorie und Gesellschaftstheorie blieb dabei allerdings – notwendigerweise – sehr allgemein. *Habermas* skizzierte sie auch eher mit Hilfe idealistischer als materialistischer Kategorien. So diente ihm diese Verbindung erst einmal dazu, **drei verschiedene Formen des Wissens** zu unterscheiden, die er in Anlehnung an vorhandene philosophische Betätigungen beschrieb – wobei er diese dabei gleichzeitig (durch den Einbau in sein System) relativierte und kritisierte. Die eine Form des Wissens umfaßt die Erkenntnisse, die mit Hilfe der auch von *K.R. Popper* und *H. Albert* vorgeschlagenen Methoden gewonnen werden. *Habermas* greift hier nach einer Darstellung der Entwicklung des Positivismus anhand von *A. Comte* und *E. Mach* auf den amerikanischen Naturwissenschaftler und Wissenschaftstheoretiker *Charles P. Peirce* (1839-1914) zurück, den man als Begründer des Pragmatismus ansieht. Den Ausgangspunkt bildet der Positivismus *Comtes*, der auf dem Gegensatz von „Wissenschaft" und „Metaphysik" aufbaute, den man als Gegensatz von „Tatsachen" und „Eingebildetem" (nur Erdachtem) verstand. Alles, was „empirisch" nicht feststellbar und entscheidbar war, wurde als „metaphysisch" (ab-)qualifiziert. Danach war „Wissenschaft" ein Ensemble von Ableitungszusammenhängen für empirische Erscheinungen; das Geschäft der Wissenschaft war die Vorhersage (Prognose) von Tatsachen, die eintreten würden, wenn …

83 Dieser Ansatz hat ersichtlich große Ähnlichkeit mit dem heutigen Bild von der Wissenschaft, wie es auch der Kritische Rationalismus darstellt (Rz 57 ff.). Und man hat daher die Auseinandersetzung der „Kritischen Theorie" mit *K.R. Popper* und *H. Albert* zu Recht als „Positivismusstreit" bezeichnet. Nur haben Konventionalismus und

---

72 Dagegen kritisch *N. Lobkowicz* bei Dallmayr, Materialien, S. 169 ff.
73 In seinen späteren Ausführungen beschränkt *Habermas* dies allerdings auf die Darlegung der Rolle der „Wissenschaft", die sich gewissermaßen als „Erkenntnisorgan" der Gattung Mensch darstellt; dazu unten Rz 86.

Kritischer Rationalismus sich bemüht, Einwände auszuräumen, die zu Recht gegenüber dem älteren positivistischen Ansatz erhoben worden sind.

So ist der positivistische Ansatz durch die Übernahme des von der alten Metaphysik konstituierten Gegensatzes von Materie und Idee (mit einer Stellungnahme für die Materie) weiterhin der alten Metaphysik verpflichtet, der er nach seinem Ansatz gerade entgehen will. *Popper* – und ihm folgend *Albert* – lehnt es daher ab, positivistisch „von den Tatsachen" auszugehen. Ja, er beginnt sozusagen mit dem Nachweis, daß Erkenntnis immer über die Tatsachen hinausgeht, da sich aus der Tatsache, daß heute ein Stein fällt, nie der zwingende Schluß ergibt, daß morgen ein Stein auch noch fallen wird. **Erkenntnis setzt daher immer bereits Theorie voraus.**

Peirce – an dessen Stelle im vorliegenden Zusammenhang also auch *Popper* oder *Albert* treten könnten – versuchte daher im Unterschied zum älteren Positivismus nicht nur Aussagen über den logischen Aufbau wissenschaftlicher Theorien zu geben, sondern Aussagen über das Verfahren, in dem wissenschaftliche Theorien zu gewinnen sind. Hier ging *Peirce* davon aus, daß die Methoden der Forschung durch den Konsens (die Übereinstimmung: Konvention) der am Forschungsprozeß beteiligten Wissenschaftler legitimiert werden – was *Popper* und *Albert* in gewissem Umfang auch tun, aber insofern erweitern, als sie bei diesem Konsens nicht stehen bleiben, sondern die Möglichkeit vorsehen, über die Richtigkeit (Angemessenheit oder Nützlichkeit) des jeweiligen Konsenses zu diskutieren. Sie begründen so die Möglichkeit, nicht nur den Gegenstand (Inhalt) der Erkenntnis zu thematisieren, sondern auch die Methode (das Verfahren) der Erkenntnis. Und das ermöglicht dann eine sachbezogene Diskussion über die Methode mit der Möglichkeit, diese zu verwerfen. Kriterien für die Methodenwahl bietet hier (wie schon im älteren Positivismus) die Nützlichkeit der Ergebnisse, zu denen die Anwendung einer bestimmten Methode führt. **84**

Habermas erkennt nun diese Art der wissenschaftlichen Erkenntnis durchaus in ihrem begrenzten Recht an. Sie ist tatsächlich nützlich, wie ihre Ergebnisse zeigen. Er wendet sich nur dagegen – und das m.E. zur Recht –, daß sie ihre Erkenntnis als allein mögliche Erkenntnis hypostasiert oder anders ausgedrückt: Er weist darauf hin, daß diese Theorie zwar von sich behauptet, keine Philosophie zu sein (weil sie alles ist, was von früherer Philosophie übrig bleibt), daß sie das aber nur sagen kann, indem sie ohne Begründung behauptet, die alleinige menschliche *Erkenntnismöglichkeit* darzustellen. Sie ist also insofern Philosophie, als sie alle anderen Erkenntnismöglichkeiten ausschließt und für sich eine Alleinstellung beansprucht, ohne dies letztlich begründen zu können[74]. **85**

So richtet sich die wissenschaftliche Erkenntnis zum **Beispiel** nach diesem Ansatz infolge ihrer Bindung an „Gesetzeshypothesen" und „Theorien" nur auf Ereignisse, die sich gesetzmäßig wiederholen. Und sie schließt damit von vornherein die Möglichkeit einer wissenschaftlich-methodisch kontrollierten Erkenntnis anderer Gegebenheiten aus, ohne beweisen zu können oder auch nur plausibel zu machen, daß es nur gesetzmäßig auftretende Erscheinungen „gibt".

---

74 Dazu *Habermas*, Erkenntnis, S. 88 f.; zustimmend u.a. *K J. Huch* bei Dallmayr, Materialien, S. 22 ff., 24; ablehnend *N. Lobkowicz* ebendort, S. 169 ff.; vgl. hierzu auch *H. Albert* Zeitschrift für philosophische Forschung 33 (1979), S. 567 ff., 585 ff.

85a *Habermas* beschreibt diese Form des Wissens dagegen durch Verortung in seinem Ansatz als instrumentales Wissen (Produktionswissen, was in etwa dem Herrschaftswissen *M. Schelers* entspricht) – und er relativiert damit diese Form des Wissens als eine Form neben anderen. Charakteristisch für diese Form des Wissens ist, daß es auf „Vorhersage" ausgerichtet ist; es dient dazu, die Verfügbarkeit der Natur zu erweitern – und zwar auch die Verfügbarkeit des Menschen, soweit dieser Teil der Natur ist.

Hermeneutik

86 Daneben hält *Habermas*[75] aber noch eine andere Art der Erkenntnis für möglich und notwendig – was später[76] auch *H. Albert* wieder betont hat. Er stellt diese Form des Wissens einmal anhand der Arbeiten *W. Diltheys* (1833-1911)[77] dar – also anhand der Arbeiten eines Vertreters der sog. Hermeneutik[78], die besondere Impulse von *F. Schleiermacher* erhalten hat und für die heute zum **Beispiel** der Name *H.-G. Gadamer*[79] zu nennen ist. Die Möglichkeit dieser Erkenntnis (und deren Notwendigkeit zur vollen Erkenntnis) entwickelt er dabei zunächst anhand der Kritik des eben beschriebenen wissenschaftstheoretischen Ansatzes. Wenn die Methoden der Forschung durch den Konsens (die Konvention) der Forscher bestimmt werden, dann ist die Erkenntnis dem erkennenden Subjekt zuzurechnen – denen, die konsentieren oder konvenieren. Das erkennende Subjekt ist aber die Wissenschaft – oder genauer: die Wissenschaftsorganisation als Organ der Gattung Mensch[80]. Der Jurist fühlt sich hier unwillkürlich an die Lehre des *Savigny*-Schülers *G.F. Puchta* vom Juristenstand als „Organ des Volksgeistes" in Hinblick auf die Rechtserkenntnis erinnert[81]. Und dieses Subjekt der Erkenntnis muß ebenfalls thematisiert und analysiert werden, wenn seine Erkenntnis kontrolliert werden soll. Die bei dieser Analyse gewonnenen Erkenntnisse dienen der Verbesserung der Kommunikation zwischen den einzelnen Wissenschaftlern.

87 Man hat nun herkömmlich diese beiden Formen der Erkenntnis – deren Ergebnis Produktions- und Kommunikationswissen sind – meist mit Hilfe ihrer „Erkenntnisgegenstände" oder „Erkenntnisbereiche" voneinander abzugrenzen versucht: Gegenstand der einen Form der Erkenntnis sollte der „Mensch" sein – im übrigen ging es dann um die „Natur". Man sprach also von Naturwissenschaft und Humanwissen-

---

75 Dazu ausführlich *J. Habermas*, Theorie Kom. H., I, S. 160 ff.; ähnlich z.B. auch *C.F. von Weizsäcker*, Garten, S. 100 ff., 268 ff.

76 Dazu u.a. Die Wissenschaft und die Fehlbarkeit der Vernunft. 1982, S. 23 ff.; *ders.*, Traktat über rationale Praxis. 1978, S. 29, 11., S. 75 ff. oder auch sein Nachwort zur 3. Aufl. seines „Traktats über praktische Vernunft." 1975, S. 207 ff.

77 Zu *W. Diltheys* Leben und Werk sei hier nur auf die Darstellung von *H. Ineichen* in: O. Höffe (Hrsg.), Klassiker der Philosophie. Bd. II, 1981, S. 187 ff., verwiesen.

78 Dazu ausführlich *H. Ineichen*, Philosophische Hermeneutik. In: Ströker/Wieland (Hrsg.), Handbuch Philosophie. 1991.

79 Vgl. dessen Werk „Wahrheit und Methode". 2. Aufl. 1965.

80 Dazu auch *J. Habermas*, Legitimationsprobleme des Spätkapitalismus. (1973), 3. Aufl. 1975, S. 161, sowie *ders.*, Technik und Wissenschaft als Ideologie. (1968), 7. Aufl. 1974, S. 137 ff.; dazu kritisch *J. Simon*, Freiheit, S. 32 ff.

81 *Habermas* spricht in der vorgenannten Abhandlung auch explizit von einem „stellvertretend geführten Diskurs".

schaft. Diese Unterscheidung war aber ersichtlich zu ungenau, da der Mensch jedenfalls *auch* dem Bereich der Natur (und damit dem Erkenntnisbereich der Naturwissenschaften) angehört.

Man versuchte dann, zwischen „Natur" und „Geist" (oder: Subjekt) zu unterscheiden. Aber auch diese geläufige Unterscheidung zwischen Natur- und Geisteswissenschaften erwies sich letztlich als zu unscharf. Denn das Subjekt kann alles zu seinem Objekt machen, seinen Körper, sein Bewußtsein, sein Ich-Bewußtsein etc. – bis kein Bereich mehr bleibt, der Gegenstand einer von den „Naturwissenschaften" verschiedenen „Geisteswissenschaft" sein könnte. Heute neigt man daher dazu, diese Formen der Erkenntnis nicht anhand ihrer Gegenstände oder Bereiche voneinander abzugrenzen[82]; man sieht den entscheidenden Unterschied vielmehr in dem Verfahren der Erkenntnis[83] bzw. in der Haltung des Erkennenden: **Die Unterschiede im Verfahren der Erkenntnis konstituieren die Unterschiede der Erkenntnis- oder Wissensformen.**

„Erklären" und „Verstehen"

Die **Naturerkenntnis** richtet sich auf reproduzierbare Erscheinungen – d.h. auf Erscheinungen, die sich gesetzmäßig wiederholen; sie verfährt daher zu Recht so, daß sie „Gesetzeshypothesen" aufstellt und diese prüft – was dann aber auch die möglichen Erkenntnisse begrenzt: Diese Form der Erkenntnis kann nur gesetzmäßig auftretende Erscheinungen erfassen. Die **Hermeneutik** dagegen richtet sich auf die Erkenntnis der besonderen Eigenarten des Subjekts, also auf möglicherweise einmalige, unverwechselbare Erscheinungen. Sie geht davon aus, daß das Subjekt „nicht subsumierbar" ist – daß es nicht (nur) an allgemeinen Gesetzmäßigkeiten gemessen werden kann[84]. Ihre Methode ist daher zu Recht das nachvollziehende Erleben: Das „Verstehen" und bei den geistigen Werken anderer das kongeniale Nachschaffen des Werkes – die kongeniale Reproduktion.

Der Gegensatz der beiden Erkenntnisformen ergibt sich also aus den Unterschieden des Verfahrens des „Erklärens" (der Überprüfung von allgemeinen Gesetzeshypothesen) und des „Verstehens" (des nachvollziehenden Erlebens und Reproduzierens). *N. Luhmann*[85] sprach in diesem Zusammenhang von „Beobachten" und „Handeln". Grundkategorie der Naturwissenschaft ist danach die „Kausalität" (Gesetzmäßigkeit): „Materie ist das, was den Naturgesetzen genügt" (*C.F. von Weizsäcker*)[86]. Grundkategorie der hermeneutischen Wissenschaften sind „Sinn" und „Bedeutung", die das „Verstehen" kennzeichnen. Die hermeneutische (geisteswissenschaftliche) Erkenntnis wird also konstituiert durch ihre Verbindung zur Identität der Persönlich-

88

---

82 Dazu auch die Darstellung bei *J. Simon*, Wahrheit, S. 236 ff.
83 Dazu *K. Michaelis*, Huber-F., S. 311 ff., 312. *Michaelis* unterscheidet dann allerdings zwischen Rechtserkenntnis und wissenschaftlicher Erkenntnis, weil erstere „endgültig" sei, während wissenschaftliche Erkenntnis keinen zeitlichen Abschluß kenne (Huber-F., S. 314). Die Endgültigkeit eignet aber nur der gerichtlichen Entscheidung, die zwar m.E. auf Rechtserkenntnis beruhen sollte, mit ihr aber nicht identisch ist.
84 Dazu *J. Simon*, Wahrheit, S. 293 ff., 385 ff.
85 Soziologische Aufklärung, Bd. 3, 1984, S. 81 ff.
86 Einheit der Natur, S. 307.

keit, die auf Freiheit beruht und sich dadurch von der Identität des Organismus (des Körpers) unterscheidet, die durch gesetzmäßige Abläufe gekennzeichnet ist[87].

89   Man kann sich das an dem Verhältnis von Mensch, Schimpanse und Ameise verdeutlichen. Es gibt einen Theorienzusammenhang, in dem sich Mensch und Schimpanse, die beide in die Familie der Herrentiere zu der Untergruppe der Primaten gehören, von der Ameise als Insekt unterscheiden. Es gibt aber auch einen Begrifflichkeit, nach der sich „die Menschen" von „den Tieren" unterscheiden – und damit von Schimpansen *und* Ameise. Die erste Unterscheidung bezieht sich augenscheinlich auf die Identität des Organismus, die zweite auf die Identität der Persönlichkeit. Und es kennzeichnet einen Verlust an Problembewußtsein, wenn man meint, den Menschen bereits voll beschrieben zu haben, wenn man ihn als einen „hochentwickelten Affen" beschreibt. Der Unterschied (die Differenzierung) Mensch/Tier führt zu anderen Problemen als der Unterschied Primaten (Säugetiere)/Insekten.

Wenn wir so zwischen den Menschen und allen anderen Lebewesen unterscheiden – und somit eine Sonderstellung auf diesem Planeten in Anspruch nehmen –, dann gehen wir von einer Annahme aus, die einer *theoretischen* Ableitung nicht zugänglich ist, die aber dennoch unser Verhalten unmittelbar bestimmt. Und diese Annahme ist für uns als „Erkenntnis" von vergleichbarer Eindeutigkeit, Gewißheit und Relevanz wie die Erkenntnisse über die Verwandtschaft von Schimpansen und Menschen. Diese Annahme weist dem Menschen eine Alleinstellung zu – indem sie zum **Beispiel** *nur* ihm ein rechtlich erhebliches „Wissen" *zurechnet*, mit der Fähigkeit von Entscheidung und Verschulden. Wir halten es heute allgemein für „falsch", Prozesse gegen Tiere zu führen. Dies läßt sich zwar ersichtlich nicht mit Hilfe von Gesetzmäßigkeiten der Natur „erklären"; diese Aussagen verweisen aber andererseits auch nicht notwendig über die „Wirklichkeit" hinaus auf einen „transzendenten Bereich". Wir haben wohl alle unsere Erfahrung mit „Schuld" und verstehen, was damit angesprochen ist.

90   *Habermas* vertieft diese Feststellungen später in anderem Zusammenhang[88] noch durch folgende Beobachtung: Die von den Naturwissenschaften beschriebenen Methoden richten sich auf allgemeine Aussagen in der Form „immer wenn dies, dann das" – also auf Allaussagen. Diese Methoden arbeiten dabei mit Gesetzeshypothesen. Daher können ihre Aussagen niemals direkt ein Individuum zum Gegenstand haben. Die so beschriebenen Wissenschaften können also das Einzelne (das Individuum, das Unverwechselbare) nie erreichen – was schon *G.W.F. Hegel* im Hinblick auf die Sprache überhaupt ausgeführt hat: Sprache kann Wirklichkeit (verstanden als Ensemble von einzelnen Erscheinungen) nie erreichen[89]: *Dieses* Papier, auf das ich schreibe, ist beim Schreiben schon ein anderes; ich kann *dieses* Papier nur dadurch bezeichnen, indem ich darauf zeige, oder indem ich ihm einen Namen gebe, der einmal durch Zeigen (Demonstration) befestigt wird. Dasselbe gilt für diesen Augenblick, der während des Sprechens ein anderer wird und nur durch die (willkürliche) Festlegung der Zeitrechnung „nach Christi Geburt" ebenfalls mit Hilfe eines Namens individualisiert und damit bestimmt wird. Man kann einen einzelnen Gegenstand „finden", wenn sein Ort und seine Zeit durch Einordnung in ein willkürliches Koordinatenkreuz festgelegt ist. *R. Bubner*[90] weist daher in diesem Zusammenhang zu Recht darauf hin, daß

---

87 Zum Verhältnis von „Verstehen" und „Erklären" auch *D. Suhr*, Situation, S. 37 ff., 42, der für einen gewissen Primat des „Verstehens" eintritt, und *Th. Koller* ARSP 65 (1979), S. 59 ff.
88 Dazu *Habermas/Luhmann*, Theorie, S. 101 ff.
89 Dazu *G. Roellecke*, Müller-F., S. 323 ff., 331 ff.
90 Geschichtsprognose und Handlungsnorm. 1984.

der Zeitfaktor im Zusammenhang der naturwissenschaftlichen Begriffs- und Theorienbildung vollkommen an Bedeutung verliere: Dies nicht, weil Naturabläufe keine Zeit brauchten; es ist nur für die Beschreibung eines chemischen Vorgangs unerheblich, ob sich dieser gestern oder vor 1000 Jahren ereignet hat. Bei der Beschreibung menschlicher Handlungen kommt es dagegen entscheidend darauf an, in welcher „Zeit" sie vorgenommen worden sind. Die Individualität des Menschen wird immer auch durch seine Stellung in der Zeit geprägt: durch seine Stellung in der „Geschichte".

Naturwissenschaftliche Begriffe und Sprache weisen damit eine gewisse Gemeinsamkeit auf: Sie bleiben beide auf der Ebene des „Allgemeinen"; das Einzelne (das Individuum) erreichen sie nur durch einen Akt des *Zeigens*. Nun sind wir im Zusammenleben immer damit beschäftigt, Einzelheiten auszudrücken und auszusprechen – *und zwar mit Erfolg!* Man kann über einen anderen in einer Weise sprechen – und zwar ohne seinen Namen zu nennen –, in der jeder weiß, wer gemeint ist; man denke zum **Beispiel** an einen Schlüsselroman. **91**

Man kann nun diese Beziehung zum „Einmaligen" einmal dadurch abwerten, daß man dieses Sprechen und diese Bemühungen als „vorwissenschaftlich" in den Alltag und in das Unverbindliche und Unerforschte verweist – was z.T. in der wissenschaftstheoretischen und auch in der heutigen rechtswissenschaftlichen Diskussion immer wieder geschieht. Diese Auskunft ist jedoch wenig befriedigend. Größere Bedeutung gewinnt aber der Hinweis, daß man das Individuelle im pragmatischen Sinne auch mit Hilfe der allgemeinen Sprache erreichen könne – zwar nicht direkt, aber indirekt, mit praktischem Erfolg. Und das in der Weise, daß man das Einzelne als Element einer Menge beschreibt, die nur ein Element hat. Denn eine Menge wird durch *allgemeine* Sätze über die Eigenschaften ihrer Elemente festgelegt – und es ist dann eine Frage der Empirie (der Tatsachenfeststellung), ob diese Menge 0, 1 oder n Elemente hat. Hat sie tatsächlich nur 1 Element, so kann man sie als Aussage über ein Individuum interpretieren. **91a**

Man kann also zum **Beispiel** einen Schlüsselroman als ein Ensemble allgemeiner Aussagen auffassen, deren Beziehung zu 1 Individuum nur dadurch entsteht, daß diese allgemeinen Aussagen empirisch nur auf 1 Element zutreffen – nämlich auf das Individuum X.

Zum Verhältnis zu Subjekten und Objekten

Hier tritt allerdings die konstitutive Bedeutung der Unterschiede der beiden Erkenntnisformen zutage. Meinen wir das, wenn wir von einem Individuum sprechen – d.h. nicht von etwas Einzelnem sondern von einem Einzelnen, nämlich von einer *Person?* Gehen wir davon aus, daß das, was wir von einem einmaligen, unverwechselbaren Individuum sagen, nur zufällig auf 1 Erscheinung zutrifft (auf einen Menschen), weil zufällig nur 1 Element vorhanden ist, auf das diese allgemeinen Aussagen zutreffen – oder meinen wir nicht *diesen* Einen direkt? Können und sollten wir nicht in unserem Verhalten zur Welt (Umwelt) deutlich unterscheiden zwischen Verhalten, daß sich auf vertauschbare Objekte und auf einzelne unvertauschbare Subjekte richtet? Soll uns unser Gegenüber nur als Verfügungsgegenstand erscheinen oder nicht auch als Partner etc.? Oder – praktisch ausgedrückt – **wollen wir nur unser Verhältnis zu** **92**

Verfügungsgegenständen methodisch klären (also unser Verhältnis zu be-herrschbaren Objekten) und nicht auch unser Verhältnis zu Diskussionspart-nern? Den Unterschied dieser beiden Verhältnisse kann man dadurch charakterisie-ren, daß sich das Verhalten gegen Objekte als Verhalten *gegen das andere* darstellt (ein Stuhl denkt nicht), während das Verhalten gegen Subjekte als *Verhalten gegen Gleiche* erscheint: Er oder sie denkt wie ich. Es ist das mit anderen Gemeinsame, was den Menschen zur Person macht[91]. Und daraus folgt u.a., daß sich **im Verhältnis zu Subjekten von vornherein das Problem stellt, ob und wie diese an der Erkennt-nis beteiligt sind bzw. zu beteiligen sind**[92].

93 Es liegt auf der Hand, was dieser Unterschied für die Rechtswissenschaft bedeutet[93]: Man kann die Rechtswissenschaft einmal auffassen als „Wissenschaft der gesell-schaftlichen Steuerung". Dann kommen die einzelnen Rechtssubjekte als dem Recht Unterworfene in den Blick – und damit letztlich als *Objekte* des Rechts, d.h. als Un-tertanen. In diesem Zusammenhang kann man dann danach fragen, wie man die Steuerung möglichst effizient gestalten kann – d.h. in diesem Zusammenhang stellt sich das Problem der möglichst effizienten Herrschaft. Und man mag bei dieser Fra-gestellung dann zu der Erkenntnis kommen, daß es sich empfiehlt, auf die je vorhan-denen, relevanten Überzeugungen der Untertanen Rücksicht zu nehmen. Im Rahmen dieser Fragestellung sind aber die jeweils von den Rechtsunterworfenen bevorzugten Anschauungen immer nur faktisch bedeutsam. Es mag zweckmäßig sein, auf die An-schauungen der anderen Rücksicht zu nehmen und ihnen so mittelbar Einfluß auf die Festlegung (und damit auch auf die Erkenntnis) des Rechts einzuräumen. Man kann nach diesem Ansatz „Recht" aber grundsätzlich auch ohne Beteiligung der Betroffe-nen erkennen und festlegen[94].

94 Eine Rechtswissenschaft dagegen, die die Beziehungen von (gleichen, gleichberech-tigten) Rechtsgenossen behandelt, muß dagegen davon ausgehen, daß deren „Recht"

---

91 *J. Habermas*, Theorie Kom. H. II, S. 85.

92 Dazu *D. Suhr*, Situation, S. 105 ff., 107; *J. Habermas*, Theorie Kom. H. I, S. 164 ff., und schon *K. En-gisch*, Wahrheit und Richtigkeit im juristischen Denken. Münchner Universitätsreden, Heft 35, 1963, S. 19 ff. oder auch *O.F. Bollnow* Zeitschrift für philosophische Forschung 16, S. 3 ff.

93 Dazu schon *Pawlowski*, Rechtswissenschaft, § 4, 3, S. 23 ff.

94 Dazu z.B. die Darstellung *N. Luhmanns* in „Soziale Systeme" und in der Zeitschrift Rechtssoziologie 1985, S. 1 ff. Diese geht von der Beobachtung (selbstreferentieller) „autopoietischer Systeme" (dazu Rz 64) aus – d.h. von Systemen, die wir in der Erfahrung finden (wie z.B. Immunsysteme, Soziale Systeme, S. 648; Zeitschrift für Rechtssoziologie 1985, 1 ff.) und deren (innere) Einheit nicht direkt beobachtbar, sondern nur erschließbar ist (Soziale Systeme, S. 654). Von diesen Systemen kann man also zunächst wie vom Subjekt sagen, daß sie „nicht subsumierbar" (Rz 88) sind. Man kann sie aber zum Gegenstand der Forschung machen, indem man sie „in Bewegung setzt" bzw. ihre Eigenbewe-gungen mitbenutzt (Soziale Systeme, S. 657) und ihre Einheit somit selbst definiert (Soziale Systeme, S. 654, Zeitschrift für Rechtssoziologie 1985, 1 ff., 8 ff.). *Luhmann* hat dann im Verhältnis zu „psy-chischen Systemen" zwar auch das Verfahren der „Interpenetration" beschrieben, mit deren Hilfe man „andere Systeme" zum Aufbau des eigenen Systems heranzieht (Soziale Systeme, S. 289 ff., 303 ff.). Dies führte ihn aber zu den Themen der Intimität, der Sozialisation und der Moral – nicht aber zum Recht. Hier hält er vielmehr eine Diversifikation für erforderlich (Soziale Systeme, S. 343): Was man von anderen Menschen erwarten kann, kann von der Gesellschaft weder versprochen noch erfüllt werden. Recht bleibt daher ein Zusammenhang, der gewissermaßen „monologisch" zu erfassen ist. Man muß allerdings bedenken, daß *Luhmann* dies im Rahmen der „Soziologie" (und der Rechts*sozio-logie*) ausgeführt hat und nicht für die professionelle Rechtswissenschaft (dazu unten Rz 342 ff.).

und deren Auffassungen von Recht prinzipiell die gleiche Bedeutung haben wie die Auffassung des Juristen selbst. *J. Habermas*[95] hebt daher zu Recht hervor, daß Sanktionen nur zu Zwang führen; Recht soll aber nicht nur[96] *zwingen*, sondern auch und vor allem *binden*. Und diese Bindung läßt sich nicht direkt aus dem Zwang ableiten; sonst wären „Staat" und „Räuberbande" (Rz 37) identisch.

Bei diesem Ansatz ist daher Rechtserkenntnis ohne Anhörung und Beteiligung der Betroffenen nicht denkbar. Von ihm her hat vielmehr das „Recht auf Gehör" konstitutive Bedeutung[97]. Eine Rechtswissenschaft, die von diesen Voraussetzungen ausgeht, ist also von vornherein darauf angewiesen, Methoden zu entwickeln, die ihr einen Zugang zum Individuellen (Einzigartigen, Nichtwiederholbaren) versprechen. Sie kann darauf nur verzichten, wenn sie sich – wie zum **Beispiel** die „Reine Rechtslehre" (*H. Kelsen*) – auf allgemeine Aussagen über Normen beschränkt und die Anwendung des Rechts aus dem Bereich der Wissenschaft in den der Technik oder Kunst verweist, und damit in den Bereich der persönlichen Willkür (vgl. Rz 127 ff.).

Diese gewissermaßen moderne Frage danach, ob der Gegenstand „Recht" mit den Mitteln der allgemeinen Naturerkenntnis allein ausreichend erfaßt werden kann, hat übrigens ihre Wurzeln in der Tradition[98] – was man nicht übersehen sollte. So unterscheiden zum **Beispiel** die römischen Schriftsteller zwischen *jus naturale*[99], „quod natura omnia animalia docuit", das also nicht nur bei den Menschen, sondern bei allen Lebewesen gilt, und *jus gentium*[100], das allen Menschen gemeinsam ist und das die natürliche Vernunft zwischen ihnen aufgerichtet hat. Das *jus civile*, das dann in einem Staat bzw. bei einem Volke gilt, entsteht danach dadurch, daß diesem *natürlichen Recht* etwas hinzugefügt oder abgezogen wird[101]. In der Auseinandersetzung mit diesen und ähnlichen Stellen finden sich dann in der mittelalterlichen Diskussion Unterscheidungen, die auch die Folge der Zuordnung zu dem einen oder anderen Teil – bzw. von uns aus gesehenen Art – des Rechts deutlich machen: So unterscheidet zum **Beispiel** *Thomas von Aquin*[102] zwischen dem „ewigen Gesetz" (Naturrecht) und den „positiven Gesetzen". Das ewige Gesetz lenkt und regiert die Schöpfung und bewirkt die natürlichen Neigungen der Geschöpfe zu ihren eigentümlichen Tätigkeiten und Zielen. Aus diesen kann es daher auch erschlossen werden. Beim Menschen bringt sich die natürliche Neigung vornehmlich in der Vernunft zur Geltung. Die Regelungen des ewigen Gesetzes – zu denen wie bei *Ulpian* u.a. das Zeugen und Aufziehen von Kindern gehört – sind dabei aus sich selber gut. Die Regelungen der übrigen – positiven – Gesetze sind aus dem ewigen Gesetz abzuleiten; sie sind daher nur

95

---

95 Theorie Kom. H. I, S. 164 ff.; II, S. 72.

96 Vgl. hierzu den Rat, den Athene in der Orestie des *Aischylos* dem Areopag mit auf den Weg gibt: „Kein Dasein ohne Herrn und keines, wo der Zwang befiehlt, zu wünschen und zu pflegen; ist mein Rat; auch ganz den Schrecken nicht zu bannen aus der Stadt. Denn welcher Mensch, der nichts zu fürchten hat, tut recht? (deutsch von Ludwig Wolde); dazu ausf. *Pawlowski*, Moral, S. 171 ff.

97 Dazu schon *Pawlowski* ZZP 80, S. 349 ff.

98 Weshalb auch der Streit über den „Wissenschaftscharakter" der Rechtswissenschaft bereits eine lange Geschichte hat; dazu *Pawlowski*, Methodenlehre, Rz 756 ff. m.Nachw. und i.ü. die Darstellung bei *M. Herberger*, Dogmatik. Zur Geschichte von Begriff und Methode in Medizin und Jurisprudenz. 1981 – mit interessanten Beispielen des Streits über den Wissenschaftscharakter der Rechtsdogmatik seit dem 15. Jahrh., so u.a. S. 211 ff.

99 Vgl. z.B. im corpus juris civilis, Inst. I, 2 pr. und Dig. I 1, 1, 3 *(Ulpian)*.

100 Vgl. Inst. I, 2, 1 u. 2; Dig. I, 1, 4 *(Ulpian)*.

101 Vgl. Inst. I, 2, 1 f. und 11 und Dig. I, 1, 9 *(Gajus)*.

102 Dazu die Darstellung bei *R. Specht*, Materialien zum Naturrechtsbegriff der Scholastik. In: Archiv für Begriffsgeschichte. 1977, S. 86 ff.

„gut", soweit sie zu *guten* Folgen führen (positives Recht)[103]. Dazu gehört zum **Beispiel** die Einrichtung privaten Grundeigentums, die nur (und solange) angemessen ist, weil (und wenn) sie die bessere Nutzung und den friedlichen Gebrauch des Bodens ermöglicht. Und daraus wird wohl deutlich, in welcher Weise die Zuordnung zum „positiven" oder zum „natürlichen" Recht auf verschiedene Erkenntniszusammenhänge verweist. Denn es macht augenscheinlich einen Unterschied, ob man den Rechtscharakter einer Regelung aus ihren „guten Folgen" ableiten muß oder aus der „natürlichen Neigung" – wenngleich beides Aufgabe der „Vernunft" sein mag.

96 Wenn wir nun wieder zu den Wissens- bzw. Erkenntnisformen *Habermas'* zurückkommen, so ist deutlich geworden, daß in der 2. Wissensform (dem Kommunikationswissen) das Wissen in Form des Wollens auftritt – wobei mit dem „Willen" die Zurechnung zu einem unverwechselbaren Subjekt angesprochen ist. Wir werden auf diesen Zusammenhang noch später eingehen. Hier sei nur bemerkt, daß es bei der „Zurechnung" um die Unterscheidung von „Handeln" und „Geschehen" geht[104]:

Wenn jemand zum **Beispiel** vor einer Fensterscheibe gestanden hat, die hinterher zerstört ist, so kann diese Zerstörung Folge einer vorsätzlichen oder unachtsamen (fahrlässigen) *Handlung* sein; sie kann aber auch dadurch verursacht sein, daß der Mensch plötzlich (unvorhersehbar) ohnmächtig zusammengebrochen ist – letzteres würde man als „Naturgeschehen" qualifizieren; ersteres als „Handeln" zurechnen.

96a Für die Grundlegung der Rechtswissenschaft ist dabei von zentraler Bedeutung, ob ihr Gegenstand zu dem Wissen erster Art gehört – ob also die Rechtswissenschaft auf die Frage antwortet: „Wie verfüge ich am besten über Menschen als Objekte?", was auf den Zusammenhang von Recht und Herrschaft verweist – oder ob der Gegenstand der Rechtswissenschaft in den Bereich des Kommunikationswissens gehört, ob die Rechtswissenschaft also auf die Frage antwortet: „Wie verhalte ich mich am besten zu meinesgleichen?" „Recht" ist dann eine Art der Einigung (Rz 22), ein Verfahren der Diskussion: Mit Tieren diskutiert man nicht.

c) Die Integration der Erkenntnis: Philosophie als Ideologiekritik

97 Bevor wir nun auf diesen Zusammenhang näher eingehen, soll hier noch kurz die Notwendigkeit und Besonderheit der 3. Erkenntnisform charakterisiert werden, die *Habermas*[105] nach diesen beiden Formen der Erkenntnis (des Wissens) für notwendig hält. Bisher ging es einmal um die empirisch-analytische Forschung und damit um den Funktionskreis des **instrumentalen Handelns** und der Erzeugung **technisch verwertbaren Wissens.** Dann kam zum anderen die hermeneutische Forschung und damit der Funktionskreis des **Kommunikationswissens,** der den Prozeß der Verstän-

---

103 Vgl. dazu noch die Hinweise von *Th. Mayer-Maly*, Festschrift Hermann Balte. 1978, S. 337 ff., 344 f. auf entsprechende Formulierungen in Vorläufern des ABGB.

104 Zu den Problemen der „Zurechnung" *Pawlowski*, Allg. Teil, Rz 168 f., 349 ff. und ausf. *ders.*, Festschrift für H. Fenge. 1996, S. 479 ff.; kritisch dagegen *N. Luhmann*, Zeitschrift für Rechtssoziologie 1985, S. 1 ff., 9, der „Zurechnungen" („nur") auf Beobachtungen stützen wollte; dazu aber oben Rz 89.

105 Dazu später *J. Habermas*, phil. Diskurs, S. 364 ff., wo er diese drei Wissensformen jetzt in anderer Weise zu charakterisieren sucht.

digung betrifft, in dem es um die Klärung **praktisch wirksamen Wissens** geht. Methodisch gesehen ist bisher also der Unterschied von Kalkül und Sprachspiel oder Grammatik und Semantik angesprochen, formal der Unterschied von Monolog und Dialog. Wir treffen damit auf zwei verschiedene Lebenszusammenhänge (Funktionen). Beide Verhaltensweisen bekommen ihren Sinn für den einzelnen nicht aus sich selbst, sondern aus einem übergreifenden, *transzendentalen* Zusammenhang, sie müssen – nach einem Ausdruck von *Habermas* – in dem Bildungsprozeß der sich selbst konstituierenden Gattung Mensch erörtert werden. **Beide Formen der Wissenschaft** erfassen also nur Teilbereiche der menschlichen Erfahrung. Sie **führen zu technisch verfügbarem Wissen; sie geben aber** – dem einzelnen – **keinen Sinn.** Denn wenn „Sinn" und „Bedeutung" auch Grundkategorien der hermeneutischen Wissenschaften sind (Rz 88), so geht es in ihrem Zusammenhang doch immer nur um *möglichen* Sinn (Rz 100, 254) – und noch nicht um das, was dem einzelnen Menschen selbst Sinn gibt: Was dem einzelnen Menschen die Welt zusammenhält.

Damit wird auch deutlich, inwiefern der „Positivismus" eine reduktionistische Verkürzung darstellt. Die **Sinnfrage** kann weggestrichen (reduziert) werden, wie es zum **Beispiel** bei *A. Camus* tatsächlich auch geschehen ist. Es geht um das Bestehen im Absurden, Sinnlosen oder anders ausgedrückt bei *J.P. Sartre:* Der Mensch ist zur Freiheit verurteilt (verdammt). Hier setzt daher auch leicht eine dogmatische Festlegung des Sinnes ein: durch eine – marxistische, christliche etc. – Orthodoxie, und zwar auf Kosten der Reflexion[106]. Auch bei *K.R. Popper* und *H. Albert* beruht der Entschluß zum Kritischen Rationalismus, der sich selbst nicht beweist, auf einem Appell[107], der Entschluß selbst wird nicht als solcher thematisiert. Bei *Habermas* (wie bei *Th.W. Adorno* oder *K.-O. Apel*) tritt an diese Stelle die Kritische Theorie – wie zu erwarten war. Es ist aber von Interesse, wie dies begründet wird. **98**

Ausgangspunkt ist hier der Ansatz bei dem *Vernunftinteresse* von *I. Kant* und *J.G. Fichte. Habermas* geht also von der Frage aus: „Wie kann reine Vernunft praktisch werden?" In der Antwort *Kants* steht dann das „Ich" als Subjekt der reinen (theoretischen) Vernunft unverbunden neben dem „Ich" als Subjekt der praktischen Vernunft[108]. D.h. aus der Erkenntnis des „Seins" ergibt sich nichts für die Frage, wie man handeln *soll. Fichte* setzt dann in seiner „Ich-Philosophie" beide Subjekte in eines. Das „Ich" als Subjekt der theoretischen (reinen) Vernunft wird als eine besondere Weise des „Ichs" der praktischen Vernunft erkannt. Erkenntnis ist eine besondere Weise der praktischen Vernunft: Weil auch **Erkennen eine Art des Handelns** ist – was sich in ähnlicher Weise dann bei *K. Marx* oder *M. Heidegger*[109] findet. **98a**

So kann zum **Beispiel** heute *C.F. von Weizsäcker*[110] bemerken, daß **Bewußtsein und Materie verschiedene Aspekte derselben Wirklichkeit** sind – wobei **Materie das ist, was den Kau-**

---

106 Dazu überzeugend *H. Ryffel*, Rechtsphilosophie, S. 273 ff., 275.
107 Dazu *H. Albert*, Plädoyer für Kritischen Rationalismus. 1971 sowie *ders.,* „rationale Praxis", S. 8 ff.; *K.R. Popper*, Die offene Gesellschaft und ihre Feinde. Bd. 2, 1958, S. 285. *A. Schwan* in J. Simon, Freiheit S. 171 ff., 183 f. spricht daher zu Recht von „Dezisionismus".
108 Hierzu u.a. *C F. von Weizsäcker*, Garten, S. 182 f.
109 Sein und Zeit. 9. Aufl. 1960, S. 59 ff.
110 Einheit der Natur, S. 315.

salgesetzen folgt[111]. Und dem entspricht es, wenn *N. Luhmann*[112] von „Handeln" und „Beobachten" als verschiedene „Haltungen" sprach.

99   *Habermas* sucht nun die Bereiche von theoretischem (gesetzmäßigem) und hermeneutischem (praktisch bedeutsamem) Wissen – in dem sich die Unterscheidung zwischen dem „Ich" der reinen und dem „Ich" der praktischen Vernunft in anderer Weise widerspiegelt – im „reinen Ich" zu integrieren, das sich in der Selbstreflektion klärt. Ein Modell für diese Selbstreflektion bietet ihm die Lehre *Sigmund Freuds*[113]. Diese Selbstreflektion setzt dabei nicht wie die Hermeneutik an der Biographie des einzelnen Subjekts an (*W. Dilthey* – Rz 86); sie geht vielmehr wie bei *K. Marx* und schon bei I. *Kant* und *J.G. Fichte* vom Gattungssubjekt aus – vom „Ich" als Teil einer Gattung, die sich über sich selbst klar werden will. Es geht bei dieser Selbstreflektion um das Erkennen von Bedingtheiten – von (Selbst-)Täuschungen und Verdrängungen, von „falschem Bewußtsein" und „faulem Schein". Ziel dieser Erkenntnis ist das „reine Vernunftinteresse" – die Freiheit von Bedingtheiten. Man darf dabei diese Reflexion nicht psychologisch (oder psychologistisch, wie *Habermas* sagt) mißverstehen. Es geht bei dieser 3. Form der Erkenntnis nicht um die Gewinnung von *Verfügungswissen* – von Wissen, das eine bessere Verfügung über sich selbst ermöglicht – , sondern um Erkenntnisse, die zur Emanzipation (Befreiung) zum offenen Handeln führen – also um Ideologiekritik.

100   Diese Beschränkung auf Ideologiekritik führt naturgemäß nur zu negativen Aussagen. Sie vermag diese oder jene Behauptungen, Überzeugungen etc. als „falsch" bzw. als nur „bedingt richtig" auszuweisen. Sie ermöglicht jedoch keine positiven Aussagen – sie gibt „keinen Sinn". Und das reicht auf die Dauer nicht aus. Daher versucht die heutige Diskussion gerade bei der *Sinnfrage* tiefer anzusetzen. Um sie kreist dann das spätere umfangreiche Werk von *J. Habermas* „Theorie des kommunikativen Handelns" (2. Bd. 1981), in dem er im Anschluß an *Edmund Husserl* zwischen Systemwelten und Lebenswelt unterscheidet[114]. Die Systemwelten umfassen dabei gewissermaßen den bisher beschriebenen Kreis des instrumentellen Handelns, der durch die Arbeitsteilung bestimmt ist, in dem die einzelnen Handlungs- und Kommunikationszusammenhänge ihre beschränkten Ziele verfolgen und von daher gesehen „rational" handeln. Der **„Sinn" dieses Handelns ergibt sich** aber nicht **aus** sich selbst, sondern von den zu verfolgenden Zielen, die ihren „Sinn" dann jeweils ihrer **Beziehung zu der Lebenswelt des einzelnen** verdanken – zu den Erwartungen, Hintergrundvorstellungen und Überzeugungen, die der einzelne im Lauf seiner Erziehung und Biographie ausbildet. Dieser Erfolg von „Sinn" tritt aber nur ein, wenn der einzelne eine Einheit von System und Lebenswelt herstellen kann – und dies ist augenscheinlich eine *Leistung*, die heute immer häufiger nicht gelingt, wofür *Habermas* eine Reihe von Erklärungen anbietet.

---

111   *C.F. von Weizsäcker*, Einheit der Natur, S. 307.
112   Soziologische Aufklärung. Bd. 3, 1981, S. 81 ff., 87.
113   Dazu u.a. die Kritik von *Ch. Nichols* bei Dallmayr, Materialien, S. 401 ff.; *Zimmerli* ebenda, S. 41 ff., 58 ff. und auch *J. Simon*, Wahrheit, S. 105.
114   Bd. II, S. 182 ff.; zur „Lebenswelt" auch *J. Habermas*, phil. Diskurs, S. 396.

Ähnliche Analysen finden sich dann auf der Grundlage der „Systemtheorie", mit der wir uns noch später befassen werden (Rz 303 ff., 339 ff.) auch bei *N. Luhmann*[115]. Es sei nur bemerkt, daß auch diese weiteren Explikationen von „Sinn" naturgemäß „negativ" bleiben – nämlich „analytisch". Sie können und wollen nur die *Möglichkeit* von „Sinn" aufzeichnen, zu dem jeder Zugang hat; sie können aber nicht selbst Sinn stiften.

Dies wäre jetzt für eine allgemeine Philosophie auszuführen. Denn hier ist erkennbar **101** ein neuer Raum für Philosophie geöffnet[116], die sich nicht notwendig dem von *K.R. Popper* und *H. Albert* erhobenen Vorwurf der „Offenbarungstheologie" (Rz 51) auszusetzen braucht – obwohl auch sie praktisch wohl immer in dieser Gefahr schweben wird: Denn wie man Offenheit oder Freiheit methodisch sichern kann, das ist das zentrale und damit schwierigste Kapitel des menschlichen Denkens – also von Philosophie und Theologie! Und damit sollte man sich auch dann befassen, wenn man schon weiß oder doch zu wissen meint, daß man davon keine direkte Hilfe für die Arbeit im eigenen Fach erwarten kann. Die Beschäftigung mit der Frage nach der Wahrheit und der Freiheit[117] kann dem Juristen jedenfalls immer helfen, sich auch über den Sinn seiner Arbeit klarer zu werden. Wir wollen uns jetzt aber der Rechtsphilosophie nähern und dafür bietet diese Philosophie offensichtlich wenig Hilfe. Denn wenn die neuere Philosophie auch nicht einem Offenbarungsmodell folgt, wenn sie auch nicht einen archimedischen Punkt dinglich festschreibt, so wird gerade damit deutlich, daß sie zwar (existentiell) für Juristen sehr bedeutsam sein mag, daß sie aber damit die Rechtswissenschaft nicht direkt erreicht. Diese erreicht sie vielmehr nur über den Juristen, der sich dieser allgemeinen Philosophie verschrieben hat. Wir wollen daher jetzt versuchen, uns der Rechtsphilosophie vom anderen Ende her zu nähern, vom Recht. Denn der Versuch, sich der Rechtsphilosophie von der allgemeinen Philosophie her zu nähern, macht es augenscheinlich notwendig, von *einer* bestimmten Philosophie auszugehen und diese festzuschreiben – zu dogmatisieren –, was angesichts der Aufgabe des Rechts nicht tunlich erscheint. Wenn wir aber vom Recht ausgehen wollen, müssen wir zunächst das Geschäft der Rechtswissenschaft skizzieren. Wir wollen dabei aber eine Beobachtung festhalten, die wir bei unserer Beschäftigung mit dem Streit zwischen Kritischem Rationalismus und Kritischer Theorie gemacht haben: Es ist nicht nur für die Juristen, sondern auch für Rechtswissenschaft von Bedeutung, ob man davon ausgehen kann und muß, daß neben der Erkenntnis von Gesetzmäßigkeiten, die zu „Erklärungen" führt, auch eine weitere Art von Erkenntnis möglich und notwendig ist, die das „Subjekt" selbst umfaßt und an der die betroffenen Subjekte daher zu beteiligen sind – weil es um „Sinn" geht. Denn wenn dies der Fall ist, darf man sich in der Rechtswissenschaft nicht nur mit der technisch-empirischen Seite des Rechts befassen (mit den Gesetzen, Sanktionen etc.); **zur Rechtswissenschaft gehört** dann auch immer **die Frage nach dem normativen Sinn des Rechts – nach seiner Gerechtigkeit.**

---

115 Soziale Systeme, S. 92 ff.
116 Hierzu u.a. *G. Flostadt* bei Dallmayr, Materialien, S. 71 ff. und zur Kritik *N. Lobkowicz* ebendort, S. 169 ff.
117 Hierzu eindringlich *J. Simon*, Wahrheit als Freiheit, Einheit der Natur. 1978.

2. Teil

Was ist das Geschäft der Rechtswissenschaft?

§ 5   Die verschiedenen Ansätze der Rechtswissenschaft

1. Entscheidung als „Anwendung der Gesetze"

Für Juristen scheint man nun das Geschäft der Rechtswissenschaft erheblich schneller und klarer beschreiben zu können als das Geschäft der Philosophie: Juristen haben Rechtswissenschaft studiert; sie befassen sich in ihrem Studium vornehmlich mit den staatlichen Gesetzen, deren Inhalt ihnen dargestellt wird und mit deren Hilfe sie Fälle lösen müssen. Die vorherrschenden Vorstellungen gehen daher auch davon aus, daß Gegenstand der Rechtswissenschaft Gesetze seien und daß das Geschäft der rechtswissenschaftlich ausgebildeten Juristen vornehmlich in der Anwendung von Gesetzen bestehe. Ein Jurist ist danach jemand, der sich auf die Gesetze versteht und sie anwendet. Ziel der rechtswissenschaftlichen (Juristen-)Ausbildung ist daher heute vielfach der Gesetzesspezialist. **102**

Denkt man allerdings nur etwas zurück, wird sofort deutlich, daß diese Vorstellung von Rechtswissenschaft problematisch ist: Juristenausbildung in unserer heutigen Art gibt es schon seit fast 200 Jahren. Im vorigen Jahrhundert war Grundlage der Ausbildung das Corpus Juris des *Justinian* aus den Jahren 529-534. Das „Gemeine Recht", das auf diesem „Gesetzbuch"[1] aufbaute, galt aber nur in einigen Teilen Deutschlands. Man hätte daher damals nicht daran denken können, das Ziel der Juristenausbildung in der Ausbildung von Gesetzesspezialisten zu sehen. Und wir werden feststellen, daß diese Vorstellung auch heute nur auf den ersten Blick plausibel erscheint – zumal sich die deutschen Juristen infolge der fortschreitenden europäischen Integration nach ihrem Studium des deutschen Rechts in ihrem Berufsleben immer mehr mit den verschiedenen europäischen Rechten konfrontiert sehen, was sie vor ähnliche Aufgaben stellt wie ihre Vorgänger im 19. Jahrhundert[2]. Diese Vorstellung vom Juristen als „Gesetzesspezialisten" hat aber dennoch eine große praktische Bedeutung und muß hier schon deshalb genauer analysiert werden. Heute erwähnt man auch die deutsche Rechtswissenschaft des vergangenen Jahrhunderts – die weit über die Grenzen Deutschlands hinaus Einfluß erlangt hat – in verschiedener Hinsicht nur als Schreckbild. Pandektistik und Begriffsjurisprudenz werden i.a. als Schimpfwörter verwandt: Wir arbeiten mit „Interessen", „Werten" und „Wertungen" usf. – obwohl jeder Student der Rechtswissenschaft immer wieder die Er- **103**

---

1 Das „Corpus juris" war im übrigen kein Gesetzbuch im heutigen Sinne. Es war in seinem Hauptteil –
   den „Digesten oder Pandekten" – eine amtliche Kompilation von Zitaten aus den Werken älterer Juristen.
2 Man denke nur an die Anforderungen, die sich bei einer *richtlinienkonformen* Auslegung stellen; dazu
   Pawlowski, Methodenlehre, Rz 363 f., 1067 ff.

fahrung machen muß, daß er in allen Rechtsgebieten auch heute noch stark mit „Begriffen" belästigt wird. Aber lassen wir uns zunächst auf die heute vorherrschenden Vorstellungen ein.

a) Das 1. Subsumtionsmodell: Gesetzespositivismus

104 Gegenstand der Rechtswissenschaft ist nach dieser Vorstellung also das Recht, ihr Geschäft die Rechtsanwendung. Das Recht wird dabei bestimmt durch Gesetze oder Rechtsnormen[3] – kurz durch „Normen". Unter „Normen" versteht man dann „Imperative" oder „hypothetische Urteile" (dazu Rz 113), die von einem „Gesetzgeber" erlassen (formuliert und in Geltung gesetzt) worden sind.

Dabei geht es also um Sätze folgender Art: *Wenn* dieser Tatbestand vorliegt (zum **Beispiel** wenn jemand das Eigentum eines anderen verletzt hat), *dann soll* (Imperativ) er den anderen voll entschädigen, bzw.: Immer *wenn* ein Tatbestand vorliegt (zum **Beispiel,** wenn A das Eigentum des B verletzt hat), *dann entsteht* (hypothetisches Urteil) eine Schadensersatzforderung.

105 Daraus ergibt sich dann eine bestimmte Problemstruktur: Rechtsanwendung bzw. Gesetzesanwendung vollzieht sich in der Weise, daß der Jurist, der feststellen soll, was in einem bestimmten Falle rechtens ist, zunächst prüft, welche der vom Gesetzgeber erlassenen Rechtsnormen eine Tatbestandsbeschreibung enthält, unter die sich der ihm vorliegende Sachverhalt subsumieren läßt. Findet er eine derartige Norm, dann gibt sie ihm auch die vom Gesetzgeber angeordnete Rechtsfolge an die Hand, die er dann etwa im Urteil auszusprechen hat.

Verlangt also zum **Beispiel** jemand Schadensersatz wegen Beschädigung seines parkenden Autos durch einen anderen Autofahrer, so wird der Jurist diesen Sachverhalt unter die Tatbestandsbeschreibung des § 823 I BGB subsumieren, in dem es heißt: „Wer … fahrlässig … das Eigentum … eines anderen widerrechtlich verletzt", subsumiert darunter die Fahrweise des Autofahrers, der so fährt, daß er ein korrekt parkendes Auto beschädigt, und gelangt so zu der Rechtsfolge: „ist dem anderen zum Ersatz des daraus entstehenden Schadens verpflichtet."

106 Die logische Struktur dieser Schlußweise mögen folgende einfache **Beispiele**[4] verdeutlichen:

Der Mörder wird (bzw. soll) mit dem Tode bestraft (werden): Obersatz.
M ist Mörder (Untersatz).

M wird (bzw. soll) mit dem Tode bestraft (werden): Konklusion.

    oder

Wenn jemand als Mörder einen Menschen tötet,
dann soll er mit dem Tode bestraft werden (Obersatz).
M hat als Mörder einen Menschen getötet (Untersatz).

---

3 Zum Folgenden ausführlich *K. Engisch*, Einführung in das juristische Denken. 9. Aufl. 1997 und grundlegend *ders.*, Logische Studien zur Gesetzesanwendung. 1942, 3. Aufl. 1963.
4 Nach *K. Engisch*, Logische Studien, S. 8 ff.; dazu nur Larenz/*Canaris*, Methodenlehre, 2.5, S. 91 ff. oder *Looschelders/Roth*, Methodik, C, S. 86 ff.

M soll mit dem Tode bestraft werden (Konklusion).

In neuerer Zeit neigt man dazu[5], diese Schlußweise mit Symbolen auszudrücken:

T – R (d.h. für jeden Fall von T gilt R)

S = T (S ist ein Fall von T)

___

S – R (für S gilt R).

Man muß sich dabei darüber klar sein, daß der **Untersatz „M ist ein Mörder"** bzw.   **106a**
„S ist ein Fall von T" bereits ein **rechtliches Urteil** darstellt.

Die dargestellten Schlußweisen beziehen sich also auf die Verbindung von allgemeinen Sätzen bzw. Urteilen mit besonderen Sätzen (Urteilen) und werden nur im weiteren Sinn als Subsumtion bezeichnet. Man spricht bei ihnen auch von **Subordination**[6].

Unter **Subsumtion** im engeren Sinne versteht man die **Verbindung eines Satzes mit einem individuellen** (Urteils-)**Sachverhalt** (vgl. dazu Rz 90).

Und bei dieser Verbindung geht es nicht nur um logische Operationen[7], sondern um Zuordnung oder Qualifikation[8]. Die Verbindung von Tatsachen und Rechtsbegriffen, die im Zusammenhang der Tatfrage eine große Rolle spielt, wird im juristischen Studium jedoch nur am Rande behandelt: Sie wird im gerichtlichen Prozeß gelöst und dort insbesondere (aber nicht nur) in der Beweisstation[9].

Nach diesem Entscheidungsmodell stellt sich als (angestrebter) problemloser Zu-   **107**
stand – also als *Normalzustand* – der Fall dar, in dem der Rechtsanwender (meist der Richter), der über einen Fall zu entscheiden hat, eine gesetzliche Norm findet, deren „Tatbestand" den „Sachverhalt" des Falles beschreibt und die „Rechtsfolge" angibt, die damit verbunden werden soll. Diese *gesetzliche Norm* kann dabei *auch die ungeschriebene Norm sein, daß ohne besondere Vorschrift kein Anspruch entsteht.*

Dazu kommt, daß der Richter diese einschlägige Norm auch für richtig (angemessen) halten muß. Diese zweite Voraussetzung wird zwar oft nicht explizit ausgesprochen, weil der Gesetzespositivismus in gewisser Weise darauf bestehen muß, die Geltung der gesetzlichen Normen so zu beschreiben, daß sie von der persönlichen Zustimmung des Richters unabhängig sind. Ohne diese 2. Voraussetzung gibt es aber keine Gesetzeslücken und keine Probleme der Rechtsfortbildung und damit keine eigentlichen Rechtsprobleme[10] – was niemand behauptet.

Die juristische Arbeit (die Gesetzesanwendung) vollzieht sich danach in der Weise, daß die Parteien (die Bürger) den Sachverhalt (die Tatsachen) vorbringen und ange-

___

5 Vgl. *Larenz/Canaris*, Methodenlehre, 2.5, S. 94 oder *Looschelders/Roth*, Methodik, C I, S. 87 ff.

6 *K. Engisch*, Logische Studien, S. 22 ff., *Pawlowski*, Methodenlehre, Rz 479 oder *Looschelders/Roth*, Methodik, C I2, S. 93 f.

7 Dazu *K. Engisch*, Logische Studien, S. 23; *Larenz/Canaris*, Methodenlehre, 2.5, S. 94 ff. oder *Koch/Rüßmann*, Begründungslehre, S. 23 ff.

8 Dazu ausf. *Pawlowski*, Methodenlehre, Rz 481 ff. oder *Looschelders/Roth*, Methodik, C I2, S. 94 ff.

9 Dazu ausf. *Pawlowski*, Methodenlehre, Rz 464 ff.; vgl. auch *Koch/Rüßmann*, Begründungslehre, S. 26 ff.

10 Denn wenn Recht *und* Gesetz identisch sind – und rechtliche Ansprüche nur entstehen, wenn ein Gesetz sie festlegt –, dann gibt es keine Lücken, so unbefriedigend das Ergebnis auch sein mag.

ben, was sie haben wollen. Der Richter sucht dann die einschlägige Norm, subsumiert die Tatsachen unter den Tatbestand (also unter den beschreibenden Teil der Norm) und kommt so zu seinem Urteil, in dessen Begründung er seine Subsumtion beschreibt. Das Urteil ist damit rational nachprüfbar.

107a Bei diesem Entscheidungsmodell können sich dem Juristen **zwei Arten** von **rechtlichen Problemen** stellen.

1. Das Gesetz enthält keine Norm, die den Sachverhalt regelt: **Problem der Gesetzeslücken** (dazu Rz 126, 160 ff., 218 ff.).

2. Das Gesetz enthält zwar Normen, die den Sachverhalt regeln; der Richter hält diese Normen aber nicht für angemessen: **Problem des Wertewandels** (Rz 171 ff., 189 ff.).

108 Betrachten wir zunächst die Probleme, die sich aus der letzteren Situation ergeben: Hier sind zwei Lösungsmöglichkeiten (Strategien) denkbar, die die Probleme der Fallgruppe 1 auf die Fallgruppe 2 zurückführen: Der Richter kann nämlich einmal im Wege der Auslegung die vorhandene (nach seinem Urteil „unangemessene") Norm so interpretieren, daß sie den Sachverhalt nicht regelt – sei es offen „durch overruling" oder sei es verschleiernd „durch Einschränkung ihres Wortlauts", und wir sind wieder bei Fall 1. Und der Richter kann zum anderen die nach seiner Auffassung unangemessene Norm anwenden (dura lex, sed lex) und nun den Gesetzgeber beschimpfen. Dann entsteht aber kein Rechtsproblem, sondern ein persönliches Problem des Richters, das hier nicht weiter interessiert.

109 Es bleibt also das Problem, was der Rechtsanwender (Richter) tun soll, wenn er für den ihm vorgetragenen Sachverhalt keine (angemessene) gesetzliche Norm findet – was sehr häufig der Fall ist[11]. Hier gibt man zunächst eine formale Antwort: Der Richter hat jetzt selbst als „Gesetzgeber" zu handeln. Er hat eine Norm zu „setzen" und dann danach zu entscheiden – und der Mangel an Normen ist überwunden (**Richterrecht**).

Diese Anweisung löst das angesprochene Problem natürlich nicht. Denn man geht übereinstimmend davon aus, daß der Richter *seine* Normen nicht frei (unbegründet) setzen kann. Er muß sie vielmehr als Recht (richtig) legitimieren: Er muß sie begründen und damit nachweisen, daß sie Recht sind oder zum Recht gehören[12] – d.h. er muß von etwas ableiten bzw. auf etwas zurückführen, was als Recht oder als „Quelle des Rechts" anerkannt ist. Und es wird sich zeigen, daß sich bei diesem Entscheidungsmodell gerade hier Probleme ergeben. Denn was nun wirklich „Quelle des Rechts" ist, läßt sich augenscheinlich nicht ohne weiteres feststellen (Rz 243 f.). Bleiben wir aber zunächst in unserem Modell.

---

11 Der Richter kann dabei die Zahl der Fälle, in denen er keine angemessenen gesetzlichen Normen findet, mit Hilfe bestimmter Methoden vergrößern oder vermindern – wobei deutlich ist, daß es nicht von den „Gesetzen" (von den Anweisungen oder Urteilen des staatlichen Gesetzgebers) abhängt, wie häufig dies der Fall ist, sondern von den „Auslegungsregeln"; dazu gleich im Text. Nach *K. Adomeit* ZRP 1970, S. 176 f. ist es übrigens jeweils eine Frage der „eigenverantwortlichen, politischen Positionswahl", ob sich der Interpret gesetzesnaher, beharrender, konservativer oder gesetzesüberwindender Argumentationsformen bedienen wolle, die die juristische Methodologie jeweils nebeneinander zur Verfügung stellt; dazu *Pawlowski*, Moral, S. 11 ff.

12 Dazu schon oben Rz 88 ff. und i.ü. *Pawlowski*, Methodenlehre, Rz 782 ff.

Bei dieser Ableitung hat der Richter formal gesehen zwei Möglichkeiten: Er kann die **110** Norm einmal aus dem Vorrat der vorhandenen Normen ableiten oder er kann sie „aus dem Fall" selbst entwickeln – aus dem Sachverhalt. Lassen Sie uns hier die erste Alternative betrachten, also die normative Technik der Ableitung neuer Normen aus den bereits vorhandenen gesetzlichen Normen – und zwar deren Ableitung (deren Erlaß oder Setzung) durch den Richter.

Hierzu sei kurz angemerkt, daß es dabei für den Richter technisch gesehen *nur* darum geht, **111** den „Tatbestand" der neuen Rechtsnorm zu formulieren[13]. Hinsichtlich der „Rechtsfolgen" muß er sich nämlich darauf beschränken, aus den vom Gesetzgeber für andere Tatbestände angeordneten Rechtsfolgen diejenige auszuwählen, die zu dem von ihm formulierten Tatbestand paßt: Weil er nur solche Rechtsfolgen anordnen kann, die nach Erlaß des Urteils mit Hilfe der vorhandenen Organisation der Zwangsvollstreckung durchgesetzt werden können. **Die möglichen Rechtsfolgen sind also von vornherein durch die vorhandene Organisation der Zwangsvollstreckung begrenzt** – d.h. durch die Vollstreckungsmittel, die der Gesetzgeber dieser Organisation zur Verfügung stellt.

Hier ist zunächst festzustellen, was an gesetzlichen Normen vorhanden ist. Denn in **112** den Gesetzen stehen nicht Normen, sondern vielfach nur beschreibende Sätze, deren Beziehung zu bestimmten Rechtsfolgen erst hergestellt werden muß.

So lautet zum **Beispiel** § 1 BGB:

„Die Rechtsfähigkeit des Menschen beginnt mit der Vollendung der Geburt".

Dieser beschreibende Gesetzestext bekommt seine normative Funktion erst in Verbindung mit anderen Texten des BGB – so zum **Beispiel** mit dem Text des § 823 I, in dem es heißt:

„Wer … das Leben … eines anderen … verletzt", …

Hier ergibt sich nämlich aus § 1 BGB, wer ein „wer" und wer „ein anderer" i.S. dieser Bestimmung sein kann – was zum **Beispiel** bedeutsam ist, wenn jemand einen Embryo verletzt hat[14].

Das macht deutlich, daß man die Normen z.T. erst aus den beschreibenden Gesetzes- **112a** texten herstellen muß. Damit ist aber die Summe der vorhandenen Normen nicht durch die Summe der Sätze des Gesetzes bestimmt, sondern durch die Übersetzungsregeln, die angeben, wie aus dem Text der Gesetze Normtexte herzustellen sind. **Die Summe der Normen ist** also schon hiernach nicht allein durch das Gesetz **bestimmt**, sondern durch Normen 2. Stufe: **durch die Auslegungsregeln.** Das erste praktische Problem bietet also die Formulierung der Auslegungsregeln – d.h. der Normen 2. Stufe[15], die als solche nicht Rechtssätze sind (d.h. die nicht rechtliche Inhalte regeln), sondern Hilfsmittel der rechtswissenschaftlichen Methode.

---

13 So zu Recht *M. Kriele*, Theorie, S. 199; *R. Bruns*, Zivilprozeßrecht. 2. Aufl. 1979, § 20, Rz 111, S. 146.
14 Zu der damit angesprochenen Problematik, die ausführlich diskutiert wurde, u.a. *Pawlowski*, Allg. Teil. 1. Aufl. 1972, § 2 I, S. 49 ff., 59 ff. *E. Wolf*, Allgemeiner Teil des bürgerlichen Rechts. 2. Aufl. 1982, S. 188 ff., 192, bezeichnet die Regelung des § 1 BGB als (natur-)rechtswidrig; dazu Rz 272 ff.
15 Vgl. hierzu auch die Darstellung verschiedener „Normstufen" oder „Normtypen" bei *D. Suhr*, Situation, S. 60 ff., 62.

113   Hierzu kurz folgender Hinweis: Es ist für die Formulierung dieser Übersetzungsregeln, die nicht im Gesetz stehen, schon von Bedeutung, ob man unter Normen Imperative[16] oder hypothetische Urteile[17] versteht.

Sind Normen nämlich **Imperative**, d.h. Anweisungen bzw. Befehle des Gesetzgebers, dann ist der Gesetzestext in Anweisung zu übersetzen, d.h. in Sätze, die – wie *Ph. Heck* es formulierte – „in verstehendem Gehorsam" befolgt werden können (dazu Rz 157 ff.). Und diese Anweisungen haben als allgemeine Anweisungen an verständige Bürger oder an gut ausgebildete Staatsdiener von vornherein mehr sachlichen Inhalt als hypothetische Urteile – d.h. als Sätze in „wenn-dann"-Form. Denn Anweisungen können mit Hilfe der vorgestellten oder tatsächlichen Zwecke des Gesetzgebers (bzw. mit Hilfe des „Willens" des Gesetzgebers) ergänzt werden, weil sich aus diesen Zwecken im Bedarfsfalle sachliche Argumente für den Erlaß weiterer analoger Anweisungen ergeben. *Heck* verdeutlicht das an dem **Beispiel** der Entscheidung des Dieners, der für seinen Herrn Zigarren der Marke „Schwarze Weisheit" holen soll, die im Tabakladen gerade nicht vorhanden sind. Dieser Diener wird von seiner Kenntnis des Herrn her beurteilen, ob er jetzt ohne Zigarren zurückkehren soll (weil sein Herr keine andere Marke raucht) oder ob er ähnliche Zigarren kaufen soll.

Hypothetische (Erkenntnis-)**Urteile** des Gesetzgebers kann man dagegen nicht durch den Rückgriff auf den „Willen" oder auf die Zwecke des Gesetzgebers erweitern oder ergänzen. Der Richter hat sich bei ihrer Ergänzung vielmehr „wie ein Gesetzgeber" an Sachgesichtspunkten zu orientieren und dann selbst zu urteilen – d.h. nach seiner Erkenntnis zu bestimmen, was in diesem Fall richtig (sachangemessen, gerecht) ist.

114   Aber lassen wir das Problem der Umwandlung von Gesetzestexten in Normtexte einmal beiseite und gehen wir davon aus, daß wir diese Normtexte in den Gesetzen schon vor uns hätten. Auch dann besteht noch das Problem der Lückenfüllung, d.h. der Ableitung neuer Normen aus bereits vorhandenen gesetzlichen Normen. Es geht also um das Problem, Regeln für die Ableitung von Normen aus Normen zu formulieren: Übersetzungsregel – also Normen der 2. Stufe, die nicht rechtliche Inhalte festlegen (sonst wären sie Normen der 1. Stufe), sondern die Methode der Übersetzung.

115   Hierzu genügt es offensichtlich nicht, nur die einzelnen technischen Hilfsmittel zu beschreiben, wie zum **Beispiel** die **Analogie** – d.h. die Übertragung einer vorhandenen gesetzlichen Regelung auf ähnliche Fälle – **oder** das argumentum e contrario, d.h. den **Umkehrschluß**. Letzterer legt fest, daß das Gesetz nicht für weitere Fälle gelten *solle* – und zwar auch nicht für ähnliche Fälle. Muß man also über einen Sachverhalt urteilen, der (noch) nicht durch die vorhandenen Gesetze geregelt ist, dann kann man augenscheinlich ohne weitere Anhaltspunkte ebensogut darauf hinweisen, daß mangels gesetzlicher Regelung kein Anspruch gegeben sei, wie man darauf hinweisen kann, daß dieser Fall ähnlich gelagert sei, wie bereits gesetzlich geregelte Sachverhalte[18].

---

16 So *A. Thon*, Rechtsnorm und subjektives Recht. 1878, S. 3; vgl. heute nur *K Engisch*, Einführung, Kap. II, S. 19 ff.; Kap. III, S. 50 ff., *H. Ryffel*, Rechtsphilosophie, S. 141; *H. Henkel*, Rechtsphilosophie, S. 43 ff.; Larenz/*Canaris*, Methodenlehre, 2.1, S. 74 ff.

17 So z.B. *Hans Kelsen*, Allgemeine Staatslehre. Berlin 1925, S. 54; vgl. auch *R. Dubischar*, Vorstudien zur Rechtswissenschaft. 1974, S. 66; *R. Schreiber*, Logik des Rechts. 1962, S. 29 ff.; *C. Dedes* ARSP 62, S. 349 ff.; vermittelnd u.a. *K. Engisch*, Vom Sinn des hypothetischen Urteils. In: Festschrift für Erik Wolf. 1962, S. 398 ff.

18 *H. Kelsen*, Reine Rechtslehre. 2. Aufl. 1960, S. 350.

Man braucht also in diesen Fällen immer noch weitere Regeln, aus denen sich ergibt, wann man bestehende gesetzliche Regelungen analog auf ähnliche Sachverhalte übertragen kann[19] (wie zum **Beispiel** das Verbot, Hunde und Katzen in Straßenbahnen mitzuführen, auf den Fall des Mitführens eines kleinen Bären) und wann diese Übertragung ausgeschlossen ist (wie zum **Beispiel** die Erstreckung einer Hunde- und Katzensteuer auf die Haltung von kleinen Bären).

Damit wird deutlich, daß die anfängliche Beschreibung des Geschäfts der Rechtswis- **116** senschaft als Anwendung von Gesetzen oder Normen nicht ausreicht: Weil sich näm- lich die Identifizierung von Recht und Gesetz (Norm) als unhaltbar erweist, die dieser Vorstellung zugrundeliegt. Denn wenn das Gesetz die rechtliche Entscheidung nicht vollständig bestimmt, dann kann das Recht nicht (allein) von den Gesetzen oder Nor- men abhängen. Der Jurist kann daher nicht (nur) Gesetzesspezialist sein. Wir müssen daher untersuchen, in welcher Richtung diese Beschreibung ergänzt oder modifiziert werden muß, um das Geschäft des Juristen (bzw. der Rechtswissenschaft) vollständi- ger zu beschreiben.

b) Der Richter als Ersatzgesetzgeber: Der „politische Richter"

Hier scheint zunächst eine der neueren Beschreibungen der richterlichen Tätigkeit ei- **117** nen plausiblen Ansatz zu bieten, die *F.J. Säcker* 1974 auf der Zivilrechtslehrertagung in Würzburg vorgetragen hat. *Säcker*[20] meinte, daß der Richter dort, wo Normen vor- handen sind, diese strikt anwenden müsse. Der Richter müsse also die von den Par- teien vorgetragenen Tatsachen unter die gesetzliche Norm subsumieren und daraus sein Urteil ableiten: Weil der Richter dem Gesetzgeber und dem Gesetz gegenüber zum Gehorsam verpflichtet ist, und zwar auch dort, wo ihm die sozialen Folgen eines derartigen Gehorsams unangemessen erscheinen. Wo aber keine Normen vorhanden sind – und das ist ein breiter Raum, den man notfalls durch Anwendung entsprechen- der Übersetzungsregeln (Auslegungsregeln) ausdehnen kann[21] –, dort solle der Rich- ter handeln „wie ein Gesetzgeber", d.h. er soll sich an den sozialen Folgen seiner Ent- scheidung orientieren, die er mit Hilfe der Methoden der modernen Wissenschaften (insbes. der Sozialwissenschaften) prognostizieren kann und soll; er hat zudem bei seinen Entscheidungen die heute anerkannten Werte zu berücksichtigen usf. Nach dieser Theorie hat sich ein Richter also verschieden zu verhalten, je nachdem, ob der zu entscheidende Fall durch eine bereits vorhandene Norm des Gesetzgebers geregelt

---

19 *F. Bydlinski*, Methodenlehre, 3.3. II, S. 476 f., hebt daher hervor, daß sich erst aus den „Wertungen" des Gesetzes ergebe, ob eine Analogie oder ein Umkehrschluß angebracht sei.

20 Dazu seine Ausführungen im MünchKomm-BGB, Einl. Rz 60 ff. *Säcker* kommt dort im einzelnen zu anderen Ergebnissen als in seinem Vortrag von 1974, behält aber den hier interessierenden „dualisti- schen Ansatz" konsequent bei, wonach man genau zwischen „Gesetzesanwendung" und „Lückenfül- lung durch richterliche Dezision" unterscheiden muß; vgl. z.B. Einl. Rz 66, 70 ff., 93; ähnlich schon *C.F. Ophüls* NJW 1968, S. 174 ff. und *N. Hoerster* ARSP 66, S. 43 ff.

21 Vgl. oben Fn. 11. Ein bewährter Mechanismus für die Einschränkung des Geltungsbereichs einer ge- setzlichen Regelung ist dabei die Entscheidung für die sog. subjektive Auslegung – also die Be- schränkung des Gesetzes auf die Fallgruppen etc., an die der *historische* Gesetzgeber gedacht hat; vgl. dazu etwa *G. Reinecke*, Die Beweislastverteilung im Bürgerlichen Recht und im Arbeitsrecht als rechtspolitische Regelungsaufgabe. Diss. Berlin 1976, S. 73 ff. Dazu i.ü. unten Rz 161 ff.

ist oder nicht[22]. Hat der Gesetzgeber den Fall durch eine Norm geregelt, dann hat der Richter diese ohne Rücksicht auf ihre sozialen Folgen anzuwenden; hat er diesen Fall noch nicht geregelt, dann hat der Richter ihn nach seiner Einsicht unter Berücksichtigung der (individuellen) sozialen Folgen des Urteils zu entscheiden. Er kann in diesem Fall seine Verantwortung für die Entscheidung nicht auf den Gesetzgeber „abwälzen"[23].

118 Zu dieser Methode sei kurz bemerkt, daß sie sich am angelsächsischen Recht orientiert, das mit dem Nebeneinander von „common law" – das (wie man meint) von Richterkönigen produziert wird – und „statute law", das sehr eng (formalistisch) ausgelegt wird, eine ähnliche Struktur aufzuweisen scheint. Diese strukturelle Ähnlichkeit besteht der Sache nach jedoch nicht. Denn die englischen Richter können und sollen sich bei Entscheidungen auf dem Gebiet des common law eben nicht „wie ein Gesetzgeber" direkt an den sozialen Folgen ihrer Entscheidungen orientieren; sie sind vielmehr bei ihren Entscheidungen nicht nur faktisch, sondern auch normativ an die vorliegenden, z.T. sehr alten Präjudizien gebunden, die sie im Bedarfsfall zu ergänzen haben. Auch das common law ist also infolge der Präjudizien nicht direkt an den sozialen Folgen orientiert. Vor allem aber gewährleistet in England und Amerika das justizielle Verfahren infolge seiner extremen Formalisierung und der daraus entstehenden Unverständlichkeit für den Laien eine ganz andere Legitimation als unser Prozeßverfahren. Man wird übrigens auch kaum geneigt sein, die stark am Wortlaut haftende angelsächsische Methode der Auslegung von statute law zu übernehmen.

119 Diese modellhafte Beschreibung der juristischen (und insbesondere der richterlichen) Tätigkeit gibt sehr gut das heute vorherrschende Nebeneinander von „gesetzespositivistischer" (rechtstechnischer) und „wertender" (politischer) Argumentation wieder. Sie ist daher von hoher faktischer Bedeutung. Denn es ist zwar nicht zu erwarten, daß sie von der Methodenlehre als zutreffende Darstellung der juristischen Tätigkeit anerkannt werden wird[24] – schon weil monistische (Einheits-)Theorien für wissenschaftliche Darstellungen eine stärkere ästhetische Anziehungskraft entfalten[25]. Für die praktische Jurisprudenz wird diese doppelte Beschreibung der juristischen Tätigkeit[26] aber immer wieder plausibel sein[27]. Denn das Nebeneinander von rechtstechnischer und wertender Argumentation ermöglicht einmal eine gesetzespositivistische Haltung, die auf weiten Gebieten arbeitssparend (ökonomisch) und insofern legitim ist. Und sie scheint zum anderen ein Konzept für die Fälle anzubieten, in denen der Gesetzespositivismus den Juristen im Stich läßt. Sie ist in gewisser Weise die Konsequenz des Konzeptes des (Gesetzes-)Positivismus. Denn die positivistische **Identifizierung von Recht und Gesetz ist nur haltbar, wenn man** für die Fälle, in

---

22 MünchKomm-BGB/*Säcker*, Einl. Rz 93 ff., 122; so auch *W. Hau* Jura 1999, S. 190 ff. m.w.Nachw. und i.ü. *M.R. Deckert*, Folgenorientierung in der Rechtsanwendung. 1995.

23 MünchKomm-BGB/*Säcker*, Einl. Rz 66, 95; ähnlich *K.-H. Fezer*, Teilhabe und Verantwortung. 1986, § 8 C II 2, S. 378: „Kein Richter kann sich hinter dem Gesetz verschanzen" – dazu noch unten Rz 326 und i.ü. *Pawlowski*, Methodenlehre, Rz 688 f., 801a ff., 854.

24 Dagegen z.B. die Darstellung bei *J. Esser*, Festschrift für Fritz v. Hippel. 1967, S. 95 ff.

25 Und im Hinblick auf die Beschreibung der richterlichen Tätigkeit auch letztlich eine größere Plausibilität besitzen – vgl. dazu gleich den Text.

26 Das von *Koch/Rüßmann*, Begründungslehre, beschriebene Entscheidungsmodell weist auch wohl nicht zufällig eine vergleichbare „Zweispurigkeit" auf; vgl. Rz 143.

27 Wenn auch die Begeisterung an der richterlichen Rechtsfortbildung nachgelassen hat, nachdem das BVerfG (BVerfGE 65, S. 182 ff.; dazu u.a. *E. Picker* JZ 1984, S. 153 ff.) eine Entscheidung des BAG aufgehoben hat, die eine Bestimmung der Konkursordnung im Wege der richterlichen Rechtsfortbildung korrigiert hatte.

denen man keine Norm des Gesetzes findet, die den zu entscheidenden Fall regelt, **einen (Ersatz-)Gesetzgeber bereitstellt**[28]. Und als solcher bietet sich dann der Richter an. *G. Haverkate*[29] spricht dabei von einer Partnerschaft von Justiz und Parlament. Der Richter als Ersatzgesetzgeber muß aber dann auch konsequenterweise aufgefordert werden, sich bei seiner (Ersatz-)Gesetzgebung ebenso zu verhalten, wie es der Gesetzgeber an seiner Stelle tun würde. Und da der parlamentarische Gesetzgeber unbestritten die sozialen Folgen seiner Gesetzgebungsakte bedenken sollte, da er „politisch" entscheiden muß, ist es plausibel, daß man auch den Richter als Ersatzgesetzgeber auffordert, die sozialen Folgen seines Urteils zu bedenken und sich bei seiner Entscheidung an (politisch bedeutsamen) Werten zu orientieren (dazu noch Rz 325a). Überlegt man aber, was das praktisch heißen soll, so stößt man auf eine Reihe unüberwindlicher Schwierigkeiten.

c) Die Problematik des Gesetzespositivismus

Die erste Schwierigkeit ergibt sich daraus, daß man nach dieser modellhaften Beschreibung der richterlichen Tätigkeit zwischen den Fällen unterscheiden muß, die bereits durch eine gesetzliche Norm geregelt sind, und denen, die – noch – nicht geregelt sind: Weil sich ein Richter in beiden Fällen verschieden zu verhalten hat. Ist eine gesetzliche Norm vorhanden, so hat er die Entscheidung des Gesetzgebers nachzuvollziehen, unabhängig davon, ob ihm diese Entscheidung des Gesetzgebers paßt oder nicht. Er darf also in diesem Fall nicht auf die Folgen seiner Entscheidung abstellen; er darf nicht offen werten (politisch argumentieren), sondern er muß dem Befehl (der Anweisung) des Gesetzgebers nachkommen. Ist kein Gesetz vorhanden, so muß er sich dagegen an den – sozialen – Folgen seiner Entscheidung orientieren. Der Richter muß danach also vor jeder Entscheidung erst prüfen, ob eine gesetzliche Norm vorhanden ist oder nicht (Problem der Gesetzeslücke). Die Antwort auf diese Frage hängt nun aber von der Frage nach der richtigen Auslegungsmethode ab, nach der sich bemißt, ob ein bestimmtes Auslegungsergebnis Folge einer analogen Anwendung des Gesetzes ist, mit deren Hilfe eine Gesetzeslücke geschlossen wird oder Folge einer extensiven etc. Auslegung des Gesetzes (dazu Rz 203 ff.). Für letztere würde die Pflicht zum Gehorsam auch bei unliebsamen sozialen Folgen gelten, für erstere dagegen die Verpflichtung, sich an den sozialen Folgen der Entscheidung zu orientieren. Wir lassen aber heute offen, ob wir nur eine Anweisung des Gesetzgebers befolgen, wenn wir die §§ 433, 459 BGB auf den Kauf eines Gewerbebetriebes anwenden[30]. Und wir können die Frage nach der Grenze zwischen extensiver Inter-

120

---

28 Vom „Richter als Ersatzgesetzgeber" spricht daher auch das BAG (GS) 23, S. 292 ff., 319. Die Lehre weist dazu darauf hin, daß der Gesetzgeber nur eine „Gesetzgebungspraerogative" habe, nicht aber ein „Gesetzgebungsmonopol", so z.B. *M. Kriele*, Theorie, S. 60 ff.; MünchKomm-BGB/*Säcker*, Einl. Rz 64, 89; *K. Larenz*, Richtiges Recht, S. 151; ausführlich G. *Haverkate*, Gewißheitsverluste im juristischen Denken. 1977, S. 153 ff.

29 *G. Haverkate*, Gewißheitsverluste (Fn. 28), S. 155.

30 Ausweislich der Protokolle, II, S. 51, wollte die 2. Kommission die Frage, wie der *Kauf* anderer Gegenstände als der von Sachen, Grundstücken und Forderungen zu behandeln ist, der Vertragspraxis und der Wissenschaft überlassen. Heute wendet man z.B. auf den Kauf eines Gewerbebetriebes i.a. direkt die §§ 433 ff. BGB an; dazu u.a. BGHZ 69, S. 53 ff. bzw. *Kl. Müller*, Schuldrecht, Besonderer Teil. 1990, Rz 233 oder *H. Brox*, Besonderes Schuldrecht. 24. Aufl. 1999, Rz 64.

pretation (Normanwendung) und Analogie (Rechtsfortbildung) meist auch offen lassen, weil sie für die praktische Entscheidung ohne Bedeutung ist (Rz 207). Haben wir dagegen zwei Arten von Recht – nämlich Gesetzesrecht *und* Richterrecht –, dann muß man die Grenze von Auslegung und Analogie verbindlich festlegen. Und das macht es notwendig, daß man eine bestimmte Auslegungsmethode für verbindlich erklärt (kanonisiert). Es ist nicht zu erwarten, daß man damit die Aufgabe der Gerichte erleichtert und die Rechtsprechung verbessert.

121 Die **entscheidenden Schwierigkeiten**, zu denen diese modellhafte Beschreibung der richterlichen Tätigkeit führt, ergeben sich aber daraus, daß die Aufforderung an den Richter, im Falle von Gesetzeslücken „wie der Gesetzgeber" eine Norm aufzustellen, nach der jetzt und künftig Fälle dieser Art entscheiden werden sollen, nur auf den ersten Blick einen bestimmten Inhalt hat. Denn wenn diese Aufforderung irgendeinen praktischen (und nicht nur ideologischen) Sinn haben soll, dann muß sie sich auf eine bestimmte Art des Verhaltens beziehen. Die Aufforderung an den Richter, „wie ein Gesetzgeber" zu entscheiden, scheint den Richter zunächst auch auf ein bekanntes Verhaltensmuster zu verweisen – nämlich auf das Verhalten der Organe der Gesetzgebung, und d.h. auf das Verhalten von Politikern oder politisch verantwortlichen Beamten[31]. Ein derartiges Verhalten kann man dem Richter aber sinnvollerweise nur dann ansinnen, wenn er vergleichbare Möglichkeiten hat wie der Gesetzgeber. Dies ist aber offensichtlich nicht der Fall. Denn **der Richter hat weder die Erkenntnis- noch die Gestaltungsmöglichkeiten, die dem Gesetzgeber zur Verfügung stehen.**

Der Richter kann nämlich angesichts eines bestimmten Interessengegensatzes nicht wie der Gesetzgeber die Rechtsfolgen anordnen, die er für das beste Mittel zur Lösung dieses Konfliktes hält: So konnten die Gerichte zum **Beispiel** nach dem Wegfall des alten Eherechts nicht wie der spätere Gesetzgeber die Zugewinngemeinschaft einführen; sie hatten vielmehr nur die Möglichkeit, sich für die Gütertrennung oder für die Gütergemeinschaft zu entscheiden. Darauf verweist auch die Anekdote von dem englischen Richter, der einen Strafprozeß damit beendete, daß er sagte: „Ich verurteile Sie zu einem Jahr Gefängnis in der festen Überzeugung, daß ein einjähriger Aufenthalt im Seebad Brighton für Sie das Beste wäre". Während also der Gesetzgeber bei der Entscheidung über einen neuen – bisher noch nicht geregelten – Interessenkonflikt die Wahl zwischen öffentlichrechtlichen und privatrechtlichen etc. Maßnahmen hat, ist der Richter immer auf die Maßnahmen beschränkt, die sich aus dem Zusammenhang seiner Gerichtsbarkeit ergeben[32], er kann als Zivilrichter immer nur zivilrechtliche Folgen anordnen.

122 Von gleicher Bedeutung für die Art der Formulierung oder Setzung einer neuen normativen Regelung ist daneben der Umfang der Informationsmöglichkeiten. Auch

---

31 So bemerkt denn auch die Präsidentin des Bundesverfassungsgerichts, *Jutta Limbach* NJ 1995, S. 281 ff., 283, daß es angesichts der Aufgabe der Rechtsfortbildung den „unpolitischen oder apolitischen Richter nicht geben" könne – weshalb das „Ethos der Objektivität", das immer noch das richterliche Selbstverständnis bestimme, auf einer Täuschung beruhe; vgl. auch *W. Hau* Jura 1999, S. 190 ff., der davon ausgeht, daß rechtspolitische Argumente zwar nicht bei der Auslegung und Anwendung eines Gesetzes maßgeblich sein könnten, wohl aber bei der richterlichen Rechtsfortbildung – dazu *Pawlowski*, Methodenlehre, Rz 139 ff., 182 ff.

32 Vgl. hierzu das von mir in ZfA 1974, S. 405 ff., 424 ff. eingehend diskutierte Beispiel der Entscheidungen des BAG zur Verfallbarkeit von Betriebsrenten oder die Darstellung in *Pawlowski*, Moral, S. 11, S. 139 ff.

diese stehen dem Richter nicht in demselben Umfang zur Verfügung wie dem Gesetzgeber:

Der Gesetzgeber kann zum **Beispiel** vor dem Gesetzgebungsakt Experten und Interessengruppen hören; er kann eine öffentliche Diskussion anregen usf. Der Richter kann dagegen nur im Rahmen seiner Verfahrensordnung Gutachten zu bestimmten Beweisfragen einholen usf.[33] Er kann vor allem keine Interessengruppen an seinen Verfahren beteiligen. Und diese Information durch Interessengruppen ist deshalb von besonderer Bedeutung, weil deren Beteiligung (Anhörung) im Gesetzgebungsverfahren auch mit dazu beitragen kann, daß sie später die getroffene Entscheidung wegen ihrer Beteiligung am Gesetzgebungsverfahren akzeptieren.

Schließlich ist noch darauf hinzuweisen, daß **Richter und Gesetzgeber** in sehr **un-**   **123**
terschiedlicher Weise zu ihren Entscheidungen **legitimiert** sind[34] – was auch bedeutet, daß sie sich in verschiedener Weise für ihre Entscheidung zu verantworten haben: Führt nämlich eine neue gesetzliche Regelung zu sozialen Folgen, die die Mehrheit der Rechtsgenossen mißbilligt, so können die Rechtsgenossen dies bei der nächsten Wahl sanktionieren – so, wenn etwa ein gutgemeintes Gesetz dazu führt, daß Wirtschaftsunternehmen in Konkurs gehen oder daß Betroffene Selbstmord begehen usf. Führt eine richterliche Entscheidung zu unliebsamen sozialen Folgen, dann darf dies nicht zu Sanktionen gegen den Richter führen, weil dies die richterliche Unabhängigkeit beeinträchtigen würde.

Es führt daher nicht weiter, wenn zum **Beispiel** *F.J. Säcker* (Rz 117) darauf hinweist, daß der Richter seine Verantwortung nicht auf den Gesetzgeber „abwälzen" könne, wenn er eine Entscheidung trifft, die das geltende Recht fortbildet. Das Institut der richterlichen Unabhängigkeit sorgt vielmehr dafür, daß der Richter sich weder für rechtsanwendende noch für rechtsfortbildende Entscheidungen zu verantworten braucht – weder vor seinem Dienstherrn noch vor der Öffentlichkeit[35]. Ihn trifft bei beiden Arten von Entscheidungen die gleiche *innere* Verantwortung. Es spricht nicht gerade für die heutige Art der Diskussion, daß man immer häufiger dazu übergeht, gerade dann von „Verantwortung" zu sprechen, wenn man sich niemand gegenüber zu verantworten hat. Dies mag für die sinnvoll sein, die sich zum **Beispiel** Gott ge-

---

33 Dazu *M. Bayles*, Principals for Legal Procedure. In: Law and Philosophy (Dordrecht, Boston), 1986, S. 33 ff.; *W. Schlüter*, Das obiter dictum. 1993, § 5 II, S. 31 ff. oder *K. Langenbucher*, Die Entwicklung und Auslegung von Richterrecht. 1995, S. 22 ff. Es sei darauf hingewiesen, daß in Hinblick auf die Informationsmöglichkeiten und auch auf die Legitimationsbasis zwischen der Justiz und dem BVerfG bedeutsame Unterschiede bestehen, die es verbieten, das, was hier für die Justiz ausgeführt wird, direkt auf das BVerfG zu übertragen; dazu schon *Pawlowski* ZfA 1974, S. 405 ff., 426; DÖV 1976, S. 505 ff. und auch Larenz/*Canaris*, Methodenlehre, 4.4, S. 184 f.

34 Dazu näher *Pawlowski*, Moral, S. 11 ff., 147 ff. sowie *ders.* DÖV 1976, S. 505 ff. und auch *K. Langenbucher*, Richterrecht (Fn. 33), S. 29.

35 Man fordert zwar mitunter, daß sich Richter der öffentlichen Diskussion über ihre Urteile stellen sollten, da sie diese „im Namen des Volkes" gefällt hätten. Demgegenüber sollte jedoch bereits die Erinnerung an die Formel vom „gesunden Volksempfinden" deutlich machen, daß man damit die Unabhängigkeit der Richter aufhebt – und damit deren Unparteilichkeit. Entscheidend hierfür ist, daß es in der öffentlichen Diskussion jeweils um „öffentliche Moral" geht – von der bereits *John Locke* (An Essay concerning Human Understanding. 1690. Hier zitiert nach P.H. Nidditch (Hrsg.), *John Locke*, Über den menschlichen Verstand. 1975, S. 353 ff., 357) feststellt, daß sie noch aus dem Naturzustand stamme und daß sie daher für die Leidensfähigkeit von Menschen fast zu furchtbar sei: „Denn nicht einer unter zehntausend ist so hart, daß er die dauernde Mißbilligung durch seine Gruppe erträgt"; dazu nur *N. Luhmann*, Gesellschaftsstruktur und Semantik. Bd. 3, 1989, S. 358 ff., 361 ff. oder *G. Roellecke*, Öffentliche Moral. 1991, S. 3 ff.

genüber verantwortlich wissen. In Diskussionszusammenhängen, die weltanschaulich neutral sein müssen, weil alle daran teilnehmen, kann man diese Verantwortung aber nicht meinen.

124 Diese Überlegungen lassen erkennen, daß man die Aufforderung an den Richter, „wie ein Gesetzgeber" zu entscheiden, jedenfalls nicht so verstehen kann, daß dieser im Falle von Gesetzeslücken wie ein Parlament etc. eine Regelung formulieren sollte, die zu den besten (politisch wünschbaren) sozialen Folgen führt. **Der Richter muß** vielmehr auch in diesen Fällen **von der Verantwortung für die sozialen Folgen seiner Entscheidung entlastet werden – weil er sie nicht übersehen und in Anbetracht seiner beschränkten Kompetenz nicht beherrschen kann.**

Es darf daher für den Richter zum **Beispiel** im Falle einer Gesetzeslücke für die Entscheidung eines Rechtsstreits nicht von Bedeutung sein, ob die positive oder negative Entscheidung über eine Forderungsklage etwa dazu führt, daß eine Prozeßpartei in Konkursgefahr gerät oder ob die Gefahr besteht, daß daraufhin der Sohn einer Prozeßpartei sein Studium abbricht usf.

124a Der Richter muß daher bei der Ausfüllung von Gesetzeslücken nach einem Maßstab suchen, der ihm eine Entscheidung ohne Rücksicht auf die für ihn unübersehbaren Folgen ermöglicht. Bei dieser Suche nach einem Maßstab bietet ihm das **Subsumtionsmodell** augenscheinlich keine Hilfe. Denn es **behandelt** nur die Probleme, die sich aus der Anwendung *vorhandener* Normen auf den gegebenen Sachverhalten ergeben, **nicht** aber **Fragen der Normbildung**. Man muß sich also darüber klar sein, daß man sich schon bei dem Studium der Rechtswissenschaft nicht auf die Beschäftigung mit den Problemen des Subsumtionsmodell beschränken darf – auch wenn diese weiterhin den Studienbetrieb bestimmen mögen.

125 Das bedeutet allerdings nicht, daß sich das Subsumtionsmodell damit als *falsch* erweist. Denn es ging bisher nur um die *Brauchbarkeit des Subsumtionsmodells im Zusammenhang der Rechtsfindung* – also nur um die Frage, wie der Richter zu seiner Entscheidung kommen soll, was er also zu tun hat, um einen ihm vorgelegten Streit zu entscheiden, an was er sich halten kann usf. Und in diesem Zusammenhang kann man sich zwar in einer Reihe *klarer* Fälle durchaus mit einer subsumierenden Auslegung einzelner Gesetze begnügen: Man wird über die Strafbarkeit eines Bankraubes keine tiefgründigen Überlegungen anstellen. Da man aber nicht allgemein angeben kann, wann ein *klarer* Fall vorliegt[36], stellt sich das Subsumtionsmodell bei der Entscheidungsfindung nur als ein sehr prekäres Hilfsmittel dar. In der Praxis muß daher jeder Jurist im Kontext der jeweiligen Umstände – und nicht zuletzt nach seinem Zeitbudget – bestimmen, ob der ihm vorliegende „Fall" zu den klaren Fällen gehört oder nicht.

125a Wenn es aber um die Frage geht, wie der Richter eine gefundene (von ihm erarbeitete) Entscheidung darstellen und begründen muß, hat das Subsumtionsmodell durchaus eine legitime Funktion. Denn nach unserer Verfassung ist eine Entscheidung nur „richtig", wenn sie (auch) dem Prinzip der „Gesetzmäßigkeit" Rechnung trägt[37], also dem Prinzip der Gleichbehandlung des Gleichen. Daher muß jede Bearbeitung eines Rechtsstreits zu einem Ergebnis führen, das sich in der Form der Subsumtion *darstellen* läßt. **Die Form der Subsumtion bringt also zum Ausdruck, daß die jeweils gefundene Entscheidung dem Prinzip der Gesetzmäßigkeit Rechnung trägt.** D.h. das Problem der Subsumtion stellt sich für eine ex post Betrachtung an-

---

36 So war es z.B. im Zwangsvollstreckungsrecht bis zu dem Beschluß des BVerfG vom 3.4.1979 (BVerfGE 51, S. 97 ff.) – also 30 Jahre lang – *klar*, daß der Gerichtsvollzieher trotz Art. 13 GG keine weitere richterliche Entscheidung brauchte, wenn er aus einem zivilgerichtlichen Urteil vollstreckte.
37 Dazu ausf. *Pawlowski*, Methodenlehre, Rz 327 ff., 344 ff.

ders als für die Betrachtung ex ante[38]. Das Subsumtionsmodell ist daher zwar unverzichtbar für die Begründung einer einmal getroffenen Entscheidung[39]. Im Zusammenhang einer allgemeinen Theorie der Rechtsanwendung bietet es dagegen mannigfache Probleme.

Damit ist deutlich geworden, daß man das **Geschäft der Rechtswissenschaft** erst zu- **126** reichend charakterisiert hat, wenn man angeben kann, wie der Jurist (und insbesondere der Richter) seine Normen in den Fällen zu formulieren oder zu bilden hat, in denen ihn die staatlichen Gesetze im Stich lassen. Zum Gegenstand der Rechtswissenschaft gehört also eine **Theorie der Normbildung** bzw. der Rechtsgewinnung, wie man seit *Ph. Heck* zu sagen pflegt. Denn von der bisherigen Beschreibung bleibt nur, daß der Richter jedenfalls in den Fällen eine Aufgabe hat, die über die bloße Anwendung von Normen hinausgeht, in denen er sich nicht direkt (und allein) auf eine Norm des staatlichen Gesetzgebers stützen kann: Er muß dort nämlich eine neue, bisher noch nicht formulierte, Norm einführen. Dabei erkennt man allgemein an, daß der Richter *nicht frei* (nach seinem persönlichen Neigungen) darüber entscheiden kann, welche der möglichen neuen Normen er auswählt. Er muß diese *neue* Norm vielmehr aus bereits vorhandenen Gegebenheiten oder Maßstäben (Rechtsquellen) ableiten bzw. entwickeln, die damit auch das von ihm formulierte oder entwickelte Recht bestimmen. Und dann spricht viel dafür, daß diese Rechtsquellen auch in den Fällen von Bedeutung sind, in denen anscheinend gesetzliche Normen in ausreichendem Maße vorhanden sein – so zum **Beispiel** für die Frage, ob diese Normen extensiv oder restriktiv anzuwenden (auszulegen) sind. Wir müssen also jetzt versuchen, daß Geschäft der Rechtswissenschaft so zu charakterisieren, daß deutlich wird, was *neben* den Gesetzen die Tätigkeit des Richters lenkt.

d) Theorie des Gesetzespositivismus: Die „Reine Rechtslehre"

Man versucht allerdings z.T., diese Probleme aus der Rechtswissenschaft herauszu- **127** halten und sie anderen Instanzen zu überantworten. Dies geschieht u.a. in der von *H. Kelsen*[40] begründeten „Reinen Rechtslehre", nach der sich die Rechts*wissenschaft* auf die Bearbeitung der gesetzlichen Normen beschränkt – zum **Beispiel** auf die genauere Darstellung der Hierarchie der Rechtsnormen (der Stufenordnung von Verfassung, einfachem Gesetz, Verordnung, Verwaltungsakt etc.) oder auf die Herausarbeitung der Unterschiede von erlaubenden, gebietenden, verbietenden Normen usf. Und aus diesen Analysen und Beschreibungen ergeben sich eine Reihe von Anweisungen und Regeln, die für den praktischen Umgang mit Gesetzen *im allgemeinen* bedeutsam sind[41].

---

38 Zur Unterscheidung von Begründungs- und Findungszusammenhang bei Entscheidungen u.a. *H. Garrn*, Zur Rationalität rechtlicher Entscheidungen. 1986, S. 22 ff. und auch *H. Prütting*, Die Zulassung der Revision. 1977, S. 149 ff. oder die Darstellung bei *J. Harenburg*, Die Rechtsdogmatik zwischen Wissenschaft und Praxis. 1986, S. 249 ff. mit Nachw.

39 Dazu *Pawlowski*, Methodenlehre, Rz 393 ff.

40 Reine Rechtslehre. 1934, 2. Aufl. 1960; aber auch schon *ders.*, Hauptprobleme der Staatsrechtslehre. 1911; Über die Grenzen zwischen juristischer und soziologischer Betrachtung. 1911 u.ä.m. Dazu i.ü. die Darstellung bei *K. Larenz*, Methodenlehre, I 3.6, S. 69 ff. oder *Fr. Wieacker*, Privatrechtsgeschichte, § 30, S. 589 ff.

41 Zum Folgenden auch *Pawlowski*, Allg. Teil, Rz 63 ff.

So verweist der **Stufenbau der Rechtsordnung** von der Verfassung über das Gesetz und die Verordnung auf die Notwendigkeit, jeweils bestimmte Ableitungszusammenhänge zu prüfen – wie zum **Beispiel** die Delegationsgrundlage einer Verordnung (Art. 80 GG) oder die Verfassungsmäßigkeit eines Gesetzes. Hierhin gehören auch die Regeln über das Verhältnis von früheren und späteren Gesetzen sowie von allgemeinen Gesetzen und Sondergesetzen, die bereits eine lange Tradition haben – wie zum **Beispiel** die bekannten Wendungen lex posterior derogat legi priori; lex specialis derogat legi generalis, lex posterior generalis non derogat legi priori speciali usf. Dazu gehören zudem die Unterscheidungen zwischen nachgiebigen und zwingenden, strengen und billigen Rechten usf., mit denen die Studenten der Rechtswissenschaft bereits in den Einführungsvorlesungen bekannt gemacht werden.

127a Man muß sich überhaupt klar darüber sein, daß **alle** Schulen, **Theorien** und Lehren der Rechtswissenschaft, die im Folgenden dargestellt und diskutiert werden, **für unsere heutige Rechtswissenschaft bedeutsam** sind. Wir verdanken ihnen die genauere Beschreibung und Ausarbeitung einzelner Arbeitsmittel, die wir alle heute noch verwenden – auch wenn wir die Theorie, der wir sie verdanken, im ganzen ablehnen. Dabei wird gerade die Lektüre der Schriften *Kelsens* für den heutigen Juristen von großem Gewinn sein, da diese immer klar, tiefgehend und erhellend sind. Als Grundlage einer „Gesamttheorie" sind sie allerdings zahlreichen Einwänden ausgesetzt.

128 Eine gewichtiger Einwand ist dabei der, daß die praktische Jurisprudenz, also die Anwendung der Normen auf den einzelnen Fall, nach dieser Konzeption aus der Rechts-*wissenschaft* herausfällt. Sie wird der „Jurisprudenz" überantwortet, die sich dann nicht als Wissenschaft, sondern als Kunst darstellt. Praktische Rechtsanwendung ist dabei immer „Rechtsschöpfung", bei der sich Richter und Gesetzgeber nur dadurch unterscheiden, daß der Gesetzgeber freier gestellt ist als der Richter. Eine Theorie der Rechtsgewinnung wäre danach eine juristische Kunstlehre oder eine empirische Theorie über Richterverhalten.

Damit wird aber unser Problem nur unwesentlich verschoben. Denn die Unterscheidung von „Wissenschaft" und „Kunstlehre" ist zwar unter wissenschaftstheoretischen Aspekten von großer Bedeutung, nicht aber für die rechtswissenschaftliche Diskussion selbst. Wir stoßen hier nur wiederum auf den früher geschilderten Streit (Rz 85 ff., 92 ff.), ob neben der durch Gesetzeshypothesen vermittelten Erkenntnis von „Verfügungswissen" auch eine durch hermeneutische Methoden vermittelte Erkenntnis von individuellen Gegebenheiten (von „Kommunikationswissen") der Wissenschaft zuzuordnen ist. Man kann hier jedoch dahinstehen lassen, wie man sich in diesem Streit entscheiden sollte. Denn wie man sich auch entscheiden mag, es bleibt die Notwendigkeit, zur genaueren Charakterisierung des Geschäfts der rechtswissenschaftlich gebildeten Juristen zu skizzieren, was neben der Anwendung der Normen die Tätigkeit des Juristen ausmacht.

129 In etwas anderer Weise hat übrigens auch *J. Esser*[42] die Problematik der Formulierung neuer Normen aus dem Bereich der Rechtswissenschaft herausgenommen, indem er darauf hinwies, daß die Anwendung juristischer (rechtswissenschaftlicher) Methoden nicht die „Richtigkeit"

---

42 *J. Esser*, Vorverständnis, S. 7 ff., 139 ff., 159 ff., 168, vgl. dazu aber auch *Esser* JZ 1976, S. 555 ff. und kritisch *Pawlowski* AcP 175, S. 189 ff., 200 ff.

der rechtlichen Entscheidung verbürge – und zwar auch dann nicht, wenn diese rechtswissenschaftliche Methoden korrekt angewendet werden. Er hat sich dann aber konsequent gerade darum bemüht, diesem Mangel der Rechtswissenschaft mit Hilfe eines Rekurses auf die Erkenntnisse anderer Wissenschaften abzuhelfen. Er wendet sich gegen die Vorstellung von einer Autonomie der Rechtswissenschaft und erweitert damit die Anforderungen an die juristische Kunstlehre. Die Tätigkeit der Juristen erschöpft sich daher gerade nach *Essers* Auffassung nicht in der Anwendung von Normen.

e) Zur Formalisierung der Rechts

Bevor wir aber versuchen, genauer zu charakterisieren, wie man das mit „Rechtsschöpfung", „Rechtsfortbildung" oder „Lückenfüllung" (dazu Rz 208 ff.) angedeutete Geschäft des Juristen genauer beschreiben kann, wollen wir kurz einige Folgerungen aus unseren bisherigen Überlegungen festhalten: Wenn die korrekte Anwendung der vorhandenen staatlichen Gesetze das Geschäft des Juristen nicht ausreichend beschreibt, dann sind für die praktische juristische Arbeit alle Versuche uninteressant, die sich mit der Formalisierung des Rechts befassen – also die Bestrebungen nach Kalkülisierung, nach kybernetischer Rechtswissenschaft, nach Übertragung von Gesetzes in Aussageformen der mathematischen Logik usf. Und das jedenfalls solange, als nicht eine genau bestimmte Methode der Produktion *neuer* Normen vorliegt, die so geartet ist, daß sie ebenfalls formalisiert werden kann. Bevor man auf Formalisierung (und damit auf Klarstellung, Verdeutlichung) des Rechts drängt, muß man also erst klarstellen, nach welchen Regeln nicht vorhandene, aber notwendige Normen zu bilden sind[43]. Der Hinweis auf das bloße Nebeneinander von Gesetzesrecht, das formalisiert werden kann, und Richterrecht, das dann die Lücken füllen soll, reicht dazu – wie wir gesehen haben – nicht aus[44]. **130**

Etwas anderes gilt allerdings hinsichtlich der **Formalisierung, die für den Einsatz von Datenverarbeitungsanlagen** und Informationsbanken erforderlich ist[45]. Hier handelt es sich um praktisch bedeutsame Veränderungen der Rechtsorganisation, die sich aber auf den verschiedenen Rechtsgebieten durchaus unterschiedlich auswirken. **131**

So können zum **Beispiel** Datenverarbeitungssysteme etc. in einzelnen Bereichen der Verwaltung bei der Bearbeitung der Routineangelegenheiten eingesetzt werden; ähnliche Rationalisierungen lassen sich bei der Bearbeitung von Rentenauskünften und -anträgen und selbst beim Erlaß von Bußgeldbescheiden denken. Aufgaben der Rechtsprechung lassen sich aber nicht in dieser Weise durch Rationalisierung vereinfachen – wenngleich man zum **Beispiel** die Abfassung von Gerichtsurteilen mit Hilfe vorformulierter Textbausteine dort erleichtern kann, wo es nur um die Darstellung des Tatbestandes und der Rechtsfolgen geht.

---

43 Dazu auch *I. Tammelo* in: Kaufmann/Hassemer (Hrsg.), Einführung in Rechtsphilosophie und Rechtstheorie der Gegenwart. 4. Aufl. 1985, S. 120 ff., 125 oder *Fr. Müller*, Recht – Sprache – Gewalt. Elemente einer Verfassungstheorie. I, 1975, S. 40.

44 So hebt auch *U. Sieber* Jura 1993, S. 561 ff., 566 ff. hervor, daß bei der Rechtsanwendung die „Fähigkeit zur Wertung" erforderlich ist.

45 Vgl. dazu etwa das JA-Sonderheft 6, 2. Aufl. 1975 über „EDV und Recht, Einführung in die Rechtsinformatik und das Recht der Informationsverarbeitung" oder *H. Fiedler* JuS 1970, S. 432 ff., aber auch *U. Sieber* Jura 1993, S. 561 ff., 567 f.

131a   Man sollte sich aber in diesem Zusammenhang jeweils fragen, ob der Einsatz derartiger Arbeitsmittel unser Rechtssystem nicht in einer Weise verändert, die wir im Grunde nicht wollen. So wäre u.a. zu prüfen, wie es sich auf die Arbeit der Gerichte auswirkt und in welche Richtung es möglicherweise die Rechtsprechung verändert, wenn die Gerichte ihre Informationen über das geltende Recht nicht mehr aus der durch den Staatshaushalt begrenzten Zahl von Veröffentlichungen entnehmen können und müssen, die ihnen zugänglich sind (also aus Gesetzblättern, Zeitschriften und Entscheidungssammlungen), sondern auf *alle* einschlägigen Entscheidungen und Abhandlungen verwiesen werden[46].

2. Topik und Vorverständnis: Rhetorische Jurisprudenz

132   Das Ungenügen der Vorstellung einer normativen Ordnung, deren Anwendung alle Entscheidungen determiniert, hat in den vergangenen Jahrzehnten eine Anzahl von Gegenmodellen[47] entstehen lassen, die auch heute noch die Diskussion mitbestimmen. Hier ist an die schon erwähnten Analysen *J. Essers* (Rz 129) zu erinnern, der in seiner viel beachteten Schrift „Vorverständnis und Methodenwahl in der Rechtsfindung" (1970)[48] bereits im Vorwort darauf hingewiesen hat, daß die Richtigkeit einer richterlichen (rechtlichen) Entscheidung nicht durch die kunstgemäße Anwendung juristischer (normverarbeitender) Methoden gewährleistet werde – sondern vielmehr von anderen, demgegenüber offenbar sachhaltigeren Dingen abhänge[49]. *Esser* knüpfte damit an Argumentationen der sog. topischen Jurisprudenz an, die er verbessern und fortführen wollte. Unter diesem Namen werden die methodischen Richtungen zusammengefaßt, die davon ausgehen, daß alle vorhandenen oder zu errichtenden *normativen* Systeme die Wirklichkeit nicht einfangen können. Derartige Systeme sind immer lückenhaft und müssen daher immer wieder Hilfsmethoden zur Lückenausfüllung empfehlen. Ausgangspunkt dieser Richtung der Methodenlehre war eine Schrift von *Theodor Viehweg* über „Topik und Jurisprudenz" (1953)[50].

133   *Viehweg* legte darin zunächst einmal dar, daß man ein Systemdenken in der Rechtswissenschaft nicht durchhalten könne. Dabei verstand er unter „System" immer nur **axiomatisch-deduktive Systeme**[51] – also Systeme, nach denen aus axiomatisch gesetzten Obersätzen durch logische Deduktion Einzelentscheidungen abgeleitet werden. Nimmt man den einfachen Fall, in dem der Obersatz lautet: „Sei gerecht", so

---

46 Zur Konzeption einer „Komputerjurisprudenz" auch *Pawlowski*, Moral., S. 11 ff.

47 Zum Folgenden ausführlich *K. Larenz*, Methodenlehre, I 5.5, 145 ff. oder *Fr. Wieacker*, Festschrift für Pan. J. Zepos. 1973, S. 391 ff.

48 Mit der Kategorie des „Vorverständnisses" knüpft *Esser* dabei an die Untersuchungen *H.G. Gadamers*, Wahrheit und Methode. 2. Aufl. 1965, an.

49 Dazu auch *J. Esser*, Juristisches Argumentieren im Wandel des Rechtsfindungskonzepts unseres Jahrhunderts. Heidelberg 1979 und ARSP 64 (1978), S. 327 ff.

50 5. Aufl. 1974.

51 Auch *M. Kriele*, Theorie, S. 97 ff. kritisiert nur „deduktive Systeme", wobei er allerdings zwischen „innerjuristischen" (durch Abstraktion aus den Gesetzen gebildeten) und „außerjuristischen" (axiomatisch-naturrechtlichen) Systemen unterscheidet; zu den innerjuristischen Systemen unten Rz 156 ff., 192 ff.

muß man nach geltendem Recht daraus schließlich u.a. auch die Aussage ableiten: Sage zu einem Dieb nicht ohne weiteren Anlaßt „Du Dieb". Hier ist klar, daß diese Folgerung nicht durch reine Logik aus dem Obersatz abgeleitet (deduziert) werden kann. Man weist hierzu immer wieder – zu Recht – darauf hin, daß man aus einem Obersatz nicht mehr herausholen kann, als man vorher hineingesteckt hat[52].

Daher ändert sich diese Problematik der Sache nach auch nicht, wenn man von einem System ausgeht, das nicht nur mit einem, sondern mit einer größeren Anzahl von Axiomen arbeitet – das zum **Beispiel** Sätze anerkennt, wie „Alle Menschen sind gleich", „Jeder hat das Recht auf freie Entfaltung seiner Persönlichkeit", „Eigentum ist gewährleistet" usf. Auch dann ist es nicht möglich, aus diesen Axiomen mit Hilfe der Logik deduktiv alle Einzelentscheidungen abzuleiten, die wir heute brauchen.

Nach dieser Kritik der axiomatischen Systeme[53] (die übrigens in dieser Art in der deutschen Rechtswissenschaft keine Rolle gespielt haben), suchte *Viehweg* nach anderen Methoden und schlug dafür die „Topik" vor. Er knüpfte damit an Ausführungen von Aristoteles an, die später immer wieder aufgegriffen und vertieft worden sind, so insbesondere von *M.T. Cicero, G. Vico u.a. Aristoteles* stellt in seinen logischen Schriften zunächst die Schlußverfahren dar, die zu *wahren* Erkenntnissen führen – also zu Erkenntnissen, die wissenschaftlich bewiesen worden sind. Hierzu beschreibt er in seinen beiden „Analytiken" die Regeln des wissenschaftlichen (beweisenden oder apodiktischen) Schließens – also nach der „Lehre von den Begriffen" als Bestandteilen von Sätzen (den Kategorien) die „Lehre vom Satz" als Ausdruck des Urteils. In seiner **Topik**[54] behandelt er dann die Wissenschaft oder **Kunst des Schließens aus wahrscheinlichen Sätzen** als eine Methode, die auf den Gebieten anzuwenden ist, die der wissenschaftlichen Erkenntnis (noch) nicht zugänglich sind. *Aristoteles* meint, daß man auch auf diesen Gebieten nicht einfach regellos argumentieren solle und empfiehlt, hier eine **Vorform einer strengen methodischen Behandlung:** die Bildung von Topoi[55].

Aristoteles bezeichnete die Topik als eine Methode, „nach der wir über jedes aufgestellte Problem aus wahrscheinlichen Sätzen Schlüsse bilden können, und, wenn wir selbst Rede stehen sollen, in keine Widersprüche geraten"; er hielt sie für nützlich für den Gedankenaustausch, der mit ihrer Hilfe eine gewisse Ordnung erhält, und für die Erörterungen der ersten Prinzipien der Einzelwissenschaften, die selbst nicht bewiesen werden können – d.h. für das In-Gang-Bringen einer Erörterung[56].

Nach der *Methode der Topik* soll man bei der Behandlung eines Themas damit beginnen, daß man zunächst das vorhandene Material nach äußeren Gesichtspunkten ordnet – also das Material, das bei Vorbereitung einer Rede durch die Stoffsammlung erarbeitet wurde oder das im Prozeß zunächst von den Parteien dem Gericht unterbreitet wurde.

134

135

---

52 Ablehnung der sog. Inversionsmethode; dazu noch gleich unten Rz 157 ff.
53 Zur Kritik axiomatischer Systeme auch die Ausführungen von *K. Engisch*, Studium Generale Bd. 10 (1957), S. 173 ff. und *H. Coing*, Rechtsphilosophie, S. 292 ff.
54 *Aristoteles*, Topik. Neu übersetzt von E. Rolfes, 2. Aufl. 1922.
55 Dem griechischen Topos (Ort) entspricht der lat. locus – dem locus communis entspricht das deutsche Wort „Gemeinplatz".
56 Topik (Fn. 54), 2. Kapitel; zum Folgenden auch die Darstellung bei *M. Kriele*, Theorie, S. 133 ff.

Handelt es sich zum **Beispiel** um den Prozeßstoff in einem Schadensersatzprozeß, so sollte man zunächst 1. alle Aussagen über *äußere* Abläufe zusammenstellen und prüfen, dann 2. die einschlägigen Gesetzesnormen und anschließend 3. die Äußerungen über *innere* (subjektive) Tatsachen.

136   Ein schon entwickelteres Stadium der Topik ist erreicht, wenn man bei diesem Verfahren bereits auf **Topoikataloge** zurückgreifen kann, auf die man sich aufgrund früherer Diskussionen oder der Erfahrung der Prozeßpraxis geeinigt hat.

So würde man **zum Beispiel** im Hinblick auf die eben angesprochene Schadensersatzklage in diesen Topoikatalog die Topoi „Tatbestandsmäßigkeit", „Rechtswidrigkeit" und „Schuld" aufnehmen.

Dabei ergibt sich aus der Aufnahme eines Gesichtspunktes in einen derartigen Topoikatalog nur, daß man damit anerkennt, daß in dem zur Rede stehenden Zusammenhang Argumente beachtlich sind, die sich auf diesen Gesichtspunkt beziehen. Man muß sich also auf diesen Gesichtspunkt (Topos) einlassen, wenn sich ein Diskussionspartner darauf beruft. Das bedeutet aber nicht, daß es auf diesen Gesichtspunkt letztlich ankommt. Ein als „Topos" anerkannter (in einen Topoikatalog aufgenommener) Gesichtspunkt ist also kein Kriterium, dessen Vorliegen immer zu einer bestimmten Folgerung führt.

137   Faßt man zum **Beispiel** die Unterscheidung von Tatbestandsmäßigkeit, Rechtswidrigkeit und Schuld bei Delikten bzw. unerlaubten Handlungen als Angabe eines Topoikatalogs auf[57] – und nicht wie in der heutigen Tatbestandslehre als *systematische* Festlegung der Voraussetzungen von Schadensersatz oder Strafe –, dann bedeutet die Anerkennung eines Topos „Schuld" nicht, daß ein (subjektives) Verschulden Voraussetzung jedes Schadensersatz- oder Strafanspruchs wäre – oder genauer: daß eine Bestrafung oder Verurteilung zu Schadensersatz *nur* erfolgen könnte, wenn neben einer Reihe äußerer Tatsachen (Verletzung, Rechtswidrigkeit der Verletzung etc.) auch noch bestimmte innerer Tatsachen (Vorsatz, pflichtwidrige Unaufmerksamkeit etc.) festgestellt worden sind. Aus der Anerkennung eines Topos „Schuld" folgt vielmehr nur, daß man darauf eingehen und argumentieren muß, wenn der andere einwendet, daß den Verletzer keine Schuld treffe – zum **Beispiel,** weil er sich geirrt habe. Und diese Argumentation kann dann erweisen, daß man in diesem Falle zum Schadensersatz verurteilen kann, obwohl keine zusätzlichen subjektiven Umstände vorliegen – also kein konkretes Verschulden[58]. Das Ergebnis einer so an anerkannten „Topoi" orientierten Diskussion und Argumentation ist also prinzipiell offen. Es wird hervorgebracht durch den diskutierenden Bezug aller denkbaren Umstände auf die anerkannten Topoi. Diese Diskussion führt schließlich zu einem bestimmten Schlußpunkt, der letztlich durch einen volitiven Akt gesetzt wird: durch den Konsens (nicht der Parteien des Prozesses, sondern der Rechtspraxis oder der Rechtswissenschaft) oder durch autoritative Entscheidung des Richters.

138   *Cicero* und *G. Vico* haben diese zunächst von *Aristoteles* beschriebene, „topische Methode" vertieft und fortentwickelt – wobei vor allem *Vicos* Hinweis auf die innovato-

---

57 Was z.B. für die alte Tatbestandslehre zutrifft, die sich gewissermaßen als „prozessuales Kochbuchrezept" entwickelt hat: Es ist im Prozeß unmittelbar einsichtig, daß man erst einmal prüft, was objektiv (äußerlich) geschehen ist, bevor man untersucht, was die Beteiligten subjektiv (innerlich) „gewollt" haben etc.

58 Während Schuld als *systematische* Voraussetzung eines Schadensersatzanspruchs immer positiv nachgewiesen werden muß, wenn der Anspruch nicht entfallen soll.

rischen Möglichkeiten der Topik besondere Bedeutung erlangt hat[59]. *Vico* nannte die Topik direkt eine „ars inveniedi". Die **erfinderische** (innovatorische) **Potenz der Topik** ergibt sich dabei u.a. aus der Möglichkeit, Topoikataloge, die für bestimmte Gebiet entwickelt wurden, auf andere Gebiet zu übertragen – so aus der Politik in die Rechtswissenschaft oder umgekehrt.

Ein **Beispiel** dafür bieten die in der Strafrechtswissenschaft entwickelten Fragestellungen 'der sog. finalen Handlungslehre, deren Übertragung auf das Gebiet des Zivilrechts der Zivilrechtswissenschaft eine Anzahl Impulse vermittelt hat. Aus der öffentlichen Diskussion hat man zum **Beispiel** das Problem eines „Grundrechts auf Demonstration" in die Rechtswissenschaft übernommen – was hier wiederum Anlaß zu neuen Überlegungen und Argumentationen gab und gibt. Ähnlich ist es heute mit dem „Grundrecht auf informationelle Selbstbestimmung", das eine ganze Reihe neuer Probleme aufwirft.

Mit Hilfe dieser topischen Jurisprudenz scheint man also das Geschäft der Rechts-   **139** wissenschaft und der Juristen wirklichkeitsnäher charakterisieren zu können als mit dem Hinweis auf die Subsumtion von Sachverhalten unter Gesetze bzw. Normen. Der Jurist muß, wenn er auf Streitigkeiten, Zweifel oder Unklarheiten stößt, diskutieren und argumentieren, und zwar mit Hilfe der anerkannten Gesichtspunkte (Topoi), die ihm die Gesetze sowie Vorentscheidungen der Gerichte (Präjudizien) oder Lehrmeinungen bieten. Die Rechtswissenschaft stellt sich danach als ein in bestimmter Weise organisierter Diskussionszusammenhang dar, in den man die verschiedensten Argumente einbringen kann und muß, und in dem Zweifel oder Unklarheiten schließlich durch Konsens und in der praktischen juristischen Arbeit durch ein „wertendes Urteil" nach einer Diskussion beseitigt werden.

Dieses Bild der Rechtswissenschaft hat auch eine große Plausibilität. Eine ganze Reihe unterschiedlicher Methodenlehren gelangen daher von verschiedenen Ausgangspunkten schließlich zu dem Ergebnis, daß sich rechtliche Urteile letztlich nur von einem auf sie gerichteten Diskurs her begründen lassen – wonach sich dann die **Rechtswissenschaft als** besondere Rhetorik[60] oder **Argumentationslehre**[61] darstellt[62]. Und dieses Bild ist nicht zuletzt deshalb so plausibel, weil die Rechtswissen-

---

59 *G. Vico*, De nostri Tempori Studium Ratione. 1708, deutsch-lat. Ausgabe mit Übersetzung von W.F. Otto 1947; hier zitiert nach *G. Vico*, Die neue Wissenschaft über die gemeinschaftliche Natur der Völker. Nach der Ausg. 1744 übersetzt von E. Auerbach, hrsg. von *E. Grassi* 1966, vgl. dort insbes. Band 2, 2. Abteilung, S. 100 ff.; dazu die Darstellung bei *M. Kriele*, Theorie, S. 125 ff. und *Th. Viehweg*, Topik (Fn. 50).

60 So z.B. *F. Haft*, Juristische Rhetorik. 4. Aufl. 1991; *W. Gast*, Juristische Rhetorik. 2. Aufl. 1992 und vor allem *Ch. Perelmann*, Logique juridique nouvelle théorétique. 1976 (dazu *J. Esser* ARSP 64, S. 437 ff.) sowie *ders.*, Das Reich der Rhetorik. Rethorik und Argumentation. 1980.

61 *G. Dux*, Strukturwandel der Legitimation. 1976; *G. Struck*, Zur Theorie juristischer Argumentation. 1977; *H. Rodingen*, Pragmatik der juristischen Argumentation. 1977 und vor allem *R. Alexy*, Theorie der juristischen Argumentation. 2. Aufl. 1991; vgl. auch *Folke Schmidt*, Methode, S. 216 ff. zu ähnlichen Vorstellungen bei skandinavischen Juristen. Einen guten, kritischen Überblick über die Bedeutung dieser Position im Zusammenhang der Verfassungsauslegung gibt *E.-W. Böckenförde* NJW 1974, S. 1528 ff.; zu diesem Thema auch *P. Häberle*, Verfassungsinterpretation und Verfassungsgebung. In: Zeitschrift für Schweizerisches Recht 1978, S. 1 ff.

62 Dem widerspricht nicht, daß sich *R. Alexy* (wie auch die anderen Vertreter der sog. Diskursethik, wie z.B. *J. Habermas*) bei ihren Überlegungen darum bemühen, den Ansatz der Rechtsphilosophie I. *Kants* gewissermaßen „jenseits der Metaphysik" zu „rekonstruieren" – indem sie u.a. den Formalis-

schaft – wie alle anderen Wissenschaften – tatsächlich auch einen Diskussionszusammenhang bildet, der keine endgültigen, sondern nur in gewisser Weise vorläufige Ergebnisse zeitigt. Daher weiß auch jeder Jurist, daß man den jeweils heutigen Stand der Dogmatik nicht für immer festschreiben kann – und daß es zu einem gegebenen Zeitpunkt oft nicht um „richtig" oder „falsch" geht. Besonders für den Studenten der Rechtswissenschaft wird es vielfach vor allem darauf ankommen, zwischen „vertretbaren" und „unvertretbaren" Auffassungen zu unterscheiden. Das heißt allerdings auch, daß er erkennen muß, was unvertretbar ist. Denn in einer fachlichen *Diskussion* sind nicht alle Argumente zulässig.

140 Aber so wie man auch die Mathematik oder die Biologie nicht hinreichend charakterisiert, wenn man sie als einen Diskussionszusammenhang bezeichnet, so genügt das auch nicht zur Charakterisierung der Rechtswissenschaft. Man beschreibt – jedenfalls für praktische Zwecke – das Geschäft des Juristen nicht ausreichend, wenn man ausführt, daß dieser für seine Entscheidungen letztlich auf den Konsens der übrigen Gerichte oder der Rechtswissenschaft angewiesen sei. Denn diese Beschreibung verweist den entscheidenden Juristen (den Richter) letztlich auf einen reinen Dezisionismus, da der Konsens der übrigen Gerichte oder der Rechtswissenschaft, der seine Entscheidung tragen soll, erst festgestellt werden kann, nachdem die Entscheidung ihre Wirkung bereits entfaltet hat. Der Jurist muß auch auf dem Boden der „topischen" oder „rhetorischen" Jurisprudenz letztlich entscheiden „wie ein Gesetzgeber" – d.h. orientiert auch an den sozialen Folgen seiner Entscheidung, da ihm die Voraussetzungen seiner Entscheidungen (der Sachverhalt und der vorhandene Konsens) keine ausreichenden Kriterien bieten. Wir haben aber bereits festgestellt, daß der **Richter** zu derartigen Entscheidungen nicht legitimiert ist (Rz 121 ff.). Er **darf für die Folgen seiner Entscheidungen nicht „wie ein Gesetzgeber" verantwortlich gemacht werden** und muß daher auch in einer Weise entscheiden, die ihn nicht als den ausweist, der für diese Folgen verantwortlich ist (Rz 124). Die vielfältigen angeblich „pragmatischen" Analysen und Beschreibungen der Rechtswissenschaft berücksichtigen nicht genügend, daß man nur über etwas vernünftig diskutieren kann, was in irgendeiner Weise vorhanden oder vorgegeben ist[63]. Denn sonst bleibt es nur beim Austausch von persönlichen Emotionen.

141 Daher haben sich auch Autoren[64], die sich zunächst der topischen Jurisprudenz angeschlossen hatten, später wieder gegen diese Methode gewandt, weil sie an der Normativität des Rechts vorbeigehe. Sie warfen der Topik vor, daß sie mit der Abkehr

---

mus des *kantischen* Ansatzes in Prozeduralismus übersetzen. Denn dies führt nicht daran vorbei, daß sich die Ergebnisse dieser Überlegungen jeweils als Ergebnisse einer „gelungenen Diskussion" darstellen müssen – was sich in der Realität nie beweisen läßt und was daher nicht ausschließen kann, daß sich andere jeweils auf ihre vertretbare Auffassung berufen und so den Diskurs weiterführen, dazu u.a. *St. Wesche* Rechtstheorie 30 (1999), S. 79 ff.

63 Worauf neuestens *E. Tugendhat* in seinem Vortrag auf der Tagung der IVR am 4.9.1978 in München nachdrücklich hingewiesen hat. *H.L.A. Hart*, Recht und Moral. Übersetzt und hrsg. von N. Hoerster, 1971, S. 70 f., spricht hierbei zutreffend von der „Sache Recht". Zur Kritik der rhetorischen Jurisprudenz instruktiv *N. Hoerster* JuS 1985, S. 665 ff.

64 Wie z.B. *Fr. Wieacker*, Privatrechtsgeschichte, S. 596, Fn 48 und später in Zepos-F. (Fn. 47), S. 391 ff., 402 ff.

von der allgemeinen Gesetzmäßigkeit des Rechts schon methodisch nicht die Gleichbehandlung des (wesentlich) Gleichen bzw. die Ungleichbehandlung des Ungleichen
gewährleiste: Weil sie nicht in allgemeinen Gesetzen (Normen) endet und damit gegen den Gleichbehandlungsgrundsatz (Art 3 GG) verstößt, der unsere Vorstellung
von Gerechtigkeit – noch[65] – prägt[66]. Wir können daher festhalten, daß die topische
Jurisprudenz zwar überzeugend darzustellen vermag, wie die juristische Diskussion
geführt und verbessert werden kann – und das ist bereits sehr viel. Die heutige juristische Diskussion verdankt auch der topischen Jurisprudenz eine Reihe von Hilfsmitteln, auf die der Jurist nicht verzichten sollte[67]. Man kann aber mit ihrer Hilfe die
Aufgaben, die sich bei der juristischen Entscheidung stellen, nicht in ihrem vollen
Umfang thematisieren. Und diese Entscheidung ist nicht nur den Gerichten (dem
Richter) aufgegeben, sondern auch der Rechtswissenschaft als solcher – nämlich in
der Entwicklung der juristischen Konstruktion bzw. der rechtswissenschaftlichen
Dogmatik.

Die gleichen Einwendungen richten sich übrigens auch gegen neuere, moderner anmutende **142**
Vorschläge, die sich nicht direkt auf die Topik beziehen, sondern mehr erfahrungswissenschaftlich argumentieren, wie zum **Beispiel** gegen die von *H. Rüßmann*[68] dargelegte Methode.
Rüßmann geht davon aus, daß man aus den vom Gesetzgeber gegebenen Normen mit Hilfe der
konventionellen Auslegungsregeln nicht die erforderliche Einzelentscheidung ableiten könne,
jedenfalls nicht in einer wissenschaftlich vertretbaren Weise. Aufgabe der Rechts- (bzw. Ge-
setzes-)Anwendung sei vielmehr, einen von den gegebenen Normen offengelassenen Entscheidungsspielraum auszufüllen. Der Richter soll dann von den innerhalb dieses Spielraums
möglichen Entscheidungen diejenige auswählen, die zu den sozialen Folgen führt, die er (bzw.
nach seiner Meinung der Gesetzgeber?) anderen Folgen vorzieht – wobei er die Wahrscheinlichkeit des Eintritts dieser oder jener Folgen mit Hilfe sozialwissenschaftlicher (prognosti-
scher) Methoden ermitteln soll. Welche Folgen dabei aber anderen vorzuziehen sind, bleibt bei
der grundsätzlichen Ablehnung normativer Deduktion der Diskussion und damit schließlich
der einzelnen Entscheidung überlassen – womit auch moderne, um Rationalität bemühte Me-
thodologien wiederum im Dezisionismus enden.

Dieses Modell ist dann in der „Juristischen Begründungslehre" (1982) von *Koch/Rüßmann*[69] **143**
mit Hilfe von Erkenntnissen der modernen Logik und Semantik präziser ausgearbeitet und erweitert worden. *Koch/Rüßmann* beschreiben dabei zunächst einen Bereich, in dem der Richter
in strikter Bindung an das Gesetz (deduktiv) zu seinen Urteilen gelangt – und zwar in Bindung
an den Wortsinn und die Regelungsabsicht des historischen Gesetzgebers[70]. Daneben gibt es
nach ihrer Auffassung einen Bereich, in dem Richter ein gewisser Entscheidungsspielraum
verbleibt – in dem er daher eine rationale Wahl treffen müsse[71]. Hier sei es dann legitim, auch
soziale Folgen der Entscheidung zu berücksichtigen[72], vor allem aber die vorhandenen Präjudizien und Lehren – also den Stand der vorhandenen Argumentation.

---

65 Zu gegenläufigen Tendenzen *Pawlowski*, Festschrift für A. Troller. 1986, S. 133 ff. sowie *ders.* Jahrb.
   Rechtssoz. und Rechtsth. Bd. 13 (1987), S. 113 ff.
66 Dazu *Pawlowski*, Methodenlehre, Rz 398, 449.
67 Dazu *Pawlowski*, Methodenlehre, Rz 398, 449.
68 JuS 1975, S. 352 ff.; dazu auch *H.-B. Grüber* JZ 1974, S. 665 ff.
69 Dazu *K. Larenz*, Methodenlehre, I 5.6, S. 156 ff.
70 *Koch/Rüßmann*, Begründungslehre, S. 176 ff., 181 f.
71 *Koch/Rüßmann*, Begründungslehre, S. 227 ff., 246 ff.
72 *Koch/Rüßmann*, Begründungslehre, S. 181 f.

Damit beschreiben also *Koch/Rüßmann* ein ähnlich zweispuriges Modell der Entscheidung, wie wir es bereits bei *F.J. Säcker* (Rz 117 ff.) kennengelernt haben. Das positivistische Entscheidungsmodell (Rz 104 ff.) wird aber jetzt nicht mit Hilfe politischer Entscheidungen ergänzt, sondern mit Hilfe einer topisch-rhetorischen Argumentation – was über den abstrakten Hinweis auf „Politik" hinausführt. Dennoch leidet auch dieses Entscheidungsprogramm daran, daß es – trotz Betonung des Gleichbehandlungsgrundsatzes[73] – die Einheit des Rechts zu wenig berücksichtigt und thematisiert[74], die sich aus dem Prinzip der Normativität des Rechts ergibt[75]. Stellt man nämlich in Rechnung, daß unsere heutigen Gesetze nicht nur von unserem demokratischen Gesetzgeber stammen, sondern auch aus der Zeit des Nationalsozialismus, aus der Weimarer Zeit usf., dann läßt sich die undifferenzierte Bindung an den „Wortsinn" und die „Regelungsabsicht" des historischen Gesetzgebers nicht halten (vgl. Rz 164, 171, 174)[76].

144   Wenngleich so die topische Jurisprudenz und ihre modernen Nachfolger das Geschäft des Juristen nicht voll zu charakterisieren vermögen, so machen sie doch auf ihre Art noch einmal deutlich, worin der Mangel des früher beschriebenen gesetzespositivistischen Modells besteht: die topische Jurisprudenz hebt nämlich im ganzen zu Recht hervor, daß man bei der Beschreibung des Geschäfts des Juristen und der Rechtswissenschaft nicht qualitativ zwischen der (direkten) Anwendung des Gesetzes und der Lückenfüllung (der Ergänzung des Gesetzes) unterscheiden kann. Das Geschäft des Juristen und der Rechtswissenschaft wird vielmehr erst dann angemessen beschrieben, wenn man eine einheitliche Beschreibung des juristischen Entscheidungsvorgangs liefert. Und das ist nur möglich, wenn man die Tätigkeit des Juristen nicht als Gesetzesanwendung, sondern als Rechtsanwendung beschreibt – wie es wohl auch der allgemeinen Vorstellung entspricht. Das setzt aber ersichtlich eine bestimmte Vorstellung von dem Verhältnis von Gesetz und Recht voraus, dem wir uns jetzt zuwenden wollen.

3. Gesetz und Entscheidung als „Konkretisierung des Rechts"

145   Die meisten Juristen werden nämlich ihr Geschäft in einer Art zu beschreiben versuchen, in der sie zwar topische Wendungen gebrauchen, ohne aber die eben angesprochene normative Unverbindlichkeit der Topik zu bejahen – und bei der sie positivistische Vokabeln verwenden, ohne gleich den Richter als *politischen* Gesetzgeber zu qualifizieren, also als jemanden, der sich bei seinen Entscheidungen offen an den individuell vorhersehbaren, sozialen Folgen seiner Entscheidung zu orientieren hat. Die Juristen werden normalerweise darauf hinweisen, daß sie zunächst einmal alle vorhandenen Gesetze (Normen) anzuwenden haben und daß sie in den Fällen, für die sie keine oder keine angemessenen Normen finden, aus den vorhandenen Wertungen des Gesetzgebers oder der Rechtsordnung neue Regelungen entwickeln (ableiten) müßten. Man geht dabei i.ü. davon aus, daß diese Entwicklung *neuer* Regelungen keine rein logische (deduktive) Tätigkeit sei; man wendet sich vielmehr gegen die

---

73 *Koch/Rüßmann*, Begründungslehre, S. 113 f.
74 So auch *Larenz*, Methodenlehre, I 5.6, S. 160.
75 Dazu *Pawlowski*, Methodenlehre, Rz 382, 404 ff.
76 Vgl. auch die Beispiele bei *Pawlowski*, Methodenlehre, Rz 382, 541 ff., 557 ff., 812 ff.

Vorstellung, daß der Richter ein „Subsumtionsautomat" sei – eine Vorstellung, die übrigens nie etwas anderes als ein Schreckbild war. Und man nimmt heute allgemein an, daß **Rechtsanwendung eine wertende Tätigkeit** sei – wobei man aber daran festhält, daß sich diese wertende Tätigkeit im weiten Umfang als kognitive (erkennende) Tätigkeit vollzieht, die nur in Einzelfällen (*K. Larenz*)[77] durch rein persönliche Wertungen abgedeckt und ergänzt werden müssen. Das Recht stellt sich nach diesen vorherrschenden Vorstellungen als eine normative Ordnung dar, die weitgehend durch die staatlichen Gesetze und gerichtlichen Entscheidungen bestimmt ist. Man identifiziert dennoch Recht und Gesetz nicht völlig, sondern behält sich auch die Möglichkeit einer korrigierenden Gesetzesanwendung (bzw. -auslegung) vor, womit man unter **Recht** also einen **Sachverhalt** versteht, **in dem sich** – jedenfalls in einem gewissen Umfang – **überpositive und positivistische Momente vereinigen.**

In diesen geläufigen Vorstellungen – denen im Bereich der rechtswissenschaftlichen **146** Methodenlehre die verschiedenen Spielarten der „Wertungsjurisprudenz" (dazu Rz 176 ff.) entsprechen – sind nun Fragestellungen und Erkenntnisse vereinigt, zu deren Entwicklung sehr gegensätzliche methodische Ansätze beigetragen haben. Der Synkretismus der Wertungsjurisprudenz erklärt dabei, weshalb man heute – gewissermaßen auf dem Hintergrund der Wertungsjurisprudenz – immer wieder nebeneinander positivistische, interessenjuristische und selbst naturrechtliche Konzepte und Argumentationen benutzt, ohne damit die positivistische etc. Position im ganzen anzusprechen. Im Folgenden soll daher die Entwicklung der juristischen Methodenlehre in ihren Grundzügen kurz skizziert werden, weil man das Entscheidungsmodell der heute vorherrschenden Wertungsjurisprudenz von daher besser verstehen kann.

Man muß vor allem beachten, daß alle juristischen Hilfsmittel und Denkformen, die **147** in dieser Entwicklung ausgearbeitet und präzisiert worden sind, auch heute noch praktisch angewandt werden. Es wird sich nämlich zeigen, daß die historisch jüngeren Entscheidungsmodelle gewissermaßen *zusätzliche* Erkenntnismittel bieten, auf die man nicht bei allen Entscheidungen zurückzugreifen braucht – so daß man sich in vielen Fällen mit den älteren Entscheidungsmodellen begnügen kann[78]. Man muß sich nur jeweils darüber klar sein, wann zum **Beispiel** eine rein begriffsjuristische Subsumtion genügt und wann es darüber hinaus auf Interessenanalysen oder auf eine Offenlegung von Wertbeziehungen ankommt. Und es sei schon jetzt bemerkt, daß sich ein Kriterium dafür nicht selten aus der Zeit ergibt, die man für die Entscheidung aufwenden kann (Rz 159, 298 f.). Die Kritik an einzelnen rechtswissenschaftlichen Positionen, die im Folgenden immer wieder geübt wird, richtet sich immer nur gegen den Vollständigkeitsanspruch dieser Positionen, nicht aber gegen die Verwendbarkeit der gedanklichen Hilfsmittel, die von ihnen in die Rechtswissenschaft eingeführt worden sind, bzw. zu deren besonderer Klärung sie beigetragen haben.

---

77 Dazu *Larenz/Canaris*, Methodenlehre, S. 6 ff., 3.3, 109 ff.; *R. Zippelius*, Methodenlehre, § 3 II, S. 18; *M. Kriele*, Theorie, S. 60 ff., 191 ff.; *W. Fikentscher*, Methoden IV, S. 437 ff.; *F. Bydlinski*, Methodenlehre, 1.2 III 4, S. 135 ff. und öfter.
78 Dazu nur *Pawlowski*, Methodenlehre, Rz 3 ff.

§ 6 Die Entwicklung der „Wertungsjurisprudenz"

1. Die Grundlegung der juristischen Methodenlehre durch F.C. von Savigny

148 Ausgangspunkt auch noch für die heutige Methodenlehre ist die Grundlegung der Rechtswissenschaft durch *Friedrich Carl von Savigny* (1779-1861)[1]. Daher setzen sich auch Autoren, die sich wie *R. Wiethölter*[2] für eine grundsätzliche Erneuerung der Jurisprudenz einsetzen, zunächst eingehend mit der Art des rechtlichen und rechtswissenschaftlichen Denkens auseinander, die durch *Savigny* begründet wurde. Denn bis zu ihm stellte sich die Jurisprudenz als ein Zweig der praktischen (politischen) Philosophie dar, wie *Fr. Wieacker*[3] zu Recht bemerkte.

Man legitimierte nämlich bis dahin rechtliche Regelungen dadurch, daß man sie aus moralischen, religiösen oder metaphysischen Postulaten ableitete, wofür man bei *Christian Wolff*[4] (1679-1754) gute **Beispiele** findet: *Wolff* stellte das Recht als ein Mittel zur (gottgewollten) Vervollkommnung des Menschen dar – und leitete daraus u.a. ab, daß jedermann das Recht habe, unter bestimmten Umständen leerstehende Häuser für seine Wohnzwecke in Anspruch zu nehmen[5], da zur Vervollkommnung Nahrung (gute Nahrung), Kleidung, Wohnung etc. gehören. Demgegenüber war im Zusammenhang der praktischen Philosophie *Immanuel Kants* **Aufgabe des Rechts das technische Problem**, Mittel zu finden, die das friedliche Nebeneinander „freier Rechtssubjekte" ermöglichen, also die Aufgabe **der** zunächst **räumlichen Abgrenzung von „Freiheitssphären"** (Rz 248 ff.).

2. Die Begriffsjurisprudenz

149 Seit *Immanuel Kant* hat das Recht dagegen mit der Aufgabe der Abgrenzung von Freiheitssphären eine eigene Aufgabe, die sich von denen der übrigen Zweige der praktischen Philosophie unterscheidet. Während aber *Kant* im Hinblick auf die Erfüllung dieser Aufgabe einfach auf normative Regeln (Gesetze) verwies, die normalerweise von einem Gesetzgeber (Monarch, Staat) erlassen werden, war den Juristen, die der Rechtslehre *Kants* folgten, diese Überantwortung der Regelung der Freiheits-

---

1 Die folgende Darstellung stützt sich hauptsächlich auf die Schriften aus den Jahren 1814-1835, also auf die Schrift „Vom Beruf unserer Zeit für Gesetzgebung und Rechtswissenschaft", 1814 (Nachdruck der Ausgabe von 1840, Hildesheim, 1967) und einige methodologische Aufsätze. Vgl. zu *Savigny* u.a. *Fr. Wieacker*, Privatrechtsgeschichte, § 21, S. 381 ff. m.w.Nachw. oder *J. Rückert*, Idealismus, Jurisprudenz und Politik bei Friedrich Carl von Savigny. 1984 sowie *ders.*, Der Methodenklassiker Savigny (1779-1861). In: J. Rückert (Hrsg.). Fälle und Fallen in der neueren Methodik des Zivilrechts seit Savigny. 1997, S. 25 ff. und i.ü. zur Entwicklung der *savignyschen* Lehren, in der man verschiedene Perioden unterscheiden kann, *D. Strauch*, Recht, Gesetz und Staat bei Friedrich Carl von Savigny. Diss. Köln 1960.

2 Dazu u.a. sein „Funkkolleg" Rechtswissenschaft, 1968 (Fischer Taschenbuch, Funkkolleg Bd. 4), dort insbesondere S. 37, 64, 71 ff., 176 ff., 191 ff.

3 *Fr. Wieacker*, Privatrechtsgeschichte, § 17 f., S. 301 ff.; so auch *R. Wiethölter*, Rechtswissenschaft (Fn. 2), S. 64 ff., 71 ff.; ähnlich in Hinblick auf die heutige Rechtswissenschaft *Th. Mayer-Maly*, Festschrift Hermann Balte. 1978, S. 337 ff. in Anschluß an die Unterscheidung *H. Kelsens* (dazu oben Rz 127 f.); *W. Krawietz* JuS 1970, S. 425 ff., 426 f.

4 So u.a. in seinem Werk „Grundsätze des Natur- und Völkerrechts". 1754 (übersetzt von S. Nicolai); dazu *K. Schmidt-Klingmann* ARSP 71, S. 378 ff., 380 ff.

5 Dazu *Chr. Wolff*, Natur- und Völkerrecht (Fn. 4), § 190 und dort die §§ 300 ff., 304.

sphäre an den Staat zu gefährlich – sei es aus „konservativen" oder aus „fortschrittlichen" Motiven. Sie suchten daher überwiegend Gegebenheiten, die den (staatlichen) Gesetzgeber bändigen sollten.

So versuchte zum **Beispiel** *P.J.A. Feuerbach*[6], den staatlichen Gesetzgeber an die allgemeinen ethischen Prinzipien zu binden. *F.C. von Savigny* verwies hierzu auf die „Rechtsverhältnisse" – also auf das *vorhandene* (gelebte) Recht, das sich in den „im Volksgeist" lebenden „Rechtsinstituten"[7] verkörpert hatte, wie zum **Beispiel** in Eigentum, Ehe oder Kauf. Er bezeichnete diese Institute als das „politische Element" des Rechts[8]; heute würde man von „Grundentscheidungen" sprechen, wie sie durch die Verfassung vorgegeben sind. Die einzelnen Rechtssätze, das sog. Detail oder das „technische Element", waren dann von der Rechtswissenschaft oder – zur Entscheidung von Streitfragen bzw. zur Klärung zweifelhafter Gewohnheiten – vom Staat zu formulieren[9]. Staat (d.h. Gesetzgeber) und Rechtswissenschaft konnten bei dieser Formulierung des Rechts aber nur die in der Volksüberzeugung vorgegebenen Institute konkretisieren.

Die Gesetzgebungsbefugnis des Staates war danach mehr formeller Natur, da die **150** Rechtsinstitute, die in der gemeinsamen Volksüberzeugung verwurzelt waren, nicht nur der Willkür des einzelnen, sondern auch der Willkür des Staates entzogen waren[10]. **Quelle des Rechts** waren bei *Savigny* also nicht die staatlich gesetzten, (nur) juristischen Normen, sondern die **internalisierten Normen** im Sinne der heutigen sozialwissenschaftlichen Begriffsbildung. Und diese Normen sollten dann durch Systematisierung zu einer widerspruchsfreien Einheit zusammengefaßt werden – nämlich zu einem Rechtssystem. Dieses System war die konkrete Gestalt des Rechts, d.h. der gesetzmäßig gedachten, gerechten Regelung. Aus ihm konnten durch logische Operationen (nämlich durch differenzierende Deduktionen) Entscheidungen auch für die Fälle abgeleitet werden, die bisher noch nicht diskutiert worden waren: Indem man im Streitfall die vorhandenen Rechtsregeln durch diejenigen von den Streitenden verteidigten Normen ergänzte, die sich am besten in den vorhandenen, anerkannten Normenvorrat einfügen ließen. Das **Rechtssystem** war dadurch eine gegenüber den vorhandenen Normen in gewisser Hinsicht selbständige Erscheinung (dazu Rz 305 ff.): Es **hatte als Einheit eines empirisch uneinheitlichen Materials auch eine kritische Funktion.**

Aus dieser Rechtsauffassung ergaben sich dann die heute noch tradierten Ausle- **151** gungsregeln, nach denen der Ausleger einer Rechtsnorm zunächst den logischen, grammatischen und historischen Inhalt der Rechtssätze festzustellen und dann die so

---

6 Dazu u.a. *Paul Johann Anselm Feuerbach*, Anti-Hobbes. 1797 (Nachdruck 1967), S. 96 ff. – auch wenn er sich gerade dagegen wendet, das Recht aus der Moral oder Sittlichkeit abzuleiten; vgl. auch seine „Kritik des natürlichen Rechts". 1796 (Neudruck 1964), S. 115 f., 228 f., 238 und dazu *W. Gallas*, P.J.A. Feuerbachs „Kritik des natürlichen Rechts". 1964.

7 *F.C. von Savigny*, Beruf, S. 11 ff.

8 *F.C. von Savigny*, Beruf., S. 12, 46 f., 58.

9 *F.C. von Savigny*, Beruf., S. 131 f.

10 In seiner Rezension der Schrift von *Gönner* „Über Gesetzgebung …" 1815 (in *F.C. von Savigny*, Vermischte Schriften. Bd. 5, Berlin 1850, S. 125 ff., 128) wies *Savigny* ausdrücklich darauf hin, daß es ihm ein Hauptanliegen sei, darzulegen, daß der Staat (der Gesetzgeber) über das Recht nicht willkürlich verfügen könne. In früheren und späteren Schriften hat er allerdings auch andere Auffassungen vertreten; dazu u.a. *Pawlowski*, Moral. S. 109 ff., 115 ff.

ermittelten Rechtssätze in einem System zu vereinigen hatte. Dieses **System**, dessen Ausbildung die vornehmste Aufgabe der Rechtswissenschaft war, die dabei als „Organ des Volksgeistes" handelte, wie es *Savigny* in Übernahme von Arbeiten seines Schülers *G.F. Puchta* beschrieb – sollte die leitenden Grundsätze des Rechts herausstellen, aus denen sich die einzelnen Rechtssätze ergaben: Es **bildete als formelle Einheit seinerseits die Bedingung der Erkenntnis der einzelnen Rechtssätze**. Aus ihm konnten durch Deduktion auch neue Rechtssätze abgeleitet werden (vgl. Rz 158). *Savigny* zog zur Veranschaulichung einen Vergleich zur Mathematik, in der sich ebenfalls aus der Angabe zweier Seiten und des von ihnen eingeschlossenen Winkels die übrigen Bestandteile des Dreiecks bestimmen lassen. Von besonderer Bedeutung für das „Auslegen" von Rechtssätzen ist dabei, daß Gegenstand der Auslegung nicht – wie vielfach heute – primär ein von einem individuellen Gesetzgeber „gesetzter" Rechtssatz war[11]. Es ging nach dieser Methode vielmehr von vornherein um die Ermittlung des Inhalts der im „Rechtssystem"[12] vereinigten Rechtssätze, von dem her dann die einzelnen Rechtssätze zu verstehen sind, da dieses Rechtssystem die „Bedingungen ihrer Erkenntnis" bildete. Diese Methode wurde später mit dem Namen „Begriffsjurisprudenz" gekennzeichnet.

152   Begriffsjurisprudenz also nicht deshalb, weil sie dazu anwies, durch Deduktion aus einzelnen Worten („Begriffen") des Gesetzes oder aus deren Verallgemeinerungen neue rechtliche Entscheidungen abzuleiten – wie man es später verstand (Rz 157). Konstitutiv für die Begriffsjurisprudenz waren nicht die vom Gesetzgeber verwandten Worte (nicht die „Gesetzbegriffe") oder die aus ihnen abstrahierten abstrakten Begriffe, sondern die von der Rechtswissenschaft bei der Erarbeitung des Rechtssystems entwickelten rechtsdogmatischen Begriffe, deren „Quelle" die in der Volksüberzeugung verankerten Rechtsinstitute waren. Aus diesen „Begriffen" konnten dann „neue" Entscheidungen und Entscheidungsnormen „deduziert" (abgeleitet) werden – nicht weil sich das „Recht" aus Begriffen ableiten läßt, sondern weil nur eine begriffliche Systematik die „Gleichbehandlung des Gleichen" gewährleisten kann[13]. Nach Erlaß des BGB konnte man allerdings die vom Gesetzgeber verwandten oder aus den Gesetzen abstrahierten Begriffe oft mit den „rechtsdogmatischen Begriffen" gleichsetzen: Weil sich der Gesetzgeber des BGB weitgehend an dem von der damaligen Wissenschaft erarbeiteten Rechtssystem orientiert hatte. Von daher erhielt auch die für spätere Beschreibungen der Begriffsjurisprudenz typische Verwechslung von Gesetzes- und Systembegriffen ihre Plausibilität.

153   Uns soll hier nicht kümmern, was zu diesem methodischen Modell aus „politischen" und sonstigen Aspekten zu sagen ist. Die Ablehnung der (inhaltlichen) staatlichen Gesetzgebung durch *C.F. von Savigny* entsprang einmal wohl der Furcht vor sozialen Veränderungen durch den Gesetzgeber; sie hing aber auch mit dem Bestreben nach Wahrung der nationalen und sogar der europäischen Rechtseinheit zusammen, die unter den damaligen Verhältnissen nur von einer einheitlichen Wissenschaft und nicht von der einzelstaatlichen Gesetzgebung erhalten werden konnte. Beiseite gelegt werden sollten auch die Bedenken, die sich aus der zeitgebundenen Sprache ergeben,

---

11 Die Bestimmung des „historischen Inhalts" eines Rechtssatzes ist nur eine Stufe im Prozeß der Auslegung.

12 Das orientiert an den in der Volksüberzeugung verankerten „Rechtsinstituten" aus den vorhandenen „Rechtsverhältnissen" zu erarbeiten ist.

13 Vgl. hierzu heute u.a. *E. von Savigny*, Juristische Dogmatik und Wissenschaftstheorie. 1976, S. 8 und i.ü. *Pawlowski*, Methodenlehre, Rz 53 ff. oder *ders.*, Allg. Teil, Rz 30 ff.

wie aus dem Begriff des „Volksgeistes" und dem Hinweis auf „die still und verborgen wirkenden Kräfte der Geschichte".

In unserer heutigen Sprache ausgedrückt entsprechen diesem Ansatz zum **Beispiel** die Ausführungen des damaligen Bundeskanzlers *Helmut Schmidt* vor der katholischen Akademie in Hamburg (1977)[14], in denen dieser hervorhob, daß sich das staatliche Recht in unserer Gesellschaft an dem in dieser Gesellschaft vorhandenen „Ethos" orientieren müsse, weil es sonst seine (demokratische) Legitimation verliere. Verantwortlich für dieses „Ethos" sei dabei nicht der Staat, sondern die einzelnen und die gesellschaftlichen Gruppen.

Festzuhalten ist nur der für die Methodenlehre bedeutsame Gesichtspunkt, **daß Sa-**   **153a**
vigny nicht von einem Normensystem ausging, das irgendein Gesetzgeber direkt ändern oder manipulieren kann. Recht – also das Reservoir der vorhandenen Entscheidungsregeln – war nach seiner Auffassung vielmehr etwas, was mehr oder weniger deutlich **in den Aktivitäten des Volkes** (in der „Gesellschaft") **vorhanden** ist oder genauer: **Was als konsistente Einheit** dieses Vorhandenen **in einem System darzustellen und ständig neu zu erarbeiten ist.** Er hob dabei hervor, daß auch die Gesetze – also die vom Staat formulierten bzw. „erlassenen" Normen – erst und nur dann Recht werden, wenn die Rechtsgenossen sie rezipieren: Wenn sie diese Gesetze als Ausdruck ihrer Rechtsüberzeugung verstehen und nach ihnen leben.

Diese Orientierung an den sozial rezipierten Normen war nun nicht nur eine dogma-   **154**
tische Konstruktion – nicht nur „juristische Ideologie", wie man vielleicht heute sagen würde. Sie entsprach vielmehr der damaligen rechtlichen Wirklichkeit. Denn das corpus juris civilis „galt" in den Gebieten des gemeinen Rechts als Gewohnheitsrecht – d.h., nur insoweit, als es „rezipiert" war. Und wenn die Frage, welche Teile des corpus tatsächlich rezipiert waren, auch meist mit Hilfe technischer Regeln beantwortet wurde[15], so war doch klar, daß sich die Geltung dieses „Gesetzbuches" nicht aus einem Akt des staatlichen Gesetzgebers ergab, sondern aus seiner „Rezeption".

Dies stellte sich auch in den anderen Rechtsgebieten nicht grundsätzlich anders dar, in denen z.T. staatliche Gesetze vorhanden waren – wie zum **Beispiel** in Bayern oder Preußen –, da diese Gesetze vielfach Raum für die Berücksichtigung örtlicher Statuten und Gewohnheiten ließen.

Für die späteren Überlegungen sei schon angemerkt, daß bei diesem Ansatz die so-   **155**
zialen (empirisch wirksamen) Normen und die juristischen (in Gesetzen und Urteilen formulierten) Normen noch eine Einheit bilden. Gegenstand der Rechtswissenschaft waren nicht – wie z.T. im heutigen Schulbetrieb – nur die juristischen, sondern die tatsächlich wirksamen (also rezipierten) Normen. Angesichts der späteren Entwicklung, die dazu geführt hat, daß man unter dem Einfluß des Gesetzespositivismus nur noch die „juristischen Normen" zum Gegenstand der Rechtswissenschaft zählt, ist dann verständlich[16], daß man heute eine Ergänzung der – formalen! – Rechtswissenschaft durch sozialwissenschaftliche Erkenntnisse fordert, die sich dann auf die rezipierten Normen beziehen.

---

14 Abgedruckt in: J. Gorschenek (Hrsg.), Grundwerte in Staat und Gesellschaft. 1977, S. 13 ff., 20 ff.

15 Vgl. z.B. die Darstellung bei *H. Dernburg*, Pandekten. Bd. I, 5. Aufl. 1896, § 4, S. 7 ff.

16 Wenn sich auch zeigen wird, daß die Rechtswissenschaft eigene Hilfsmittel entwickelt hat, mit deren Hilfe sie die Rechtswirklichkeit in ihre Untersuchungen einbeziehen kann; dazu schon unten Rz 225 ff. und i.ü. *Pawlowski*, Methodenlehre, Rz 78, 93, 146 ff. m.Nachw.

3. Von der Begriffs- zur Interessenjurisprudenz

156   Die von *Savigny* entwickelten Vorstellungen – die besonders durch die Arbeiten seines Schülers *Georg Friedrich Puchta* (1798-1846)[17] die Methode der Begriffsjurisprudenz bestimmten – prägten zunächst die Methodenlehre des vergangenen Jahrhunderts: Recht war das System der vorhandenen, tatsächlich wirksamen Rechtsregeln. Dabei bahnte sich aber bald ein Wandel an, der zunächst unbemerkt blieb, bis er schließlich bei *Rudolf von Ihering* (1818-1892)[18] seinen temperamentvollen Ausdruck fand: Verstand *Savigny* unter Recht – also unter dem Ensemble von Regeln, die im Rechtssystem darzustellen waren – den Zusammenhang der Regeln und normativen Vorstellungen, der das Zusammenleben der in einer Rechtsgemeinschaft lebenden Menschen *tatsächlich* bestimmte, so traten in der Folgezeit bis heute anstelle dieses vorgegebenen Rechts nach und nach die von einem Gesetzgeber erlassenen Rechtssätze, also die „juristischen Normen", deren Geltung (Verbindlichkeit) sich aus einem Akt des Gesetzgebers ableitet: Aus der „Tatsache", daß der Gesetzgeber sie erlassen (verkündet) hat. Man ging zwar immer noch davon aus, daß diese Normen in einem „System" zusammengefaßt werden müßten und daß dieses System Quelle neuer Rechtsregeln sein könne; man stellte also immer noch darauf ab, daß man Fälle, die der Gesetzgeber nicht bedacht und geregelt hatte, durch Deduktion aus dem System „lösen" könne und müsse. Dieses System hatte aber gegenüber den Normen, aus denen es gebildet wurde, keine selbständige Bedeutung mehr; es wurde aus rechtstechnischen Oberbegriffen hergestellt, die durch Abstraktionsakte aus den vorhandenen, gesetzlichen Rechtsnormen gewonnen wurden. *Ihering*, der zunächst diese Methode glänzend darstellte und entwickelte, griff sie später scharf – und ebenso glänzend – als „Begriffsjurisprudenz" an[19].

a) Kritik der Inversionsmethode

157   Seine Nachfolger, von denen besonders *Philipp Heck* (1858-1943)[20] hervorzuheben ist, nannten die begriffliche „Inversionsmethode", die bei diesem Systemverständnis die ergänzende Rechtsanwendung bestimmte, eine „Sünde wider den heiligen Geist". Die Argumentation, die allgemein akzeptiert wurde, war kurz folgende: Wenn die Sy-

---

17 Vgl. dazu die Darstellung von *P. Landau* in: Rättshistoriska Studier, Bd. 19 (1993), S. 71 ff. und schon *St. Smid* in: Pawlowski/Smid/Specht (Hrsg.), Die praktische Philosophie Schellings und die gegenwärtige Rechtsphilosophie. 1989, S. 287 ff. sowie i.ü. *Fr. Wieacker*, Privatrechtsgeschichte, § 21, S. 399 f.

18 Dazu *Fr. Wieacker*, Privatrechtsgeschichte, § 23, S. 450 ff. und die ausführliche Darstellung bei *W. Fikentscher*, Methoden III, S. 101 ff.

19 Zur methodischen Position *R. von Iherings: Pawlowski*, Moral, 109 ff., 119 ff. und vor allem die ausführliche Darstellung bei *W. Fikentscher*, Methoden III, S. 187 ff., der m.E. zu Recht die „Einheit der Iheringschen Ideen" (aaO. S. 202 ff.) betont. *Ihering* zog mit seinem bekannten „Bruch" mit der von ihm früher vertretenen Methode nur die Konsequenz aus seiner „Rechtsquellenlehre", bei der er von Anfang an eine andere Auffassung vertrat als *Savigny* (vgl. dazu *Pawlowski*, Rechtswissenschaft, § 8, S. 177 f. und noch gleich im Text). Aber gerade diese „Einheit" des *Iheringschen* Denkens spricht dafür, daß *Ihering Savigny* im entscheidenden Punkt verkannt hat (und verkennen mußte); anders *W. Fikentscher* aaO., S. 190 f.

20 Dazu *Fr. Wieacker*, Privatrechtsgeschichte, § 29, S. 574 ff.

stembegriffe durch Abstraktionsakte aus den vorhandenen Gesetzen (Normen) gebildet werden, die der Gesetzgeber erlassen hat, dann kann man aus ihnen keine weiteren (neuen) Entscheidungen ableiten. Denn man kann aus abstrakten Begriffen nicht mehr herausholen, als man vorher in sie hineingesteckt hat. **Wenn man** also **aus abstrakten Systembegriffen „deduziert", so gibt man nur Scheinbegründungen.** Denn rechtliche Entscheidungen können nicht rein logisch gefunden werden, da die logische Richtigkeit einer Deduktion aus einem Begriff nichts über die rechtliche Richtigkeit einer Entscheidung aussagt. Es kommt vielmehr darauf an, daß man sich bei der Anwendung von Normen – und insbesondere bei einer „entsprechenden" (analogen) Anwendung – an den „Zwecken" orientiert, die den Gesetzgeber bei dem Erlaß der vorhandenen Gesetze geleitet haben[21].

Verfahren der Analogie (Begriffsjurisprudenz)

Die *Inversionsmethode* der Begriffsjurisprudenz mag folgendes **Beispiel** verdeutlichen: **158**

A ist Inhaber einer Konditorei, in der er unter der Bezeichnung „Mannheimer Knöpple" erfolgreich Süßigkeiten vertreibt, die er selbst herstellt. Unter der gleichen Bezeichnung vertreibt B in seinem Spielwarengeschäft von ihm hergestellte Spielwaren – wofür er durch Eintragung beim Patentamt eine Marke erworben hat. B verlangt nun, daß A die Bezeichnung „Mannheimer Knöpple" nicht mehr verwendet, droht ihm Klage an und weist auch in seiner Werbung darauf hin, daß A ihm diese Bezeichnung „gestohlen" habe. Daraufhin verlangt A, daß B diese Verwarnungen und Abmahnungen unterlasse und verklagt ihn auf Unterlassung.

Der Richter, der über die Klage des A entscheiden muß, findet nun eine Reihe von **158a** Rechtssätzen, nach denen der Eigentümer (§ 1004 BGB), der Patentinhaber (§ 139 PatG), der Inhaber einer Marke (§§ 7, 14 MarkenG)[22] usf. bei Störungen ihres Rechts auf Unterlassung klagen können. Er faßt nun die Begriffe „Eigentum", „Patent"(-recht), „Marke"(-nrecht)" usf. abstrahierend unter dem den Begriff „absolutes Recht" zusammen und kommt so zu dem „allgemeinen Rechtssatz": Der Inhaber eines absoluten Rechts kann bei drohenden Störungen seines Rechts gegen den Störer auf Unterlassung klagen. Der Richter stellt dann noch fest, daß auch das Recht am Gewerbebetrieb ein „absolutes Recht" ist (weil es unter die „sonstigen Rechte" des § 823 I BGB fällt)[23] – und kann jetzt nach der abstrahierenden Ersetzung von „Eigentum", „Patent"(-recht) und „Marke"(-nrecht) etc. durch den Begriff des „absoluten Rechts" aus den vorhandenen Rechtssätzen „deduzieren", daß auch dem Inhaber eines Gewerbebetriebes bei „Störungen" ein Unterlassungsanspruch zusteht.

Es geht also bei dem Analogiemodell der Begriffsjurisprudenz um *folgendes Schlußverfahren:* Der Eigentümer hat bei Störungen einen Unterlassungsanspruch; der Patentinhaber hat bei Störungen einen Unterlassungsanspruch ...; Eigentümer, Patentinhaber etc. sind Inhaber absoluter Rechte, daher kann man annehmen, daß Inhabern „absoluter Rechte" ein Unterlassungsanspruch zusteht. Das Recht am Gewerbebe-

---

21 Dazu u.a. *Ph. Heck*, Begriffsbildung, S. 93 ff.
22 Vgl. die §§ 12, 1053, 1134, 1192 I BGB, 37 II 1 HGB, 1 UWG, 14a GschmMG, 15 Gebr MG, 97 UrhG.
23 Dazu *Pawlowski*, Allg. Teil, Rz 297 ff.

trieb ist ein absolutes Recht. Also steht auch dem Inhaber eines Gewerbebetriebes bei Störungen ein Unterlassungsanspruch zu. Dasselbe wiederholt sich dann bei der Bestimmung der „Störung".

159   Dabei fällt ins Auge, daß der „induktive" Schluß von den Regelungen der einzelnen absoluten Rechte auf die Regelung aller denkbaren absoluten Rechte den ungeschriebenen Satz voraussetzt, „alle absoluten Rechte sollen gleichbehandelt werden" bzw. (nach *Ph. Heck*) „der Gesetzgeber *will* alle absoluten Rechte gleichbehandeln" – was noch nicht begründet ist. Nach *Heck* müßte man also noch zusätzlich fragen, ob der Gesetzgeber die Inhaber von Gewerbebetrieben ebenso schützen *wollte* wie die Eigentümer, Patentinhaber usf. – oder ob der Schutz des Gewerbebetriebes dem gleichen Zweck dient wie der Schutz des Eigentums, des Patents usf. (dazu gleich Rz 166). Es geht also um eine „Verbesserung" des älteren Modells der Begriffsjurisprudenz. Und das macht verständlich, daß und weshalb man sich auch noch heute nicht selten mit dem älteren Modell begnügen kann: zum **Beispiel** bei einfachen Fragestellungen, bei Zeitnot usf. Für eine *vertiefte* Darstellung reicht *rein begriffliche* Argumentation jedoch nicht mehr aus.

b) Die teleologische Auslegung

160   Geht man nun mit *Ph. Heck* davon aus, daß „das Recht" in der Summe der vorhandenen gesetzlichen Normen besteht[24], dann ist die Kritik an der Inversionsmethode der Begriffsjurisprudenz vollkommen konsequent. Es kann dabei dahinstehen, ob diese Normen nur durch den Gesetzgeber erlassen werden können – also vom Parlament bzw. (aufgrund von Delegationen) von der Verwaltung oder auch von anderen Instanzen wie zum **Beispiel** von den Gerichten: Denn wenn Recht zunächst durch Normen bestimmt wird, die einzelne Menschen formuliert (gesetzt) haben, dann ist klar, daß man den Sinn dieser Gesetze irgendwie nach den Zwecken und Zielen ihrer Urheber (des Gesetzgebers) bestimmen muß, da man das Produkt einer gezielten menschlichen Tätigkeit immer nur von den Zwecken (Intentionen) des Tätigen her verstehen kann[25]. Ein Flugzeug bekommt man nur in den Blick als ein Ding zum Fliegen; sonst ist es ein wirrer Haufen Metall und Kunststoff. Man spricht daher **heute** zu Recht von „**teleologischer Jurisprudenz**", „teleologischer Auslegung" usf.

Die Ziele und Zwecke des Gesetzgebers als des Urhebers der Normen **sind** dabei übrigens **das Bindeglied, das die juristischen Normen mit den sozial wirksamen** (rezipierten) **Normen verbindet**. Sie gewährleisten bei dem positivistischen Modell die *Wirklichkeit* des Rechts, die bei *Savigny* durch die Identifizierung des Rechts mit den rezipierten (sozial wirksamen) Normen gewährleistet wurde (Rz 153 f.). Von daher scheint es also nur konsequent zu sein, wenn man heute fordert, die (nur normative) rechtswissenschaftliche Methode mit Hilfe eines Rückgriffs auf empirische und prognostische Methoden der Sozialwissenschaft zu

---

24 Dazu zusammenfassend *M. Kriele*, Theorie, S. 99.
25 In diesem Zusammenhang sei an das programmatische Werk *R. von Iherings* „Der Zweck im Recht". (1877-1884) erinnert, in dem dieser darauf verweist, daß der „Zweck" die Quelle allen Rechtes sei: „Alles, was auf den Boden des Rechts sich findet, ist durch den Zweck ins Leben gerufen und nur um eines Zweckes willen da, das Recht ist nichts als eine einzige Zweckschöpfung" (Bd. I, 3. Aufl., 1893, S. 442).

ergänzen[26] – was dann aber zu einem zweispurigen Entscheidungsmodell führt (dazu Rz 120 ff., 142 f.).

Dieser Rückgriff auf die „Zwecke" des Gesetzgebers gab nun die Mittel an die Hand, **161** die Mängel des früher (Rz 104 ff.) dargestellten (gesetzes-)positivistischen Entscheidungsmodells zu vermeiden, und dieses so zu erweitern, daß sich Gesetzesanwendung und Ausfüllung von Gesetzeslücken nicht als zwei grundsätzlich verschiedene Tätigkeiten darstellen. Denn der Richter muß sich nach dieser Auffassung sowohl bei der direkten Anwendung des Gesetzes als auch bei der Ausfüllung von Gesetzeslücken an den Zwecken des Gesetzgebers orientieren: Bei der direkten Gesetzesanwendung deshalb, weil ihm diese Zwecke darüber Auskunft geben, ob das Gesetz „restriktiv" oder „extensiv" anzuwenden (auszulegen) ist; bei der Ausfüllung von Gesetzeslücken deshalb, weil sich aus den vom Gesetzgeber verfolgten Zwecken auch entnehmen läßt, was in den Fällen zu tun ist, die der Gesetzgeber nicht vorher gesehen hat (Problem der Anschauungslücke). Lückenausfüllung und direkte Gesetzesanwendung können und müssen sich daher gleichermaßen in „denkendem Gehorsam" gegenüber den Anweisungen des Gesetzgebers vollziehen – wie es *Heck* treffend ausdrückte. Der Richter hat danach bei der Ausfüllung von Gesetzeslücken „wie der Gesetzgeber" zu entscheiden, weil er auch bei der Gesetzesanwendung „wie der Gesetzgeber" zu entscheiden hat: Nämlich „im Sinne des Gesetzgebers" – und zwar des *historischen* Gesetzgebers[27].

Ph. Heck bezeichnete die von ihm begründete Richtung der Rechtswissenschaft als **162** *Interessenjurisprudenz*[28], weil der Gesetzgeber mit seinen Gesetzen die Regelung von Interessenkonflikten bezwecke. Zu ihren Hauptvertretern gehörten zunächst neben *Heck*[29] noch seine Tübinger Kollegen *Heinrich Stoll*[30] und *Max Rümelin*[31] (sog. Tübinger Schule) und der Göttinger *Rudolf Müller-Erzbach*[32], der später für ein „kausales Rechtsdenken"[33] eintrat. Im ganzen sind dann schließlich die von der Interessenjurisprudenz entwickelten Arbeitsmittel allgemein übernommen worden. Man

---

26 Vgl. z.B. *H. Rüßmann* JuS 1975, S. 353 ff.

27 *Ph. Heck* war ein Vertreter der *subjektiven* (d.h. auf den historischen Gesetzgeber bezogenen) Gesetzesauslegung, vgl. u.a. AcP 112, 1 ff., 160. Heute formuliert z.B. *Fr. Bydlinski*, Methodenlehre, 3.1 III, S. 403: „Es handelt sich dabei um das Gedankenexperiment, sich selbst in die Rolle der seinerzeit gesetzgebenden Menschen zu versetzen, also „hermeneutisch" in diesem schlichten Sinne zu verfahren".

28 Vgl. dazu die Darstellung bei *G. Boehmer*, Grundlagen der bürgerlichen Rechtsordnung. II 1, 1951, S. 190 ff.; *Fr. Wieacker*, Privatrechtsgeschichte, S. 574 ff.; *K. Larenz*, Methodenlehre, I 3.3, S. 49 ff.; *W. Fikentscher*, Methoden III, S. 373 ff.

29 Von ihm u.a. Gesetzesauslegung und Interessenjurisprudenz. AcP 112 (1914), S. 1 ff.; Das Problem der Rechtsgewinnung. 1912 (2. Aufl. 1932); Begriffsbildung und Interessenjurisprudenz. 1932.

30 Von ihm u.a. Begriff und Konstruktion in der Interessenjurisprudenz. Festgabe für Heck u.a. 1931, S. 60 ff.; Juristische Methode, praktische Grundforderungen der Interessenjurisprudenz und ihre Bedeutung in unserer Zeit. 1934.

31 Von ihm u.a. seine „Tübinger Kanzlerreden": Die Gerechtigkeit. 1920; Die Billigkeit im Recht. 1921; Rechtsgefühl und Rechtswissen. 1925.

32 Von ihm u.a.: Gefühl oder Vernunft als Rechtsquelle? 1913; Reichsgericht und Interessenjurisprudenz. RG-Festschr. II (1929), S. 161 ff.

33 Dazu *R. Müller-Erzbach*, Wohin führt die Interessenjurisprudenz?. 1932 und *ders.*, Das private Recht der Mitgliedschaft als Prüfstein eines kausalen Rechtsdenkens. 1947.

geht seitdem allgemein davon aus, daß man Gesetze *„teleologisch" auslegen* (verstehen) müsse – also vom Zweck ihres Urhebers her, des Gesetzgebers.

163   Diese **Zwecke des Gesetzgebers**, auf die man daher seit der Entwicklung der Interessenjurisprudenz immer wieder zurückgreift, sind dabei allerdings sehr allgemein zu bestimmen – was man beachten muß, um nicht einem vordergründigen Mißverständnis zum Opfer zu fallen. So gehören zu den Zwecken des Gesetzgebers nicht die persönlichen Zwecke, die die Mitglieder des Gesetzgebungsorgans verfolgen. Denn diese werden bei so großen Gremien wie den staatlichen Parlamenten sehr unterschiedlich und auch sehr gegenläufig sein. Zum Zweck des Gesetzgebers, den der Ausleger berücksichtigen muß, gehören aber auch nicht etwa alle die Zwecke, die die Parlamentsmehrheit mit dem Erlaß eines bestimmten Gesetzes verfolgt.

Geschieht dies zum **Beispiel** kurz vor einer Wahl, so mag die Mehrheit mit dem Erlaß des Gesetzes auch den Zweck verfolgen, den Wahlausgang zu ihren Gunsten zu beeinflussen – weshalb man auch von „Wahlgeschenken" spricht. Dieser Zweck des Gesetzes kann dessen Auslegung jedoch offensichtlich nicht bestimmen.

163a   **Zwecke des Gesetzgebers** in dem hier angesprochenen Sinne sind also **nur solche**, die mit der besonderen Aufgabe der *Gesetzgebung* in Verbindung stehen, bzw. **die sich aus der Funktion der Gesetze ergeben**, nämlich aus deren Funktion, **Interessen zu ordnen und die Entscheidung von Interessenkonflikten zu regeln**. Nach diesem Ansatz ist das Gesetz als ein Mittel zur *Ordnung von Interessenkonflikten* zunächst einmal vom Gesetzgeber her zu verstehen und auszulegen – nämlich als ein von Gesetzgeber geschaffenes Instrument zur Regelung der Interessenkonflikte und Interessengegensätze, die dieser beim Erlaß des Gesetzes vor Augen hatte. Ein neues Gesetz ist also nach seinem Wortlaut auszulegen, dessen genauere Bedeutung dann mit Hilfe der gesetzgeberischen Motive festzustellen ist – anhand der Berichte über die Parlamentsdebatten, anhand der amtlichen Begründungen etc. **Den Wortlaut und dessen mit Hilfe der Materialien bestimmte Bedeutung hat der Ausleger dann solange zu beachten**, als diese nicht klaren Rechtserkenntnissen widersprechen – also solange, als **dies nicht der Gleichbehandlung des Gleichen entgegensteht**[34].

c) Das 2. Subsumtionsmodell: Interessenjurisprudenz

164   Als erstrebter, problemloser Zustand der Rechtsanwendung und insofern als *Normalzustand* stellt sich bei diesem Modell die Lage dar, in der der Sachverhalt, über den der Richter zu entscheiden hat, durch die Interessenkonflikte veranlaßt ist, die der Gesetzgeber gesehen und geregelt hat. Dann kann der Richter direkt nach dem Gesetz entscheiden und sich in der Begründung auf die vom Gesetzgeber bestimmte Regelung des Interessenkonfliktes beziehen.

164a   Auch bei diesem Modell stellen sich wiederum zwei Arten rechtlicher Probleme – jetzt allerdings gegenüber dem Entscheidungsmodell der Begriffsjurisprudenz (Rz 104 ff.) in einer inhaltlich bestimmteren Form:

---

34 Dazu ausf. *Pawlowski*, Methodenlehre, Rz 523, 528, 622 ff.

1. Das Gesetz enthält keine Norm, die den Sachverhalt regelt, weil der Gesetzgeber bei der Formulierung des Gesetzes an Interessenkonflikte dieser Art (noch) nicht gedacht hat[35] – man spricht hier von **Anschauungslücken.**

2. Das Gesetz enthält zwar Normen, die den Sachverhalt regeln, weil der Gesetzgeber Interessenkonflikte dieser Art regeln wollte; der Richter hält die vorhandenen Normen aber nicht für angemessen (richtig) – man spricht hier von **Regelungslücken** (Rz 211 ff.). Letzteres ist vor allem dann von Bedeutung, wenn sich seit dem Erlaß des Gesetzes die Anschauungen über das, was als angemessene Ordnung der Interessengegensätze angesehen wird, geändert haben und das zum **Beispiel** in einem Gesetz über ähnliche Interessenlagen seinen gesetzlichen Ausdruck gefunden hat. *J. Esser*[36] spricht hier plastisch von dem *Problem des* **Wertewandels.** Denn für die Richter erhebt sich jetzt offenbar die Frage, was es heißt, „im Sinne des Gesetzgebers" zu entscheiden: Kommt es auf den früheren Gesetzgeber an oder auf den späteren?

d) Das Verfahren der Analogie und der Restriktion: Interessenjurisprudenz

Für die Probleme, die durch die *Anschauungslücken* des Gesetzgebers verursacht werden, gibt es nach diesem Modell vergleichsweise einfache und plausible Lösungen: Der Richter bekommt durch den Rekurs auf die „Zwecke" des Gesetzgebers (teleologische Auslegung), die sich in den vorhandenen gesetzlichen Normen niedergeschlagen haben, genügend Kriterien an die Hand, die es ihm ermöglichen, in den nicht geregelten Fällen „wie ein Gesetzgeber" (und d.h. hier: im Sinne des Gesetzgebers) zu entscheiden. Er muß dazu **165**

1. prüfen, wie der Gesetzgeber *ähnliche* (vergleichbare) Interessenkonflikte geregelt hat,

und dann

2. die dazu getroffene Regelung auf den ihm vorliegenden Konflikt übertragen[37].

Damit läßt sich jetzt das neue *Verfahren der analogen oder entsprechenden Anwendung von Gesetzen* beschreiben: Es setzt zunächst eine genaue Analyse der Ähnlichkeit der „Fälle" voraus. In dem eben behandelten Fall der analogen Anwendung der §§ 1004, 12, 1053 etc. BGB usf. auf das „Recht am Gewerbebetrieb" (Rz 158 f.) darf man sich danach zur Rechtfertigung der Analogie nicht mehr mit dem begriffsjuristischen Nachweis begnügen, daß das Recht am Gewerbebetrieb ebenso ein „absolutes Recht" ist wie das Eigentums-, Patent- oder Urheberrecht. Man muß nach dem Ansatz der Interessenjurisprudenz vielmehr *darüber hinaus* noch darlegen, daß unsere Gesetze die Befugnis des Inhabers eines Gewerbebetriebs, dessen Verwendung nach seinen Interessen zu bestimmen, ebenso *und* aus den gleichen Gründen anerkennen[38] wie die Befugnis des Eigentümers oder eines Patentinhabers, in seinem Interesse über die Verwertung seines Eigentums oder seines Patentes zu bestimmen. **166**

---

35 Sei es, daß er diesen Konflikt übersehen hat oder sei es, daß Konflikte dieser Art zur Zeit der Gesetzgebung noch nicht auftreten konnten – Problem der technischen Entwicklung –, man denke an Abhörgeräte oder Tonträger etc.

36 Vgl. die Vorträge von *J. Esser* und *E. Stein* über „Werte und Wertewandel in der Gesetzesanwendung". 1966.

37 Dazu u.a. *Ph. Heck*, Gesetzesauslegung und Interessenjurisprudenz. AcP 112 (1914), S. 1 ff., 195 ff. und die Darstellung bei *K. Larenz*, Methodenlehre, I 3.3, S. 49 ff.

38 Dazu *Pawlowski*, Allg. Teil, Rz 297 ff.

Diese Beweisführung kann man zum **Beispiel** darauf stützen, daß alle diese Rechte der Sicherung der Erwerbsgrundlagen dienen und daß sich die zu entscheidende Problematik von daher als *gleich* (vergleichbar) erweist. Dann wäre darzulegen, daß die geschilderte Verwarnung den Inhaber des Gewerbebetriebes in gleicher Weise stört, wie die Warnung an den Eigentümer, einen bestimmten Gebrauch seines Eigentums zu unterlassen (zum Beispiel an der Grundstücksgrenze keinen Zaun zu errichten)[39].

166a Danach ermöglicht dann die genauere Analyse der in dem Fall des Gewerbebetriebes bedeutsamen Interessen und der Rekurs auf die vom Gesetzgeber in den ähnlichen Fällen – des Eigentums, Patentrechts etc. – getroffenen Entscheidungen, daß der Richter auch in dem *neuen* Fall des Gewerbebetriebs „wie der Gesetzgeber" entscheiden kann – nämlich „im Sinne des Gesetzgebers" –, indem er die zum Schutz der anderen Rechten getroffene Entscheidung für die Unterlassungsklage auf das Recht am Gewerbebetrieb überträgt.

167 Dies leuchtet vor allem ein, wenn man berücksichtigt, daß nach *Heck's* Auffassung auch die Entscheidung des Gesetzgebers nicht *zufällig* so getroffen wurde. Der Gesetzgeber hat vielmehr auch für *Heck* nur eine fast formale Bedeutung; er ist die zusammenfassende Bezeichnung für die „kausalen Interessen"[40], als deren „Transformator" er wirkt. Das **Gesetz ist,** wie *Heck* es formulierte, **die „Resultante, die im Parallelogramm der Kräfte der gegeneinander um Anerkennung ringenden Interessen" entsteht.** Das Gesetz ist also durch die je vorhandenen Interessen kausal determiniert, so daß gewissermaßen aus einer Analyse der heute vorhandenen Kausalfaktoren immer neue „Resultanten" ermittelt werden können[41].

Verfahren der Restriktion oder einschränkende Auslegung

168 *Anschauungslücken* des Gesetzgebers können dem Richter aber auch *Anlaß* geben, den *Geltungsbereich eines Gesetzes einzuschränken.* Auch für dieses Verfahren gibt der Rückgriff auf den „Zweck" des Gesetzes (bzw. des Gesetzgebers) dem Richter genügend Kriterien an die Hand. Ein gutes **Beispiel** für eine derartige Restriktion bietet eine Entscheidung des Bundesgerichtshofs[42] zu § 400 BGB.

Nach dieser Vorschrift können *unpfändbare* Forderungen (wie zum **Beispiel** Unterhaltsrenten: § 850b I Ziff. 2 ZPO) nicht durch Abtretung (§ 398 BGB) auf einen Dritten übertragen werden. Das Gericht hatte über einen Fall zu entscheiden, in dem der Unterhaltsberechtigte seine Forderung an einen Dritten abgetreten hatte, der ihm an Stelle des zum Unterhalt Verpflichteten tatsächlich Unterhalt geleistet hatte. Es entschied, daß diese Abtretung nicht nach § 400 BGB nichtig sei – obwohl die Vorschrift dem Wortlaut nach alle Abtretungen von Unterhaltsrechten erfaßt.

---

39 Dazu *Pawlowski* BB 1965, S. 849 ff.
40 AcP 112, S. 1 ff., 8, 64.
41 Dazu *Ph. Heck* AcP 112, S. 1 ff. oder *ders.*, Begriffsbildung, S. 74, sowie die Darstellung bei *K. Larenz,* Methodenlehre, I 3.3, S. 52 ff.
42 BGHZ 4, S. 163 ff; vgl. auch BGHZ 13, S. 360 ff.; 59, S. 109 ff., 115 und *Larenz/Canaris*, Methodenlehre, 5.2, S. 213 f.; zur Zulässigkeit einer Aufrechnung gegen eine unpfändbare Forderung entgegen § 394, 1 BGB BGHZ 30, S. 36 ff., 38 und schon RGZ 85, S. 108 ff., 117. Der BGH (FamRZ 1995, S. 160 ff.) hat i.ü. mit ähnlichen Argumenten festgestellt, daß ein verarmter Schenker seinen Rückforderungsanspruch aus § 528 BGB an den abtreten könne, der den Personen tatsächlich Unterhalt gewährt habe, denen er zum Unterhalt verpflichtet war.

Der Bundesgerichtshof begründete die Einschränkung des Geltungsbereichs des § 400 BGB mit dem Argument, daß der gesetzgeberische Zweck dieses Abtretungsverbots darin besteht, zu gewährleisten, daß ein Unterhaltsberechtigter auch tatsächlich Unterhalt erhält. Dieser Zweck des Gesetzes sei aber erfüllt, wenn er den Unterhalt durch Leistung des Abtretungsempfängers erhalten habe. Es diene jetzt vielmehr dem angeführten Zweck des Gesetzes, die Abtretung anzuerkennen, weil dies dazu führe, daß Dritte eher geneigt seien, mit freiwilligen Leistungen einzuspringen.

169 Die Restriktion oder *einschränkende Auslegung* ist damit gewissermaßen ein Gegenstück zu Analogie (dazu noch Rz 198 ff.). Beides sind Arbeitsmittel, mit deren Hilfe man jetzt die Lücken der gesetzlichen Regelungen (dazu Rz 108 ff.) ausfüllen kann und muß, die sich daraus ergeben, daß die Interessenjurisprudenz anders als die Begriffsjurisprudenz unter „Recht" nicht mehr den Zusammenhang der internalisierten (sozial wirksamen) Normen versteht, sondern nur die Normen der staatlichen Gesetze (Rz 160). Denn diese Arbeitsmittel ermöglichen es in der Beschreibung der Interessenjurisprudenz, die erforderlichen Entscheidungskriterien aus diesen Gesetzen abzuleiten – und nicht wie vorher die Begriffsjurisprudenz (Rz 151) aus dem „System der Rechtsbegriffe".

4. Die Freirechtslehre

170 Der Mangel an Entscheidungskriterien, der sich aus der Ablehnung der „Systeme" der Begriffsjurisprudenz und ihrer Inversionsmethode (Rz 157 ff.) ergab, hat nun nicht nur zur Interessenjurisprudenz geführt. Mit diesem Problem befaßten sich im ersten Drittel dieses Jahrhunderts vielmehr auch die Vertreter der sog. Freirechtslehre[43]. Zu dieser Richtung zählt man neben vielen anderen vor allem *H. Kantorowicz*[44], der seine Arbeiten z.T. unter dem Pseudonym *Gnaeus Flavius* veröffentlichte, *E. Fuchs*[45] (einen streitbaren Anwalt, dessen scharfe Polemik den Widerstand gegen diese Richtung noch mehr mobilisierte), *E. Ehrlich*[46] (dessen Werke vor allem die amerikanische Rechtswissenschaft beeinflußt haben) sowie auch *H. Reichel*[47] und *R. Isay*[48] (die eine gewisse Sonderstellung einnahmen). Die Freirechtslehre führt dabei Gedanken aus, die *Oskar Bülow* 1885 in seiner berühmten Rektoratsrede über „Gesetz und Richteramt" dargelegt hatte. Danach stellten sich als Urheber der Rechtssätze nicht der Staat, sondern die Richter[49] oder – in einer soziologi-

---

43 Der Name knüpft an einen Vortrag über „Freie Rechtsfindung und Freie Rechtswissenschaft" an, den *Eugen Ehrlich* im Jahre 1903 hielt; dazu die Darstellung bei *G. Boehmer*, Grundlagen III (Fn. 28), S. 158 ff. mit ausführlichen Nachweisen; *Fr. Wieacker*, Privatrechtsgeschichte, § 29 III, S. 579 ff.; *K. Larenz*, Methodenlehre, 3.4, S. 59 ff.; *W. Fikentscher*, Methoden III, S. 365 ff.
44 Von ihm u.a.: Der Kampf um die Rechtswissenschaft. 1908; Rechtswissenschaft und Soziologie. 1911; Aus der Vorgeschichte der Freirechtslehre. 1915.
45 Von ihm u.a.: Schreibjustiz und Richterkönigtum. 1907; Die Gemeinschädlichkeit der konstruktiven Jurisprudenz. 1909; Was will die Freiheitsschule? 1928.
46 Von ihm u.a. Grundlegung der Soziologie des Rechts. 1913 (3. Aufl. 1967); Die juristische Logik. 1918 (3. Aufl. 1966); dazu *Kl. Röhl*, Rechtssoziologie, § 5, S. 27 ff.
47 Gesetz und Richterspruch. 1925.
48 Rechtsnorm und Entscheidung, 1929.
49 So z.B. *R. Isay*, Rechtsnorm (Fn. 48), S. 56 ff.

schen Wendung – die Gesellschaft[50] dar. Dies bot dann die Möglichkeit, unabhängig vom Gesetz (frei) darüber zu diskutieren, was sich in diesem oder jenem Fall als „sachlich richtig" darstellt – was sich dann je nach dem Standort des jeweiligen Autors „aus dem Fall selbst", „aus sozialen Gesetzmäßigkeiten" u.a.m. ergeben sollte. Die Vertreter der „Freirechtslehre" waren dabei bemüht, die Rechtswissenschaft mit Hilfe der Erkenntnisse anderer Wissenschaften anzureichern und zu ergänzen – mit den Erkenntnissen der Soziologie (so *E. Ehrlich*), der Phänomenologie (*R. Isay*) usf. Und wenn diese Richtung der Rechtswissenschaft auch zu ihrer Zeit auf eine z.T. sehr scharfe und emotional bedingte Ablehnung stieß[51], so haben doch auch ihre Argumente weithin dazu beigetragen, daß selbst die Vertreter der Interessenjurisprudenz sich nach und nach von der strengen Bindung an den historischen Gesetzgeber zu lösen begannen, die dem Entscheidungsmodell *Hecks* entsprach (Rz 161).

5. Von der Interessen- zur Wertungsjurisprudenz: Der „Wertewandel"

171 In der Folgezeit trat nämlich deutlich hervor, daß man mit Hilfe des Entscheidungsmodells der Interessenjurisprudenz nur einen Teil der Probleme lösen kann, die sich aus den Lücken der gesetzlichen Regelungen ergeben. Denn dieses Modell gibt dem Juristen zwar Kriterien an die Hand, die in den Fällen der Anschauungslücken (Rz 165) helfen. Es versagt aber bei den durch den *Wertewandel* verursachten Problemen der *Regelungslücken* (Rz 165). Diese Lücken entstehen dadurch, daß der Richter eine noch vorhandene Norm nicht mehr für angemessen (richtig) hält (Rz 107) – was vor allem (aber nicht nur) dann gerechtfertigt ist, wenn sich aus anderen (neueren) Gesetzen ergibt, daß der *heutige* Gesetzgeber in bestimmten Fragen anders urteilt als ein früherer Gesetzgeber, dessen Gesetze aber noch gelten. Probleme dieser Art[52] haben schließlich dazu geführt, daß sich die „Interessenjurisprudenz" zur „Wertungsjurisprudenz" entwickelt hat – die *Fr. Wieacker* als die „nobilitierte Tochter" der Interessenjurisprudenz bezeichnet.

Ein **Beispiel** diese Probleme bietet § 54 BGB, der die Rechtsstellung der sog. nichtrechtsfähigen Vereine regelt (und damit auch für Gewerkschaften gilt). Denn die Fassung dieser Vorschrift ist u.a. davon beeinflußt, daß der Gesetzgeber des BGB den Gewerkschaften ablehnend gegenüberstand[53]. Demgegenüber zeigt heute u.a. Art. 9 GG, daß unser gegenwärtiger Gesetzgeber den Gewerkschaften positiv gegenübersteht.

172 Regelungslücken entstehen also als Folge eines **Wertewandels** insbesondere dadurch, daß sich ein späterer Gesetzgeber (infolge der Änderung von tatsächlichen Verhältnissen und/oder der Änderung der Rechtsauffassungen) an anderen Zielen orientiert. Die Analyse dieser Probleme mit den Hilfsmitteln der Interessenjurisprudenz kann gegenüber dem früher beschriebenen Modell des einfachen Gesetzespositivis-

---

50 So z.B. *E. Ehrlich*, Rechtssoziologie (Fn. 46), S. 28 ff.
51 Nicht zuletzt auch infolge der scharfen Polemik einiger ihrer Vertreter, wie z.B. von *E. Fuchs* und auch *H. Kantorowicz*.
52 Vgl. dazu auch die Beispiele bei *Pawlowski*, Methodenlehre, Rz 382, 541 ff.
53 Dazu *D. Medicus*, Allgemeiner Teil des BGB. 7. Aufl. 1997, Rz 1142 f. oder *Pawlowski*, Allg. Teil, Rz 13 ff.

mus (Rz 107) allerdings schon zeigen, daß sich der Richter bei der Bewältigung dieser Probleme nicht mehr (nur) auf sein persönliches Urteil zu berufen braucht, wenn er bei der Entscheidung eines Falles vorhandene, einschlägige Normen als „unrichtig" (unangemessen) verwirft oder ihren Geltungsbereich einschränkt. Er kann vielmehr mit den von der Interessenjurisprudenz entwickelten Hilfsmittel bereits nachweisen, daß es darum geht, ein noch geltendes Gesetz zu korrigieren und so „wie der Gesetzgeber" den Geltungsbereich älterer Normen einzuschränken oder diese gar aufzuheben, indem man **im Sinne des neuen Gesetzgebers** entscheidet. Man kann also mit den Hilfsmitteln der Interessenjurisprudenz darlegen, daß es gewissermaßen darum geht, einen **Konflikt zwischen zwei Gesetzgebern zu entscheiden** (dazu unten Rz 174 ff.). Die grundsätzliche Bindung der Interessenjurisprudenz an den *historischen* Gesetzgeber (Rz 161) hat aber zunächst eine genauere Thematisierung und Lösung dieses Konflikts verhindert.

Die Erfahrung des „Wertewandels", die zur Korrektur insbesondere älterer Gesetze nötigt, verweist damit augenscheinlich auf die Notwendigkeit, die „Richtigkeit" (Gerechtigkeit) einer Reihe von juristischen Entscheidungen mit Hilfe von Erkenntnismitteln zu bestimmen, die dem Entscheidenden eine gewisse *Freiheit* gegenüber den vorhandenen Gesetzen geben. Er muß in bestimmten Fällen von der strikten Bindung an den *historischen* Gesetzgeber (sog. subjektive Auslegung) entbunden werden. Denn nur dann kann er diese Gesetze *beurteilen* – und daraufhin zum **Beispiel** feststellen, daß ein vorhandenes Gesetz infolge eines inzwischen aufgetretenen „Wertewandels" nicht mehr (oder doch nur in einem sehr veränderten Sinn) angewandt werden kann.

Die Probleme des „Wertewandels", die sich damit aus einem Konflikt zwischen zwei **173** Gesetzgebern ergeben, kann man ersichtlich nicht allein mit Hilfe einer Analyse der „Interessen der Beteiligten" und den „Ordnungsinteressen des Gesetzgebers"[54] lösen. Denn man kann das noch geltende Gesetz, das der Richter mit Hilfe eines anderen (neuen) Gesetzes korrigiert, nicht mehr (wie *Heck* – Rz 167) „als Resultante der um Anerkennung ringenden Interessen" verstehen. Entscheidend ist aber vor allem, daß man jetzt einem *Gesetz*, das nach den Intentionen des Gesetzgebers einen bestimmten Kreis von Interessenkonflikten neu regeln soll, auch *Wirkung für andere, nicht neu geregelte Interessenkonflikte* beimißt. Denn danach braucht man zur angemessenen Beschreibung dieser Funktion des Gesetzes offensichtlich eine weitere Kategorie, die sich nicht nur auf die Interessenkonflikte bezieht, die das Gesetz direkt regelt. Diese Kategorie findet man heute in der (Be-)*Wertung des Gesetzgebers*, die sich in dessen Entscheidungen (in dem Gesetz) ausdrückt. Das **Gesetz** stellt sich danach **nicht mehr nur** als eine **Regelung von Interessenkonflikten** dar, **sondern gleichzeitig auch** als **Konkretisierung eines Wertes** bzw. als Ausprägung einer allgemeinen Bewertung. Diese Verbindung des konkreten Gesetzes mit dem allgemeinen Begriff des „Wertes" macht es dann möglich, aus einer Entscheidung eines Gesetzgebers über einen bestimmten Kreis von Interessenkonflikten Folgerungen für die Regelung anderer Interessenkonflikte zu ziehen – wobei es gleich ist, ob diese bisher gesetzlich

---

54 Dazu die Darstellung bei *K. Larenz*, Methodenlehre, I 3.3, S. 50 ff.

noch nicht geregelt sind oder ob sie in einer Weise geregelt sind, die mit der *neuen* Bewertung nicht mehr vereinbar ist.

174 Diese Entwicklung der Interessenjurisprudenz zur „Wertungsjurisprudenz" war im übrigen nicht zuletzt durch die Beobachtung veranlaßt, daß sich die Vorstellung eines *einheitlichen* Gesetzgebers, die die Interessenjurisprudenz infolge ihrer starken Orientierung an den großen Kodifikationen der Jahrhundertwende noch vertreten konnte, mit der Realität nicht vereinbaren läßt. Der tiefgreifende Verfassungswandel der 30er und 40er Jahre schloß vielmehr die von *Heck* vorgeschlagene Bindung an den *historischen* Gesetzgeber und dessen Zwecke völlig aus. Man konnte nach 1945 bei der Anwendung und Auslegung von Gesetzen aus der Zeit zwischen 1933 und 1945 nicht mehr auf die Zwecke des nationalsozialistischen Gesetzgebers zurückgreifen. Damit gewinnt aber der mit dem Begriff der Bewertung des Gesetzgebers angesprochene Sachverhalt für die Charakterisierung der juristischen – und insbesondere der richterlichen – Tätigkeit eine grundlegende Bedeutung. Man kann daher heute das Geschäft des Juristen – und damit der Rechtswissenschaft – nur angemessen beschreiben, wenn man diese jetzt für den Juristen erforderliche „Wertorientierung" oder „Wertbindung" genauer skizziert.

175 Auf dem Gebiet des Verfassungsrechts stellt sich allerdings die Lage auch heute noch anders dar. Dort kann man nämlich auch heute noch von einem einheitlichen (Verfassungs-)Gesetzgeber ausgehen. Und das ermöglicht es zum **Beispiel** *Friedrich Müller* in seinem – induktiv an Hand der Analyse verfassungsrechtlicher Entscheidungen entwickelten – Werk „Juristische Methodik"[55] für die Auslegung der Verfassung eine Methode zu beschreiben, die den Verfassungstext und das mit ihm festgelegte „Normprogramm" nicht überschreitet. Mit dieser allein für die Auslegung der Verfassung entwickelten Methode lassen sich aber augenscheinlich nicht die (Auslegungs-)Probleme thematisieren[56], die sich bei der Auslegung von Normtexten (Gesetzen) stellen, die anders als die Verfassung nicht von einem einheitlichen Gesetzgeber stammen.

§ 7 Die verschiedenen Ansätze der Wertungsjurisprudenz

176 Gemeinsamer Ausgangspunkt der mit dem Stichwort „Wertungsjurisprudenz" bezeichneten methodologischen Richtungen ist zunächst die eben angesprochene Beobachtung[1], daß der Gesetzgeber bei Erlaß einer neuen gesetzlichen Regelung durch die vorhandenen, gegensätzlichen Interessen nicht gezwungen wird, eine bestimmte gesetzliche Regelung zu erlassen. Er wählt vielmehr bei dem Akt der Gesetzgebung eine von verschiedenen möglichen Regelungen aus und (be-)wertet damit

---

55 7. Aufl. 1997; dazu ergänzend und grundlegend „Normstruktur und Normativität". 1966; Recht – Sprache – Gewalt. Elemente einer Verfassungstheorie. I, 1975; Juristische Methodik und politisches System. Elemente einer Verfassungstheorie. II, 1976.

56 Was *Fr. Müller* auch nicht behauptet.

1 Die sich schon durch die jeweilige Konfrontation mit verschiedenen „alten" und „neuen" Gesetzgebern aufdrängt.

die vorhandenen Interessen in einer bestimmten Weise. Daher sollte sich auch der Jurist – und insbesondere der Richter – bei der Rechtsanwendung an diesem Bewertungsakt orientieren. Diese noch ziemlich unbestimmte Aussage enthält aber bereits alles, was den verschiedenen Richtungen der **Wertungsjurisprudenz** gemeinsam ist, die im übrigen **nur durch den Gebrauch der Worte „Wert", „Wertung" und „Bewertung" zusammengehalten** werden[2]. Im übrigen ist dann je nach Wertbegriff, auf den sich die verschiedenen Richtungen beziehen, zwischen „formaler", „materialer", „normativer", „objektiver" und „sozialer" Wertungsjurisprudenz zu unterscheiden – was im Folgenden genauer darzustellen sein wird.

1. Die „formale Wertungsjurisprudenz"

a) Der „logische" Begriff der Wertung

Zuerst sind hier die Juristen zu nennen, die sich auf den *logischen* Begriff der Wertung beziehen – deren Methoden man daher mit dem Stichwort „formale Wertungsjurisprudenz" bezeichnen kann[3]. Denn **„werten" heißt im Zusammenhang der Lehre von den logischen Urteilen (der Logik) nur „urteilen"** (d.h. vorziehen). Ein Satz kann wahr oder falsch sein; teilt man einem Satz eine dieser Aussagen zu, dann ist dies eine „Wertung". Damit ist aber noch nicht über das Verfahren gesagt, mit dessen Hilfe man die Aussagen „wahr" oder „falsch" (diese „Bewertungen") zuteilt. Das Problem, auf welche Weise man diese Bewertungen zu verteilen hat, ist vielmehr Gegenstand der verschiedenen Wahrheitstheorien, über die Logiker und Philosophen heftig streiten[4]. | **177**

Bei *normativen* Urteilen spricht man allerdings meist[5] nicht von „wahr" und „falsch", sondern von „erlaubt" und „verboten" oder von „rechtmäßig" und „rechtswidrig" etc. Aber auch hier ist die Zuteilung einer dieser Aussagen eine Wertung, und zwar unabhängig davon, was diese Zuteilung verursacht. Der Richter *wertet* in diesem Sinne in jedem gerichtlichen Urteil, das eine Klage zuspricht oder abweist: Weil er damit den Antrag der einen Partei dem der anderen vorzieht. | **177a**

Dabei kommt es nicht darauf an, ob er zu seinem Urteil durch ein Gottesurteil (zum **Beispiel** durch Hochwerfen einer Münze oder durch Los) veranlaßt wurde oder durch rechtliche, ethische oder sonstige Überlegungen.

Wenn man nun heute im Zusammenhang der Rechtswissenschaft von den Wertungen der Richter spricht, so ist dieser *logische* Begriff des Wertes oder der Wertung auch immer mit angesprochen. Und von dieser trivialen Wahrheit her erhalten dann alle Aussagen, die darauf hinweisen, daß die Richter bei ihren Urteilen doch unzweifelhaft *werten* (Werturteile fällen), ihre Plausibilität. | **177b**

---

2 Dazu bereits eingehend *Pawlowski*, Festschrift für K. Michaelis. 1972, S. 235 ff. sowie *ders.*, Duden-F., S. 349 ff.
3 Zust. *K. Larenz*, Methodenlehre, I 5, S. 120.
4 Dazu u.a. *Kl. Adomeit* JuS 1972, S. 628 ff. und i.ü. die Darstellung bei *J. Simon*, Wahrheit, S. 1 ff.; *K. Hübner*, Kritik, S. 273 ff. sowie das Suhrkamp-Taschenbuch-Wissenschaft 210, G. Skirbekk (Hrsg.), Wahrheitstheorien. 1977.

178 Dieser Begriff der Wertung führt allerdings offensichtlich noch nicht über die Interessenjurisprudenz hinaus, zumal auch deren Vertreter insoweit von Werturteilen oder Bewertungen des Gesetzgebers sprachen – ja z.T. (wie u.a. *H. Stoll*) auch den Ausdruck „Wertungsjurisprudenz" bevorzugten[6]. Die Beschränkung auf den *logischen* Begriff der Wertung schloß dabei aus, aus dem Akt der Gesetzgebung weitere Folgerungen zu ziehen, als sie sich aus der Interessenanalyse ergaben. Der logische Begriff des Wertes vermittelt als solcher keinen Bezug zu einem über das Gesetz hinausgehenden Maßstab für weitere Entscheidungen (Rz 173). Maßstab für diese bleibt daher weiterhin die Entscheidung des *historischen* Gesetzgebers: Das Gesetz und die damit verfolgten Zwecke. Der Hinweis auf die Wertung des Gesetzgebers – und d.h. hier auf dessen Auswahl zwischen zwei oder mehr Regelungsmöglichkeiten – hebt nur den *Entscheidungscharakter* des Gesetzes hervor; er verweist also nur auf die Notwendigkeit des *positiven* Rechts[7].

179 Der Jurist, der mit dem Wort „Wertung" nur dieses Vorziehen oder Ablehnen verbindet und sich damit nur auf den *logischen* Begriff der Wertung oder des Wertes bezieht, kann daher weiterhin eine *positivistische* Jurisprudenz betreiben, wie wir sie in den bisher dargestellten Modellen beschrieben haben; er kann dort, wo er keine Norm findet, entweder „wie der Gesetzgeber" frei werten oder sich an den vorhandenen gesetzlichen Regelungen von Interessenkonflikten orientieren usf. Die Verwendung des Wortes „Wertung" ermöglicht ihm dabei zumindest den sprachlichen Zusammenhang mit der heute vorherrschenden Methodenlehre. Die praktische Rechtfertigung so erlassener Urteile ergibt sich im übrigen aus ihrer Konkordanz mit den übrigen veröffentlichten Entscheidungen[8]. Diese Spielart der „Wertungsjurisprudenz", die zwar nicht in methodologischen Darstellungen, wohl aber in rechtstechnischen und rechtsdogmatischen Darstellungen wie auch in Äußerungen von Praktikern, Hochschullehrern und Studenten vertreten wird (Rz 119), ermöglicht damit die praktische Konkordanz der Anwendung positivistischer, topischer und freirechtlicher oder politischer Entscheidungskonzepte[9]. Sie eignet sich daher gut zur Beschreibung dessen, was sich heute auf dem Gebiet des Rechtswesens und der praktischen Rechtswissenschaft tatsächlich vollzieht[10]. Sie beschreibt damit aber nur ein bloßes Nebeneinander an sich unverträglicher Verhaltensweisen – was man zwar immer wieder antreffen

---

5 Man vertritt allerdings z.T. die Auffassung, daß es auch bei normativen Urteilen um „Wahrheit" und „Falschheit" gehe; hierzu u.a. *J. Rödig*, Die Theorie des gerichtlichen Erkenntnisverfahrens. 1973, S. 6 ff., 151 ff. Heute überwiegt jedoch i.a. die Auffassung, daß man die Unterscheidung zwischen „gerecht und ungerecht", „gut und böse", „schön und häßlich" etc. neben die Unterscheidung von „wahr und falsch" stellen solle, dazu u.a. *N. Luhmann*, Rechtssoziologie, S. 224; *J. Rawls*, Gerechtigkeit, S. 19; *D. Suhr*, Situation, S. 35 f.; *H. Fenge*, Festschrift für F. Weber. 1975, S. 135 ff., 138 oder *O. Weinberger* ARSP 65, S. 161 ff.

6 *H. Stoll*, Festgabe für *Heck* u.a. 1931, S. 60 ff., S. 67, Fn 1, 75; ablehnend dagegen *Ph. Heck*, Begriffsbildung, S. 50 f., dazu *K. Larenz*, Methodenlehre, I 3.3, S. 55f.

7 Zum „Positivismus" der Interessenjurisprudenz vgl. *K. Larenz* AcP 143, S. 271 ff. und Methodenlehre, I 3.3, S. 51.

8 Dazu u.a. *Pawlowski*, Moral, S. 109 ff.

9 Vgl. dazu als Beispiel etwa die Ausführungen bei *G. Reinecke*, Die Beweislastverteilung im Bürgerlichen Recht und im Arbeitsrecht als rechtspolitische Regelungsaufgabe. Diss. Berlin 1976, S. 73 ff., 84.

10 Insofern gibt auch *J. Esser* in seiner Schrift „Vorverständnis" eine gute Beschreibung dessen, was sich heute in der Rechtspraxis und der Rechtswissenschaft tatsächlich vollzieht – wobei der Schritt zur methodischen Bewältigung der damit angesprochenen Probleme noch aussteht; so auch *J. Esser* JZ 1976, S. 555.

wird, was aber in dieser Weise augenscheinlich das Geschäft des Juristen und der Rechtswissenschaft nicht charakterisieren *sollte*.

Man kann diese Erscheinung allerdings auch als Ausdruck einer Entwicklung verstehen, die **180** vordringlich auf die „gerechte Entscheidung des Einzelfalls" abstellt und sich deshalb und damit vom normativen (gesetzlichen) Denken abwendet[11]. Und es ist zuzugeben, daß sich in letzter Zeit die Stimmen häufen, die bewußt für eine derartige Entwicklung eintreten. Was sich dann aber als Rechtswissenschaft darstellen könnte, ist heute noch nicht einmal in Umrissen abzusehen, da der Gegenstand einer derartigen Wissenschaft noch nicht vorhanden ist. Klar sollte nur sein, daß eine rein auf den Einzelfall bezogene Begründung, die *nicht* davon ausgeht, daß sich aus dieser Begründung *Bindungen* für die Entscheidung *gleicher* „Fälle" ergeben, als solche nicht wissenschaftlich (auf wissenschaftlicher Erkenntnis bezogen) ist. Eine wissenschaftliche Behandlung einer derartigen Praxis müßte auf Gesetzmäßigkeiten abstellen, die gewissermaßen hinter (bzw. „im Rücken") dieser Praxis aufzudecken wären.

b) Wert und Willkür

Soweit man sich daher in der methodologischen Diskussion auf die „Wertungen" des **181** Gesetzgebers bezieht, soll damit auch immer mehr angesprochen werden als nur der *logische* Begriff des Wertens – d.h. des reinen Vorziehens oder Ablehnens ohne Rücksicht auf das Verfahren (auf die Gründe) dieser Wertung. Im Zusammenhang der Methodenlehre soll der Hinweis auf die „Wertung" des Gesetzgebers vielmehr i.a. hervorheben, daß sich der Gesetzgeber bei der Regelung von Interessenkonflikten *selbst* an einem Maßstab orientiert, der ihn veranlaßt, die ihm vorliegende Interessenlage in einer bestimmten Weise zu regeln – und damit den verschiedenen, um Anerkennung ringenden Interessen ein bestimmtes Gewicht zuzusprechen – eine bestimmte *Berechtigung*. Und das deshalb, weil man in dem Gesetzgeber nicht nur und nicht primär den „Herrscher" sehen will, an dessen – unbegründete, und damit willkürliche – Befehle man gebunden ist, allein deshalb, weil er sie erlassen hat. Man sieht in ihm vielmehr eine Instanz, die Recht schaffen – und damit Gerechtigkeit verwirklichen – will. Ein Gesetzgeber, der dieses Ziel verfolgt, wird aber bei seiner Gesetzgebung in bestimmter Weise verfahren. Er wird sich bei der Auswahl seiner Regelungen an bestimmten Kriterien orientieren, und zwar an Kriterien, die mit dem Erlaß eines einzelnen Gesetzes noch nicht *verbraucht* sind. Die einzelnen Gesetze stellen sich so als Konkretisierung (als Ausprägung) allgemeiner Vorstellungen dar, die als „Werte" oder „Wertungen" nicht nur den Erlaß gerade dieses einzelnen Gesetzes verständlich machen (erklären)[12], sondern es darüber hinaus auch erlauben, in anderen Zusammenhängen „im Sinne des Gesetzgebers" zu entscheiden – und d.h. hier „nach demselben (Wert-)Maßstab bzw. Wertsystem".

Diese Vorstellung gibt augenscheinlich Hinweise, wie die durch den „Wertewandel" **182** (Rz 171, 174) aufgeworfenen Probleme zu lösen sind, da sich mit ihrer Hilfe auch eine *korrigierende* Auslegung älterer Gesetze rechtfertigen läßt. Denn wenn der Ju-

---

11 Dazu *Pawlowski*, Festschrift für A. Troller. 1986, S. 133 ff. oder *ders.*, Jahrb. Rechtssoz. und Rechtsth. Bd. 13 (1987), S. 113 ff.

12 Und die damit auch für den Umfang seines Geltungsbereichs von Bedeutung sind: also für seine „Auslegung".

rist – und insbesondere der Richter – an die (Be-)Wertungen des Gesetzgebers gebunden ist, die sich in einem Akt der Gesetzgebung konkretisiert haben, dann bezieht sich diese *Bindung* jetzt nicht mehr – wie bei *Ph. Heck* (Rz 161) – auf den *historischen* Gesetzgeber, sondern auf den **heutigen Gesetzgeber**[13]. Dieser muß jetzt gewissermaßen als **Urheber aller heute geltenden Gesetze** verstanden werden. Denn wenn er als Instanz betrachtet werden soll, die nicht nur diese oder jene Einzelheit anordnen (befehlen), sondern „Recht setzen" und damit „Gerechtigkeit" verwirklichen will, dann muß man ihm das Streben nach Einheitlichkeit zuschreiben – und d.h. nach Gleichbehandlung des Gleichen. Und dann sind jedenfalls *die* älteren Gesetze zu korrigieren, in denen sich „(Be-)Wertungen" ausdrücken, die denen des heutigen Gesetzgebers widersprechen.

Es sei hier an das **Beispiel** des § 54 BGB erinnert (Rz 171), der die Rechtsstellung der nicht rechtsfähigen Vereine regelt. In dieser Bestimmung drückte sich bei ihrem Erlaß u.a. auch die negative (Be-)Wertung der Gewerkschaften durch den damaligen Gesetzgeber aus[14]. Der heutige Jurist (Richter) ist angesichts der heutigen positiven Bewertung der Gewerkschaft durch den Gesetzgeber offensichtlich gehalten, § 54 BGB in einer Weise anzuwenden, die keine „negative" Bewertung der Gewerkschaft enthält[15].

182a Bei diesem Ansatz ist für die Charakterisierung der juristischen Tätigkeit offensichtlich entscheidend, auf welchem Wege und mit welchen Methoden der (Wert-)Maßstab zu ermitteln ist, der die (Be-)Wertung des Gesetzgebers steuert. Und hier führen unterschiedliche Vorstellungen und Konzepte über das „Sein" und die „Funktion" von Werten zur Ausbildung verschiedener Richtungen der Wertungsjurisprudenz.

2. Die „materiale Wertungsjurisprudenz"

a) Der Rekurs auf die Wertphilosophie

183 Unter dem Einfluß der „Wertphilosophie", die insbesondere mit *Max Scheler*[16] und *Nicolai Hartmann*[17] auch einer breiteren Öffentlichkeit bekannt wurde, verstand man unter „Werten" zunächst Gegebenheiten (Entitäten bzw. Wesenheiten), denen ein eigenes, „ideales" Sein zukommt und die daher Gegenstand einer objektiven (wahren) Erkenntnis sind, und zwar insbesondere einer historischen Erkenntnis. Die einzelnen Werte sollen danach im Verlaufe der Geschichte nacheinander ans Licht getreten und erkannt worden sein. Sie bilden zudem eine bestimmte hierarchische Ordnung – was u.a. auch zu der Vorstellung einer Wertordnung führt, die „hinter" einer Rechtsordnung steht. Von daher kann man auch das **Grundgesetz** als **Ausdruck einer „richtigen"** (wahren) **Ordnung der Werte** verstehen. Die so verstandenen Werte und ihre „richtige" oder „wahre" Ordnung sind nach diesem Ansatz vorhanden, unabhängig davon, ob sie von den Mitgliedern unserer Gesellschaft oder gar von den heutigen

---

13 So z.B. *F. Schmidt*, Methode, S. 49.
14 Dazu u.a. *G. Boehmer*, Grundlagen der bürgerlichen Rechtsordnung. II 2, 1952, S. 168 ff.
15 Dazu u.a. *Pawlowski*, Allg. Teil, Rz 114 ff.
16 Dazu dessen grundlegendes Werk „Der Formalismus in der Ethik und die materiale Wertethik". 1913/1914; 5. Aufl. Bd. 2 der ges. Werke, 1965.
17 Ethik. 4. Aufl. 1962.

Menschen anerkannt werden. Sie binden daher auch den Gesetzgeber. Orientierung an den (Be-)Wertungen des Gesetzgebers heißt nach diesem Ansatz daher immer auch gleichzeitig: Orientierung an den „wahren Werten".

Scheler und *Hartmann* entwickelten allerdings unterschiedliche Hierarchien von Werten, die man vereinfachend so kennzeichnen kann, daß nach *Scheler* die Werte „monarchisch" geordnet sind mit dem Wert „Heiligkeit" an der Spitze, unter dem dann die anderen Werte ihren Platz einnehmen: Erst die geistigen, dann die biologischen, dann die materiellen Werte. *Hartmann* ging dagegen von einer gewissermaßen „aristokratischen" Verfassung der Werte aus, bei der mehrere „höchste Werte" nebeneinander stehen.

Es kann und braucht hier nun nicht im einzelnen beschrieben zu werden, wie sich von **184** diesem Wertbegriff her das Verhältnis von Gesetzgeber und Wertordnung genauer darstellt. Ein gutes Beispiel für die Verwendung dieses Wertbegriffs in der Rechtswissenschaft gibt im übrigen das Werk von *H. Hubmann* über „Das Allgemeine Persönlichkeitsrecht" (1953)[18], das die Rechtsprechung des Bundesgerichtshofs nachhaltig beeinflußt hat. *Hubmann* beginnt in ihm mit einer Darstellung der Geschichte der Erkenntnis und Anerkennung des „Wertes" der Persönlichkeit von *Plato* aufsteigend bis heute – mit einigen (bezeichnenden) Rückfällen bei *M. Luther* und *I. Kant*. Er hat im übrigen in einer Reihe von Abhandlungen ausführlich dargelegt, wie man nach diesem Ansatz mit den „Werten" methodisch – technisch – umzugehen hat[19]. Dies alles mag hier dahinstehen. Angemerkt sei nur, daß auch von diesem Wertbegriff her dem Gesetzgeber weiterhin eine eigene Funktion verbleibt. Aus der Bindung des Gesetzgebers an eine „objektiv" vorhandene, „wahre" bzw. richtige Wertordnung läßt sich nicht etwa – wie man meinen könnte – der Inhalt der heute erforderlichen Rechtssätze im einzelnen „deduzieren": Weil sich nämlich das **Verhältnis der einzelnen Werte zueinander** nicht nur **nach der „Ranghöhe" der Werte** bestimmt, sondern auch **nach deren „Stärke"** (Intensität)[20] **und** nach dem Grade ihrer bisherigen Erfüllung (**Befriedigungsgrad**)[21].

b) Das Recht als Ausdruck der „absoluten Werte"

Es ist wohl deutlich, daß eine Rechtswissenschaft, die sich auf diesen Wertbegriff der **185** Philosophie bezieht, zu den Normen des Gesetzgebers notwendigerweise ein anderes Verhältnis hat, als eine Rechtswissenschaft, die von den früher beschriebenen, positivistischen Entscheidungs- und Begründungs- (bzw. Legitimations-)Modellen ausgeht: Ist man nämlich davon überzeugt, daß es Werte objektiv „gibt" und daß man sie auch erkennen kann, dann sind die vom (staatlichen) Gesetzgeber formulierten Nor-

---

18 2. Aufl. 1967.

19 Hierzu *H. Hubmann*, Wertung und Abwägung im Recht. 1977, mit 4 methodischen Abhandlungen aus den Jahren 1954-77.

20 So sind z.B. die *geistigen* Werte nach *N. Hartmann* „höher" einzuordnen als die *vitalen* Werte; letztere sind aber „stärker". Daraus folgt u.a., daß es für das konkrete „Sollen" auch darauf ankommt, wie weit einzelne in Betracht kommende Werte bereits erfüllt sind usf. Dazu u.a. die Darstellung bei *H. Ryffel*, Rechtsphilosophie, S. 151 ff. und i.ü. *H. Hubmann*, Wertung (Fn. 19).

21 So sinkt z.B. die Dringlichkeit der Befriedigung *vitaler* Werte bei einem hohen Versorgungsstand: Wer gerade gegessen hat, wird den Wert von Nahrung geringer ansetzen als der Hungernde. Daher müssen die Vorzugsregeln auch den Befriedigungsgrad der einschlägigen Werte berücksichtigen.

men (die Gesetze) nur insoweit Recht (richtig), als sie der (jeweiligen fortgeschrittenen) Erkenntnis der richtigen Wertordnung entsprechen, bzw. als sie die objektiv vorhandenen Werte konkretisieren (verwirklichen). Daraus folgt, daß auch die richtige Anwendung eines staatlichen Gesetzes noch nicht unbedingt zu richtigen (rechtlichen, gerechten) Urteilen führt. Recht ist vielmehr nur das, was die – heute erkennbare – „richtige Wertordnung" verwirklicht. Und daraus folgt übrigens auch, daß sich einem Gericht, das bei seiner Entscheidung nicht auf staatliche Gesetze zurückgreifen kann, weil die von ihm zu entscheidende Frage noch nicht durch ein Gesetz geregelt ist, keine qualitativ andere Aufgabe stellt als einem Gericht, das sich bei seiner Entscheidung an staatlichen Normen orientieren kann und muß. Das letztere Gericht hat nur den praktischen Vorteil, daß die Gesetze bei einer guten Verfassung die richtige (d.h. wertmäßig richtige) Entscheidung erleichtern. Hat der Staat also eine gute Verfassung, so können sich die Gerichte im Alltagsgebrauch auf die „technisch richtige" (positivistische) Anwendung der Gesetze beschränken. Im Zweifelsfall – also, wenn es Streit gibt – müssen die Gerichte aber auch bei der Anwendung der staatlichen Gesetze direkt auf die *richtigen* Werte zurückgreifen.

So hat zum **Beispiel** *H. Hubmann* darauf hingewiesen, daß der Richter bei der ergänzenden Rechtsfindung „das höchste Ziel des Rechts, die Fortentwicklung der Kultur und die Vervollkommnung des Menschengeschlechts, d.h. die Verwirklichung der Rechtsidee zu erstreben" habe[22].

186   Die genauere Betrachtung zeigt allerdings, daß die Unterschiede zwischen diesem Modell der Rechtswissenschaft und den früher geschilderten positivistischen Modellen nicht so groß sind, wie es zunächst den Anschein hat[23] – ja, daß das positivistische Modell letztlich eine Präzisierung des ungenauen „Wertmodells" darstellt. Dazu kurz folgende Bemerkungen:

Der Jurist kann bei seinen Entscheidungen nur dann auf eine (philosophisch fundierte) *richtige* Wertordnung zurückgreifen, wenn es diese *eine* (richtige) Wertordnung „gibt", die zudem noch als solche erkennbar ist. Nun ist die Wertphilosophie praktisch daran gescheitert, daß es de facto nicht eine, sondern mehrere Wertphilosophien gibt, die verschiedene Wertordnungen propagieren[24]. Das auf die Wertphilosophie zurückgreifende Modell der Rechtswissenschaft funktioniert also wie auch frühere *naturrechtliche* Modelle nur, wenn es *eine* Instanz gibt, die festlegt, was nun die *richtige* Wertordnung (das richtige Naturrecht) ist. **Eine Naturrechtsordnung ist nur** dann **praktikabel, wenn** sie organisatorisch **auf einen unfehlbaren Gesetzgeber zurückgreifen kann**[25]: auf einen Caesar, auf den Papst oder auf das Zentralkomitee. Die Wertung als Folge einer Erkenntnis setzt also immer die positive Festle-

---

22 Wertung (Fn. 19), S. 66.
23 Zum inneren Zusammenhang von Naturrecht und Positivismus auch *G. Hruschka*, Das Verstehen von Rechtstexten. 1971, S. 14 ff., 93; *Fr. Müller*, Strukturierende Rechtslehre. 2. Aufl. 1994, S. 227 ff. *R. Eckertz* Zeitschrift für ev. Ethik, 1982, S. 328 ff., bezeichnet den (Rechts-)Positivismus zu Rechts als „die andere Seite des Naturrechts".
24 Vgl. dazu schon die oben genannten Unterschiede zwischen den Werthierarchien *Schelers* und *Hartmanns* und auch die Darstellung bei *H. Allwart*, Recht und Handlung, 1987, S. 29 ff.
25 Vgl. dazu *Kenneth Arrow*, Social Choice and individual Values. 1951, S. 1, Fn; *B. Rüthers*, Rechtstheorie. 1999, Rz 443 und auch *Pawlowski*, Rechtswissenschaft, § 5, 2, S. 35 ff., § 7, 3, S. 141 ff.

gung der richtigen Wertordnung voraus: Rechts ist daher für uns heute notwendig positives Recht[26]; dem „Wert" entspricht die „Willkür" wie der „Freiheit" die „Notwendigkeit" (*Ch. Perelmann*)[27]. Und diese Entscheidung darüber, was die „richtige Wertordnung" ist, ist nun eine Entscheidung, die wir heute als „politische" Entscheidung bezeichnen[28], d.h. als eine Entscheidung, die von den Folgen her zu legitimieren ist. Diese Richtung der Wertungsjurisprudenz ist daher im Prinzip den gleichen Einwänden ausgesetzt, auf die wir früher gegenüber dem positivistischen Modell (Rz 120 ff) gestoßen sind: Sie verweist den Juristen praktisch auf die freie – politische – Entscheidung, jetzt nur vermittelt durch den Hinweise auf die „wahren Werte".

Die strukturelle Verbindung der positivistischen und der an der Wertphilosophie orientierten (naturrechtlichen) Modelle der Rechtswissenschaft zeigt sich im übrigen auch darin, daß sich „das Recht" für beide als eine inhaltlich bestimmte Ordnung darstellt. Dem Recht entsprechen nach den beiden Modellen eine Reihe inhaltlich bestimmter Verhaltensweisen, die von demjenigen abschließend festgelegt werden, der das Recht beschreibt oder setzt. Das Urteil über Recht und Unrecht ergibt sich danach letztlich aus dem Bezug zu einer bildhaft oder modellartig vorgestellten Ordnung[29], in der sich alle Beteiligten in einer bestimmten Weise zu verhalten haben. Darauf beruht u.a. die heute verbreitete Vorstellung des „Mißbrauchs" von gesetzlich zugewiesenen Positionen, nach der auch solche Verhaltensweisen der Rechtsgenossen als „rechtswidrig" qualifiziert werden können, die „formal" mit den Gesetzen vereinbar sind – wenn sie nämlich nicht in diese bildhaft vorgestellten Ordnungsmodelle passen. Gegen diese Vorstellung spricht, daß sie nur bei einer *statischen* Verfassung angemessen ist, bei der Änderungen (Neuerungen) allein durch den Gesetzgeber eingeführt werden können. Nach ihr besteht zwischen Gesetzgeber (Staat oder genauer: Herrscher) und Bürger ein Verhältnis der einseitigen Anweisung. Unserer Verfassung entspricht dagegen eher ein Modell der „Wechselwirkung zwischen Gesetzgeber (Staat) und Bürger"[30]. Danach hat der Gesetzgeber dem Handeln der Bürger Grenzen zu setzen; er ist jedoch nicht die einzige Instanz, die „Recht" hervorbringt.

187

Die Bindung an die Wertphilosophie führt nun bei der Rechtsanwendung zu einem unverhältnismäßig hohen Aufwand für die Richter. Denn die Feststellung des *richtigen* Verhältnisses der Werte erfordert im Einzelfall schwierige und tiefschürfende Untersuchungen: Der Richter muß sich nicht nur über die „Höhe", sondern auch über die „Stärke" der einschlägigen Werte Gewißheit verschaffen; dann über den Grad ihrer bereits vorhandenen „Erfüllung" (Rz 184)[31] usf. Man verweist daher auch heute in

188

---

26 Dazu nur *Pawlowski*, Methodenlehre, Rz 624, 868; *N. Luhmann*, Rechtssoziologie, IV 1, S. 208 ff., hebt daher zutreffend hervor, daß sich uns Recht heute als Produkt von Entscheidungen darstellt, die auch anders hätten ausfallen können; dazu noch unten Rz 336 ff.

27 Über die Gerechtigkeit. 1945, deutsch 1965; *K. Engisch*, Auf der Suche nach der Gerechtigkeit. 1971, S. 153 ff.

28 Hierzu auch instruktiv *H. Schnur*, Festschrift für Arnold Gehlen. 1974, S. 331 ff., 337 ff.

29 Aus dem Bezug auf die vom Gesetzgeber intendierte *Ordnung* (auf das Sozial- bzw. Ordnungsmodell des Gesetzgebers) oder durch den Bezug auf die der „Wertordnung" entsprechende „Lebensordnung"; dazu *Pawlowski*, Moral, S. 109 ff.; informativ auch *M. Trapp* ARSP 72, S. 153 ff.

30 Dazu u.a. *Pawlowski* DÖV 1976, S. 505 ff.

31 Vgl. *H. Hubmann*, Wertung (Fn. 19) und dazu *Pawlowski* ZZP 92, S. 281 ff.

der methodologischen Diskussion weniger auf die Wertphilosophie und den „materialen Wertbegriff", zumal die durch die unterschiedlichen Wertphilosophien verursachten Schwierigkeiten für den Juristen nicht behebbar sind. Denn der Jurist (und insbesondere der Richter) kann seine Entscheidung unstreitig nicht auf das Argument stützen, daß ein oder mehrere Philosophen dies oder jenes lehren oder gelehrt haben. Werke wie das genannte „Persönlichkeitsrecht" *H. Hubmanns* sind daher im Ganzen Ausnahmeerscheinungen geblieben. Die Erinnerung an die Wertphilosophie, die in der allgemeinen, geisteswissenschaftlichen Diskussion eine große Bedeutung erlangt hat, trägt aber ebenfalls immer noch dazu bei, daß der Zusammenhang von „Entscheidung" und „Wertung" auch heute noch eine hohe Plausibilität hat.

3. Die „normative Wertungsjurisprudenz"

a) Das Gesetz als Konkretisierung allgemeiner Wertungen

189 Im übrigen geht man heute aber in der rechtswissenschaftlichen Methodenlehre nicht mehr von *absoluten* Werten aus, die unabhängig von ihrer Anerkennung in der Gesellschaft oder in der Rechtsgemeinschaft gelten[32]. Man will heute vielmehr meist an Werte anknüpfen, die sich bereits konkretisiert haben – und d.h., die bereits Anerkennung gefunden haben[33]. Hierbei ist dann von Bedeutung, ob man diese Konkretisierung in den „Normen" der Gesetze oder in der „Wirklichkeit" selbst findet. Im ersten Fall geht es um die Wertordnung, die sich in der Verfassung oder auch in den einzelnen Gesetzen konkretisiert hat. Im zweiten Fall geht es entweder um eine Wertordnung, die im Bereich des „objektiven Geistes"[34] ihre Ausprägung gefunden hat, oder um eine Wertordnung, die sich der gesellschaftlichen Anerkennung erfreut[35]. Letztere ist allerdings dem Juristen nicht direkt zugänglich. Er muß daher bei ihrer Feststellung auf die sozialwissenschaftliche Wertforschung zurückgreifen.

190 Verfolgen wir zunächst die erste Alternative, also den Rückgriff auf die Werte, bzw. auf die Wertordnung, die sich in den Normen der Verfassung oder der Gesetze bereits

---

32 Anders z.B. noch die bekannte „Kuppelei-Entscheidung" des BGH (BGHSt 6, S. 46 ff.; vgl. auch 17, S. 230 ff., 233), in der das Gericht ausführte, daß das Sittengesetz ohne Rücksicht darauf gelte, ob es von einer gegebenen Bevölkerung anerkannt werde oder nicht; zur Kritik dieser Entscheidung u.a. *Pawlowski*, Rechtswissenschaft, § 7, 1, S. 115 f. mit w.Nachw. oder auch *A. Kaufmann* JuS 1978, S. 361 ff.

33 Dazu die Entscheidung des BGHSt 23, S. 40 ff., 42 f. (Fanny Hill); 24, S. 318 ff., 319 f., die anders als BGHSt 6, S. 46 ff. den „Wandel der Anschauungen" berücksichtigen, und i.ü. die Darstellung bei *K. Larenz*, Methodenlehre, I 5.2, S. 125 ff. m.Nachw.

34 So z.B. *R. Zippelius*, Wertungsprobleme im System der Grundrechte. (1962) sowie *ders.*, Wesen, S. 197 ff. und i.ü. *H. Ryffel*, Rechtsphilosophie, S. 107 ff.; 380 ff.; *H. Henkel*, Rechtsphilosophie, S. 180 f.; *Larenz/Canaris*, Methodenlehre, 1.4, S. 36 ff. u.a.m. Hierzu kann man auch die von *J. Esser* in seinem Werk „Grundsatz und Norm in der richterlichen Fortbildung des Privatrechts". (2. Aufl. 1964), S. 50 ff., 97 u. öfter geschilderte Methode zählen, nach der sich die Rechtsfortbildung (und zwar sowohl die judizielle, wie die des Gesetzgebers) an „Prinzipien" und „Standards" orientiert, die im allgemeinen Bewußtsein, in den im Rechtsverkehr lebendigen Zweckvorstellungen usf. noch unformuliert lebendig sind; dazu noch unten Rz 221 ff.

35 So z.B. *F. Schmidt*, Methode, S. 48, der auf den Wechsel der von der Bevölkerung anerkannten Werte abstellt.

konkretisiert hat. Man kann hier von *normativer Wertungsjurisprudenz* sprechen. Dieses Unternehmen führt ersichtlich über die früher beschriebenen positivistischen Entscheidungsmodelle hinaus. Denn Gegenstand der Rechtsanwendung (der Auslegung) sind danach nicht mehr die einzelnen gesetzlichen Normen und die mit ihrem Erlaß verfolgten Zwecke. Man muß jetzt nämlich alle Normen auf einen einzigen – nämlich den heutigen – Gesetzgeber zurückführen (Rz 182), was vor allem für die älteren Normen von Bedeutung ist. Und **wegen dieser Rückbindung an einen Gesetzgeber impliziert die Anwendung jeder einzelnen Rechtsnorm die Anwendung der gesamten Rechtsordnung**, die sich als Einheit aller gesetzlichen Normen darstellt.

Damit läßt sich aber der Geltungsbereich der einzelnen Normen erst aus ihrer Verbindung zu anderen Normen bestimmen. Denn erst dieser Zusammenhang läßt zum **Beispiel** erkennen, ob die einzelne Norm restriktiv oder extensiv auszulegen ist, ob eine Analogie, ein argumentum e contrario oder eine sog. teleologische Reduktion angebracht ist usf.   **191**

Das heißt nicht, daß man sich im praktischen Gebrauch nicht in einer Reihe von Fällen mit der Auslegung einzelner Normen begnügen könnte – so zum **Beispiel** bei neuen Gesetzen dann, wenn man sich angesichts einer ausführlichen Diskussion im Gesetzgebungsverfahren darauf verlassen kann, daß der Gesetzgeber bereits bedacht hat, was sich aus anderen (älteren) Normen für den jetzt neu geregelten Sachverhalt ergibt. Oder: Weil man sich angesichts der knapp bemessenen Zeit, in der die Entscheidung gefällt werden muß, darauf verlassen muß, daß der Gesetzgeber dies getan hat. In derartigen Fällen kann dann auch die Überprüfung der Entscheidung mit Hilfe eines Rückgriffs auf bewährte „Topoi" darüber Aufschluß geben, ob man Anlaß zu weiteren Überlegungen hat. Insoweit beschreibt also auch die früher dargestellte „topische Jurisprudenz" (Rz 132 ff.) legitime Arbeitsmethoden der Rechtswissenschaft.   **191a**

Schließlich sei noch angemerkt, daß man auch nach diesem Modell bei der Auslegung älterer Normen die „Zwecke" des historischen Gesetzgebers ermitteln muß. Sie können nämlich weiterhin Aufschluß über den früher intendierten Geltungsbereich der einzelnen Normen geben. Diese Arbeit bildet jetzt jedoch nur eine erste Stufe der Auslegung, deren Ergebnis korrigiert werden kann und muß, wenn sich aus späteren (bzw. aus „höheren", nämlich in der Verfassung verankerten[36]) Bewertungen des Gesetzgebers etwas anderes ergibt.   **191b**

b) Das 3. Subsumtionsmodell: Das „System" der Wertungen

Bei dem Bemühen, die vorhandenen Gesetze als Ausprägung einer bestimmten, in sich zusammenhängenden (konsistenten) Wertordnung darzustellen, die als Maßstab für neue Entscheidungen dienen kann, stößt man aber insofern auf Schwierigkeiten, als zunächst nicht deutlich ist, inwieweit und wodurch sich dieses Unternehmen von dem Vorgehen der Begriffsjurisprudenz unterscheidet, deren Inversionsmethode (Rz 157) man weiterhin scharf verurteilt. Denn die „konkretisierte Wertordnung", als deren Ausprägung die vorhandenen Gesetze jetzt verstanden werden, muß bei diesem Ansatz ihrerseits aus den vorhandenen Gesetzen erschlossen (nachkonstruiert) werden. Und da man bei diesem Unternehmen nur bedingt auf die vielfach unzusammenhängenden und z.T. gegenläufigen „Zwecke" der verschiedenen (älteren) histori-   **192**

---

36 Wie bei der sog. *verfassungskonforme* Auslegung; dazu *Larenz/Canaris*, Methodenlehre, 4.2, S. 159 ff. oder *Pawlowski*, Methodenlehre, Rz 557 ff.

schen Gesetzgeber zurückgreifen kann, ist man bei dieser (Re-)Konstruktion der Wertordnung in weitem Umfang auf verallgemeinernde Schlußverfahren angewiesen. Man muß also bei diesem Ansatz die einzelnen Gesetzesbestimmungen, ähnlich wie nach der Methode der Begriffsjurisprudenz, vermittels einer verallgemeinernden Begriffsbildung zu einem in sich widerspruchsfreien (konsistenten) System vereinigen, unter dessen (beschreibende) Begriffe dann die verschiedenen „Sachverhalte" zu subsumieren sind. Damit ergeben sich aber bei dem **Subsumtionsmodell der Wertungsjurisprudenz** die gleichen Schwierigkeiten, auf die wir bei der Darstellung des Subsumtionsmodells des Gesetzespositivismus gestoßen sind – wenn auch in etwas veränderter Form.

193 *Ph. Heck*[37] und *H. Stoll*[38] hatten sich noch damit begnügt, zwischen „innerem" und „äußerem" System des Rechts zu unterscheiden, dem dann die Unterscheidung zwischen Interessenbegriffen und Ordnungsbegriffen entsprach. Das **äußere System** war durch Abstraktion aus den einzelnen Normen der Gesetze zu bilden, und zwar mit Hilfe abstrakter Ordnungsbegriffe wie „unerlaubte Handlung", „subjektives Recht" usf. Diese faßten den vielfältigen Rechtsstoff unter äußerlichen Ordnungsgesichtspunkten zusammen – vergleichbar einer bibliothekarischen Ordnung von Büchern nach dem Alphabet. Dem „äußeren System" kam daher nur Darstellungswert zu; man konnte aus ihm keine Entscheidung ableiten. Das **innere System** war dagegen mit Hilfe von Interessenbegriffen zu bilden – also mit Begriffen wie „Stabilitätsinteresse", „Verkehrsinteresse", „Gläubigerinteresse" etc. In diesen Begriffen, die auf die Lebenszusammenhänge abstellen, waren die jeweiligen Problemkomplexe und Entscheidungsgruppen abzubilden; sie dienten der Darstellung der Sachprobleme – wie zum **Beispiel** der Darstellung der Probleme des „Realkredits", des „Warenverkehrs" u.ä.m. Man hielt sie aber für ungeeignet zur Ausbildung eines geschlossenen, in sich konsistenten Systems, da die Interessenlagen und Problemkomplexe dem stetigen Wandel unterworfen seien. Diesen Mangel an innerer Systematik sucht nun die normative Wertungsjurisprudenz mit der (Nach-)Konstruktion einer „hinter den Gesetzen" stehenden Wertordnung zu überwinden.

194 Dabei besteht der Unterschied zu den Systemen der Begriffsjurisprudenz vor allem darin, daß man dieses wertungsjuristische System als ein *System* von „Wertungen" (von Wertentscheidungen) charakterisiert. Damit beruft man sich allerdings zunächst nur auf den Umstand, daß die in den Gesetzen verkörperten „Entscheidungen" letztlich nicht zwingend abgeleitet werden können – d.h. daß sie nicht als „notwendig" nachweisbar sind, daß sie als „Entscheidungen" auch anders hätten ausfallen können. Insoweit übernimmt auch die normative Wertungsjurisprudenz den positivistischen Ausgangspunkt. Sie will mit dem Hinweis auf die Wertungen des Gesetzgebers aber andererseits auch hervorheben, daß dieses **„System" von Wertungen** als **konsistente Zusammenfassung gesetzgeberischer Zwecke** verstanden werden kann und muß – da es als eine Summe rein *willkürlicher* (unbegründbarer) Entscheidungen nicht „Recht" (richtig) sein könnte.

---

37 Dazu *Ph. Heck*, Begriffsbildung sowie *ders.*, Grundriß des Schuldrechts. 1929, Anhang, § 1.
38 Heck-F. (Fn. 6), S. 60 ff.; vgl. i.ü. die Darstellung bei *K. Larenz*, Methodenlehre, I 3.4, S. 55 ff.

Im Zusammenhang der Interessenjurisprudenz ergab sich diese „Notwendigkeit" der gesetzlichen Entscheidungen gewissermaßen mechanisch – nämlich daraus, daß sich das Gesetz der Rechtserkenntnis als „Resultante der um Anerkennung ringenden Interessen" darstellte (Rz 167). Es hat sich aber gezeigt, daß man die Notwendigkeit und Richtigkeit (also die Einheit) der heutigen Gesetze mit Hilfe dieser Vorstellung nicht mehr begründen kann (Rz 173 f.). Denn der Gesetzgeber stellt sich uns nicht mehr wie *Heck* als eine faktische Einheit dar. Die Wertungsjurisprudenz will und muß daher bei der Entscheidung des Streits zwischen den Gesetzgebern (Rz 171 ff., 182) alle heute (noch) geltenden Gesetze einheitlich auf eine konsistente Zusammenfassung der gesetzgeberischen Zwecke des *heutigen* Gesetzgebers zurückführen, um sie so als eine gesetzmäßige und zweckmäßige Regelung darzustellen. Diese erhält damit eine gewisse Notwendigkeit (Geschlossenheit), nach der die einzelnen Entscheidungen eben nicht anders ausfallen können. Und dieser Hinweis auf die interessengerechte Zweckmäßigkeit erlaubt dann eine argumentative Begründung der jeweiligen Wertung (Wertentscheidung).

Diese Interpretation wird nicht zuletzt dadurch erleichtert, daß die **Zwecke des Ge-** **195** **setzgebers** immer nur sehr allgemeine Zwecke sein können: Man kann sie nicht direkt mit den Zwecken der am Gesetzgebungsverfahren beteiligten Personen gleichsetzen – auch nicht mit den Zwecken der „Mehrheit" der Mitglieder des Gesetzgebungsorgans (Rz 163 f.). Man muß sie vielmehr von vornherein allein von der *allgemeinen* Regelungsfunktion des Gesetzes her beschreiben. Die „Zwecke des Gesetzes" sind also infolge des Zusammenhangs unseres Gesetzgebungsverfahrens[39] immer schon *hypothetische* Zwecke, also keine Zwecke einer oder mehrerer Einzelpersonen[40]. Und das macht es auch möglich, älteren heute noch geltenden Gesetzen Zwecke zuzuschreiben, von denen man annehmen kann, daß sie der *heutige* Gesetzgeber, dem sie zuzurechnen sind (Rz 190), mit ihrem Erlaß verbinden würde.

Für die Anwendung und Auslegung älterer Gesetze gelten danach ähnliche Regeln wie für die **196** Anwendung neuer Gesetze, deren Übereinstimmung mit der Verfassung zweifelhaft ist. Bei letzterer führt nämlich der Grundsatz der sog. verfassungskonformen Auslegung[41] dazu, daß man „Zwecke" außer Acht läßt, die der Gesetzgeber mit dem Erlaß des Gesetzes zwar tatsächlich verfolgt hat, die sich aber mit dem durch die Verfassung gesetzten Maßstab nicht vereinbaren lassen. Damit legt man also dem Gesetz einen Zweck (ein Regelungsziel) bei, den es zwar vom Gesetzgebungsorgan her gesehen nicht hatte, den es aber hätte haben können, und den daher ein Gesetzgeber, der sich an der Verfassung orientierte, mit seinem Erlaß verfolgt haben würde. Man stellt damit auf einen „Zweck" des Gesetzes ab, der diesem von „Rechts wegen" zuzuschreiben ist.

---

39 Dazu u.a. *Pawlowski* DÖV 1976, S. 505 ff.
40 Es ist zwar nicht ausgeschlossen, daß ein oder mehrere Mitglieder der Gesetzgebungsorgane mit dem Erlaß des Gesetzes gerade die „Zwecke" verfolgten, die später auch als „Zweck des Gesetzes" anzusprechen sind. Und bei einer guten Gesetzgebung wird diese Übereinstimmung häufig bestehen. Insofern lohnt sich also immer eine Verwertung der sog. Gesetzgebungsmaterialien. Man kann aber aus den *subjektiven* Zwecken der Mitglieder der Gesetzgebungsorgane nie zwingend auf die „Zwecke des Gesetzes" schließen. Die Materialien *binden* also die Auslegung des Gesetzes *nicht;* dazu schon *Pawlowski*, Allg. Teil Rz 36 ff. und auch *ders.* Methodenlehre Rz 641 ff.
41 Dazu *Larenz/Canaris* Methodenlehre, 4.2. S. 159 ff. und auch *Pawlowski*, Methodenlehre, Rz 557 ff.

197   Der Unterschied zwischen der Systembildung der Begriffsjurisprudenz und der normativen Wertungsjurisprudenz liegt danach in der Art der Begriffsbildung. Das begriffsjuristische System ergab sich aus der Verallgemeinerung beschreibender (definierender) Gesetzesbegriffe (Rz 150 ff.), **das System der normativen Wertungsjurisprudenz wird** dagegen **mit Hilfe zweckbezogener** (teleologischer oder besser
funktionaler) **Begriffe gebildet**[42]. Es hat daher aufgrund des Zweckbegriffs von vornherein mehr sachlichen Inhalt, da die Zwecke des Gesetzgebers (bzw. des Gesetzes)
jetzt mehr Kriterien (Bestimmungsgründe) bieten als die abstrakten Definitionen der
Begriffsjurisprudenz.

Dies mag das **Beispiel** des „subjektiven Rechts"[43] verdeutlichen, also des Begriffes, der für
uns verallgemeinernd die unterschiedlichen Arten der Rechte bezeichnet, also die Herrschafts-
, Forderungs- und Gestaltungsrechte – Eigentum, Verpflichtungen aus Darlehn oder Kündigungsrechte: Begrifflich verallgemeinernd (beschreibend) hat man das subjektive Recht als
„Willensmacht" (*F.C. von Savigny)* oder – modern – als „Normsetzungsbefugnis" (*E. Bucher*)
definiert. Definiert man es dagegen von seinem Zweck her (teleologisch), so wird man diesen
in der „Sicherung der Existenzgrundlagen" finden – hob doch schon *R. von Ihering*[44] hervor,
daß das Recht dem einzelnen subjektive Rechte nicht zuweise, damit dieser „wollen" (entscheiden), sondern damit er seine Bedürfnisse befriedigen können. In den „Zweck" der Sicherung der Existenzgrundlage geht aber von vornherein mehr Inhalt ein als in den definitorischen
Begriff des „subjektiven Rechts als Normsetzungsbefugnis".

197a   In der Sachhaltigkeit der wertungsjuristischen Begriffe liegt allerdings eine gewisse
Gefahr: Diese werthaltigen Begriffe sind im allgemeinen geeignet, Emotionen zu
binden. Man ist eher geneigt, sich für die „Sicherung von Existenzgrundlagen" zu engagieren, als für die Sicherung einer „Normsetzungsbefugnis"[45]. Und diese Fähigkeit, Emotionen anzusprechen, bietet zwar augenscheinlich *Vorteile bei der Begründung* von Urteilen; sie kann aber bei der Suche nach der richtigen (gerechten) Entscheidung u.U. in die Irre führen, da man nicht ausschließen kann, daß die Emotionen
des Entscheidenden durch Zusammenhänge angesprochen werden, denen keine allgemeine Verbindlichkeit zukommt.

c) Das Verfahren der teleologischen Reduktion

198   Von diesem Ansatz der normativen Wertungsjurisprudenz her lassen sich jetzt einige
juristische Arbeitsmittel beschreiben – bzw. besser beschreiben als bisher. Hier ist zunächst die *teleologische Reduktion* (ein von *K. Larenz*[46] eingeführter Ausdruck) zu
nennen, mit der man den Geltungsbereich einer Vorschrift des Gesetzes, der diesem
nach *wörtlicher* Auslegung zukommt, mit Hilfe von Argumenten beschränkt, die sich
auf den Zweck (das „Telos") des Gesetzes beziehen. **Die teleologische Reduktion ist
ein Gegenstück zur Analogie** (Rz 165 ff.).

---

42 Dazu *R. Wank*, Die juristische Begriffsbildung. 1985, S. 87 ff.
43 Dazu *Pawlowski*, Allg. Teil, Rz 104 ff., 282 ff.
44 Der Geist des römischen Rechts auf den verschiedenen Stufen seiner Entwicklung. Teil 3, 1, 9. Aufl.
    Aalen 1968 (Neudruck der 5. Aufl. Leipzig 1906), §§ 60 ff.
45 Dazu *Pawlowski* AcP 175, S. 189 ff., 214.
46 Dazu *Larenz/Canaris*, Methodenlehre, 5.2, S. 210 ff.

Ein **Beispiel** für dieses Verfahren bietet schon die früher (Rz 168) beschriebene *einschränkende* Auslegung (dazu noch Rz 203 ff.) des § 400 BGB, die man bereits mit Hilfe der interessenjuristischen Argumente begründen kann.

Mit den Hilfsmitteln der Wertungsjurisprudenz lassen sich jetzt derartige Einschrän-   **199** kungen des Geltungsbereichs gesetzlicher Bestimmungen nicht nur aus dem Zweck *einer* Gesetzesvorschrift ableiten, sondern auch „aus dem Zusammenhang des Gesetzes". Ein illustratives **Beispiel** für eine derartige teleologische Reduktion – und die damit zusammenhängenden Überlegungen – bietet die Auslegung der §§ 512a, 549 II ZPO.

Nach diesen Vorschriften können die Rechtsmittel der Berufung und Revision nicht darauf gestützt werden, daß die Untergerichte ihre „örtliche Zuständigkeit zu Unrecht angenommen" haben. Rechtsprechung und Lehre gehen nun davon aus[47], daß dies nicht in den Fällen gilt, in denen es um die sog. internationale Zuständigkeit geht – also um die Frage, ob die deutschen Gerichte überhaupt für die Klage zuständig sind und nicht etwa „nur" ausländische Gerichte[48]. Dies ergibt sich aber nicht aus dem Wortlaut der §§ 512a, 549 II ZPO. Denn die Zivilprozeßordnung sollte bei ihrem Erlaß auch die Frage der *internationalen* Zuständigkeit regeln – und zwar mit Hilfe der Regelungen der *örtlichen* Zuständigkeit der Gerichte (des Gerichtsstandes: §§ 12 ff. ZPO), was u.a. § 23 ZPO deutlich macht[49]. Die §§ 12 und 13 ZPO legen daher nicht nur fest, daß für Klagen, für die kein ausschließlicher Gerichtsstand bestimmt ist, das Gericht am Wohnsitz des Beklagten örtlich zuständig ist. Sie bestimmen vielmehr auch, daß für einen Rechtsstreit gegen einen Beklagten, der seinen Wohnsitz im Inland hat, die (alle) deutschen Gerichte international zuständig sind[50]. Rechtsprechung und Lehre schränken also den Geltungsbereich, der den §§ 512a, 549 II ZPO ihrem Wortlaut nach zukommt, mit Hilfe *systematischer* Erwägungen ein – nämlich mit dem Hinweis auf die unterschiedlichen „Funktionszusammenhänge" der örtlichen und der internationalen Zuständigkeit.

Dafür kann man sich einmal darauf berufen, daß in die ZPO inzwischen eine Reihe von neuen   **199a** Vorschriften aufgenommen worden sind, die besondere Regelungen für die internationale Zuständigkeit enthalten – so zum **Beispiel** die §§ 606a, 640a ZPO[51]. Entscheidend ist aber, daß die Systematik des Kollisionsrechts seit Erlaß der Zivilprozeßordnung eine Entwicklung erfahren hat, die zu einem differenzierten Umgang mit den gesetzlichen Normen zwingt, bei deren Formulierung die Probleme des Kollisionsrechts noch nicht ausreichend beachtet wurden[52]. Denn diese Entwicklung hat zu der Erkenntnis geführt, daß die Probleme der internationalen Zuständigkeit nicht selten andere Lösungen erfordern, als sie Regelungen der örtlichen Zuständigkeit bieten[53], die die Probleme regeln und lösen sollen, die sich aus dem Zusammenhang unserer Justizorganisation ergeben. Die teleologische Reduktion des Geltungsbereichs der „grundsätzlich doppelfunktionellen"[54] Regelungen der örtlichen Zuständigkeit ist

---

47 BGHZ (GS) 4, S. 46 ff.; Zöller/*Geimer*, Zivilprozeßordnung. 14. Aufl. 1984, IZPR, Rz 281 mit Nachw.

48 Allgemein zum Problem des sog. Kollisionsrechtes, das die Frage regelt, inwieweit deutsche Gerichte das Recht anderer Staaten anzuwenden haben, *Pawlowski*, Allg. Teil, Rz 269 f.; instruktiv zu den hier behandelten Problemen *E. Lorenz* IP Prax 1985, S. 256 ff.

49 Danach ist „für Klagen wegen vermögensrechtlicher Ansprüche gegen eine Person, die im Inland keinen Wohnsitz hat, das Gericht zuständig, in dessen Bezirk sich Vermögen derselben ... befindet"; vgl. i.ü. die §§ 15, 16, 27 II ZPO und dazu Zöller/*Geimer*, ZPO (Fn. 47), IZPR, Rz 278 f.

50 Vgl. Zöller/*Geimer*, ZPO (Fn. 47), IZPR, Rz 279: „Die deutschen Gerichtsstandsvorschriften sind grundsätzlich doppelfunktional" (d.h., sie regeln die örtliche und internationale Zuständigkeit); vgl. auch *E. Lorenz* IP Prax 1985, S. 256 ff., 257.

51 Dazu Zöller/*Geimer*, ZPO (Fn. 47), IZPR, Rz 276 ff.

52 Dazu *E. Lorenz* IP Prax 1985, S. 256 ff., 257.

53 Dazu die ausführliche Darstellung bei Zöller/*Geimer*, ZPO (Fn. 47), IZPR, Rz 292 ff.

54 Vgl. Fn. 50.

also deshalb gerechtfertigt, weil sich die gesetzgeberischen Zwecke der Gerichtsstandsvorschriften von den Zwecken unterscheiden, an sich die Regelung der internationalen Zuständigkeit zu orientieren hat[55]. Die Darstellung der genaueren Begründung würde hier zu weit führen.

200 Man kann also festhalten, daß dem **methodischen Hilfsmittel** der teleologischen Reduktion ebenso wie den früher erwähnten Hilfsmitteln – also dem argumentum e contrario bzw. dem Umkehrschluß (Rz 115), der Analogie (Rz 158 f., 165 ff.) oder der einschränkenden Auslegung (Rz 168 ff.) – **nur eine formale Bedeutung** zukommt. **Die Zulässigkeit oder Rechtfertigung einer teleologischen Reduktion wie die einer Analogie etc. ergibt sich immer erst aus weiteren Überlegungen** – in einer Reihe von Fällen aus dem Bezug auf den Zweck einer einzelnen Vorschrift, in anderen Fällen erst aus dem Zusammenhang der Systematik eines bestimmten Rechtsgebietes.

Zur Rechtsstellung des nichtrechtsfähigen Vereins

201 Ein gutes **Beispiel** für die Notwendigkeit, den Geltungsbereich gesetzlicher Vorschriften entgegen ihrem Wortlaut teils zu beschränken (teleologische Reduktion), teils aber auch auszudehnen (*teleologische Extension*)[56] bietet auch die Auslegung des bereits (Rz 171, 182) erwähnten § 54 BGB, der die Rechtsstellung der nicht rechtsfähigen Vereine regelt.

Diese soll sich nach seinem Wortlaut nach den Vorschriften über die Gesellschaft (§§ 705 ff. BGB) richten[57]. Um teleologische Reduktion geht es in diesem Zusammenhang, wenn man mit der h.L. die Haftung der Vereinsmitglieder für die Verbindlichkeiten „aus Gesetz" (ex lege)[58], für die sie nach dem Wortlaut des § 54 BGB nach den §§ 31[59] oder 714, 426[60] BGB persönlich haften würden, auf das Vereinsvermögen beschränkt. Nach *K. Larenz*[61] beruht diese Beschränkung der Haftung auf der Erwägung, „daß das Interesse der Gläubiger bei nicht wirtschaftlichen Vereinen, die in der Regel keine umfangreichen Geschäfte betreiben, angesichts des § 54, Satz 2[62] die unbeschränkte Haftung aller Mitglieder nicht erfordert und andererseits einer derartigen Haftung die Erwartungen derjenigen, die einem nichtrechtsfähigen

---

55 Vgl. dazu die Darstellung bei Zöller/*Geimer*, ZPO (Fn. 47), IZPR, Rz 205 ff.
56 Dazu Larenz/*Canaris*, Methodenlehre, 5.2, S. 216 ff.
57 Zum Folgenden *Pawlowski*, Allg. Teil, Rz 120 ff.
58 Die Beschränkung der Haftung für die Verbindlichkeiten aus Verträgen kann man mit Hilfe der Beschränkungen der Vertretungsmacht des Vorstandes begründen (so z.B. RGZ 143, S. 212 ff. oder *H. Brox*, Allg. Teil des BGB. 23. Aufl. 1999, Rz 722 und *W. Brehm*, Allg. Teil des BGB. 3. Aufl. 1997, Rz 701). Heute empfiehlt man hier vermehrt den Hinweis auf das Gewohnheitsrecht; so u.a. *H. Hübner*, Allg. Teil des Bürgerlichen Gesetzbuches. 2. Aufl. 1996, Rz 263; Alternativ-Kommentar zum BGB/*Ott*, § 54 Rz 13. Dies empfiehlt sich allerdings nur für die Rechtsprechung, die dieser Hinweis davon entbindet, sich bei anerkannten Ergebnissen, über deren Begründung man aber streitet, für eine der umstrittenen Begründungen zu entscheiden; dazu *Pawlowski*, Allg. Teil, Rz 47 ff., 121a f.
59 So die heute h.L.; vgl. nur *D. Medicus*, Allg. Teil des BGB. 7. Aufl. 1997, Rz 1157 oder *Pawlowski*, Allg. Teil, Rz 127 m.Nachw. und BGHZ 50, S. 326 ff., 329 (obiter); früher hatte man diese Haftung bei Delikten auf § 831 BGB gestützt; vgl. Palandt/*Thomas*, Bürgerliches Gesetzbuch. 59. Aufl. 2000, § 54 Rz 12.
60 So z.B. für die Gesellschaft z.B. *K. Larenz*, Schuldrecht II, 12. Aufl. 1981, § 60 IV, S. 398 ff. Es sei angemerkt, daß sich die hier dargestellt Problematik anders darstellt, wenn man der neueren Lehre des Gesellschaftsrechts folgt; dazu *Pawlowski*, Allg. Teil, Rz 122 mit Nachw.
61 Allg. Teil, § 10 IV, S. 162.
62 Der bestimmt, daß derjenige, der für einen Verein handelt, immer auch persönlich haftet.

Verein beitreten, in solchem Maße widerstreben würde, daß sie ihnen gegenüber als grob unbillig erscheinen müßten".

Man beruft sich damit also zur Beschränkung der Haftung einmal auf den Wegfall des ursprünglichen Gesetzeszwecks (Schlechterstellung der Gewerkschaften – Rz 171, 182), der sich angesichts der positiven Wertung der Gewerkschaften in Art. 9 GG gerade in sein Gegenteil verkehrt hat. Und man bestimmt von daher die Rechtsstellung des nichtrechtsfähigen Vereins in einer Art, die der neuen positiven „Wertung" Rechnung trägt – wobei man u.a. den Gewerkschaften mit Hilfe einer teleologischen Extension über den Wortlaut des § 50 II ZPO hinaus auch in Aktivprozessen die Stellung eines rechtsfähigen Vereins" zubilligt.

Diese zuletzt angesprochene ausdehnende Anwendung des § 50 II ZPO geht allerdings bereits über den Zusammenhang der *normativen* Wertungsjurisprudenz hinaus, da hierfür auch Argumente und Wertungen verwendet werden, die (noch) nicht in gesetzlichen Vorschriften ausgedrückt worden sind, sondern „nur" in Präjudizien, Lehren usf. Dies führt schon in den Zusammenhang der *objektiven* Wertungsjurisprudenz, die gleich zu behandeln sein wird (Rz 221 ff.). **202**

d) Extensive und restriktive Auslegung

Zu den Arbeitsmitteln, die sich von der normativen Wertungsjurisprudenz her besser beschreiben lassen, gehört auch die extensive (ausdehnende) und restriktive (einschränkende) Auslegung. Diese Formen haben eine enge Beziehung zu den bisher behandelten Hilfsmitteln der Analogie und der teleologischen Reduktion. Und es hängt vielfach von dem jeweils gewählten Stil ab, ob man von „einschränkender Auslegung" oder von „teleologischer Reduktion" (Rz 198), bzw. von „ausdehnender Auslegung", „teleologischer Extension" (Rz 201) oder von „Analogie" (Rz 158, 165 ff.) spricht. **203**

So regelt zum **Beispiel** nach allgemeiner Meinung § 119 II BGB, nach dem als „Irrtum über die Erklärung" auch der „Irrtum über verkehrswesentliche Eigenschaften einer Sache" gilt, auch den Irrtum über verkehrswesentliche Eigenschaft von *unkörperlichen* Gegenständen[63] – obwohl nach der Legaldefinition des § 90 BGB „Sachen" im Sinne des BGB nur körperliche Gegenstände sind. Man kann dies als (den Wortsinn) ausdehnende Auslegung des § 119 II BGB bezeichnen – oder aber als analoge Anwendung der für den Irrtum über verkehrswesentliche Eigenschaften von Sachen geltenden Vorschriften auf die Fälle des Irrtums über verkehrswesentliche Eigenschaften von „Gegenständen"[64].

Die Notwendigkeit, zwischen Analogie und ausdehnender Auslegung bzw. zwischen teleologischer Reduktion und einschränkender Auslegung zu unterscheiden, ergibt sich nun nicht daraus, daß diese verschiedenen Arten des Umgang mit dem Gesetz unterschiedliche Begründungen erfordern. Der Unterschied dieser juristischen Arbeitsmittel liegt vielmehr in ihrer Beziehung zum Wortlaut des Gesetzes – und er hat damit u.a. Bedeutung für die Auslegung von Gesetzen, die staatliche „Eingriffe" in **204**

---

63 Dazu RGZ 149, S. 235 ff.; BGH LM § 779, Nr. 2; *D. Medicus*, Allg. Teil (Fn. 59), Rz 771 oder *Pawlowski*, Allg. Teil, Rz 543 m.Nachw.

64 Dasselbe wiederholt sich bei der Auslegung des § 459 BGB – vgl. *K. Larenz*, Lehrbuch des Schuldrechts. II 1, 13. Aufl. 1986, § 45 II, § 164 ff.; Palandt/*Putzo, BGB* (Fn. 59), vor § 459 Rz 16 ff. oder BGHZ 85, S. 367 ff.

die Rechte der Bürger regeln. Die **Zulässigkeit der** (und die Begründung für die) **Analogie oder einschränkende Auslegung** etc. **ergibt sich** daher jeweils aus dem Zusammenhang des jeweiligen Rechtsproblems – d.h. **aus der** von der Rechtsdogmatik erarbeiteten **Systematik des jeweiligen Rechtsgebietes** (Rz 200).

So verbieten zum **Beispiel** Art. 103 GG und § 1 StGB bei der Anwendung strafrechtlicher Tatbestände eine Analogie (zuungunsten des Täters), nicht aber eine extensive (ausdehnende) Auslegung. Und das BVerfG hat mehrfach hervorgehoben, daß der Gesetzgeber auch im Steuerrecht den Vorrang haben müsse[65]. Die Analogie ist schließlich auch im allgemeinen Verwaltungsrecht nur im beschränkten Umfang[66] zulässig[67], da auch hier nach der Lehre vom „Vorbehalt des Gesetzes" alle „wesentlichen Entscheidungen"[68] vom Gesetzgeber getroffen werden müssen.

Zum Sprachgebrauch der Rechtsprechung

205   Das hat dazu geführt, daß die Rechtsprechung die Ausdrücke „Analogie" oder „ausdehnende Auslegung" bzw. „teleologische Reduktion" oder „einschränkende Auslegung" ihrem jeweiligen Bedürfnis anpaßt. So spricht sie ganz allgemein bei der Anwendung „zwingender" Vorschriften, die das Verhältnis des Bürgers zum Staat regeln oder die Ausübung einzelner subjektiver Rechte beschränken (wie zum **Beispiel** bei den Vorschriften der Verjährung), gerne von „ausdehnender Auslegung" und nicht von „Analogie".

205a   So hat zum **Beispiel** der Große Senat des BGH[69] entschieden, daß „der nicht beim Bundesgericht zugelassene Rechtsanwalt des Revisionsbeklagten beantragen kann, festzustellen, daß der Revisionskläger die Kosten des Rechtsmittels zu tragen hat" (§§ 566, 515 Abs. 3 Satz 2 ZPO) – obwohl sich aus dem Wortlaut des § 8 EG ZPO nur ergibt, daß sich die (bayerische) Partei bis zur Entscheidung des Obersten Landesgerichts über die Zuständigkeit durch einen bei einem Landgericht, Oberlandesgericht oder dem Bundesgerichtshof zugelassenen Anwalt vertreten lassen kann. Der Große Senat hob dabei zunächst hervor, daß die Vertretungsbefugnis „nach dem Buchstaben des Gesetzes" allerdings mit Zustellung des Beschlusses über die Zuständigkeit endet. Das RG hatte aber schon entschieden, daß ein nicht beim Revisionsgericht zugelassener Anwalt des Revisionsklägers auch noch die Revision zurücknehmen könne – und dem hatte der BGH zugestimmt, „weil sonst die Partei nur mit erheblichen Mehrkosten belastet würde, *ohne daß dies dem Sinn des § 8 EG ZPO entnommen werden könnte*" (Hervorhebung v. Verf.). Dies müsse auch für den Kostenantrag des Revisionsbeklagten gelten (was der BGH bisher abgelehnt hatte), weil eine unterschiedliche Behandlung nicht gerechtfertigt sei und der auf Feststellung der Kostenpflicht gerichtete Antrag des Revisionsbeklagten weniger bedeutsam sei als die Erklärung des Revisionsklägers über die Rücknahme der Revision. – Es leuchtet ein, daß der BGH dieses Ergebnis auch mit der Formulierung weiterer ungeschriebener Rechtssätze hätte begründen können, die dann mit einer Analogie zu § 8 EG ZPO zu rechtfertigen gewesen wären. Er begnügte sich aber – m.E. zu Recht – mit einer *extensiven* Auslegung des § 8 EG ZPO. Entscheidend ist in beiden Fällen die teleologische Begründung aus dem „Zweck des Gesetzes".

---

65 BVerfGE 13, S, 318 ff., 328; 19, S. 253 ff., 267.
66 Dazu z.B. BVerfG 11, S. 263 f.
67 Dazu u.a.A. *Gern* DÖV 1985, S. 558 ff.
68 So u.a. BVerfGE 33, S. 303 f.; 41, S. 251 ff., 260; dazu *G. Roellecke* NJW 1978, S. 1776 ff. oder *H.-W. Rengeling* NJW 1978, S. 2217 ff. m.Nachw.
69 BGHZ 93, S. 12 ff.

Ähnliche Ausführungen findet man auch bei der Anwendung von Verjährungsvorschriften. So **205b** erstreckte zum **Beispiel** der BGH die Hemmung der Verjährung bei Verhandlungen über die Entschädigung, die § 852 II BGB für Deliktsansprüche anordnet, auch auf solche (Vertrags-)Ansprüche aus § 558 BGB (Mietvertrag), denen keine Deliktsansprüche zugrundeliegen[70]. Das Gericht verwies dabei auf „vergleichbare Bestimmungen in anderen Fällen"[71] und auf den „Zweck des Gesetzes" (nämlich eine größere Rechtsklarheit zu gewährleisten) und wandte mit der Begründung § 852 II BGB über seinen Wortlaut hinaus an – wobei es ausdrücklich ablehnte, von „entsprechender Anwendung"[72] zu sprechen.

In Fällen, bei denen es (nur) um die „richtige" (gerechte) Ausgestaltung von Ver- **206** tragsverhältnissen oder von privatrechtlichen Rechtsinstituten geht, spricht die Rechtsprechung dagegen meist leicht von „entsprechender Anwendung" – und damit von Analogie. Und das selbst in solchen Fällen, in denen es der Sache nach um eine direkte Anwendung des Gesetzes geht.

So spricht der BGH[73] zum **Beispiel** von „entsprechender Anwendung", wenn er das in § 181 **206a** BGB für die Geschäfte von Stellvertretern angeordnete Verbot der Doppelvertretung bzw. des Selbstkontrahierens auf die Geschäfte von Konkursverwaltern oder Testamentsvollstreckern anwendet – weil diese heute nicht als „Stellvertreter", sondern als „Partei kraft Amtes" eingeordnet werden. Diese Einordnung dürfte jedoch selbst für einen strikten Positivisten der direkte Anwendung des § 181 BGB auf die Geschäfte des Konkursverwalters oder Testamentsvollstreckers nicht entgegenstehen, weil diese Personen bei Erlaß des BGB noch als Vertreter angesehen wurden – so daß die Anwendung des § 181 dem Willen des historischen Gesetzgebers (Rz 161) entspricht.

Daneben bezeichnete zum **Beispiel** der BGH[74] in einem Fall, in dem es um eine angemessene **206b** Ausgestaltung des Vertragsverhältnisses zwischen Haupt- und Untermieter ging, eine erweiternde Auslegung des § 281 BGB im Rahmen eines Mietverhältnisses als „entsprechende Anwendung" (Analogie). In diesem Fall hatte sich der Hauptmieter anläßlich einer zwischen ihm und dem Vermieter vertraglich vereinbarten Auflösung des Hauptmietverhältnisses u.a. eine Entschädigung für die vorzeitige Beendigung des Untermietverhältnisses versprechen lassen. Der BGH stellte fest, daß das Untermietverhältnis nach dem zwischen Haupt- und Untermieter geschlossenen Vertrag nach einer bestimmten Frist *oder* mit Beendigung des Hauptmietvertrages endigen sollte, so daß bei Beendigung des Hauptmietvertrages bei „formaler Betrachtung" keine Vertragsansprüche des Untermieters wegen Unmöglichkeit entfallen (wie es § 281 BGB seinem Wortlaut nach voraussetzt). Das Gericht führt aber dann aus, daß es sich sachlich dennoch gleichwohl um einen Fall handele, in dem der Untermieter seinen vertraglich begründeten Anspruch aus dem Untermietvertrag aufgrund eines Umstandes verliere, aufgrund dessen der Schuldner (Hauptmieter) einen Ersatzanspruch erlange – was die *entsprechende* Anwendung des § 281 BGB gebiete. Die Begründung ergibt sich hier also eher aus *systematischen* (strukturellen) Erwägungen und nicht so sehr aus dem „Zweck des Gesetzes".

Zusammenfassend ist also festzuhalten, daß **Analogie** und **ausdehnende Auslegung,** **207** **teleologische Reduktion und einschränkende Auslegung** verwandte, aber auch unterschiedliche juristische Arbeitsmittel sind. Ihre *Verwandtschaft* zeigt sich darin, daß sie gewissermaßen einen gleichartigen Begründungsaufwand erfordern. Ihre Zuläs-

---

70 BGHZ 93, S. 64 ff.
71 Dazu BGHZ 81, S. 272 f.
72 BGHZ 93, S. 64 ff., 68.
73 BGHZ 30, S. 67 ff., 69; dazu die Darstellung bei *Pawlowski*, Allg. Teil, Rz 687 ff., 791 f.
74 MDR 1985, S. 647.

sigkeit ergibt sich jeweils aus der Verbindung der einzelnen Normen zu anderen Normen – und damit aus der Systematik des jeweiligen Rechtsgebietes, aus der sich dann der Geltungsbereich aller einzelnen Normen ergibt. Sie sind also **formale Hilfsmittel des juristischen Denkens.** Von daher ist es in vielen Fällen von geringerer Bedeutung, ob man von „Analogie" oder „erweiternder Auslegung" spricht.

Man muß sich aber darüber klar sein, daß es bei einer Reihe von Rechtsfragen auf die *Unterschiede* dieser Arbeitsmittel ankommt – wie zum **Beispiel** wegen des nulla-poena-Prinzips im Strafrecht, bei vielen Fragen des öffentlichen Rechts, aber auch bei den Regelungen der Geschäftsfähigkeit im Zivilrecht usf. Im Rahmen einer Einführung in die juristische Methodenlehre läßt sich jedoch die Frage, wenn man strikt an den Wortlaut eines Gesetzes gebunden ist und wann man von ihm abweichen kann, nicht beantworten – weil die Antwort darauf von dem Stand der Dogmatik und Systematik der jeweiligen Rechtsgebiete abhängt. Sie kann daher nur im Rahmen einer weitergehenden Darstellung der Probleme der heutigen Methodenlehre behandelt werden. Hier sei dazu nur bemerkt, daß sich Kriterien für die Beantwortung dieser Frage aus den verschiedenen Funktionen[75] der Gesetze gewinnen lassen.

e) Zum sog. Lückenproblem

208   Obwohl Lehre und Rechtsprechung grundsätzlich anerkennen, daß sich der Geltungsbereich der einzelnen Normen erst aus ihrem Zusammenhang mit den übrigen Normen ergibt[76] – versucht man immer wieder, auch formal zu bestimmen, wann es *zulässig* ist, diese juristischen Arbeitsmittel anzuwenden. Man geht dabei zunächst von dem Subsumtionsmodell (Rz 104 ff., 165 ff.) aus, und verlangt dann für die Zulässigkeit einer Analogie oder einer teleologischen Reduktion das Vorliegen einer „Gesetzes- oder Rechtslücke". Diese **Lücke soll** dann die Gerichte – und auch die ihnen zuarbeitende Rechtsdogmatik – **zu einer Rechtsfortbildung legitimieren**[77].

208a   Gegen diese Rechtfertigung von Analogie und teleologischer Reduktion wie auch der einschränkenden und ausdehnenden Auslegung durch den Hinweis auf Gesetzes- und Rechtslücken spricht, das diese Vorstellung der Sache nach immer auf eine Gleichsetzung von Recht und Gesetz verweist, die man heute allgemein ablehnt – jedenfalls offiziell. Denn die Unterscheidung von Rechtsanwendung und Rechtsfortbildung durch die Gerichte (Rz 117 ff.) liegt zunächst nur für den auf der Hand, der von der Vorstellung ausgeht, daß das Recht allein oder doch vornehmlich durch die staatlichen Gesetze bestimmt werde[78]. Die Wertungsjurisprudenz, die die Gesetze als Ausprägung

---

75 Nämlich aus deren Normativ-, Verbesserungs- oder Planungsfunktion; dazu *Pawlowski* Rechtstheorie Bd. 12 (1981), S. 9 ff. und i.ü. *ders.*, Methodenlehre, Rz 383 ff., 531 ff., 626 ff.

76 *Raisch/Maasch*, Festschrift für W. Benisch. 1989, S. 201 ff. verstehen daher die Analogie zu Recht als Spezialfall der systematischen Auslegung.

77 Dazu nur *Fr. Bydlinski*, Methodenlehre, 3.3, S. 472 ff. m.Nachw. – wenn auch mit dem Hinweis, daß „Maßstab für die Gesetzeslücke … daher nur das gesamte Recht sein" kann, was dann i.E. kaum von den hier dargelegten Überlegungen abweicht.

78 Vgl. *W. Fikentscher*, Methoden IV, S. 161: „Verständlich ist die Bedeutung des Lückenproblems nur vom Standpunkt des Kodexdenkens aus"; kritisch gegenüber dem „Lückenbegriff" auch *Koch/Rüßmann*, Juristische Begründungslehre. 1982, S. 254 ff. oder *Looschelders/Roth*, Methodik, E, S. 220 ff.;

einer hinter ihr stehenden Wertordnung versteht (Rz 190, 192) – um damit die Konflikte zwischen verschiedenen Gesetzgebern auszugleichen und die Gesetze auf den heutigen Gesetzgeber zu beziehen (Rz 182, 190) –, hat an sich keinen Anlaß, eine durch den *Wertewandel* (Rz 182) veranlaßte Rechtsfortbildung mit Hilfe der Konstruktion von „Gesetzeslücken" zu legitimieren. Denn nach ihrem Ansatz verstellt die Interpretation eines Gesetzes nur „vom Gesetzgebungsverfahren" und damit allein vom *historischen* Gesetzgeber gerade den Zugang zum „richtigen" (rechtlichen) Inhalt der Gesetze. Man verlangt aber trotzdem für Rechtsfortbildungen immer wieder den Nachweis von Gesetzeslücken – ohne daß man genauer sagen könnte, wann diese vorliegen[79].

Wenn man jedoch beachtet, daß man sich mit dem Begriff der „Gesetzes- oder Rechtslücke" immer nur auf einen begrenzten Aspekt der Gesetzes- und Rechtsanwendung bezieht, kann es **für den Umgang** mit den staatlichen **Gesetzen hilfreich** sein, wenn man dabei zwischen den **verschiedenen Arten von Lücken** unterscheidet – wie zwischen „Normlücken", „Regelungslücken", „Rechtslücken"[80] usf. Denn diese Begriffe weisen darauf hin, daß es dabei jeweils um **verschiedene Problemlagen** geht: **209**

So kann sich bei älteren Gesetzen die Notwendigkeit zu einer „rechtsfortbildenden" Anwendung des Gesetzes (mit Hilfe von Analogie oder ausdehnender Auslegung) zum **Beispiel** daraus ergeben, daß der Gesetzgeber die Entscheidung einer bestimmten Problematik – wie die Regelung des Kaufs von Gegenständen und nicht von Sachen (vgl. Rz 120) – *bewußt* Rechtsprechung und Lehre überlassen wollte; sie kann aber zum **Beispiel** wegen eines „Wertewandels" erforderlich sein, der sich in einem neuen Gesetz ausgedrückt hat (Rz 182) usf. Und es liegt auf der Hand, daß es für die Begründung eines Analogieschlusses von Bedeutung ist, ob er Folge eines „Wertewandels" oder einer „bewußten Lücke" des Gesetzes ist.

Die Norm- oder Formulierungslücken

Im Folgenden werden daher verschiedene Arten der Gesetzeslücken angesprochen, mit deren Hilfe man – wie im übrigen mit Hilfe des Subsumtionsmodells überhaupt – in einer Reihe von Fällen „einfacher" (abkürzend; vgl. Rz 147) argumentieren kann. Bei *unvollständigen* Vorschriften, welche man nicht ohne weitere Bestimmungen anwenden kann, die das Gesetz aber nicht enthält, spricht man von Norm- oder Formulierungslücken. **210**

Hierzu hat zum **Beispiel** *K. Larenz*[81] auf § 904 BGB verwiesen, der unvollständig sein soll, weil er zwar angibt, daß der Eigentümer Schadensersatz verlangen kann, nicht aber von wem – obwohl hier sowohl der Eingreifende als auch der Begünstigte in Frage kommen. Diese Norm muß also ergänzt werden, um angewandt werden zu können. *Normlücken* verweisen also *offen* auf die Zusammenarbeit von Gesetzgebung und Justizorganisation.

---

    auf die Verbindung von „Lücke" und Kodex-Denken verweist zunächst auch *Larenz/Canaris*, Methodenlehre, 5.2, S. 192; dazu schon oben Rz 117 ff.

79 Dazu nur die Darstellung bei *Pawlowski*, Methodenlehre, Rz 455 ff.

80 Dazu ausführlich *K. Engisch*, Einführung, Kap. VII, I, S. 176 ff. m.Nachw.; *Larenz/Canaris*, Methodenlehre, 5.2, S. 191 ff.; *W. Fikentscher*, Methoden III, S. 718 ff. oder *Looschelders/Roth*, Methodik, E III, S. 280 ff.

81 *Larenz/Canaris*, Methodenlehre, 5.2, S. 193; *W. Fikentscher*, Methoden III, S. 719 f. *E. Zitelmann*, Lücken im Recht. 1903, S. 27 ff. sprach in diesen Fällen von „echten Lücken". Und *Fr. Bydlinski*, Methodenlehre, 3.3. I, S. 473 spricht in diesen Fällen von „logischen Lücken".

W. Fikentscher[82] nennt als **Beispiel** einer Normlücke § 325 BGB, weil dieser anders als die §§ 323, 324 nichts über das Schicksal der Gegenleistung bestimme. Die dadurch entstandene „Lücke" soll die Rechtsprechung dann durch die Wahlmöglichkeit zwischen Surrogations- und Differenztheorie geschlossen haben.

210a Diese **Beispiele** lassen schon erkennen, daß der Lückenbegriff leicht zu Scheinbegründungen führen kann:

Denn in den Fällen des Angriffsnotstandes ging der Gesetzgeber davon aus, daß der Eingreifende haftet – so daß das Gesetz insofern einen eindeutigen Inhalt hatte[83], weshalb die h.M. zu Recht dem Gesetzgeber folgte und folgt. Eine Normlücke entstand daher erst, als eine neuere Lehre[84] die Haftung für die Folgen eines Angriffsnotstandes als „privatrechtlichen Aufopferungsanspruch" charakterisierte und daher den Begünstigten haften lassen wollte: m.E. zu Unrecht, wie man sich am **Beispiel** des *vermeintlichem* Notstandes verdeutlichen kann. In diesen Fällen haftet der Begünstigte nach der neueren Lehre nur, wenn die Voraussetzungen des § 680 BGB vorliegen und wenn dem Handelnden kein Übernahmeverschulden trifft (was dem Eigentümer vielfach verborgen bleiben wird), während sich der Eigentümer in den übrigen Fällen nur an den Handelnden halten kann – was zeigt, daß die neuere Lehre den geschädigten Eigentümer zu große Unsicherheiten zumutet[85].

Auch § 325 BGB konnte man erst aufgrund der späteren Entwicklung der Rechtsdogmatik als „unvollständig" bezeichnen – denn bis dahin enthielt diese Bestimmung *nach den Vorstellungen des Gesetzgebers*[86] keine Lücke, da der Gesetzgeber bei ihrer Formulierung von der Surrogationstheorie ausging[87]. Man kann zwar zu Recht der Meinung sein, daß die von Lehre und Rechtsprechung entwickelte Möglichkeit, den Schaden entweder mit Hilfe der Differenz- oder der Surrogationstheorie abzuwickeln, richtig ist – auch wenn dies nicht den ursprünglichen Vorstellungen des Gesetzgebers entspricht. Man muß diese Wahl aber mit den Gründen rechtfertigen, die Rechtsprechung und Lehre zur Entwicklung der Differenztheorie geführt haben – also mit Argumenten der *Gleichbehandlung*. Man kann sich aber nicht darauf berufen, daß das Gesetz ohne die Zubilligung dieser Wahlmöglichkeit nicht anzuwenden wäre.

Die Regelungs- bzw. Wertungslücken

211 In den Fällen, in denen man die vorhandenen Normen zwar technisch anwenden kann, in denen sie aber ohne eine Ergänzung durch andere Normen zu Regelungen führen, die dem Grundsatz der Gleichbehandlung widersprechen, soll dann eine Regelungs- bzw. Wertungslücke vorliegen[88].

Ein **Beispiel** dafür bietet § 630 ZPO, nach dem eine einverständliche Scheidung (für die allein die Zerrüttungsvermutung des § 1566 I BGB gilt) nur erfolgen soll, wenn ein „vollstreckbarer

---

82 Methoden IV, S. 579 f.
83 Dazu nur *Pawlowski*, Methodenlehre, Rz 388, 450.
84 So u.a. *K. Larenz*, Allgemeiner Teil des BGB. 7. Aufl. 1989, § 15 II, S. 277; MünchKomm-BGB/*Säkker*, § 904 Rz 17 f.; *N. Horn* JZ 1960, S. 350 ff., 352 ff. oder *W. Kraffert* AcP 165, S. 453 ff.
85 Dazu die Darstellung bei *Pawlowski*, Allg. Teil, Rz 859 und i.ü. bei *Kl. Müller*, Sachenrecht. 4. Aufl. 1997, Rz 315 oder Palandt/*Bassenge*, BGB (Fn. 59), § 904 Rz 5 m.Nachw.
86 Die der Ausleger solange zu beachten hat, als diese nicht klaren rechtlichen Erkenntnissen widersprechen – also solange, als diese nicht der Gleichbehandlung des Gleichen im Wege stehen; Rz 163a.
87 Dazu überzeugend *K. Larenz*, Schuldrecht I. 12. Aufl. 1979, § 22 II, S. 279.
88 *Larenz/Canaris*, Methodenlehre, 5.2, S. 193 ff.; *W. Fikentscher*, Methoden III, S. 720; *Looschelders/Roth*, Methodik, E III, S. 280 ff.

Schuldtitel" über „die durch die Ehe begründete Unterhaltpflicht sowie die Rechtsverhältnisse an der Ehewohnung und am Hausrat vorliegt". Wenn man aber daraufhin eine einverständliche Scheidungsklage wegen des Fehlens derartiger Titel auch dann abweisen wollte, wenn der Hausrat bereits verteilt ist und Unterhaltsansprüche z.Zt. nicht bestehen, dann würde dieses sicher „dem gesetzgeberischen Plan" (*K. Larenz*) oder „dem Regelungsverbund des Systems, das von den vorhandenen Normen vorausgesetzt wird" (*W. Fikentscher*) nicht entsprechen. Man mußte also § 630 ZPO mit Hilfe von Normen ergänzen, die angeben, wann *einverständliche* Scheidungen durchgeführt werden können, ohne daß vollstreckbare Titel über Unterhaltsansprüche und Hausratsverteilung vorliegen[89].

K. Larenz[90] hat auch den Mangel einer Regelung der positiven Vertragsverletzungen, wie sie von *H. Staub*[91] entwickelt worden ist, als „Regelungslücke" bezeichnet – weil das Gesetz seinem Wortlaut nach schweige. Aber auch dieses **Beispiel** zeigt die Gefahr, die die Verwendung des Lückenbegriffs mit sich bringt: Man meint nämlich leicht, daß der Gesetzgeber die mit dem Stichwort „positive Vertragsverletzung" angesprochenen Probleme übersehen habe, und erhält damit falsche und irreführende Vorstellungen über den Gesetzgeber des BGB. Denn dieser meinte, mit der Regelung von Verzug und Unmöglichkeit auch die (oder genauer: jedenfalls einen Teil der) Fälle zu erfassen, die man heute als „positive Vertragsverletzungen" qualifiziert: Weil sich der Gesetzgeber nämlich zunächst an der Unmöglichkeitslehre *Fr. Mommsens*[92] orientierte, nach der dies der Fall war (weshalb *J. Himmelschein*[93] in diesen Fällen mit einem gewissen Recht von Teilunmöglichkeit sprach).

212

Man kann zwar mit gutem Grunde meinen, daß Lehre und Rechtsprechung Verzug und Unmöglichkeit zu Recht auf die Spät- oder Nichterfüllung von Haupt-Leistungspflichten beschränkt und so von den Fällen der positiven Vertragsverletzungen unterschieden haben und daher das Gesetz von dieser dogmatischen Entscheidung her auslegen. Dies ist dann aber eine nachträgliche Korrektur des gesetzgeberischen Planes – und man vermittelt deshalb falsche Vorstellungen von dem Plan des Gesetzgebers und von der Bedeutung des Gesetzes, wenn man darauf hinweist, daß das Gesetz von vornherein lückenhaft gewesen sei. Und man vermittelt insbesondere den juristischen Anfängern eine unangemessene Vorstellung von der Arbeit des Gesetzgebers, wenn man den Eindruck erweckt, daß dieser bei der langjährigen Vorbereitung des BGB die Fälle der positiven Vertragsverletzung nicht gesehen habe. Und man wird im übrigen die geläufige Unterscheidung zwischen Mängel- und Mängelfolgeschäden[94] nicht richtig verstehen – insbesondere bei Kauf- und Werkverträgen –, wenn man nicht in Rechnung stellt, daß das Gesetz bei bestimmten Verträgen besondere Regelungen für Fälle aufgestellt hat, die man sonst der positiven Vertragsverletzung zuordnet – was es verbietet, die allgemeinen Regelungen der positiven Vertragsverletzung insgesamt auf diese Verträge anzuwenden.

---

89 Dazu jetzt u.a. *Stein/Jonas/Schlosser*, ZPO, Bd. V, 2, 21. Aufl 1993, § 630 Rz. 9, nach dessen Auffassung die Regelungen der § 630 I Nr. 1-3 ZPO trotz der „unglücklichen Fassung" der Bestimmungen keine Zulässigkeitsvoraussetzungen festlegen, sondern „nur beschreiben, worüber die Parteien sich noch einigen müssen – woraufhin dann die in diesen Bestimmungen angesprochenen „Folgesachen" in derselben Weise zu behandeln sind, wie sie in einem Verfahren über eine streitige Scheidung behandelt worden wären. *Thomas/Putzo*, ZPO, 28. Aufl. 1998, § 630 Rz. 14 ff. oder *Baumbach/Albers*, Zivilprozeßordnung, 55. Aufl. 1997, § 630, Rz. 6 ff. verstehen die in § 630 I Nr. 2-3 ZPO aufgeführten Anforderungen dagegen als Sachurteilsvoraussetzungen, die zwar noch während des Verfahrens hergestellt werden können, bei deren Fehlen die Scheidungsklage aber als unzulässig abzuweisen ist.

90 Dazu *Larenz/Canaris*, Methodenlehre, 5.2, S. 194; *W. Fikentscher*, Methoden III, S. 720 oder *R. Zippelius*, Methodenlehre, § 11 II, S. 68 f.

91 Die positiven Vertragsverletzungen. 1913.

92 Vgl. dessen „Beiträge zum Obligationenrecht". 1853.

93 AcP 135, S. 255 ff. und 158, S. 253 ff.

94 Dazu nur *D. Medicus*, Schuldrecht II. 8. Aufl. 1997, Rz 72, 375 ff.; *H. Brox*, Besonderes Schuldrecht. 24. Aufl. 1999, Rz 91, 170, 270 oder *H. Köhler* JuS 1982, S. 13 ff.

213   Der Begriff der „Regelungslücke" erhält im übrigen seine spezifische Bedeutung erst in Verbindung mit den weiteren **Unterscheidungen zwischen offenen** und **verdeckten** sowie vor allem zwischen **anfänglichen und nachträglichen Regelungslücken.** Denn **aus der Feststellung, daß der Gesetzgeber von Anfang an eine Ergänzung der von ihm formulierten Normen erwartet hat (anfängliche Regelungslücke) oder daß eine derartige Ergänzung** (bzw. eine Einschränkung oder auch eine Berichtigung) **infolge der Änderung anderer Regelungen notwendig gewesen ist (nachträgliche Regelungslücke), ergeben sich** augenscheinlich **Argumente für den Umgang mit den sich als lückenhaft erweisenden gesetzlichen Vorschriften** – und zwar Argumente, die ersichtlich von den rechts*politischen* Intentionen des Rechtsanwenders unabhängig sind. **Der Lückenbegriff gewährleistet damit also eine gewisse Technizität der Argumentation, die die Konsensbildung erleichtert.**

Ein **Beispiel** für eine *anfängliche* Regelungslücke bietet die Regelung des Kaufvertrags, die ausweislich der Motive zum BGB nur den „Rechtskauf" sowie den Kauf von Sachen und Grundstücken erfaßte, und die Regelung des Kaufes von anderen „Gegenständen" (Patenten, Gewerbebetrieben etc.) Lehre und Rechtsprechung überantwortete (Rz 120). Ein **Beispiel** einer *nachträglichen* Regelungslücke bietet § 808 II ZPO, der nicht erkennen läßt, ob der Schuldner oder der Gerichtsvollzieher „unmittelbarer Besitzer" der gepfändeten Sachen ist – weil es nämlich auf diese Frage erst nach dem Inkrafttreten des BGB ankam[95] – oder die bereits erwähnte Problematik der sog. positiven Vertragsverletzung (Rz 212) – die dadurch entstand, daß man die Begriffe der Unmöglichkeit und des Verzugs enger definierte, als es dem Verfasser des Gesetzes im Anschluß an die Lehren *Fr. Mommsens* vorgeschwebt hatte (Rz 212).

Die Rechtslücken

214   Eine Reihe von Autoren spricht dann noch von „Rechtslücken"[96]. Diese sollen vorliegen, wenn das Gesetz im Hinblick auf bestimmte Probleme (noch) keine Regelungen enthält, während nach dem Zusammenhang des Rechts derartige Regelungen erforderlich sind. Man verweist in diesem Zusammenhang vielfach auf Wertungs- oder Prinzipienwidersprüche u.ä.m.

Hierbei ist man sich einig, daß das **geltende Recht nicht** schon dann eine **Lücke** aufweist, **wenn nur der Einzelne eine Regelung erwartet** – wie zum **Beispiel** die Regelung eines **Unterhaltsanspruchs zwischen Geschwistern.** Man spricht hier vom **beredtem Schweigen des Gesetzgebers.** In diesen Fällen wäre ein Hinweis auf die angebliche Lücke der Sache nach **nur** Ausdruck einer **rechtspolitischen Kritik.**

Andererseits konnte man aber zum **Beispiel** bis zu der bekannten Entscheidung des BAG zur Rückzahlung von „Gratifikationen"[97] m.E. zu Recht vom Vorhandensein einer *Rechtslücke*

---

95 Von dieser Frage hängt es ab, ob der gutgläubige Erwerber gepfändeter Sachen lastenfreies (nämlich pfandfreies) Eigentum erwirbt oder nicht (§ 935 BGB). Und diese Frage trat naturgemäß erst auf, nachdem das BGB den gutgläubigen Erwerb (neu) eingeführt hatte.
96 So *K. Engisch*, Einführung, Kap. VII, I, S. 176 ff.; kritisch *Larenz/Canaris*, Methodenlehre, 5.2, S. 196 ff. mit dem Hinweis, daß dieser Begriff angesichts der „Offenheit" des Rechtssystems inadäquat sei.
97 BAG AP zu § 611 BGB – Gratifikation –, Nr. 22-25 und öfter; vgl. dazu *Pawlowski*, Methodenlehre, Rz 318, 533.

sprechen. Und das deshalb, weil das BAG bis dahin unter Zustimmung der Lehre einmal darauf hingewiesen hatte, daß der Arbeitgeber die Kündigungsmöglichkeit des Arbeitnehmers nicht dadurch beeinträchtigen dürfe, daß er mit diesem finanzielle Sanktionen für den Fall einer an sich zulässigen Kündigung vereinbare[98] – und weil es zum anderen festgestellt hatte, daß die Arbeitgeber ihr Ziel der Förderung der Betriebstreue in gewissem Umfang dadurch verfolgen konnten, daß sie den Arbeitnehmern „freiwillige Sozialleistungen" nur unter solchen Bedingungen gewährten, die diese faktisch eine gewisse Zeit an den Betrieb banden[99]. Damit war also *offen* (unklar), wieweit der eine und wie weit der andere Grundsatz reichte – was das BAG dann in den genannten Gratifikationsentscheidungen im einzelnen festlegte. Das geltende Recht war also bis dahin in sich widersprüchlich und insofern *lückenhaft*[100] – nicht infolge der Ausformung der Gesetze, sondern infolge der Entwicklung der Rechtsprechung. Und auch aus dieser Erkenntnis können sich offensichtlich Argumente ergeben, auf die man bei der Ausfüllung dieser „Lücken" zurückgreifen kann.

Zusammenfassend ist festzuhalten, daß der Lückenbegriff damit sowohl beim Umgang mit den staatlichen Gesetzen als auch beim Umgang mit den von der Rechtsprechung entwickelten Regelungen helfen kann, daß man sich jedoch bei der Rechtsanwendung darüber klar sein muß, daß **am Anfang einer ergänzenden oder berichtigenden Auslegung** mit Hilfe von Analogie, teleologischer Reduktion usf. **nicht die Feststellung einer Gesetzes- oder Rechtslücke** steht. **Anlaß** für eine derartige Form der ergänzenden, einschränkenden oder berichtigenden Auslegung bietet **vielmehr** immer zunächst **die Feststellung, daß sich das Recht sonst als widersprüchlich erweisen würde** – und damit gegen den **Grundsatz der Gleichbehandlung** verstößt[101]. **214a**

f) Mängel der „normativen Wertungsjurisprudenz"

Wir können also festhalten, daß die normative Wertungsjurisprudenz juristische Arbeitsmittel bereitstellt, die bei der Bewältigung einer Reihe von Problemen helfen, die der „Wertewandel" (Rz 162, 182, 190) aufwirft, der sich in *neuen* gesetzlichen Normen ausdrückt – da sie die Auflösung von Wertungswidersprüchen erlaubt. So legitimiert sie u.a. hinreichend die Konkretisierung verschiedener Generalklauseln mit Hilfe der „Wertordnung des Grundgesetzes": **215**

Denn man kann sich nach ihr zum **Beispiel** bei der Bestimmung der Tatbestandsmerkmale „sittenwidrig"[102] bzw. „die guten Sitten"[103] zu Recht darauf berufen, daß Handlungen, die sich gegen die Freiheit der Meinungsäußerung (Art. 5 GG) oder gegen die Familie (Art. 6 GG) richten, angesichts der im Grundgesetz konkretisierten verfassungsrechtlichen Bewertungen

---

98 Vgl. BAG 2, S. 232 ff. und auch AP zu § 611 BGB – Gratifikation – Nr. 16 mit Nachw.
99 Vgl. BAG AP zu § 611 BGB – Gratifikation – Nr. 1, 15.
100 Weil eine Regelung fehlte, den Widerspruch zwischen der Zulässigkeit der Belohnung von Betriebstreue und der Unzulässigkeit der Erschwerung von Kündigungen ausräumte.
101 Dazu ausf. *Pawlowski*, Methodenlehre, Rz 330 ff., 341 ff., 453; ähnlich auch *K. Larenz*, Kennzeichen geglückter richterlicher Rechtsfortbildung. 1965, S. 3: „Es handelt sich vielmehr um eine Lücke oder vielleicht um einen Widerspruch in der gesamten Rechtsordnung" oder *R. Zippelius*, Methodenlehre, § 11 I, S. 65 f.; *Looschelders/Roth*, Methodik, E III, S. 280 ff. und der Sache nach *Fr. Bydlinski*, Methodenlehre, 3.3 I, S. 474.
102 Vgl. u.a. die §§ 138, 826 BGB.
103 Vgl. u.a. § 226 StGB.

auch dann als rechtswidrig zu qualifizieren sind, wenn sie nicht durch besondere Normen ausdrücklich verboten sind.

215a Die von der normative Wertungsjurisprudenz bereitgestellten Hilfsmittel reichen aber dennoch nicht aus, um für alle durch den „Wertewandel" aufgeworfenen Probleme Lösungsmöglichkeiten aufzuzeigen. So reicht der Rekurs auf die Werte oder Wertungen, die sich in der Verfassung oder in den Gesetzen konkretisiert haben, auf den Gebieten und in den Fällen nicht aus, die bisher nur sehr unzulänglich oder noch gar nicht durch staatliche Normen geregelt sind.

Dies gilt zum **Beispiel** für das Gebiet des Arbeitsrechts – oder für das Gebiet des Wettbewerbsrechts, wo der Markt immer wieder zu neuen Formen des wirtschaftlichen Handelns führt. Rechtsprechung und Lehre haben daher auf dem Gebiet des Wettbewerbsrechts mit Hilfe der Zusammenfassung typischer Fallgruppen eine ganze Anzahl von Rechtsfiguren geschaffen, die nur sehr lose mit dem Gesetz zusammenhängen – die aber die Rechtsprechung auf diesen Gebieten bestimmen[104].

216 Auf diesen Gebieten kann der Rechtsanwender seine Entscheidungen zwar mit Hilfe der von der Interessenjurisprudenz entwickelten Hilfsmittel (der Interessenanalyse etc. – Rz 161 ff.) *vorbereiten:* Getroffen werden können sie aber erst nach der „Bewertung" der vorgefundenen Interessenlage. Denn die Wertungsjurisprudenz wendet sich gerade gegen die von *Ph. Heck* und *H. Stoll* vertretene Vorstellung (Rz 167), daß die vorhandenen „Gesetze" durch die Interessenlage „kausal" determiniert seien. Will der Richter daher „neue Normen" formulieren, so muß er nach der Interessenanalyse die vorgefundenen Interessen noch in einem selbständigen Akt „bewerten"[105]. Für diese Bewertung finden sich jedoch in den Rechtsgebieten, die bisher nur unzulänglich geregelt sind, in den gesetzlichen Regelungen keine Vorgaben. D.h. aber, daß der Richter nach dem Ansatz der normativen Wertungsjurisprudenz jetzt *selbst* werten und damit nach *seiner* eigenen Auffassung entscheiden muß (vgl. Rz 218). Und diese seine Entscheidung ist dann zwar einerseits wie die des Gesetzgebers festgelegt durch die vorhandene Interessenlage und durch den aus den vorhandenen Gesetzen entnommenen allgemeinen Wertmaßstab des Gesetzgebers (oder des Gesetzes). Die Rechtsprechung bleibt aber bei diesem Entscheidungsmodell andererseits wie die Gesetzgebung immer auch noch „Entscheidung" (Dezision) – also *Wahl* einer von verschiedenen möglichen Regelungen. Diese Wahl kann und muß dann zwar begründet werden: mit Hinweisen auf ihre Eignung, die Interessenlage angemessen zu regeln usf. Sie stellt sich aber – wie jede Wertung – damit zwar als *zweckmäßig*, *nicht* aber als *notwendig* dar (Rz 194). Und sie ist dadurch *nicht* nur *kognitiv*, *sondern* immer auch *volitiv* bestimmt. Wir stoßen also auch hier wieder entweder auf das Nebeneinander von gebundener Normanwendung und freier, wertender Entscheidung oder auf die weitgehende Gleichsetzung von politischer Gesetzgebung und richterlicher Entscheidung und damit auf Alternativen, die beide in sich inkonsistent sind (Rz 117 ff., 121 ff.).

---

104 Dazu *F. Rittner*, Wettbewerbs- und Kartellrecht. 5. Aufl. 1995, § 21 II, S. 24 ff.

Das sog. Verfolgungsrecht des Gerichtsvollziehers

Ein **Beispiel** für den von der normativen Wertungsjurisprudenz empfohlenen Rückgriff auf die **217** in den gesetzlichen Normen konkretisierten Werte bieten zwei Argumentationen zum sog. Verfolgungsrecht des Gerichtsvollziehers. Hierbei geht es um die Frage, ob A eine Sache unter Anwendung von Gewalt durch den Gerichtsvollzieher von D wegholen lassen darf, wenn die Sache vorher für ihn bei B gepfändet worden ist, und wenn B sie nach der Pfändung rechtswidrig an den gutgläubigen D verkauft und übereignet hat[106]. Nach *G. Wasner*[107] kann man in diesem Zusammenhang § 808 ZPO die „Wertung des Gesetzgebers" entnehmen, daß im Rahmen des Zwangsvollstreckungsverfahrens die Eigentumsverhältnisse vernachlässigt werden dürfen. Daraus soll man dann schließen können, daß es auch im Verhältnis A – D nicht darauf ankommen kann, ob D gutgläubig Eigentum erworben habe oder nicht[108]. Diese Argumentation entspricht offensichtlich dem begriffsjuristischen Inversionsmodell (Rz 158), bei dem aus abstrakten Oberbegriffen (Unbeachtlichkeit des Eigentums), die durch Verallgemeinerung aus einzelnen Gesetzesbestimmungen (hier des § 808 ZPO: Unbeachtlichkeit des Eigentums *bei* der Pfändung) gebildet werden, neue spezielle Normen „deduziert" werden (Unbeachtlichkeit des Eigentums auch *nach* der Pfändung) – wobei nur anzumerken ist, daß eine korrekte begriffsjuristische Methode derartige Schlüsse nicht ermöglichen würde[109].

Eine weit überzeugendere wertungsjuristische Argumentation zu diesem Problem bieten die **218** Ausführungen von *W. Münzberg*[110]. Dieser stellt zunächst fest, daß sich hier zwei Interessen gegenüberstehen, die der Gesetzgeber beide hoch bewertet hat – nämlich auf der einen Seite (bei D) der durch den gutgläubigen Erwerb geregelte Verkehrsschutz (das Verkehrsinteresse) und auf der anderen Seite der im Zwangsvollstreckungsverfahren geregelte Gläubigerschutz (die Gläubigerinteressen). Man findet in den Gesetzen jedoch keine Vorschrift, die das Verhältnis zwischen diesen beiden positiven Wertungen des Gesetzgebers festlegt. Dies ist daher nach *Münzberg* Aufgabe des Rechtsanwenders, und er vermittelt dann mit Hilfe weiterer Überlegungen diesen Interessen- und Wertungskonflikt so, daß er zwar den Eigentumserwerb des D anerkennt, diesen aber darauf verweist, sein Eigentum im Wege des § 771 ZPO (durch Drittwiderspruchsklage) geltend zu machen.

Münzberg sah sich allerdings später[111] genötigt, seine Ausführungen zu diesem Problem zu **219** korrigieren. Er entscheidet jetzt völlig zugunsten des D, und zwar mit Argumenten, die sich aus dem Verhältnis zwischen Bürger und Staat ergeben[112], also aus Gesichtspunkten, die bei der bisherigen Interessenanalyse nicht in den Blick kamen. Das entscheidende Argument ergibt sich in diesem Zusammenhang nämlich daraus, daß der Gerichtsvollzieher als staatlicher Amtsträger Amtshandlungen gegenüber einem gutgläubigen Dritten nur vornehmen darf,

---

105 Dazu u.a. *K. Larenz*, Methodenlehre, I 3.3, S. 52 ff., I 5.1, S. 119 ff. oder *Looschelders/Roth*, Methodik, D I 1, S. 119 und öfter.
106 Zum Folgenden *Pawlowski* AcP 175, S. 189 ff.
107 ZZP 79, S. 113 ff. Nach § 808 ZPO ist Voraussetzung der Zwangsvollstreckung zunächst nur der Besitz, nicht aber das Eigentum des Schuldners.
108 *G. Wasner* ZZP 79, S. 113 ff., 120.
109 Und zwar wegen der Unterschiede der Begriffsbildung. Aber auch die teleologische Methode ermöglicht zwar die oben beschriebenen Folgerungen: Sie erlaubt sie aber m.E. nicht. Denn aus der gesetzlichen Festlegung der Vollstreckungsvoraussetzung „Besitz" kann man nur dann auf die Unbeachtlichkeit des Eigentums im Vollstreckungsverfahren kommen, wenn man nach den „Zwecken" des Gesetzgebers fragt: Warum hat der Gesetzgeber an den Besitz und nicht an das Eigentum angeknüpft?
110 ZZP 78, S. 287 ff.
111 *Stein/Jonas/Münzberg*, ZPO, Bd. V, 21. Aufl. 1995, § 808 Rz. 37.
112 Dazu näher *Pawlowski* AcP 175, S. 189 ff., 196 ff., 204 ff.

wenn er sich dazu auf einen ausdrücklichen gesetzlichen Auftrag berufen kann – weil für den staatlichen Amtsträger nach unserer Verfassung das Gesetz nicht mehr (nur) „Schranke" seines Handelns ist. Daß dieser Zusammenhang nicht eher in den Blick kam, war u.a. dadurch bedingt, daß die Verbindung zwischen den hier angesprochenen Problemen und der verfassungsrechtlichen Regelung, aus der sich die Argumente für die heutige Lösung des Problems ergeben, erst nach einer längeren systematischen Arbeit deutlich wurde. Auch hier zeigt sich also die Ergänzungsbedürftigkeit des wertungsjuristischen Ansatzes, der nur auf die in einzelnen staatlichen Normen konkretisierten Werte bzw. Wertungen rekurriert.

220   Der Rekurs auf die in den staatlichen Gesetzes konkretisierten Wertungen vermag also wohl in einer Reihe von Fällen und Problemzusammenhängen weiterzuhelfen, insgesamt reicht er aber nach der heute wohl vorherrschenden Auffassung[113] nicht aus. Man betont vielmehr die Notwendigkeit der systematischen Arbeit in der Rechtswissenschaft, auch wenn man dabei immer wieder darauf hinweist, daß diese systematische Arbeit in der Rechtswissenschaft heute nur noch zu „beweglichen"[114] oder „offenen" Systemen[115] führen könne[116]. Der Wertmaßstab des Gesetzgebers, der sich in den gesetzlichen Normen konkretisiert, stellt sich somit als ergänzungsbedürftig dar. Und das Bestreben, dem Rechtsanwender (und insbesondere dem Richter) bei dieser Ergänzung objektive – d.h. von seiner Person unabhängige – Kriterien für seine Entscheidung an die Hand zu geben, hat eine Reihe von Vertretern der Wertungsjurisprudenz dazu geführt, weitere Erscheinungen als „Konkretisierungen" von Werten anzusprechen. Auf diese Konkretisierungen kann und soll der Rechtsanwender dort zurückgreifen, wo ihn die staatlichen Gesetze und die in ihnen konkretisierten Wertmaßstäbe im Stich lassen.

4. Die „objektive Wertungsjurisprudenz"

a) Der Rekurs auf den „objektiven Geist"

221   Die Frage, was denn nun neben den Gesetzen als Konkretisierung einer „hinter der Rechtsordnung" stehenden Wertordnung verstanden werden kann, legt es nahe, auf die „Normen" zurückzugreifen, die von den Gerichten formuliert werden, und hier insbesondere auf die von den Obergerichten formulierten Normen.

222   Man hebt daher in diesem Zusammenhang vielfach hervor, daß diese von den Gerichten formulierten rechtsfortbildenden Normen Konkretisierungen „rechtsethischer Prinzipien"[117], anerkannter „Standards" (Rz 189) oder ganz allgemein: der „herrschenden Moral" (der Zunftgenossen oder der Mehrheit der Bürger) oder der „Sozi-

---

113 In der Methodenlehre – nicht in den von der Rechtsdogmatik oder von Praktikern angewandten Methoden.
114 So *W. Wilburg*, Entwicklung eines beweglichen Systems im bürgerlichen Recht. 1950; *ders.*, AcP 163, S. 246 ff.; siehe auch *Fr. Bydlinski*, Methodenlehre, 3.4 IV, S. 529 ff.
115 So u.a. *Larenz/Canaris*, Methodenlehre, 6.3, S. 314 ff.; vgl. auch *W. Fikentscher*, Methoden IV, S. 115 ff. oder *H. Coing*, Rechtsphilosophie, S. 292 ff.
116 Dazu krit. *Pawlowski*, Methodenlehre, Rz 228 ff.
117 Vgl. hierzu z.B. die Ausführung von *K. Larenz*, Richtiges Recht, S. 23 ff., 174 ff. oder *Larenz/Canaris*, Methodenlehre, 5.4, S. 240 ff.

almoral"[118] seien. Man ergänzt also die aus den Gesetzen erschlossene Wertordnung bzw. den aus ihnen erschlossenen Wertmaßstab nicht durch weitere Werte bzw. Wertbeziehungen, die man direkt aus den Normen des Richterrechts erschließt, sondern knüpft hier vielmehr an **Wertungszusammenhänge** etc. an, **die sich** zwar **(noch) nicht in staatlichen Gesetzen konkretisiert haben, die sich aber** in unserem Rechtswesen, in wissenschaftlichen Arbeiten etc. und vor allem in der Rechtsprechung **einer breiten Anerkennung erfreuen.** Allgemein ausgedrückt kann man sagen, daß diese Richtung der Wertungsjurisprudenz auf Zusammenhänge verweist, die unser geistiges und kulturelles Leben bestimmen – auf den „objektiven Geist", nicht im Sinne der Philosophie *G.F.W. Hegels,* sondern im Sinne der Ausführungen *N. Hartmanns* [119] (Rz 183 ff.). Man kann sie daher als „objektive Wertungsjurisprudenz" bezeichnen.

Ihr sind einmal Autoren zuzurechnen, die wie *K. Larenz* [120], *W. Fikentscher* [121], **223** *Fr. Müller* [122] oder *R. Zippelius* [123] ihre[124] Methodenlehre explizit auf dem Hintergrund rechtsphilosophischer Überlegungen entwickeln. Zu ihrem Bereich gehören aber auch die Autoren[125] oder Gerichte[126], die sich bei der Begründung ihrer Bewertungen auf Tendenzen der Gesetzgebung" oder auf „dogmengeschichtliche Entwicklungen" stützen, die sie als Ausprägung „relativ verbindlicher" Werte in Anspruch nehmen[127], ohne dies weiter „philosophisch" zu untermauern. Dieser Richtung sind schließlich auch die methodologischen Ausführungen *Fr. Bydlinskis* [128] zuzuordnen. *Bydlinski* will seine Methodenlehre zwar nur durch den Bezug zu dem „wertbezogenen Rechtsbegriff" fundieren, der zunächst „die drei Fundamentalprinzipien[129] (Grundwertun-

---

118 Vgl. hierzu *H. Henkel*, Rechtsphilosophie, S. 71 ff.

119 Das Problem des geistigen Seins, 1939, 2. Aufl. 1949; dazu die Darstellung bei *V. Kubes* Rechtstheorie 15 (1984), S. 57 ff., 62 ff.

120 Dazu nur Methodenlehre der Rechtswissenschaft. 6. Aufl. 1991 oder Richtiges Recht. Grundzüge einer Rechtsethik. 1979.

121 Dazu nur Methoden des Rechts, Bd. I und II, 1975; Bd. III, 1976; Bd. IV und V, 1977.

122 Dazu nur Normstruktur und Normativität. 1966 oder *ders.*, Strukturierende Rechtslehre. 2. Aufl. 1994.

123 Dazu nur *R. Zippelius*, Methodenlehre, § 3 II, S. 14 ff.

124 Hierhin gehören auch *H. Coing*, Rechtsphilosophie, S. 275 ff.; *R. Henkel*, Rechtsphilosophie, §§ 17 ff. oder *H. Ryffel*, Rechtsphilosophie, S. 380 ff.

125 So z.B. Münch/Komm-BGB/*Säcker*, Einl. Rz 60 ff., 134; *P. Raisch*, Methoden oder *Looschelders/ Roth*, Methodik, A, S. 2 ff. und öfter.

126 Vgl. hierzu u.a. die Entscheidung des BVerfG NJW 1976, S. 947 ff., 950 ff. zur „Verfassungsmäßigkeit der christlichen Gemeinschaftsschule".

127 Vgl. hierzu z.B. die Ausführung in BVerfG NJW 1976, S. 951: „Die Werte, die den christlichen Bekenntnissen gemeinsam sind, und die Normen, die daraus abgeleitet werden, äußern ... eine gewisse verpflichtende Kraft". Das Gericht stellt dann noch heraus, daß diese „Werte" nicht unbedingt mit den Glaubensinhalten der einzelnen Konfessionen identisch seien und daher nicht an dem Absolutheitsanspruch der Glaubenswahrheiten teilzunehmen brauchen. Sie seien aber durch „christliches Denken" geprägt.

128 Methodenlehre sowie *ders.*, Fundamentale Rechtsgrundsätze. 1988 und System und Prinzipien des Privatrechts. 1996

129 Diese Fundamentalprinzipien sollen einmal Verhaltensregeln einer am breitesten auf die verfügbaren menschlichen Erfahrungen gestützten Sozialmoral sein und im Recht auf oberster Stufe als „Ermächtigungsnormen" wirken und damit die Rechtssetzung und Rechtsprechung in ähnlicher Weise binden wie die Verfassung das einfache Gesetz; vgl. *Fr. Bydlinski*, Methodenlehre, 2.2. II 2, S. 319.

gen) der Gerechtigkeit, Rechtssicherheit und Zweckmäßigkeit … (umfaßt), also die Rechtsidee"[130]. Als Ausdruck dieser Prinzipien gilt ihm aber das positive (positivistisch verstandene) Recht und alle normativen Größen, die mit Hilfe der Tatsachenfeststellung und Erfahrungssätze aus beiden abgeleitet werden können. *Bydlinski* führt daraufhin bei der näheren Bestimmung des Verhältnisses dieser drei Prinzipien aus, daß diese außerhalb ihres „Kernbereichs" durch „komparative Sätze" (Steigerungssätze) zu harmonisieren seien[131] – d.h. also durch Abwägungen. Und dies führt dann im ganzen zu einer Methodologie, die auf die Erscheinungen des „objektiven Geistes" rekurriert, ohne dies explizit zu erwähnen.

224 Die *objektive* Wertungsjurisprudenz scheint sich dem Juristen also dadurch zu empfehlen, daß sie ihn bei der Suche nach einem Maßstab für neue (rechtsfortbildende) Entscheidungen nicht nur auf die Gesetze verweist und ihn dann im übrigen seinem (nur) persönlichen Urteil überläßt. Der Hinweis auf den „objektiven Geist" verspricht vielmehr eine Reihe von zusätzlichen Kriterien, die von der Person des Urteilenden unabhängig sind. Und das verspricht einen Gewinn an Rationalität. Daneben legitimiert diese Methode aber auch einen Rückgriff auf „Eigenwertungen"[132] des Richters, die dann die „allgemeinen Wertungen" konkretisieren. Und diese grundsätzliche Anerkennung der „Eigenwertung" bietet den zusätzlichen Gewinn, daß sich die Rechtsanwender neuere Rechtsentwicklungen als eigene Leistung zuschreiben können.

b) „Typus" und „Fallnorm"

225 Die objektive Wertungsjurisprudenz hat eine Reihe weiterer juristischer Arbeitsmittel entwickelt oder verbessert, wie zum **Beispiel** das bereits erwähnte Konzept der „offenen" oder „beweglichen Systeme"[133] (Rz 220), den Rückgriff auf die Wert- und Güterabwägung im Einzelfall[134] u.a.m., was in einer Einführung in die Methodenlehre nicht im einzelnen dargestellt werden kann. Unverzichtbar ist dagegen eine Einführung in den Umgang mit der Denkform des „Typus", auf die besonders *K. Engisch* und *K. Larenz* hingewiesen[135] und die *W. Fikentscher* in der Lehre von der „Fall-

---

130 *Fr. Bydlinski*, Methodenlehre, 2.2. II 2, S. 317.
131 *Fr. Bydlinski*, Methodenlehre, 2.2. II 2, S. 323.
132 So hebt z.B. *Fr. Bydlinski*, Methodenlehre, 1.2 III, S. 133, 1.3 V, S. 175, 5.4 IV, S. 537, ebenso Rechtstheorie 16 (1985), S. 1 ff., 9 hervor, daß es nur darum gehe, die Eigenwertungen soweit als möglich zurückzudrängen; vgl. schon oben Rz 145 Fn. 77.
133 Dazu *Pawlowski*, Methodenlehre, Rz 451 ff.
134 Dazu u.a. *Larenz/Canaris*, Methodenlehre, 5.3, S. 223 ff.; *Looschelders/Roth*, Methodik D III 2, S. 181 ff.; kritisch dagegen *Pawlowski*, Methodenlehre, Rz 793 ff., 849 ff. sowie *ders.* in: Wolter/Riedel/Taupitz, Einwirkungen der Grundrechte auf das Zivilrecht, Öffentliche Recht und Strafrecht – Mannheimer Fakultätstagung über 50 Jahre Grundgesetz. 1999, S. 39 ff., 48 ff.
135 Dazu *K. Engisch*, Die Idee der Konkretisierung in Recht und Rechtswissenschaft unserer Zeit. 1953, S. 237 ff.; *K. Larenz*, Festschrift f. W. Wilburg. 1975, S. 217 ff. und i.ü. *Larenz/Canaris*, Methodenlehre, 6.2, S. 290 ff. m.Nachw.; *Pawlowski*, Methodenlehre, Rz 146 ff. oder *Fr. Bydlinski*, Methodenlehre, 3.4 V, S. 543 ff.; *W. Hassemer*, Tatbestand und Typus. 1968; *D. Leenen*, Typus und Rechtsfindung. 1971; vgl. auch *Pawlowski*, Rechtstheorie 30 (1999), S. 263 ff.; kritisch *L. Kuhlen*, Typuskonzeptionen in der Rechtstheorie. 1977.

norm"[136] oder *Fr. Müller*[137] in der „Lehre vom Normbereich" in besonderer Weise technisch ausgeformt haben.

K. Larenz hat zur Verdeutlichung dieser Denkform zunächst darauf aufmerksam ge- **225a** macht, daß sich der Gesetzgeber vielfach nicht voll definierter Begriffe bedient, um einen Sachverhalt zu kennzeichnen.

So bietet zum **Beispiel** § 705 BGB keine Definition der bürgerlich-rechtlichen Gesellschaft[138]. Die Wendung von der gegenseitigen Verpflichtung der Gesellschafter, einen gemeinsamen Zweck in der durch den Vertrag bestimmten Weise zu fördern, gibt vielmehr nur einen ersten Hinweis. Im übrigen wird die Struktur der Gesellschaft erst durch die folgenden gesetzlichen Regelungen näher bestimmt. Dabei ist nicht zu übersehen, daß einzelne Gesellschaften eine Reihe von Merkmalen nicht aufzuweisen brauchen, die der Gesetzgeber bei dem Erlaß seiner Regelung vor Augen hatte. So kann eine Gesellschaft ohne Gesellschaftsvermögen existieren; einzelne Mitglieder können von der Geschäftsführung ausgeschlossen sein usf. Es empfiehlt sich jedoch nicht, eine Definition der Gesellschaft zu geben, die nur die Tatbestandsmerkmale enthält, die bei allen BGB-Gesellschaften vorhanden sein müssen – weil diese zu inhaltslos (nichtssagend) wäre[139]. Es erscheint vielmehr zweckmäßig, verschiedenen „Typen" der Gesellschaft zu beschreiben (zum **Beispiel** „Personalgesellschaften", „Kapitalgesellschaften" usf.) und dabei *neben* einer Beschreibung des jeweiligen *Normaltypus* auch Beschreibungen *atypischer Formen* zu liefern (wie zum **Beispiel** den Typus der „kapitalistisch strukturierten Personalgesellschaft"), für die dann jeweils zu prüfen ist, in welchem Umfang die vom Gesetzgeber für den „Normaltypus" der jeweiligen Gesellschaft formulierten Regelungen auf sie anzuwenden sind.

Die Zuordnung zu einem **Typus** hängt dabei nicht davon ab, daß eine Reihe von ein- **225b** zelnen bestimmten Merkmalen vorhanden ist; **entscheidend** ist vielmehr **die Verbindung der ihn kennzeichnenden Merkmale zu einem Gesamtbild** – und zwar zu einem Gesamtbild, **das bestimmte Rechtsfolgen als angemessen erscheinen läßt**[140]. *K. Engisch*[141] sprach in diesem Zusammenhang von „der Variabilität und Graduierbarkeit der Merkmale" – während *D. Leenen*[142] plastisch von einem „elastischen Merkmalsgefüge" spricht. Und *K. Larenz*[143] hob hervor, daß der Typus daher nicht ohne den „leitenden Wertgesichtspunkt" gedacht werden könne, der den Gesetzgeber dazu bewogen habe, gerade diesen (Sachverhalts- bzw. Struktur-)Typus mit gerade dieser Rechtsfolge zu verbinden.

Im Zusammenhang der Methodenlehre ist dabei von besonderer Bedeutung, daß sich **226** die Arbeitsweise eines Juristen, der sich dieser Denkform des „Typus" bedient, augenscheinlich nicht mehr angemessen mit Hilfe der früher dargestellten Subsumtionsmodelle (Rz 104 ff., 164 f., 192 ff.) beschreiben läßt. Denn bei diesen Modellen ist Gegenstand der juristischen Arbeit zunächst ausschließlich die Norm (das Ge-

---

136 Methoden IV, S. 129 ff., 202 ff.
137 Dazu nur Methodik, Rz 235 ff., 281 ff.
138 *Larenz/Canaris*, Methodenlehre, 6.2, S. 295 ff.
139 Vgl. hierzu den Versuch von *H.P. Westermann*, Vertragsfreiheit und Typengesetzlichkeit im Recht der Personalgesellschaften. 1970 und dazu *Pawlowski* ZHR 136, S. 69 ff.
140 *Larenz/Canaris*, Methodenlehre, 6.2, S. 298 ff.
141 Konkretisierung (Fn. 135), S. 242.
142 Typus (Fn. 135), S. 34.
143 *Larenz/Canaris*, Methodenlehre, 1.4, S. 43 ff.

setz), also etwas, was in dem Bereich des „Sollens" liegt. Aufgabe der juristischen Arbeit ist es, den Inhalt der vorhandenen Normen zu klären – zu verdeutlichen und evtl. zu erweitern oder zu beschränken. **Diese Arbeit** vollzieht sich zwar **nach dem Subsumtionsmodell** im Einzelfall auch in Hinblick auf den zu beurteilenden Sachverhalt – dies jedoch nur so, daß man nach einer Formulierung der Norm sucht, die zu dem vorliegenden Sachverhalt paßt. Erst wenn so in der Ebene des Sollens der passende Normtext erarbeitet (gefunden oder „gesetzt" – Rz 117) ist, wird der vorliegende Sachverhalt unter ihn subsumiert.

226a Bei der Arbeit mit der Denkform des **Typus** muß man dagegen bereits bei der Arbeit an der Norm den Sachverhalt als **Ausschnitt aus der sozialen Realität** in ganz anderer Weise berücksichtigen: Denn der „Typus" stellt sowohl als „normativer Realtypus" wie auch als „rechtlicher Strukturtypus" immer eine **Verbindung von faktischen und normativen Elementen** dar[144] – weshalb die neuere Methodenlehre überhaupt dazu übergegangen ist, Rechtsnormen nicht mehr nur formal als einen Zusammenhang von „Tatbestand und Rechtsfolge" zu charakterisieren, sondern diese mehr materiell (durch die Aufnahme einzelner Elemente des Sachverhalts) als „sachbestimmte Ordnungsmodelle" (*Fr. Müller*) oder „Fallnormen" (*W. Fikentscher*) zu bestimmen[145].

So sind zum **Beispiel** die „typische" und die „atypische" Personalgesellschaft (wie die GmbH & Co KG) immer von vornherein Erscheinungen der sozialen Realität, die ihrerseits geprägt ist durch die vorhandenen Normen[146]. Man muß sich daher bei der Bildung der Typen immer auch von der vorhandenen – bereits normativ strukturierten – sozialen Realität leiten lassen. *W. Fikentscher* [147] spricht daher davon, daß „Ausgangspunkt ... der zu entscheidende Einzelfall (sei), ein *Sachverhalt* (Herv. v. Verf.) also, der nach möglichst gerechter Entscheidung *ruft*". „Die Theorie der Fallnormen stellt dem zu entscheidenden Fall als ihn entscheidende Norm eine Norm gegenüber, die auf jeden(!) unter Gerechtigkeitsanforderungen entscheidungserheblichen Sachumstand ein Tatbestandsmerkmal zupaßt." Und *Fr. Müller* [148] hebt die Aufgabe hervor, den „Normbereich" methodisch mit dem normativen Leitgedanken zu vermitteln.

227 Für die praktische Arbeit ergibt sich daraus, daß sich der Jurist bei der **Typenbildung** an den Fallgruppen oder Sachverhalten orientieren muß, die in der Rechtsprechung dokumentiert oder von der *Rechtstatsachenforschung* beschrieben worden sind. Diese „Sachverhalte" sind bereits Reaktionen der Rechtsgenossen auf die vorhandenen Normen und erweisen sich so nicht nur als *mögliches* Recht, sondern als *wirkliches* Recht – als Rechtswirklichkeit, womit sich „das Recht" übrigens als eine Gegebenheit darstellt, die nicht nur von Juristen, sondern von allen Rechtsgenossen bestimmt wird. Man muß also das **Recht nicht nur** mit Hilfe der **gesetzlichen Normen, sondern auch** mit Hilfe der **Sachverhalte** beschreiben, die (infolge dieser

---

144 Dazu *Larenz/Canaris*, Methodenlehre, 1.4, S. 42 ff., 6.2, S. 395 ff.
145 Dazu *Pawlowski*, Methodenlehre Rz 93 ff. m.Nachw.
146 So waren für die Einführung der GmbH & Co KG zunächst bekanntlich steuerrechtliche und später erbrechtliche oder haftungs- und insolvenzrechtliche Überlegungen maßgebend – also Konsequenzen der jeweils geltenden Gesetze.
147 Methoden IV, S. 186, 202 f.
148 Rechtslehre (Fn. 23), S. 186 ff.

Normen) in unserer Rechtsgemeinschaft vorhanden sind – wie zum **Beispiel** die GmbH & Co KG, die *kapitalistisch* strukturierte KG usf.

Die Literatur unterscheidet dabei **verschiedene Arten rechtlicher Typen**. So sprach **228**
K. *Larenz* [149] von **normativen Realtypen** bei den gesetzlichen Ausdrücken, deren sich die Gesetzgeber zum **Beispiel** zur Kennzeichnung einer Personengruppe in Hinblick auf eine soziale Rolle bedient, die sich einer begrifflichen Festlegung entzieht – wie „der Verrichtungsgehilfe", der „Besitzdiener", „der leitende Angestellte", der „Tierhalter" u.ä., deren Stellung auch in den juristischen Kommentaren immer wieder mit Hilfe von Beispielen beschrieben wird. Als **rechtliche Strukturtypen** bezeichnete *Larenz* dagegen bestimmte Regelungszusammenhänge: Vertragstypen, Gesellschaftstypen, das „subjektive Recht" u.ä.m. – also typische Regelungen[150].

Die **Denkform des Typus führt** also **zur** Beschreibung **einer Arbeitsweise** des Juristen, **die** anders als das Subsumtionsmodell **nicht durch eine grundsätzliche Trennung von Norm und Sachverhalt bzw. von Sein und Sollen charakterisiert ist**. Dies trägt der Tatsache Rechnung, daß die Sachverhalte, über die der Jurist urteilen muß, vielfach bereits durch das Recht konstituiert sind und daher einerseits ohne rechtliche Überlegungen nicht erfaßt werden können und andererseits wiederum selber auf das Recht einwirken: Die Ausbildung neuer *atypischer* Verträge oder Gesellschaftsformen durch den Verkehr ist der Grund für die Änderung – Erweiterung – der rechtlichen Regelungen, die neue Regelung wird dabei vom Gesetzgeber nicht „erfunden", *sondern* gefunden[151].

c) Probleme der Systembildung

Diese Beschreibung erweist die Denkform des „Typus" allerdings nur als ein formales **230**
les juristisches Arbeitsmittel, das vergleichbare Aufgaben erfüllt wie die Analogie (Rz 165, 206 f.), der Umkehrschluß (Rz 115), die teleologische Reduktion (Rz 198 ff.) oder die einschränkende oder ausdehnende Auslegung (Rz 169, 203). K. *Larenz* [152] charakterisierte den Typus daher auch lediglich als *Hilfsmittel* des „wertorientierten Denkens". Der Typus ist nur in Verbindung mit dem Wertgesichtspunkt zu denken, den der Gesetzgeber (oder der Verkehr) bei seiner Ausbildung vor Augen hatte. Das Arbeitsmittel des Typus, das insbesondere die **Aufstellung von Typenreihen** erlaubt[153], erhält seine Bedeutung gerade dadurch, daß man mit seiner Hilfe die einschlägigen Wertungsgesichtspunkte deutlicher herausarbeiten kann:

So kann zum **Beispiel** die Erarbeitung einer „Typenreihe" von der Bruchteilsgemeinschaft oder von der Gesamthand bis zur Aktiengesellschaft[154] besser erkennen lassen, welche Zu-

---

149 Vgl. *Larenz/Canaris*, Methodenlehre, 1.4., S. 39 ff., 6.2, S. 395 ff.; kritisch hierzu *Fr. Bydlinski*, Methodenlehre, 3.5 V, S. 545, der z.B. den Begriff des „Tierhalters" für einen subsumtionsfähigen Begriff hält.
150 Auf derartige Hilfsmittel muß man dann insbesondere an den Schnittstellen verschiedener Rechtsgebiete zurückgreifen – wofür sich im deutschen Recht immer wieder Beispiele aus dem Verhältnis von Zivil- und Steuerrecht ergeben; dazu *Pawlowski*, Methodenlehre, Rz 150 ff.
151 *Larenz/Canaris*, Methodenlehre, 6.2, S. 295.
152 *Larenz/Canaris*, Methodenlehre, 1.4, S. 37 ff.; ähnlich auch *W. Fikentscher*, Methoden IV, S. 38 ff.
153 Dazu *Larenz/Canaris*, Methodenlehre, 6.2, S. 298 ff.
154 Dazu z.B. *U. John*, Die organisierte Rechtsperson, 1977, S. 115 ff.

sammenhänge für die Zuordnung bestimmter Rechtsfolgen entscheidend sind – so u.a. für eine Beschränkung der Haftung auf das Gesellschafts- bzw. Vereinsvermögen[155] u.ä.m.

230a Die entscheidenden Wertungsgesichtspunkte ergeben sich dann aber nicht – oder jedenfalls nicht nur und nicht allein – aus den Vorstellungen des Gesetzgebers. *Larenz* hat ja auch selbst darauf hingewiesen, daß der Gesetzgeber die angemessene Regelung vielfach „finde" und nicht „erfinde" (Rz 229). Die Analyse der einzelnen Typen und die Bildung von Typenreihen ermöglicht es vielmehr, Wertungsgesichtspunkte aus dem Zusammenhang des vorhandenen Rechtssystems abzuleiten (Rz 200, 211, 219). *K. Larenz*[156] hat daher zu Recht hervorgehoben, daß die **Denkform des Typus gerade für die Systembildung von Bedeutung** sei. Das jeweils vorhandene, sich wandelnde System ist dann als die objektive Ausprägung der heute anerkannten Werte oder Wertungen zu verstehen, die sich im allgemeinen Rechtsbewußtsein durchgesetzt hat. Es ist die jeweilige Ausprägung der Rechtsidee, „so wie diese sich auf dieser historischen Entwicklungsstufe darstellt". Dieses System, dessen Bausteine nicht Normen, sondern allgemeine Prinzipien, materielle Rechtsgedanken u.ä.m. sind[157], ist dann als je vorhandenes eine Erscheinung des „objektiven Geistes".

231 Die Stellungnahme zu dieser Art der Wertungsjurisprudenz hängt damit entscheidend davon ab, wie man ihr Verfahren der Systembildung beurteilt. Hier ist nicht zu bestreiten, daß man die tatsächliche Arbeitsweise des Juristen mit Hilfe der Denkform des Typus angemessener und sachnäher abbilden kann, als es mit Hilfe des Subsumtionsmodells möglich ist. Der Subsumtion wird zwar weiterhin ein legitimer Bereich im Rahmen der juristischen Arbeit verbleiben; die Methodenlehre hat auch das Subsumtionsmodell nicht „erfunden" (Rz 125, 191); sie hat seinen Anwendungsbereich aber unzulässig verallgemeinert. Es ist daher im Hinblick auf die methodologische Durchdringung einer unübersehbarer Fortschritt, wenn jetzt mit dem Hinweis auf die Bildung von Typenreihen ein weiteres Arbeitsmodell beschrieben wird, nach dem sich juristische Arbeit vollzieht. Es erscheint mir aber zweifelhaft, ob die weiteren Schritte der Systembildung bereits mit genügender Klarheit erfaßt und beschrieben worden sind. *K. Larenz*[158] hat hier zwar zutreffend darauf hingewiesen, daß man sich das Rechtssystem nicht (nur) als einen Ableitungszusammenhang von (Rechts-)Normen vorstellen dürfe. Es reicht aber m.E. nicht aus, wenn er dann das System als einen *offenen* Zusammenhang von allgemeinen Prinzipien, Wertentscheidungen, Typen und Typenreihen beschreibt, deren eigentlicher Sinngehalt erst in einem Zusammenspiel wechselseitiger Ergänzung und Beschränkung festgelegt wird[159]. Denn solange die Regeln über die Rangordnung der Prinzipien, Werte etc. nicht festgelegt, sondern der freien Abwägung überlassen sind, bleibt ein derartig strukturiertes Rechtssystem immer von einer gewissen Beliebigkeit, da man jede *gewünschte* Entscheidung als

---

155 Dazu *U. John*, Rechtsperson (Fn. 154), S. 174 ff.
156 *Larenz/Canaris*, Methodenlehre, 3.6, S. 317 f.
157 Dazu *Larenz/Canaris*, Methodenlehre, 3.6., S. 314 ff. Beispiele für derartige „Prinzipien" bieten u.a. das Rechtsstaats- und das Sozialstaatsprinzip, das Prinzip der Achtung der Menschenwürde etc., aber auf einer anderen Stufe der Konkretisierung auch das Prinzip der Selbstverantwortung oder der Vertrauenshaftung u.a.m.
158 *Larenz/Canaris*, Methodenlehre, 6.3, S. 302 ff.
159 *Larenz/Canaris*, Methodenlehre, 6.3, S. 314 ff.

die „heute angezeigte Vermittlung" zwischen zwei gleichrangigen Prinzipien ausweisen kann. Ein Ansatz zu weiterführenden Überlegungen scheint sich mir vielmehr erst dort zu ergeben, wo man sich der Frage zuwendet, wer die heute *richtige* Rangordnung zwischen verschiedenen Prinzipien festlegen kann – was nicht zuletzt eine Frage der Verfassungs- und Zuständigkeitsordnung ist. Daher behandelt *W. Fikentscher*[160] im Anschluß an seine Darstellung der „Theorie der Fallnorm" zu Recht das Problem der „Organisation der Wertgewinnung". Diese **Einbeziehung der organisatorischen (Verfahrens-)Seite des Rechtssystems** führt dann aber über die Wertungsjurisprudenz hinaus. Sie **macht** nämlich wieder eine systematische oder genauer: **eine systematisierende Rechtswissenschaft**[161] **möglich**, die sich auf eine Methodenlehre stützt, die die Ansätze der Begriffsjurisprudenz, der Interessenjurisprudenz *und* der Wertungsjurisprudenz in sich aufnimmt[162] und ihnen unterschiedliche Anwendungsbereiche zuweist, die sich aus den verschiedenen Verfahrenslagen ergeben[163]. Und erst eine derartige **systematisierende Methodenlehre trägt den Anforderungen Rechnung, die sich aus dem Grundsatz der normativen Gleichbehandlung ergeben** (Rz 125a, 118, 211)[164].

So ermöglicht die Einbeziehung organisatorischer Kriterien zum **Beispiel** die Entscheidung   **231a** von Streitfragen, bei der man sonst nicht ohne den Rückgriff auf „persönliche" oder „politische" Bewertungen oder auf einen irgendwie postulierten „Konsens" (der Fachgenossen, der Gerichte etc.) auskommen zu können scheint – was denn auch die bereits erwähnten Aufrufe zu „politischer Positionswahl" (Rz 110, 117 ff., 119, 121) verständlich macht. Denn wenn man sich vor Augen führt, daß ein Richter über den ihm vorliegenden Streit so entscheiden soll, wie auch seine Kollegen entscheiden würden – weil er nur dann „unparteilich" urteilt[165] und weil er nur damit dem Gleichbehandlungsgrundsatz (Art. 3 GG) Rechnung trägt[166] (Rz 182) –, dann wird bald deutlich, daß die meisten der Fragen, bei denen man abstrakt gesehen verschiedene Entscheidungen für möglich hält, im Zusammenhang der Justiz vorentschieden sind[167]. So wurde mir zum **Beispiel** während des Studiums nie klar, wie man u.a. einem bestimmten Diebstahl eine Strafe von einer ganz bestimmten Dauer zuordnen konnte – was mir dann klar wurde, als ich während der Ausbildung der Berufungskammer eines großen Landgerichts zugewiesen wurde: Diese hatte sich nämlich damit auseinanderzusetzen, daß einer der Einzelrichter ihres Bezirks mit seinem Strafmaß immer 30% über dem der anderen Gerichte lag – was die Kammer dann jeweils korrigieren mußte. Denn die Antwort auf die Frage, welches Strafmaß bei einem bestimmten Diebstahl „angemessen" ist – bei der man abstrakt gesehen notwendig auf „persönliche Bewertungen" zurückgreifen mußte –, lag auf der Hand, wenn man die Entscheidungen der anderen Gerichte in Betracht zog. Sie war damit durch den notwendigen Rückgriff auf die Rechtsorganisation zu entscheiden.

---

160   Methoden IV, S. 467 ff.
161   Dazu *Pawlowski*, Methodenlehre, Rz 168 ff., 175 ff.
162   Dazu *Pawlowski*, Methodenlehre, Rz 3 ff.
163   Dazu *Pawlowski*, Methodenlehre, Rz 454a, 540, 546 ff., 631 ff., 668 ff.
164   Dazu *Pawlowski*, Methodenlehre, Rz 53 ff., 385 ff., 548 ff., 870 ff.
165   Dazu *Pawlowski*, Methodenlehre, Rz 943, 958, 962 und öfter.
166   Dazu *Pawlowski*, Methodenlehre, Rz 35 ff., 53 ff., 216 ff.
167   Dazu nur *Pawlowski*, Methodenlehre, Rz 370 ff., 385 ff.

5. Die „soziale Wertungsjurisprudenz"

a) Der Rückgriff auf die sozial anerkannten Werte

232 Dieser Rekurs auf den „objektiven Geist", der zunächst eine gewisse Plausibilität besitzt, ist allerdings einigen Einwendungen ausgesetzt, aufgrund deren er sich in der heutigen Diskussion für eine wachsende Zahl von Autoren als nicht mehr akzeptabel darstellt. Denn man neigt heute dazu, sich direkt auf die Wirklichkeit (Realität) zu beziehen – und die Realität des „objektiven Geistes" erscheint vielen auch dann als wenig greifbar, wenn man sie nicht mit Hilfe einer an *Hegel* orientierten Philosophie zu beschreiben sucht. Viele halten es für einen Zirkel, wenn man einerseits die von der Rechtsprechung formulierten Normen als Ausprägung von Zusammenhängen (rechtsethischen Prinzipien, Standards etc.) interpretiert, die man im „objektiven Geist" festmacht, während man dann andererseits aus dieser Rechtsprechung Werte (bzw. einen Wertmaßstab) erschließt, die wieder diesem „objektiven Geist" zuzuordnen wären. Die Vertreter der *objektiven* Wertungsjurisprudenz versuchen zwar, dem Vorwurf eines unzulässigen Zirkelschlusses von ihrem Standpunkt aus entgegenzutreten[168]. Der Hinweis auf den hermeneutischen Prozeß des Verstehens, in dem dieser „Zirkel"[169] expliziert wird, stellt sich jedoch anderen Autoren[170] als zu unbestimmt[171] dar.

233 Man neigt daher heute vielfach dazu, zur Ergänzung des in den Gesetzes konkretisierten Wertmaßstabes auf die Werte bzw. **Wertvorstellungen** zu verweisen, **die** in unserer Gesellschaft **Anerkennung gefunden haben**[172] **– also bei der Mehrheit der Rechtsgenossen** oder auch bei der Mehrheit der Zunftgenossen. D.h. man verweist hier auf Normen, die zwar (noch) nicht durch Gesetze konkretisiert worden, die aber dennoch „sozial wirksam" sind – wobei man Art und Umfang der sozialen Anerkennung mit Hilfe empirischer Methoden dokumentieren kann. Diese Werte sind daher

---

168 Es geht hier um das vielfach diskutierte Problem des sog. hermeneutischen Zirkels; dazu u.a. *Larenz/Canaris*, Methodenlehre, 1.3, S. 28 ff. und öfter; *W. Fikentscher*, Methoden IV, S. 194 ff.; *N. Luhmann*, Soziale Systeme, S. 648 ff. und auch *Pawlowski*, Rechtswissenschaft, § 6, 1, S. 65 f.; treffend *D. Suhr*, Situation, S. 13 ff.

169 Genauer: Diese „Schraube" oder „Spirale"; dazu *Pawlowski*, Rechtswissenschaft, S. 64 ff., 67; so auch *W. Hassemer*, Tatbestand und Typus. 1968, S. 107; *Larenz/Canaris*, Methodenlehre, 1.3, S. 28 sowie *Fr. Müller*, Rechtslehre (Fn. 23), S. 50 ff., 195 ff.

170 Dazu u.a. die Kritik von MünchKomm-BGB/*Säcker*, Einl. 82, der die Methoden der „Hermeneutik" als „wissenschaftstheoretisch antiquiert" bezeichnet – wobei die Schärfe des Urteil kein Indiz für dessen Richtigkeit ist.

171 Vgl. hierzu aber auch den Hinweis von *J. Habermas*, der in seiner Kritik der „empirischen" und „prognostischen" Wissenschaftstheorien hervorhebt, daß auch die positivistischen Wissenschaftstheorien auf einem „Zirkel" aufbauen, wenn sie „Theorien" mit Hilfe von „Tatsachen" überprüfen lassen wollen, die selbst wiederum Produkte von „theoretischen" Beschlüssen sind, vgl. u.a. Logik, S. 41 ff., 47.; dazu jetzt *H. Albert*, rationale Praxis, S. 18 ff.

172 Dazu u.a. *H.-B. Grüber* JZ 1974, S. 665 ff.; *M. Rehbinder*, Rechtssoziologie, S. 20 ff. Man nimmt damit in neuer Form ein Anliegen auf, das wir bereits bei *F.C. von Savigny* kennengelernt haben, der unter „Recht" primär die sozial wirksamen und nicht (nur) die „juristischen" Normen verstand (vgl. oben Rz 149 ff., 155) – wobei allerdings im Zusammenhang der Konzeption *Savignys* die Darstellung des Verhältnisses von „juristischen" und „sozial wirksamen" Normen nicht unter den im folgenden Text ausgesprochenen Mängeln litt. Zum sozialwissenschaftlichen Normbegriff beachtlich *Cl. Souto* ARSP 63 (1977), S. 1 ff.

mit Hilfe sozialwissenschaftlicher Methoden **zu ermitteln – mit Hilfe der sozialwissenschaftlichen Wertforschung**[173]. Man kann insofern von „sozialer Wertungsjurisprudenz" sprechen.

Diese Wertforschung richtet sich einmal auf die Verteilung von Wertpräferenzen (Einstellungen) in der Gesellschaft. Von Bedeutung für die Rechtswissenschaft sind aber auch Untersuchungen über die Verteilung von „Einstellungen" im Bereich der Gerichtsorganisation (Justizstabforschung)[174]. Diese Forschung scheint dem Juristen vor allem „exakte" Unterlagen zu bieten. Man könnte daher meinen, daß der Rückgriff auf sozialwissenschaftliche Erkenntnisse endlich zu einer *exakten* Rechtswissenschaft führen könnte.

Man wird zwar kaum annehmen, daß sich die Juristen bei der Anwendung und Auslegung der Gesetze direkt an den „Wertpräferenzen" der jeweiligen Mehrheit orientieren dürfen. Dennoch muß sich der Jurist – und auch schon der angehende Jurist – darüber klar sein, daß die Ergebnisse der empirischen Sozialforschung nicht nur rechtspolitisch (für den Gesetzgeber) von Bedeutung sind, sondern vielfach auch beim Umgang mit den Gesetzen zu berücksichtigen sind: Weil sich nämlich von ihnen her eine Anzahl von Rechtsfragen neu stellen. **234**

Bedeutung der Meinungsforschung

Für diesen Einfluß der empirischen Sozialforschung auf die Rechtsdogmatik (und damit auf den *richtigen* Umgang mit den Gesetzen) bieten die Rechtsprobleme ein instruktives **Beispiel**, die sich daraus ergeben haben, daß man im Zivilprozeß Gutachten *anerkannter* Markt- und Meinungsforschungsinstitute als zulässiges Beweismittel anerkannt hat[175]. Dies führte nämlich u.a. bei der Auslegung des § 25 WZG[176], der die Verwendung einer „Ausstattung" verbietet, „die innerhalb beteiligter Verkehrskreise als Kennzeichen ... gleichartiger Waren eines anderen gilt", zu einer Reihe *neuer* Rechtsfragen, deren Lösung sich dann aber nicht aus den sozialwissenschaftlichen Erkenntnissen ergab, sondern mit Hilfe juristischer Überlegungen erarbeitet werden mußte. **235**

Hier hatte nämlich die Umfrageforschung zunächst erkennen lassen, in welchem Maße die Vorstellungen der Richter über den Bekanntheitsgrad von Städtenamen (und anderer Bezeichnungen) von denen der Gesamtbevölkerung (oder einzelner Bevölkerungsgruppen – der sog. **235a**

---

173 Dazu etwa *P. Kmieczak/Klages*, Wertstrukturen und Wertwandel in der Bundesrepublik Deutschland. Grundlegungen einer interdisziplinären empirischen Wertforschung mit einer Sekundäranalyse, 1976.

174 Hierüber sind seit den öffentlichen Diskussionen über eine Abhandlung von *R. Dahrendorf* (in Hambg. Jahrbuch für Wirtschafts- und Gesellschaftspolitik, 1960) eine Anzahl von Untersuchungen angestellt worden, so u.a. von *W. Kaupen*, Die Hüter von Recht und Ordnung. Diss. Mannheim, 1969 oder *W. Richter*, Zur soziologischen Struktur der deutschen Richterschaft, 1958. Besonders hinzuweisen ist auf die Untersuchungen, die unter Leitung von *R. Wildenmann* aufgrund einer Repräsentativumfrage aus dem Jahre 1972 im Bereich der ordentlichen Justiz und des BVerfG angestellt worden ist; vgl. dazu *M. Riegel, R. Werle, R. Wildenmann*, Selbstverständnis und politisches Bewußtsein der Juristen, insbesondere der Richterschaft in der Bundesrepublik (Tabellarische Übersicht). 1974, und die darauf basierende Untersuchung von *R. Werle*, Justizorganisation und Selbstverständnis der Richter. Opladen, 1977.

175 Zum Folgenden ausführlich *W. Sauberschwarz*, Gutachten von Markt- und Meinungsforschungsinstituten als Beweismittel im Wettbewerbs- und Warenzeichenprozeß. 1969.

176 Dem heute die Regelungen der §§ 7 Nr. 2, 14 MarkenG entsprechen.

Verkehrskreise) abweichen[177]. Nach diesen Erkenntnissen erwies es sich also als *falsch*, daß die Richter bei der Feststellung des Grades der Verkehrsgeltung von ihren eigenen Vorstellungen ausgingen, *während* sie gleichzeitig darauf hinwiesen, daß sich der Schutz dieser Bezeichnung gemäß § 25 WZG nach dem Grad ihrer „Bekanntheit in den beteiligten Verkehrskreisen" bemesse. Diese Erkenntnisse der Umfrageforschung hatten daneben für die Rechtswissenschaft auch noch die – positive – Bedeutung, daß sie darauf hinwiesen, mit Hilfe welcher technischer Mittel jetzt die Verkehrsgeltung von Bezeichnungen etc. festgestellt werden konnte: Nämlich mit Hilfe von Gutachten *anerkannter*[178] Markt- und Meinungsforschungsinstitute. Wenn aber so auch deutlich wurde, wie man den Bekanntheitsgrad von Warenzeichen (Marken) etc. feststellen *kann*, so war damit aber noch nicht gesagt, daß man dies auch immer *soll*. Denn der Nachweis, daß eine neue Art der Beweisführung *möglich* ist, wirft eine Anzahl neuer Rechtsfragen auf, die jetzt erst mit Hilfe rechtlicher Überlegungen gelöst werden müssen[179].

236 So stellt sich zum **Beispiel** die Frage, ob man auf das *neue* Beweismittel – das erhebliche Kosten verursacht – auch dann zurückgreifen muß, wenn es (*nur*) um den Schutz von Ausstattungen geht, die nur an einem Ort als Kennzeichen eines bestimmten Betriebes gelten[180]. Bejaht man diese Frage, so entzieht man diesen Ausstattungsrechten praktisch den Rechtsschutz. Denn wenn man zu ihrer Verteidigung – jedenfalls zunächst – die hohen Kosten einer „Umfrage" aufwenden muß (und sich nicht, wie bisher, auf eine Auskunft der Industrie- und Handelskammer beschränken kann), dann wird es für den Inhaber einer örtlichen Ausstattung zu riskant, sich gegen Verletzungen mit einer Klage zu wehren: Weil deren Erfolg nicht genau zu kalkulieren ist.

236a Daneben führte das neue Beweismittel der Martkforschung dadurch zu einer Reihe von *neuen* Rechtsfragen, die jetzt rechtlich entschieden werden mußten, weil es – anders als die Auskünfte der IHK – zu ziffernmäßigen Erkenntnissen über den Grad der Verkehrsgeltung führte. Erfuhr man also früher nur, daß eine Ausstattung „bekannt", „sehr bekannt", oder „berühmt" war, so mußte man jetzt bestimmen, wieviel Prozent der Bevölkerung einen „nicht unerheblichen Teil der Verkehrskreise" i.S. des § 3 UWG bilden[182], wieviel Prozent der Bekanntheitsgrad einer Marke betragen muß, um als „berühmte Marke" einen über den zeichenrechtlichen Schutz hinausgehenden Schutz zu erlangen[182] usf. Die Erkenntnisse der Umfrageforschung gaben also insofern Anlaß zur Entwicklung neuer normativer Konzepte, ohne diese bereits inhaltlich festzulegen.

236b Im übrigen lassen die Ergebnisse der analytisch-empirischen Sozialwissenschaften zum **Beispiel** auch erkennen, daß es nicht angeht, die staatlichen Strafen rechtsdogmatisch durch den „Zweck" der Resozialisierung zu erklären oder zu rechtfertigen[183]: Weil die staatlichen Strafen

---

177 So lehnte z.B. das Bundespatentamt die Eintragung des Zeichens „Morelia" mit der Begründung ab, daß dieses Wort bei einem großen Teil der Bevölkerung als Name einer mexikanischen Stadt bekannt sei. Eine Repräsentativumfrage ergab, daß 93,3% das Wort noch nie gehört hatten, und daß nur 0,3% wußten, daß „Morelia" der Name einer Stadt in Mexiko oder (Süd-)Amerika sei; dazu i.ü. *W. Sauberschwarz*, Beweismittel (Fn. 175), S. 9 ff.; weitere vergleichbare Beispiele bei *Kl. Röhl*, Rechtssoziologie, § 14, 2, S. 90 ff.

178 Auch hinter diesem Wort verbirgt sich ein technisches Problem: Wer ist (bzw. wer repräsentiert) „die Wissenschaft", auf deren Gutachten sich die Gerichte jetzt stützen? Dazu nur *W. Sauberschwarz*, Beweismittel (Fn. 175), S. 131 und i.ü. *Pawlowski*, Methodenlehre, Rz 598 ff.

179 Dazu ausführlich *W. Sauberschwarz*, Beweismittel (Fn. 175), S. 131.

180 Dazu *W. Sauberschwarz*, Beweismittel (Fn. 175), S. 20 ff.

181 Ist die Kenntnis von 13% der Beteiligten „unerheblich" (so BGHZ GRUR 1959, S. 365) oder ist schon die Kenntnis von 10% der Beteiligten „erheblich" (so das OLG Hamburg als Vorinstanz des BGH); dazu i.ü. *W. Sauberschwarz*, Beweismittel (Fn. 175), S. 107 ff.

182 Dazu *W. Sauberschwarz*, Beweismittel (Fn. 175), S. 104 ff.

183 Dazu *Pawlowski*, Rechtswissenschaft, § 11, S. 232 ff.

überwiegend die Bestraften nicht resozialisieren können und auch nicht nur in den Fällen verhängt werden, in denen es erforderlich wäre, den Täter zu resozialisieren. Sie lassen aber vor allem darüber hinaus erkennen, wo man die staatlichen Strafen (und deren Vollzug) beschränken muß, wenn man Außenseiter resozialisieren *will*. D.h. die analytisch-empirische Forschung hat insofern auch eine positive Bedeutung für die Rechtswissenschaft, als sie durch die Erkenntnis bisher unbekannter Gesetzmäßigkeiten menschlichen Verhaltens die Möglichkeiten des Rechts (also die Zahl der Entscheidungsalternativen) erhöhen und insofern Anlaß und Anregung zur „Rechtsfortbildung" geben kann.

b) Bindung des Rechts an die Moral der Mehrheit?

Wenn man aber auch davon ausgehen muß, daß die Ergebnisse der empirischen Sozialforschung in vielen Beziehungen Hilfen für den *richtigen* Umgang mit den staatlichen Gesetzen geben, so ist doch zweifelhaft, ob der zunächst angesprochene Rekurs auf die Ergebnisse der sozialwissenschaftlichen Wertforschung (Rz 233) im Zusammenhang der juristischen Methodenlehre weiterhilft. Denn diese Forschung eröffnet zwar unbestritten einen Zugang zu Vorstellungen über Werte und Wertbeziehungen (d.h. zu Wertungen und somit zu Elementen eines Wertmaßstabes), die von der Person des Forschers unabhängig sind. Es bleibt aber offen, *mit welchem Recht* der Richter seine Entscheidung auf diese Vorstellungen stützen kann. Der Rechtsanwender (und insbesondere der Richter) wird zwar davon ausgehen können, daß seine Entscheidungen mit größerer Wahrscheinlichkeit auf Zustimmung stoßen werden, wenn sie sich auf „Wertungen" stützen, die von der Mehrheit (der Rechtsgenossen oder Zunftgenossen) geteilt werden[184], als wenn er sie nur auf seine persönlichen „Wertungen" stützt. Daraus ergibt sich aber direkt nichts für die Richtigkeit (Rechtlichkeit) einer so gefällten und begründeten Entscheidung – was die folgenden Überlegungen verdeutlichen mögen.

237

So hat man im Zusammenhang der psychologischen Forschung die Frage aufgeworfen, wie eine gezielte Beobachtung von Passanten durch Psychologen im Zusammenhang sozial-psychologischer Testverfahren *rechtlich* zu beurteilen ist[185]. Da sich der Gesetzgeber mit diesen Fragen noch nicht befaßt hat, geben die vorhandenen Gesetze auf diese Frage keine direkte Antwort. Man könnte nun versuchen, hier „Repräsentativumfragen" zur Hilfe zu nehmen, um so feststellen zu lassen, ob die Mehrheit der Bevölkerung eine „gezielte Beobachtung" von Passanten für erlaubt hält, bei der man zum **Beispiel** Passanten eine Geldbörse in den Weg legt, um dann zu bestimmen, wieweit sie sich „rechtstreu" verhalten, wenn sie sich unbeobachtet glauben.

238

Eine derartige Umfrage kann nun leicht zu dem Ergebnis führen, daß die weit überwiegende Mehrheit der Rechtsgenossen derartige gezielte Beobachtungen für „unerlaubt" hält, bzw. für deren Verbot eintritt, während sich die Psychologen, die sich professionell mit derartigen „Tests" beschäftigen, zu diesen experimentellen Beobachtungen für berechtigt halten. Es sollte klar sein, daß ein derartiges Ergebnis einer „Repräsentativumfrage" die Gerichte nicht berechtigt, diese „wissenschaftlichen Beobachtungen" zu verbieten. Dies wäre vielmehr nur

238a

---

184 Obwohl selbst dies nicht feststeht, da offen ist, inwieweit z.B. die durch Umfrage ermittelten „Einstellungen" (also die verbalisierten Präferenzen) die Handlung der Befragten bestimmten – inwieweit sich also sozial wirksame (internalisierte) Normen und verbal anerkannte Normen decken.

185 Dazu u.a. *G. Wiese* in: L. Kruse und M. Stumpf (Hrsg.), Psychologische Grundlagenforschung: Ethik und Recht. 1981, S. 201 ff.

dann zulässig, wenn man ein derartiges Verbot mit Hilfe anerkannter rechtswissenschaftlicher Methoden aus den vorhandenen gesetzlichen Normen ableiten könnte – zum **Beispiel** als eine Verletzung des „allgemeinen Persönlichkeitsrechts". Man kann sich aber bei einer derartigen Ableitung nicht auf die „Tatsache" berufen, daß die meisten Rechtsgenossen etc. ein derartiges Verhalten negativ bewerten. Denn diese „Tatsache" ist solange rechtlich irrelevant, als sie nicht durch das Recht zur Voraussetzung bestimmter Rechtsfolgen bestimmt worden ist. Im übrigen wird ein derartiges Verbot für die Minderheit nur verbindlich, wenn es in dem durch die Verfassung geregelten Verfahren in das Gesetz aufgenommen worden ist.

239   Diese Überlegungen machen nicht zuletzt deutlich, daß man sich bei der Verwendung des Wertbegriffs immer darüber Rechenschaft geben muß, welche Funktion dieser Begriff erfüllen soll: Weil man nämlich erst dann beurteilen kann, ob man bei der Lösung einer bestimmten Aufgabe legitimerweiser die Ergebnisse anderer Wissenschaften heranziehen kann.

So hat zum **Beispiel** der Wertbegriff in den Wirtschaftswissenschaften augenscheinlich die Funktion anzugeben, was man durch etwas anderes ersetzen kann. In der Philosophie (wie auch in der Rechtswissenschaft) will man mit dem Begriff des Wertes – der „Freiheit" oder der „Persönlichkeit" – dagegen Individualitäten festlegen, also Gegebenheiten oder Zusammenhänge, die nicht ersetzbar[186] (fungibel) sind. Wenn man also im Zusammenhang der Rechtswissenschaft auf die von den Sozialwissenschaften beschriebenen Werte zurückgreifen will, so muß man also genau prüfen, ob dieser Begriff im Zusammenhang der Sozialwissenschaften die gleiche oder doch eine vergleichbare Funktion zu erfüllen hat wie in der Rechtswissenschaft[187] – was zweifelhaft ist (Rz 300 ff., 307, 342 ff.).

240   Man könnte nun versuchen, den Rückgriff auf die Ergebnisse der Sozialforschung damit zu begründen, daß die (wahrscheinliche) Zustimmung zu den auf die Wertungen der Mehrheit gestützten Entscheidungen eben dazu führen wird, daß diese Wertungen nun auch für die Minderheit verbindlich werden und sich damit darauf zu berufen, daß man mit Hilfe dieser Methode der Wirklichkeit (den „Tatsachen") Rechnung trägt: Wenn die Richter schon einmal werten müssen, dann werden sie erfolgreicher arbeiten, wenn sie sich dabei nicht auf ihre rein persönlichen Wertungen berufen; sie werden sich vielmehr weniger der Kritik aussetzen, wenn sie sich auf die Wertungen der Mehrheit stützen. Wir stoßen somit hier wieder auf einen Argumentationszusammenhang, dem wir schon früher bei der Darstellung der „topischen Methode" (Rz 132 ff.) begegnet sind. Auch diese stellte darauf ab, daß sich infolge des Scheiterns aller juristischen System die „Richtigkeit" (Rechtlichkeit) einer neuen (rechtsfortbildenden) Entscheidung aus dem späteren Konsens der Zunftgenossen ergibt (Rz 139 f.). Und diesen scheint man mit Hilfe sozialwissenschaftlicher Methoden eher und genauer prognostizieren zu können. Danach wäre es auch im Zusammenhang der juristischen Methodenlehre plausibel, einem Richter zu empfehlen, sich bei seinen Entscheidungen an die Wertungen der Mehrheit (hier wohl aber der Zunftgenossen) anzuschließen, wenn er schon werten muß: Weil er damit vermeiden wird, daß seine Entscheidungen von seinem Obergericht aufgehoben werden, was unter den verschiedensten Aspekten nachteilig ist. Der Hinweis auf das jeweilige Oberge-

---

186   Wenn man einmal von der Verwendung des Wertbegriffs im Schadenersatz- und Bereicherungsrecht absieht, die hier nicht interessiert.
187   Dazu ausf. *Pawlowski* JuS 1976, S. 351 ff. sowie *ders.*, Duden-F., S. 349 ff.

richt zeigt aber schon, daß für den, der die Zustimmung der Zunftgenossen erreichen will, weniger die Kenntnis der Wertungen der Mehrheit der Rechtsgenossen oder auch der Zunftgenossen von Bedeutung ist als die Kenntnis der Wertungen der Inhaber bestimmter Organisationsstellungen – d.h. bestimmter *juristischer* Autoritäten. Und diese Kenntnis gewinnt man eher mit Hilfe rechtswissenschaftlicher als mit Hilfe sozialwissenschaftlicher Arbeitsmethoden: Man wird die Entscheidungssammlungen des Obergerichts studieren usf. Der Rekurs auf die sozialwissenschaftliche Wertforschung ist also zwar im Zusammenhang der „topischen Methode" plausibel. Und er ist, wie diese Methode überhaupt, daher geeignet, die rechtswissenschaftlichen Diskussionen zu fördern und zu verbessern. Es läßt sich aber nicht ausmachen, inwiefern er im Zusammenhang der juristischen Methodenlehre weiterhilft – d.h. im Zusammenhang der Lehre von der Methode der *richtigen* (rechtlichen) *Entscheidung.*

Man könnte allerdings versuchen, die Zulässigkeit und Notwendigkeit des Rekurses **241** auf die „in der Gesellschaft anerkannten Werte" mit rechtlichen Argumenten zu begründen – und ihn so nicht nur mit methodologischen Argumenten zu rechtfertigen. So könnte man die rechtliche Verpflichtung des Richters (und aller Rechtsanwender), sich bei der Ergänzung des in den Gesetzen konkretisierten Maßstabs auf die von der Mehrheit anerkannten Wertungen zu stützen, damit begründen, daß auch der parlamentarische Gesetzgeber auf Dauer von der Auffassung der Mehrheit der Rechtsgenossen abhängig sei, weil die Wahl der Mitglieder der Gesetzgebungsorgane dafür sorgen solle und auch dafür sorge, daß die Wertungen des Gesetzgebers mit denen der Mehrheit der Rechtsgenossen übereinstimmen usf. Danach müßte der Richter sich deshalb an den Wertungen der Mehrheit der Rechtsgenossen orientieren, weil man nur so zu einem einheitlichen Wertmaßstab für Gesetzgeber und Richter gelangen kann, der von diesem Konzept her dann der Verfassung entspricht. Es sei hier an die früher erwähnten Ausführungen des damaligen Bundeskanzlers *Helmut Schmidt* erinnert, in denen er hervorhob, daß sich das Recht in unserer Gesellschaft an dem in ihr *vorhandenen* Ethos orientieren müsse, da es sonst seine demokratische Legitimation verliere (Rz 153).

Aus dieser (materiell-)rechtlichen Argumentation würde sich dann auch für die Me- **241a** thodenlehre die Anweisung an den Richter ergeben, vor seinen Entscheidungen die Wertungen der Mehrheit der Rechtsgenossen zu ermitteln – das jedenfalls dann, wenn er „Rechtsfortbildung" betreiben will, bzw. nach Lage des Falles in Ermangelung angemessener gesetzlicher Normen muß. Für das Geschäft des Juristen bzw. der Rechtswissenschaft würde daraus folgen, daß sich der Jurist bei seiner Tätigkeit nicht auf die Auslegung und Anwendung von Gesetzen und auf die Rechtsdogmatik beschränken darf. Seine juristische Arbeit bedarf auf dem Hintergrund der sozialen Wertungsjurisprudenz vielmehr immer auch einer Ergänzung und Korrektur durch sozialwissenschaftliche Erkenntnisse[188].

Gegen diese (materiell-)rechtliche Argumentation sprechen aber wiederum materiell- **242** rechtliche Einwendungen: So ist zunächst darauf hinzuweisen, daß sich aus der Ver-

---

188 Dieser Ansatz stützt also die heute vielfach erhobene Forderung nach einer Verbindung von rechts- und sozialwissenschaftlichen Betrachtungsweisen und nach einer Integration von rechts- und sozialwissenschaftlicher Ausbildung.

fassung unseres Staats keinesfalls ergibt, daß die Wertungen der Mehrheit der Rechtsgenossen mit denen der Mehrheit der Mitglieder der Gesetzgebungsorgane immer übereinstimmen *sollen*. Hier sei nur an das Problem der Todesstrafe erinnert, die bei den Rechtsgenossen (Bürgern) immer wieder eine mehrheitliche Zustimmung findet, während sie von der Mehrheit der Mitglieder der Gesetzgebungsorgane (nicht nur unseres Staates) immer wieder abgelehnt wird. Zum anderen wird genugsam auf die Rolle der politischen Parteien bei der Bildung des „Staatswillens" hingewiesen, die ebenfalls eine unmittelbare Beziehung zwischen den „Wertungen der Mehrheit der Rechtsgenossen" und den „Wertungen des Gesetzgebers" ausschließt: Der Gesetzgeber soll gerade klüger und weiser sein als der durchschnittliche Staatsbürger. Im übrigen ist daran zu erinnern, daß die Wertungen der Mehrheit nach unserer Verfassung für die Minderheit erst und nur dann[189] verbindlich werden, wenn sie zu wirksamen (verfassungskonformen) Gesetzen geführt haben: Der Hinweis auf die „Wertungen der Mehrheit" entspricht also den Hinweisen auf die Verpflichtung zu politischen oder „politisch bewußten" Entscheidungen (Rz 108, 117 ff., 121 ff., 124, 216).

§ 8 Methodenlehre und Rechtsbegriff

243 Wir sind damit aber an einem Punkt angelangt, der über den Zusammenhang der juristischen Methodenlehre hinausführt. Denn wir können und müssen bei der Diskussion über die Methodenlehre dahinstehen lassen, ob und mit Hilfe welcher rechtlichen Argumentationen man eine Bindung des Richters an die Wertungen der Mehrheit der Rechtsgenossen (oder der Zunftgenossen) rechtfertigen könnte. Denn diese Argumentation würde uns in ein Dilemma führen, dem wir in einer vergleichbaren Form schon bei der Darstellung des Geschäfts der Philosophie (Rz 51 ff., 73 ff.) begegnet sind: Die rechtswissenschaftliche Methodenlehre soll angeben, wie man bei der Anwendung des Rechts und insbesondere bei der Entscheidung rechtlicher Streitigkeiten „methodisch" (konsequent, widerspruchsfrei) verfahren kann und muß. Das setzt augenscheinlich voraus, daß man weiß, was „Recht" ist, wo man das Recht finden kann, bzw. was seine „Quelle" ist und was das Recht zum Recht macht.

Und wir haben gesehen, daß sich zum **Beispiel** die Unterschiede in den Methodenlehren *F.C. von Savignys* und *R. von Iherings* gerade aus Unterschieden in der Vorstellung darüber ergaben, ob nun das Recht von *einem* Gesetzgeber (vom Staat) hervorgebracht – gesetzt – wird oder ob das Recht von anderen Instanzen hervorgebracht wird (Rz 150, 160).

243a Unterschiede in der Vorstellung von dem, was die eigentliche Quelle des Rechts ist, führen aber auch zu den verschiedenen Spielarten der „Wertungsjurisprudenz": Wer nur den Staat als „Quelle des Rechts" ansieht, wird neben dem Gesetzgeber und dessen politischen Entscheidungen den Richter und dessen politische Entscheidungen als Rechtsquelle einführen. Wer dagegen unter Recht etwas versteht, was dem Staat (dem Gesetzgeber und den Gerichten) vorgegeben ist, muß weitere Zusammenhänge beschreiben – wie auch die Methode ihrer Verwertung. **Die richtige Methode der**

---

189 Dazu nur *Pawlowski*, Methodenlehre, Rz 840 ff.

Rechtswissenschaft bestimmt sich also nach dem, was „Recht" ist – **nach der richtigen Vorstellung vom Recht**[1].

Welche der verschiedenen Vorstellungen vom Recht aber nun die „richtige" ist, das kann sich offensichtlich nicht aus der Methodenlehre selbst ergeben, deren „Richtigkeit" ja wiederum von den Vorstellungen über die Herkunft des Rechts (vom Rechtsbegriff) abhängig ist. Wenn man also juristische Methodenlehre als „juristische (Rechts-)Erkenntnistheorie" betreiben wollte, so wäre sie den gleichen Einwänden ausgesetzt, die gegenüber den Versuchen der Erkenntnistheorie in der Philosophie erhoben werden: Man kann nicht erkennen, wie man erkennt, solange man noch keine Erkenntnis hat. Und eine „juristische Erkenntnismethode" müßte in gleicher Weise wie die Erkenntnistheorie der Philosophie an dem „Münchhausen-Trilemma" (*H. Albert*) scheitern (dazu. oben Rz 51, 73 ff.)[2].

243b

Der Versuch, den Begriff des Rechts auf dem Wege über das Recht und die Rechtswissenschaft genauer zu bestimmen, stellt sich also in ähnlicher Weise als problematisch dar wie der Weg zur Erkenntnis über die Philosophie. Denn es ist auch dem Juristen trotz seiner Rechtskenntnis nicht möglich, das Geschäft der Rechtswissenschaft abstrakt genauer zu beschreiben als das Geschäft der Philosophie. Wir befinden uns also noch heute in der Lage, die *I. Kant*[3] beschrieben hatte, als er ausführte, „Noch suchen die Juristen eine Definition zu ihrem Begriffe vom Recht" und „Was ist Recht? Diese Frage möchte wohl den Rechtsgelehrten, wenn er nicht in Tautologie verfallen oder statt einer allgemeinen Auflösung auf das, was in irgendeinem Lande die Gesetze zu irgendeiner Zeit wollen, verweisen will, ebenso in Verlegenheit setzen, als die berufene Aufforderung, was ist Wahrheit? den Logiker"[4]. Und das ist nach den bisherigen Überlegungen auch nicht erstaunlich. Denn wir haben bereits festgestellt, daß die Astronomie oder die Physik nicht bestimmen, was „Sterne" sind bzw. was „Materie" ist, sondern daß die Wissenschaften ihre Gegenstände „voraussetzen" (Rz 47) – was dann auch für die Rechtswissenschaft zutrifft. Diese Wissenschaften – und damit auch die Rechtswissenschaft – befinden sich gegenüber der Philosophie und der philosophischen Erkenntnislehre nun aber insofern in einer anderen („besseren") Lage, als sie sich für die Abgrenzung ihres Gegenstandes – für die Beschreibung bzw. Festlegung des Gegenstandes, den sie „voraussetzen" – an die Philosophie oder an die anderen Wissenschaften wenden können. So wollen wir jetzt versuchen, ob wir nicht für die Bewältigung der durch die juristische Methodenlehre aufgeworfenen Probleme Hilfe in der Rechtsphilosophie oder in der Rechtssoziologie finden können, die sich beide mit der Frage befassen, was denn nun „Recht" eigentlich ist.

244

---

1 Zum Zusammenhang von juristischer Methodenlehre und Rechtsquellenlehre schon *Pawlowski*, Rechtswissenschaft, § 8, S. 173 ff.

2 Man könnte zwar meinen, daß hier eine posttranszendente, naturale Erkenntnistheorie", wie sie *N. Luhmann* empfohlen hat (vgl. Rz 64 ff. und noch R 339 ff.), einen Ausweg bietet. Dies ist jedoch nicht der Fall. Denn *Luhmann* verweist hinsichtlich der einzelnen Erkenntnisverfahren auf die „Innenbeschreibung" des jeweiligen Systems (dazu noch Rz 341). Es ist danach Sache des Rechts(-systems), seine Grundlagen zu definieren; dazu *Pawlowski*, Methodenlehre, Rz 277 ff. oder *G. Roellecke* JZ 1999, S. 213 ff.

3 Kritik der reinen Vernunft, Transzendente Methodenlehre II 1 H, 1, Anm. In: Weischedel (Hrsg.), Immanuel Kant, Werke in 6. Bd., 1963, Bd. II, S. 625.

4 *I. Kant*, Metaphysik der Sitten. Rechtslehre, Einleitung, § B, Werke (Fn. 3), Bd. IV, S. 336.

3. Teil

Was ist Recht?

§ 9 Recht und Rechtsphilosophie

1. Die kritische Bedeutung der Rechtsphilosophie

Wenden wir uns also zunächst der Rechtsphilosophie[1] zu, um zu sehen, ob wir dort **245**
Beschreibungen oder Bestimmungen des Rechts finden, die uns eine genauere Charakterisierung des Geschäfts der Rechtswissenschaft oder des Juristen ermöglichen.
Dabei lassen unsere früheren Überlegungen zum „Geschäft der Philosophie" zwar erwarten, daß ein Rekurs auf die Definitionen oder Beschreibungen des Rechts, die wir
bei einzelnen Rechtsphilosophen finden, jedenfalls bei der Präzisierung der juristischen Methodenlehre nicht weiterhilft (Rz 54, 62). Wir haben aber auch bereits festgestellt, daß dies nicht heißt, daß der Jurist auf die Beschäftigung mit der Rechtsphilosophie verzichten könnte. Denn wer wissenschaftlich arbeiten will, muß auch zu erkennen suchen, was *nicht* möglich ist (Rz 27) – um nicht nur die jeweiligen Ideologien und Moden des Tages zu reproduzieren. Und für diese kritische Erkenntnis bietet die Beschäftigung mit der Rechtsphilosophie durchaus Hilfe.

Dennoch ist zu beachten, daß man bei juristischen und auch methodologischen Über- **246**
legungen nicht einfach von den Definitionen oder Beschreibungen des Rechts ausgehen kann, die sich bei einzelnen Rechtsphilosophen finden – weil derartige Definitionen oder Beschreibungen immer nur *einer* Rechtsphilosophie zugehören und daher
das Recht jedenfalls einer pluralistischen Gesellschaft nicht bestimmen können.
Denn es ist nicht ersichtlich, weshalb sich die Rechtswissenschaft und die Juristen
auf die Lehren eines Philosophen oder einer Gruppe von Philosophen stützen können
sollten, wenn sie bei anderen Philosophen Einwendungen gegen diese Lehre finden,
über deren Berechtigung sie „als Juristen" nicht entscheiden können?

Es empfiehlt sich schließlich für Juristen auch nicht, nach den Anweisungen der po- **246a**
sitivistischen Wissenschaftstheorie (Rz 55 ff., 82 ff.) axiomatisch (definitorisch) vor-

---

1 Zum Folgenden ausführlich *Kl. Adomeit*, Rechts- und Staatsphilosophie. Bd. I, 2. Aufl. 1992; *H.
Coing*, Grundzüge der Rechtsphilosophie. 5. Aufl. 1993; *C.A. Emge*, Einführung in die Rechtsphilosophie. 1955; *K. Engisch*, Auf der Suche nach der Gerechtigkeit. Hauptthemen in der Rechtsphilosophie.
1971; *H. Henkel*, Einführung in die Rechtsphilosophie. 2. Aufl. 1977; Kaufmann/Hassemer (Hrsg.),
Einführung in Rechtsphilosophie und Rechtstheorie der Gegenwart. 6. Aufl. 1994; *J. Rawls*, A Theory
of Justice. 1971, deutsch von H. Vetter, Eine Theorie der Gerechtigkeit. 1975; *H. Ryffel*, Rechts- und
Staatsphilosophie. Philosophische Anthropologie des Politischen. 1969; *K. Seelmann*, Rechtsphilosophie. 1994; *St. Smid*, Einführung in die Philosophie des Rechts. 1991; *R. Zippelius*, Rechtsphilosophie.
2. Aufl. 1989.

zugehen – und zum **Beispiel** festzulegen: Wir nennen nur die Normen (die Imperative oder die hypothetischen Urteile – Rz 113) „Recht", die von diesem oder jenem Organ des Staates erlassen worden sind. Und dies nicht nur wegen der Einwendungen, die von der Wissenschaftstheorie selbst gegen den „Positivismus" erhoben werden. Entscheidend für den Juristen ist vielmehr, daß ein definierender Anfang nicht gewährleistet, daß das, was man mit dieser einmal festgelegten Methode erreicht (erkennt oder findet), nun auch das „wirkliche" (uns interessierende, bei uns wirksame – Rz 284 ff.) Recht ist. Ein axiomatisch-definitorisches Vorgehen, das der Methode der Mathematik entsprechen mag, birgt für den Juristen die Gefahr, daß er die Wirklichkeit verfehlt – eine Gefahr, der der Mathematiker nicht ausgesetzt ist, da dieser mit der Festlegung seiner Axiome die Wirklichkeit dieser seiner Mathematik schafft.

247   Im übrigen zeigt ein Blick in einige philosophische Schriften, daß die dort dargelegten Definitionen, Begriffe oder Beschreibungen des Rechts so gehalten sind, daß sie – wie die Philosophie überhaupt – zwar das Selbstverständnis des Juristen zu prägen vermögen, daß sie ihm aber nicht unmittelbare Direktiven für seine Arbeit geben. Die Rechtsphilosophie hat für die Rechtswissenschaft eine kritische Funktion; sie kann helfen, ideologische Kurzschlüsse auszuräumen und den Blick von den gestrigen Problemen auf die von heute zu richten. Sie kann aber nicht unmittelbar die juristische Arbeit bestimmen. Die folgenden Überlegungen verfolgen daher ein kritisches Ziel, das *I. Kant* mit dem Hinweis ansprach, daß es „eine herrliche Sache um die Unschuld (sei), nur ist es wiederum sehr schlimm, daß sie sich nicht wohl bewahren läßt und leicht verführt wird"[2].

2. Das Recht als „technisches Mittel" zur Abgrenzung von Freiheitsräumen

a) Recht und Freiheit (Kant, Fichte, Hegel)

248   Beginnen wir also mit der Beschreibung, die bei *I. Kant* auf die am Ende des vorigen Abschnitts zitierte Feststellung folgt, daß die Juristen immer noch nach ihrem Begriff vom Recht suchen (Rz 244). *Kant* definiert daraufhin selbst das Recht wie folgt:

„Das Recht ist also der Inbegriff der Bedingungen, unter denen die Willkür des einen mit der Willkür des anderen nach einem allgemeinen Gesetz der Freiheit zusammen vereinigt werden kann"[3].

249   Diese Definition des Rechts kennzeichnet deutlich den Wandel der Aufgabenstellung, zu der die Philosophie *Kants* in Überwindung der früheren Rechtsauffassungen führte. Und wir haben bereits gesehen, daß dieses durch *Kant* begründete Rechtsverständnis infolge der Arbeiten *F.C. von Savignys* auch noch unser Recht und unsere Rechtswissenschaft bestimmt. Danach ist es nicht mehr (wie bei *Chr. Wolff* – Rz 148) Aufgabe des Rechts, direkt eine unter ethischen oder moralischen Aspekten gute

---

2 *I. Kant*, Grundlegung zur Metaphysik der Sitten. In: W. Weischedel, Kant. Werke in 6 Bänden. Bd. IV, 1968, S. 32.
3 *I. Kant*, Metaphysik, S. 337; zur Rechtsphilosophie *Kants* u.a. *H.G. Deggau* ARSP 71 (1985), S. 319 ff. oder *St. Smid* ARSP 71, S. 404 ff.

Ordnung zu gewährleisten. Und dies deshalb nicht, weil *Kant* in der Nachfolge von *R. Descartes* die theoretischen wie auch die praktischen Erkenntnisse nicht von den Objekten her zu deduzieren sucht. Es geht ihm vielmehr darum, die Voraussetzungen der Erkenntnis zu beschreiben: Wie ist Recht und Rechtserkenntnis möglich? **Wie kann ich feststellen, daß etwas, auf das ich stoße, dem Recht zugehört[4]?**

Diese Frage läßt sich nach der kritischen Philosophie *Kants* und seiner Nachfolger **249a** nicht mehr von irgendwelchen „objektiven Zwecken" her beantworten, die der Rechtserkenntnis vorgegeben sind. Wenn man erkennen will, was „gut" oder „richtig" (Recht) ist, so muß man vielmehr zunächst darlegen, wonach sich dieses „Gute" oder „Richtige" (Recht) vor aller Erfahrung (a priori) bestimmt – was es also möglich macht, „Recht" zu erkennen und zu erfahren. Denn die Erfahrungen oder Erkenntnisse tragen von sich aus das Zeichen „Recht" nicht an sich.

Kant legt dann dar, daß das „Gute" in der Moralphilosophie erst einmal voraussetzt, **249b** daß nicht alles Geschehen bereits kausal bestimmt (determiniert) ist – so zum **Beispiel** nicht alles menschliche Verhalten durch die vorhandenen Triebe: Denn man wird nicht versuchen, einem Stein vorzuschreiben, wie er fallen *soll*. Ohne diese Voraussetzung würden wir nur Naturabläufe erkennen und erfahren: Verhalten, das naturnotwendig so geschieht, wie es geschieht, und das man daher nicht sinnvoll in „gutes" und „nichtgutes" (böses) Verhalten einteilen kann. Oder anders ausgedrückt: Ohne diese Voraussetzung würden wir den Menschen nur als „Materie" erfahren – wenn man mit *C.F. von Weizsäcker* (Rz 88) davon ausgeht, daß Materie das ist, was den Kausalgesetzen folgt. Und dabei bliebe dann das Bewußtsein – der andere Aspekt der einheitlichen Wirklichkeit – dunkel (unreflektiert, *unaufgeklärt*).

Im Anschluß daran macht *Kant* darauf aufmerksam, daß dieses Absehen von der Na- **250** turkausalität (der Triebe) noch nicht ausreicht, um die Frage nach dem Guten oder nach dem Recht zu beantworten[5]. Denn die Abwesenheit von Ursachen (die die Annahme erlaubt, daß dieses *oder* jenes *möglich* ist) führt zunächst nur auf die Ebene des *Zufalls*. Die Frage nach dem, was man tun *soll*, setzt aber offensichtlich voraus, daß von dem, was man tun könnte, das eine besser (angemessener) ist als das andere. Denn sonst bleibt der Sache nach immer noch offen, ob sich in dem, was geschieht, nicht doch nur „Kausalverläufe" dokumentieren: also *nur* triebbedingtes Verhalten. Freiheit (d.h. freie Entscheidung) kommt daher erst in den Blick, wenn sich die Entscheidung an einem positiven Ziel orientiert – d.h. an Kriterien, Grundsätzen. Freies Handeln (also *gewolltes* Verhalten) kann daher nur Handeln sein, das sich an selbstgesetzten (autonomen) Gesetzen orientiert[6], da es sich augenscheinlich nicht als sinnvoll darstellt, unbegründetes – zufälliges – Verhalten als „frei" zu bezeichnen[7]. Daraus folgt aber auch, daß die Frage, wie man in der Gemeinschaft mit anderen „gut" und „gerecht" (richtig, dem Recht entsprechend) handeln kann, voraussetzt, daß der

---

4 Dazu auch die eindringliche Beschreibung bei *G. Radbruch*, Grundzüge der Rechtsphilosophie. 1914, S. 29 ff.
5 Ebenso *G.F.W. Hegel*, Rechtsphilosophie, §§ 5 ff.
6 Dazu ausf. *M. Pawlik* Der Staat 38 (1999), S. 21 ff.
7 Dazu z.B. *B. von Freytag-Löringhoff* in Simon, Freiheit, S. 37 ff., 41: Freiheit lebloser Dinge ist ein Unbegriff.

einzelne handeln *kann*, ohne die anderen zu verletzen – daß also der einzelne einen Freiraum zum Handeln hat. *Richtiges* Handeln (das Recht in der Rechtsphilosophie) setzt damit Freiräume voraus. **Daher stellt sich dem Recht jetzt von vornherein das eher technische Problem der allgemeinen – gesetzmäßigen – Abgrenzung von Freiheitsräumen.**

Wir haben bereits festgestellt (Rz 148), daß diese Bestimmung der Aufgabe des Rechts zu einem grundsätzlichen Wandel des Rechtsverständnisses geführt hat – was sich zum **Beispiel** in der Veränderung der Vorstellung von „Freiheit" zeigt. So prägte zwar der Zusammenhang von „Recht" und „Freiheit" auch das frühere Rechtsverständnis; dort aber unter dem Aspekt der „*Freiheiten*" (Privilegien) und *nicht* unter dem Aspekt der *allgemeinen,* gesetzmäßigen *Freiheit.*

251 Den Versuch, diese Aufgabe der Abgrenzung von Freiheitsräumen technisch zu bewältigen, unternimmt zunächst *J.G. Fichte*[8], der zur Sicherung der Freiheit auf einen „Eigentums- und Bürgerrechtsvertrag" zurückgreift – was historisch nach der Lehre vom Staatsvertrag nahelag. Dies führte ihn zu einer inhaltlichen Bestimmung der Freiheit, die den Rechtsgenossen schließlich das „Recht" darauf zusprach, zur richtigen (sittlichen und d.h. in Wahrheit freien) Einsicht und zu dem entsprechenden Verhalten gezwungen zu werden. Dieses – überraschende – Ergebnis lag nun in der Konsequenz des Vertragsprinzips. Denn eine vertragliche Einigung, die sich (noch) nicht auf vorhandene, bereits verteilte Rechtsgüter bezieht, stellt sich angesichts der rechtlichen Gleichheit der Vertragspartner nur dann als „richtig" dar – als rechtlich, angemessen und daher verpflichtend –, wenn ihr Inhalt allgemeinen rechtlichen Prinzipien entspricht[9]. Und d.h. praktisch: Wenn der Vertrag allen gleiche Rechte (die gleiche Freiheit) zuteilt.

252 Erst die Rechtsphilosophie *G.F.W. Hegels*[10] eröffnete dann mit ihrem[11] Ausgang vom Eigentum[12] (bzw. der Sache nach: vom subjektiven Privat-Recht)[13] einen Weg, auf dem die allgemeine rechtliche Freiheit technisch verwirklicht werden kann. Denn der Ausgang vom Eigentum ergab die Möglichkeit, „freie (d.h. frei ausgehandelte, und daher unter allgemeinem Aspekt: inhaltlich nicht festgelegte) Verträge" anzuerken-

---

8 Dazu *J.G. Fichte*, Das System der Rechtslehre. Vorgetragen 1812, in: I.H. Fichte (Hrsg.), Fichtes Werke. Bd. X, Nachdruck 1971, S. 508 ff., 518 ff.; vgl. auch schon F. Medicus (Hrsg.), *Johann Gottlieb Fichte*, Grundlage des Naturrechts nach Prinzipien der Wissenschaftslehre. 1796 (Neudruck 1960 auf der Grundlage der 2. Aufl. von 1922), § 12, S. 518 ff.

9 Dem entspricht es, daß man die Lehre vom Staatsvertrag einerseits zur Legitimation der absoluten Herrschaft eines Monarchen heranziehen und andererseits zur Legitimation „freiheitlicher" Staatsformen verwenden kann; vgl. zum ersteren z.B. *Th. Hobbes* in: P.C. Mayer-Tasch (Hrsg.), *Th. Hobbes*, Leviathan. 1651, deutsch von D. Tidow, 1965, 2. Buch, Kap. XVIII, S. 138 ff. und zum letzteren u.a *J. Locke* in: P.C. Mayer-Tasch (Hrsg.), *J. Locke*, 2. Abhandl. „Über die Regierung". 1891, deutsch von P. Tidow, 1966, Kap. VII ff., S. 78 ff.

10 Rechtsphilosophie, §§ 41 ff.; dazu instruktiv *K.H. Ilting*, Die Struktur der Hegelschen Rechtsphilosophie. In: M. Riedel (Hrsg.), Materialien zu Hegels Rechtsphilosophie. Bd. 2, 1975, S. 52 ff.

11 Nach *H.G. Deggau* ARSP 72, S. 319 ff., 332 ff., entspricht dies allerdings bereits dem Ansatz der Rechtslehre *Kants.*

12 So auch *K. Larenz*, Allgemeiner Teil des deutschen Bürgerlichen Rechts. 1. Aufl. 1967, § 5 II, S. 61 ff.; vgl. auch *Pawlowski*, Allg. Teil, § 1 I.

13 Das man in etwa mit dem Eigentum i.S. von Art. 14 GG vergleichen kann. Im Zusammenhang der Ausführungen *Hegels* kommt es also nicht entscheidend auf das „Sacheigentum" an; zur Funktion des auf Sachen und Grundstücke beschränkten „Eigentums" *Pawlowski*, Allg. Teil, Rz 278 ff.

nen, deren Richtigkeit (d.h. deren rechtlich verpflichtende Wirkung) man dann nicht erst aus der Rechtlichkeit ihres Inhalts ableiten muß. *Hegel* kam zu diesem Ansatz, weil er nicht nur fragte, „wie ist Recht und Rechtserkenntnis möglich" – was muß man also voraussetzen, um sinnvoll von Recht zu sprechen, nämlich Freiheit, und d.h. Orientierung an Normen oder Prinzipien. Er ging vielmehr in Anschluß an *Fichte* bereits von der Frage aus „wie ist *wirkliches* (nicht nur gedachtes, nur in meinen Gedanken vorhandenes) Recht möglich" – **was setze ich** also **voraus, wenn ich sinnvoll von wirklichem Recht sprechen will?** Und da zeigt sich, daß man nicht nur „Freiheit" und „Orientierung an Normen" voraussetzt. Von **wirklicher Freiheit** kann man nur sprechen, *wenn* das Subjekt (die Person) tatsächlich zwischen Objekten wählen kann: **Wenn es** also **Eigentum** (subjektive Privatrechte) als Institution **gibt**. Denn „Eigentum" ist nur der rechtliche Aspekt des „Gegenstandes" bzw. der „Sache"[14].

Hegel[15] hob dabei aber zu Recht hervor, daß über die nähere Bestimmung des Eigentums (d.h. über die Art seiner Verteilung) allgemein – von der Philosophie her – nichts auszumachen sei, da dies von den jeweiligen realen Möglichkeiten abhänge. Er verwies damit auf die notwendige Positivität des Rechts bzw. auf die Notwendigkeit eines positiven Rechts. Der Ausgang vom Eigentum – und d.h. von einer Sphäre freier (und damit auch möglicherweise von der Allgemeinheit her: falscher) Entscheidung des einzelnen – garantiert dabei aber jedenfalls, daß der einzelne in diesem Rahmen am Aufbau der Rechtsordnung mitwirken kann[16]. Im übrigen bleibt aber auch bei *Hegel* letztlich offen, in welcher Weise der einzelne am Verfahren der Gesetzgebung zu beteiligen ist. Und wenn auch im weiteren Ablauf rechtsphilosophischer Überlegungen eine Reihe von Erkenntnissen zu dem Problem der „Positivierung" des Rechts gewonnen werden können, so ist doch nicht zu erwarten, daß hierbei Kriterien herauskommen, die von der Rechtsphilosophie her allgemein festlegen, was denn nun genau „Quelle" des Rechts ist oder was als solche anzuerkennen ist. **253**

Dies hängt nach meinem Eindruck mit einem Konstitutionsprinzip der Philosophie *Hegels* (bzw. der Philosophie von *Kant* bis *Hegel*) zusammen, auf das besonders der späte *Fr.W.J. Schelling*[17] hingewiesen und als Mangel kritisiert hat. Die Philosophie des Bewußtseins verfolgt nämlich die Frage nach der *Möglichkeit* von Erkenntnis oder Recht – und damit eine *analytische* Frage. Sie fragt also „was setze ich voraus, wenn ich „Recht" oder „Freiheit" denke? Dieser Ausgangspunkt bestimmte auch das Denken der Nachfolger *Kants*, also *Fichtes*, des jungen *Schellings*[18] und *Hegels*. *Schelling* legt dann später dar, daß man von dieser Frage her **254**

---

14 Sache (bzw. Gegenstand) und Eigentum sind im Recht austauschbare Begriffe: Eigentum ist das (Voll-)Recht an *einer* Sache; eine Sache ist der Gegenstand *eines* Eigentumsrechts; vgl. *Pawlowski*, Allg. Teil Rz 279.
15 Rechtsphilosophie, § 49: „*Was* und *wieviel* ich besitze, ist daher eine rechtliche Zufälligkeit".
16 Dazu *Pawlowski* DÖV 1976, S. 505 ff. sowie *ders.*, Allg. Teil, Rz 57 f. oder *K.H. Ilting*, Hegels Rechtsphilosophie (Fn. 10).
17 Dazu *Fr.W.J. Schelling*, Zur Geschichte der neueren Philosophie. In: K.F.A. Schelling (Hrsg.), *Fr.W.J. Schelling*, Werke. Bd. 10, 1861, Neudruck Darmstadt, 1974, S. 126 ff.; vgl. auch *J. Habermas*, Theorie Kom. H. I, S. 484, der darauf verweist, daß *Hegel* die von ihm hervorgehobene „Einheit" (des Ganzen) nur in der Theorie zusammengefügt habe.
18 *Schelling* war zwar jünger als Hegel, trat aber vor diesem (mit dem er zusammen mit *Hölderlin* befreundet war) mit seinen frühen Werken hervor, deren Auffassungen *Hegel* dann z.T. übernahm und mit denen er sich auseinandersetzte. 1841 wurde *Schelling* dann nach *Hegels* Tod auf dessen Lehrstuhl in Berlin berufen.

eben auch nur die *Möglichkeit* von Recht, Staat (bzw. von Erkenntnis überhaupt) beschreiben kann – woraus sich nur ergibt, was Recht sein *kann* und vor allem: was *nicht* Recht sein kann und daher auch dann nicht Recht ist, wenn es als solches auftritt. Er bezeichnet dies als **negative Philosophie,** die durch eine **positive Philosophie** ergänzt werden müsse, die nicht nur feststellt, was Recht sein kann, sondern was Recht *ist.* Diese „positive Philosophie" meinte er dann in seinen Vorlesungen[19] über die „Philosophie der Mythologie" und die „Philosophie der Offenbarung" entwickelt und dargelegt zu haben. Die Spätphilosophie *Schellings* ist aber aus verschiedenen Gründen nicht rezipiert worden. Man beginnt erst heute, die in ihr aufgeworfenen Fragen wiederaufzunehmen[20], da sie im Zusammenhang der „Sinnfrage" (Rz 100) interessant geworden sind. Wenn aber der Philosophie des späten *Schelling* von daher heute für die Bearbeitung der durch den „Pluralismus" (Rz 7, 15 ff.) aufgeworfenen Probleme besonderes Interesse zukommt, so kann und muß dies in unserem Zusammenhang doch dahinstehen.

b) Recht als „verbindendes Wollen" (Stammler)

255 So bietet zum **Beispiel** auch *Rudolf Stammler*[21], dessen Rechtsphilosophie der Philosophie *Kants* verpflichtet ist, insoweit keine weitergehende Festlegung, wenn er „Recht" als „das unverletzbar, selbstherrlich verbindende Wollen" definierte[22].

Dabei unterscheidet sich das „Wollen" zunächst einmal als „Bewußtseinsinhalt" von anderen Bewußtseinsinhalten – zum **Beispiel** vom „Wahrnehmen". „Wollen" bezeichnet hier einen „ordnenden Inhalt". Dies setzt voraus, daß die „Welt" (das Ensemble von Bewußtseinsinhalten) zunächst ungeordnet ist; nach der Scheidung von „Sein" und „Sollen" ist dann das „Sollen" das „richtige Wollen". Recht ist dabei *„verbindendes Wollen",* d.h. eine äußere Ordnung, die mehrere verbindet und über ihnen steht[23]. Es ist also kein Wollen von individuellen Zielen und Zwecken, sondern ein Wollen gemeiner Zwecke – d.h. eine äußere Ordnung, die mehrere verbindet und über ihnen steht[24]. Das *selbstherrlich* drückt aus, daß dieses Wollen immer und auch unabhängig von dem Wollen der ihm Unterworfenen gilt[25]. Dies scheidet das Recht von der Sitte, die von Fall zu Fall geändert werden kann. Mit *unverletzbar* ist angegeben, daß das Recht „ein für alle Mal" bleibend und unverbrüchlich gilt[26] – also auch gegenüber dem Gewalthaber selbst, der es nicht durch willkürliche Setzung im Einzelfall abändern kann.

---

19 Eine Zusammenstellung und Überarbeitungen dieser Vorlesungen, die *Schelling* seit 1820 in München und Berlin gehalten hat, hat sein Sohn K.F.A. Schelling herausgegeben, *Fr.W.J. Schelling,* Werke. Bd. 11, Die Philosophie der Mythologie. 2. Bd., 1856, Neudruck Darmstadt 1976, Bd. 13, Die Philosophie der Offenbarung. 1861, Neudruck Darmstadt, 1974.

20 Dazu u.a. *W. Kasper,* Das Absolute in der Geschichte. 1965; *St. Smid* Rechtstheorie 14 (1983), S. 75 ff.; ARSP 69 (1983), S. 165 ff.; 71 (1985), S. 59 ff. Enge Verbindung zu der Philosophie des späten *Schelling* weist auch die Darstellung von *J. Habermas* in Kom. H., II auf, die die Probleme der Mythologie aufnimmt. Und *N. Luhmann,* Soziale Systeme, S. 60, hat hervorgehoben, daß das Verhältnis seiner Theorie der „autopoietischen Systeme" (Rz 64, 339 ff.) zu den Lehren *Fichtes* und *Schellings* noch der Aufarbeitung bedürfe.

21 Wirtschaft und Recht nach der materialistischen Geschichtsauffassung. 1896, 5. Aufl. 1924; *ders.,* Theorie der Rechtswissenschaft. (1922, 2. Aufl. 1923, zitiert nach der 1. Aufl.) sowie Die Lehre von dem richtigen Recht. 3. Aufl. 1926; zu den Lehren *Stammlers* u.a. die Darstellung bei *K. Larenz,* Methodenlehre, I 4, 1, S. 84 ff. und *H. Coing,* Rechtsphilosophie, S. 71 ff.

22 *R. Stammler,* Theorie (Fn. 21), S. 113.

23 *R. Stammler,* Theorie (Fn. 21), S. 75.

24 *R. Stammler,* Theorie (Fn. 21), S. 77.

25 *R. Stammler,* Theorie (Fn. 21), S. 79.

26 *R. Stammler,* Theorie (Fn. 21), S. 108.

Mit Hilfe dieser Definition kann man zwar u.a. „Recht" als „selbstherrliches Wollen" **256**
von der „Sitte" abgrenzen – und man kann die Diktatur eines einzelnen als rechtliche
Möglichkeit ausschließen u.ä.m. Im ganzen ist aber deutlich, daß damit noch nicht
festgelegt ist, wie (in welcher Art) der einzelne an der Rechtsbildung zu beteiligen ist.
Der Ansatz *Stammlers* führt also nicht zu weiteren Einsichten, als sie sich schon aus
der Beschreibung *Kants* ergeben, den die Übernahme der Lehre vom Staatsvertrag zu
der Feststellung veranlaßte, daß die gesetzgebende Gewalt „nur dem vereinigten Willen des Volkes zukommen" kann – daß also nur der übereinstimmende und vereinigte
Wille aller, sofern ein jeder über alle und alle über einen jeden eben dasselbe beschließen, gesetzgebend sein kann[27]. Dies schloß jedoch bei *Kant* nicht aus, daß Ge-
sellen, Dienstboten, Unmündige, Frauenzimmer, Holzhacker und Hauslehrer als passive Staatsbürger nicht an der Gesetzgebung beteiligt zu werden brauchten[28]. Wir haben zwar von dieser Aufzählung nur die Unmündigen (und die Personen, für die eine
bestimmte Form der „rechtlichen Betreuung" angeordnete worden ist)[29] als passive
Staatsbürger beibehalten. Im ganzen ist aber auch für uns klar, daß es weiterhin Sache
des positiven Rechts ist – und damit der Rechtswissenschaft und nicht der
Rechtsphilosophie –, festzulegen, wie (und ob) der einzelne Rechtsgenosse an der
Rechtsbildung zu beteiligen ist. Und das hat wiederum zentrale Bedeutung für die
Rechtsquellen- und Methodenlehre (Rz 7, 239 f., 243 f.).

Wie kompliziert und unbestimmt übrigens der Umgang mit dieser Begrifflichkeit ist, mag **257**
noch einmal der Hinweis auf die „Diktatur des einzelnen" verdeutlichen, die nach der Lehre
Stammlers als „rechtliche" Möglichkeit ausgeschlossen ist. Daraus kann man nämlich nicht
ableiten, daß damit jede Art der Alleinherrschaft eines einzelnen ausgeschlossen ist – also zum
Beispiel auch eine „Monarchie": Denn der Monarch ist in vergleichbarer Weise Repräsentant
aller einzelnen, wie die Abgeordneten in der Demokratie Repräsentanten der Wähler sind.
Und diese „Repräsentation" kann auf sehr verschiedene Weise vermittelt sein. So war zum
Beispiel *Napoleon* als Kaiser in einer anderen Weise Repräsentant der Franzosen, als es zu seiner Zeit der Zar *Alexander* als Herrscher von Rußland war. Man rechnet den Bonapartismus
mit gutem Grund zu den „demokratischen" Ideologien. Von Rechtswegen ausgeschlossen ist
nach der Lehre *Stammlers* nur der Alleinherrscher als Diktator – d.h. der Herrscher, dessen
Verhältnis zu seinen Untertanen nur durch seinen Willen (durch seine Willkür) bestimmt ist
(und nicht zum **Beispiel** durch den Glauben an seine Einsetzung durch Gott, so wie u.a. der
Papst Stellvertreter Christi ist). Wenn insoweit das Verhältnis „Alleinherrscher" (Diktator) und
„Untertan" nur einseitig durch den Herrscher (Diktator) bestimmt ist – und nicht durch die Anerkennung der Untertanen begrenzt –, ist es eben *nur* ein Herrschafts- und kein Rechtsverhältnis. Man kann übrigens bezweifeln, ob es derartige Diktatoren tatsächlich gegeben hat oder
gibt. So wird *Tayllerand* der Ausspruch zugeschrieben: „Man kann mit Bajonetten alles tun,
nur nicht darauf sitzen".

---

27 *I. Kant*, Metaphysik, S. 70 ff.
28 *I. Kant*, Metaphysik, S. 137 f.
29 Mit der Ablösung der Entmündigung durch die „rechtliche Betreuung" hat man auch den Kreis derer
enger gezogen, denen man wegen ihrer Behinderungen die Fähigkeit abspricht, gleichberechtigt am
Rechtsverkehr teilzunehmen; dazu nur *Pawlowski*, Allg. Teil, Rz 182 ff.

c) Gerechtigkeit als Fairness (John Rawls)

258 Die bisherigen Feststellungen gelten auch gegenüber den heutigen rechtsphilosophischen Ansätzen, die der Rechtsphilosophie *I. Kants* verpflichtet sind – für die der Ansatz des amerikanischen Philosophen *J. Rawls* ein gutes **Beispiel** bietet. *Rawls* hat in seinem Werk „Eine Theorie der Gerechtigkeit"[30] ein differenziertes Konzept für Kriterien der Gerechtigkeit vorgelegt, in das auch die Ergebnisse der heutigen wissenschaftstheoretischen und philosophischen Diskussion eingegangen sind. Dabei geht er davon aus, daß „die Gesellschaft ein Unternehmen zur Förderung des gegenseitigen Vorteils (ist, das) aber charakteristischerweise nicht nur von Interessenharmonie, sondern auch von Konflikten" geprägt ist. Die „Interessenharmonie ergibt sich daraus, daß die gesellschaftliche Zusammenarbeit allen ein besseres Leben ermöglicht, als wenn sie nur auf eigene Anstrengungen angewiesen wären. Ein Interessenkonflikt ergibt sich daraus, daß es den Menschen nicht gleichgültig ist, wie die durch ihre Zusammenarbeit erzeugten Güter verteilt werden, denn jeder möchte lieber mehr als weniger haben"[31]. Ein derartiges Unternehmen „Gesellschaft" ist daher nur funktionsfähig, wenn seine Mitglieder sich in einem gewissen Umfang von gleichen oder ähnlichen Vorstellungen über das leiten lassen, was Recht und Unrecht ist[32]. Als Ziel der Untersuchung ergibt sich damit die Frage, welche Grundsätze sich heute als „Grundsätze der Gerechtigkeit" empfehlen.

258a *Rawls* will dies mit Hilfe der „Theorie des Gesellschaftsvertrages" (*J. Locke, J.J. Rousseau, I. Kant*) ermitteln[33]. Er betont dabei zu Recht, daß diese Theorie nicht auf ein „historisches Ereignis" zurückgreifen wolle – also nicht auf eine irgendwann in grauer Vorzeit geschlossene Vereinbarung. Die Annahme eines „Gesellschaftsvertrages" ist vielmehr ein Mittel, Recht an die Grundsätze zu binden, auf die sich „freie und vernünftige Menschen in ihrem eigenen Interesse in einer anfänglichen Situation der Gleichheit zur Bestimmung der Grundverhältnisse ihrer Verbindung" einigen würden[34] – der **Gesellschaftsvertrag ist** also **ein Mittel, Recht als allgemeinverbindlich auszuweisen:** für alle verbindlich, weil alle verbindend.

259 Den **Begriff des Rechten** sucht *Rawls* dabei **durch** den **Begriff der Fairneß genauer zu bestimmen**: „Wenn sich mehrere Menschen nach Regeln zu gegenseitig nutzbringender Zusammenarbeit vereinigen und damit ihre Freiheit zum Vorteil aller beschränken müssen, dann haben diejenigen, die sich diesen Beschränkungen unterwerfen, ein Recht darauf, daß das auch die anderen tun, die Vorteil davon haben. Man darf bei der Zusammenarbeit nicht die Früchte fremder Arbeit in Anspruch nehmen, ohne selbst seinen fairen Teil beizutragen." Der Fairneß-Grundsatz hat zwei Teile: „Der erste verlangt, daß die betreffenden Institutionen und Gebräuche gerecht sind,

---

30 *J. Rawls*, A Theorie of Justice. 1971; deutsch von H. Vetter, 1975; vgl. auch Hinsch (Hrsg.), *J. Rawls*, Die Ideen des politischen Liberalismus. Aufsätze 1978-1989. 1992. Im juristischen Schrifttum weisen die Arbeiten des amerikanischen Juristen *R. Dworkin* viele Parallelen zu dieser Konzeption auf; vgl. *R. Dworkin*, Taking Rights seriously. Oxford 1977, 8. Aufl. Cambridge Mass, 1984, deutsch von U. Wolf, Bürgerrechte ernstgenommen. 1984 oder *ders.*, Why liberals should believe in Equality. The New York Review of Books, 1983, 32; dazu *K. Seelmann*, Rechtsphilosophie (Fn. 1), § 10, Rz 22 f. oder *A. Kaufmann* in: Kaufmann/Hassemer, Rechtsphilosophie (Fn. 1), S. 30 ff., 128 ff.

31 *J. Rawls* Gerechtigkeit, S. 20 f.

32 *J. Rawls*, Gerechtigkeit, S. 22.

33 *J. Rawls*, Gerechtigkeit, S. 27 ff.

34 *J. Rawls*, Gerechtigkeit, S. 28.

der zweite beschreibt die notwendigen freiwilligen Handlungen"[35]. Von Recht und Gerechtigkeit kann man danach also nur sprechen, wenn einmal eine gewisse Freiheit und Freiwilligkeit garantiert ist – durch Freiheits(grund)rechte, insbesondere wohl auch durch das Auswanderungsrecht – und wenn zum anderen die vorhandenen Institutionen und Regelungen dem einzelnen die Möglichkeit bieten, einen fairen Anteil an den gemeinsam produzierten Gütern zu erlangen. Diese Zweiteilung des Rechts verweist darauf, daß Recht immer gleichzeitig durch materielle Grundsätze *und* durch Verfahrensweisen bestimmt wird.

Kriterien der Gerechtigkeit oder „Fairneß" bieten dann die Grundsätze, auf die **260** man sich im „Urzustand" nach einer vernünftigen Diskussion einigen würde. Als „Urzustand" beschreibt *Rawls* dabei einen Zustand, in dem man noch nicht weiß, was einem selbst einen besonderen Vorteil gegenüber den anderen Mitgliedern der Gesellschaft verschafft. Er drückt das plastisch so aus, daß der Gesellschaftsvertrag unter einem „Schleier des Nichtwissens" abgeschlossen werde[36]. Die genauere Beschreibung des **Urzustandes**[37], in dem die einzelnen unter diesem **Schleier des Nicht-Wissens** verhandeln, **hat** dabei **die Bedeutung, die Neutralität und Allgemeinheit des Rechts zu demonstrieren.** Jeder kann sich mit jedem identifizieren, weil er von seinen Besonderheiten noch nichts weiß – oder genauer: wenn er von ihnen absieht[38].

Dieser Schleier des Nicht-Wissens garantiert also einmal die Gleichheit (Chancengleichheit) **260a** und er ermöglicht zum anderen die Rechtfertigung von Unterschieden, die auf der unterschiedlichen Ausnutzung der Chancen beruhen. Er gewährleistet nach *Rawls* aber auch, daß rechtliche Ungleichheiten nicht mit Hilfe naturbedingter Unterschiede gerechtfertigt werden[39]: Weil die Vertragspartner ihre natürlichen Gaben nicht kennen. Sie wissen nicht, ob sie intelligent, stark etc. sind und werden sich daher nicht darauf einlassen, zum **Beispiel** Intelligenz, Kraft usf. als solche zu belohnen – d.h. sie werden nicht auf willkürliche (weil *nur* natur- oder schicksalsbedingte)[40] Unterschiede abstellen, sondern sich als moralische Personen gleich behandeln.

Vor diesem Hintergrund entwickelt *Rawls* dann eine vorläufige Form zweier Gerech- **261** tigkeitsgrundsätze, auf die man sich im Urzustand einigen würde[41]. Danach sollte

1. „Jedermann ... gleiches Recht auf das umfangreiche System gleicher Grundfreiheiten haben, das mit dem gleichen System für alle anderen verträglich ist"

---

35 *J. Rawls*, Gerechtigkeit, S. 27 f., 133 ff.
36 *J. Rawls*, Gerechtigkeit, S. 27 ff., 159 ff.
37 *J. Rawls*, Gerechtigkeit, S. 34 ff., 140 ff.
38 *J. Esser*, Tübinger-F., S. 113 ff., 117 f. hat zwar darauf hingewiesen, daß *Rawls* von einem „klug berechnenden Egoismus" ausgehe und nicht von dem „allgemeinen Vernunftinteresse". Dieser Vorwurf trifft m.E. jedoch schon deshalb nicht, weil der „Schleier des Nicht-Wissens" ersichtlich alles „bedeckt" und ausschließt, was das „ego" ausmacht. Im übrigen scheinen mir die „normativen Prinzipien", die *Esser* bei *Rawls* vermißt, gerade jenseits des (m.E. vermeintlichen) Gegensatzes von Egoismus und Altruismus angesiedelt zu sein.
39 *J. Rawls*, Gerechtigkeit, S. 163 f., 173 ff.
40 *J. Rawls*, Gerechtigkeit, S. 123 ff.
41 *J. Rawls*, Gerechtigkeit, S. 81 ff. vgl. zur Kritik der von *Rawls* verwandten Methoden der „Entscheidungstheorie" u.a. *M. Fritsch*, Ökonomische Ansätze zur Legitimation kollektiven Handelns. Berlin 1983, S. 172 ff.

und danach sollten

2. „Soziale und wirtschaftliche Ungleichheiten ... (so gestaltet werden), daß: (a) vernünfti-
gerweise zu erwarten ist, daß sie zu jedermanns Vorteil dienen, und (b) sie mit Positionen und
Ämtern verbunden sind, die jedermann offenstehen."

262 Von diesen beiden Grundsätzen, die aufeinander bezogen sind, entspricht der **erste
Grundsatz** der ursprünglichen Gleichheit und sichert gewissermaßen deren formalen
Fortbestand. In ihm kommt der **Vorrang** des Rechten (der **Freiheit**)[42] **vor** dem (All-
gemein-)**Wohl** zum Ausdruck.

262a Der **zweite Grundsatz** ermöglicht Verbesserungen gegenüber dem Urzustand der
Gleichheit und kanalisiert diese gleichzeitig: Unterschiede können bestehen; sie müssen sich aber dadurch rechtfertigen, daß ihre Beseitigung „alle" schlechter stellen
würde[43] – was *Rawls* später dahin vereinfacht, daß **Unterschiede nur dann als gerechtfertigt anzusehen sind, wenn ihre Beseitigung gerade die Lage derjenigen
verschlechtern würde, die schon bisher am wenigsten begünstigt sind**[44]. *Rawls*
spricht hier vom „Unterschiedsprinzip". Unterschiede, deren Beseitigung allen scha-
det, sind gerecht(fertigt); Unterschiede, deren Beseitigung den weniger Begünstigten
nützt, sind ungerecht: Denn Regeln der Zusammenarbeit sind nur dann „fair", wenn
alle gewinnen – d.h. wenn nicht nur die Begünstigten, sondern auch die weniger Begünstigten gewinnen. Oder anders ausgedrückt: Naturbedingte Vorteile tragen ihren
Lohn in sich; es besteht daher kein Anlaß, sie bei der rechtlichen Vereinigung noch
einmal zu prämieren.

263 Aus dieser Verbindung der beiden Grundsätze ergibt sich dann u.a., daß eine Verbesserung der wirtschaftlichen Verhältnisse (des allgemeinen Wohles) keine Einschränkung der allgemeinen (rechtlich geschützten) Freiheit(en) rechtfertigen kann – jedenfalls auch nicht auf Dauer[45]: Weil dann gerade die weniger Begünstigten ihre „Interessen höherer Ordnung" nicht mehr werden verfolgen können. *Rawls* verweist darauf, daß sich die Beteiligten im Urzustand unter dem „Schleier des Nicht-Wissens"
vor allem deshalb auf den *Vorrang der Freiheit* einigen würden, weil sie sich damit
gegen die schlimmsten Möglichkeiten absichern: „Sie laufen nicht Gefahr, irgendwann in ihrem Leben um größerer Vorteile anderer[46] willen auf ihre Freiheit verzichten zu müssen"[47]. Bei einer anderen Art des Vertrages wären sie zudem nach *Rawls*
Meinung unsicher, ob sie oder die anderen auch dann vertragstreu bleiben werden,
wenn sie tatsächlich veranlaßt werden sollten, für die Vorteile anderer auf ihre Freiheit zu verzichten. Für den Vorrang der Freiheitsrechte spricht nach *Rawls* schließlich

---

42 Vgl. dazu *J. Rawls*, Gerechtigkeit, S. 60 ff., 274 ff. – aber auch oben Rz 21 ff., 24a.
43 Da man eine Verteilung, bei der einige etwas erhalten, andere aber nicht, nicht als „fair" bezeichnen
kann; dazu Rz 259.
44 Gerechtigkeit, S. 98 ff., 121 ff., 175 ff., 336 f.
45 *J. Rawls*, Gerechtigkeit, S. 176 ff., 232 ff., 587 ff.
46 Hervorhebung v. Verf.
47 *J. Rawls*, Gerechtigkeit, S. 202. Dieses Argument leuchtet sofort ein, wenn man – worauf *Rawls* abstellt – in Betracht zielt, daß die heute „Starken" oder „Potenten" nur dann geneigt sein werden, auf
mögliche Vorteile zu verzichten, die sie *heute* durchsetzen können, wenn sie dafür sicher sein können,
daß ihre Rechte auch dann geachtet werden, wenn sie schwach sind. Ob dieses Argument auch dann
allgemein einleuchten wird, wenn es wieder darum geht, daß es besser ist, daß einer sterbe, als daß
das ganze Volk verderbe, kann man bezweifeln.

noch, daß in ihnen die Grundsätze der Gesetzesherrschaft u.a.m.[48] verwurzelt sind – weshalb eine dauernde Beschränkung der Freiheitsrechte immer die Gefahr mit sich führt, daß dadurch auch die Möglichkeit beschränkt wird, sich um einen fairen Anteil an dem Ergebnis der gemeinschaftlichen Arbeit zu bemühen[49].

In einem 2. Teil seines Werkes[50] erläutert *Rawls* diese Gerechtigkeitskriterien dann **264** dadurch, daß er ihre Beziehung zu möglichen institutionellen Formen untersucht. Damit verdeutlicht er einmal ihren Inhalt; zum andern weist er sie damit aber auch als Kriterien für die Beurteilung politischer Konzeptionen aus. Diese Untersuchung vollzieht sich im übrigen in einer vierstufigen Darstellung – nach *Rawls* Angabe veranlaßt durch die Verfassung der Vereinigten Staaten und deren Geschichte[51]. Er knüpft dabei zunächst an drei unterschiedliche Fragenkreise an, über die sich ein Bürger ein Urteil bilden muß: Ausgangspunkt ist die allgemeine Frage, ob die Gesetzgebung und die Gesellschaftspolitik der Sache nach gerecht ist. Das zweite Problem ergibt sich aus den vorhandenen Unterschieden der Interessen und der Meinungen über das, was gerecht ist. Hier geht es um die Frage, ob das *Verfahren* der Umsetzung von politischen Meinungen in Gesetzen recht (gerecht) organisiert ist. Der dritte Problemkreis ergibt sich daraus, daß mit Hilfe der politischen Organisation nur eine *unvollkommene* Verfahrensgerechtigkeit organisiert werden kann[52]. Denn politische Organisationen sind i.a. so beschaffen, daß die Gerechtigkeit ihrer Ergebnisse von dem Vorhandensein bestimmter Rahmenbedingungen abhängig ist, deren Vorliegen nicht auf Dauer garantiert ist.

Politische Organisationen gewährleisten also i.a. **keine vollkommene Verfahrensgerechtigkeit,** wie sie zum **Beispiel** ein Verteilungsverfahren bietet, bei dem A einen Kuchen für sich und mehrere andere in mehrere Stücke aufteilt, von denen er sich dann das letzte nehmen darf.

Die *unvollkommene* Verfahrensgerechtigkeit des politischen Systems legt es daher **264a** nahe, festzulegen, wann die Bürger an die Verfahrensentscheidungen (zum **Beispiel** an Mehrheitsentscheidungen) gebunden sein sollen und wann nicht. Oder anders ausgedrückt: Die unvollkommene Verfahrensgerechtigkeit des politischen Systems legt es nahe, Grundlagen und Grenzen der politischen Pflichten und Verpflichtungen auf Dauer festzulegen[53], nämlich durch ein System von Grundfreiheiten und Grundpflichten. Da diese drei Problemkreise alle noch unter dem – jeweils unterschiedlich zu bestimmenden[54] – Schleier des Nicht-Wissens abgehandelt werden müssen, sind auf einer 4. Stufe die Fragen zu diskutieren, die sich ergeben, wenn die gewissermaßen *idealen* Erkenntnisse, die unter dem Schleier des Nicht-Wissens gewonnen worden sind, auf die jeweilige Lage übertragen werden[55], in der unter der Berücksichtigung aller Erkenntnisse zu entscheiden ist.

---

48 Z.B. der nullum-crimen-Grundsatz, *J. Rawls*, Gerechtigkeit, S. 269.
49 *J. Rawls*, Gerechtigkeit, S. 251 ff., 271 ff.
50 *J. Rawls*, Gerechtigkeit, S. 223 ff.
51 *J. Rawls*, Gerechtigkeit, S. 224.
52 Zum Gegensatz zwischen „vollkommener" und „unvollkommener" Verfahrensgerechtigkeit *J. Rawls*, Gerechtigkeit, S. 106 ff., 396.
53 *J. Rawls*, Gerechtigkeit, S. 224 ff., 391 ff.
54 Dazu *J. Rawls*, Gerechtigkeit, S. 228 f.
55 *J. Rawls*, Gerechtigkeit, S. 257 ff.

265 Auf dieser 4. Stufe behandelt *Rawls* das Problem der Freiheit (so u.a. Fragen der Gewissensfreiheit, der Toleranz gegenüber Intoleranz und der genaueren Definition des Vorrangs der Freiheit vor dem allgemeinen Wohl), dann das Problem der gerechten Verteilung und schließlich das der Pflicht und Verpflichtung, d.h. der Verbindlichkeit des Rechts, wie zum **Beispiel** die Pflicht, einem ungerechten Gesetz zu gehorchen[56]. Dabei zeigt sich u.a., daß sich aus den beiden Gerechtigkeitsgrundsätzen keine Entscheidung zwischen privatwirtschaftlichen und sozialistischen Systemen (also Systemen ohne Eigentum an Produktionsmitteln) ableiten läßt[57] – wohl aber zum **Beispiel** Argumente für den Einsatz des Marktmechanismus[58]. Im ganzen ergibt sich, daß von der Theorie der Gerechtigkeit als Fairneß nicht gerade bestimmte Einrichtungen oder Regelungen ausgeschlossen werden, sondern vielmehr bestimmte Begründungen: So spricht danach zwar viel für proportionale Verbrauchssteuern und gegen progressive Einkommenssteuern, weil die Verbrauchssteuer an die in Anspruch genommenen Güter und nicht an die Leistung anknüpft. Die politische Notwendigkeit, Vermögens- und Machtzusammenballungen zu verhindern, rechtfertigt dann aber in der Praxis selbst stark progressive Einkommenssteuern: „In der Praxis muß man gewöhnlich zwischen mehreren ungerechten oder zweitbesten Lösungen wählen; wir ziehen dann die nicht-ideale Theorie vor, um die am wenigsten ungerechte Lösung zu finden"[59].

In gleicher Weise lassen sich auch verhältnismäßig große Unterschiede im Einkommen rechtfertigen (wie zum **Beispiel** Unternehmereinkommen): Man darf sie allerdings nicht auf besondere Fähigkeiten oder Verdienste der Einkommensbezieher zurückführen – weil dies gegen das „Unterschiedsprinzip" verstößt (Rz 262). Entscheidend kann nur das Argument sein, daß ein Abbau dieser Unterschiede dazu führen würde, daß sich (auch) die Lage der weniger Verdienenden verschlechtert[60].

266 Diese **Änderung der Begründung** hat allerdings **große praktische Bedeutung**: Denn die Frage, ob dieser oder jener aufgrund seiner besonderen Fähigkeiten zu Recht „mehr verdient" als ein anderer, ist in dieser Form (ohne Beschränkung der zulässigen Argumente) unentscheidbar; sie kann sozusagen nur mit Hilfe von Wertungen (Bekenntnissen) beantwortet werden (dazu Rz 278, 284 ff.). Die Frage, ob die Beseitigung vorhandener Unterschiede des Einkommens (zum **Beispiel** wegen des Verlustes materieller Anreize) dazu führen würde, daß sich auch die Lage der weniger Verdienenden verschlechtert – weil nämlich dann der out-put des Gesamtsystems sinken würde –, kann man dagegen empirisch (mit Hilfe der Wirtschaftswissenschaften, mit Hilfe von Versuchen etc.) testen. Man wird zwar in der Praxis auch bei diesen Fragen vielfach auf intuitive Urteile zurückgreifen, da man mit der Gesamtgesellschaft schlecht Versuche anstellen kann. Dennoch ist nicht zu übersehen, daß man bei einer Diskussion über die Frage, ob die Beseitigung konkreter Einkommensunterschiede „für alle" von Nachteil sein würde, eher auf *objektiv* entscheidbare Fragestellungen verwiesen wird als bei einer Diskussion über die Frage, wieviel jedem aufgrund seiner Fähigkeiten etc. zukommt.

---

56 *J. Rawls*, Gerechtigkeit, S. 386 ff.
57 *J. Rawls*, Gerechtigkeit, S. 299 ff., 304 ff., 308.
58 *J. Rawls*, Gerechtigkeit, S. 304 ff.; angesichts der Erfahrungen, die man inzwischen mit der Einführung „marktwirtschaftlicher Mechanismen" im System des realen Sozialismus gemacht hat, vermag diese Unterscheidung allerdings kaum zu überzeugen.
59 *J. Rawls*, Gerechtigkeit, S. 312 f.
60 Dazu *J. Rawls*, Gerechtigkeit, S. 333 ff.

In diesem Zusammenhang sei noch angemerkt, daß die „Theorie der Gerechtigkeit" damit auf **267** ein ähnliches Erkenntnismodell verweist, wie wir es bei der Darstellung des Kritischen Rationalismus (Rz 57 ff.) kennengelernt haben. Auch die Theorie der Gerechtigkeit verweist auf zwei Problemkreise, nämlich einmal auf den Problemkreis der Theoriebildung und zum anderen auf den der Anwendung. Man kann auch hier sowohl über Fragen der Theoriebildung diskutieren als auch über Fragen der Anwendung der Theorie – man kann aber auch hier nur das eine oder das andere tun, nicht aber gleichzeitig beides. Auch hier ergibt sich aus der Übereinstimmung der tatsächlichen Verhältnisse mit der Theorie kein Beweis für die Richtigkeit (Gerechtigkeit) der Verhältnisse; möglich bleibt aber das Scheitern (die Widerlegung) der Theorie – zum **Beispiel** dann, wenn die Mitglieder einer Gesellschaft nicht für die formale Gleichberechtigung votieren, sondern für das perfektionistische Modell einer Heilslehre[61].

Wir können hier die Darstellung des Werkes von *Rawls* abbrechen – und nur noch kurz den 3. **268** Teil erwähnen, in dem unter den Stichworten „Das Gute als das Vernünftige", „Der Gerechtigkeitssinn" und „Das Gut der Gerechtigkeit" diskutiert wird, was sich der Gesellschaft und dem einzelnen als Ziel darstellen könnte und sollte. Denn es ist wohl schon deutlich geworden, daß sich auch aus dieser schon sehr differenzierten Theorie der Gerechtigkeit keine Antwort auf unsere Frage ableiten läßt, in welchem Umfang der einzelne an der Rechtsbildung zu beteiligen ist – eine Antwort, aus der sich dann Kriterien für die genauere Bestimmung der richtigen Methode ergeben könnten (Rz 243 f.). Die Theorie der Gerechtigkeit, die *Rawls* entwickelt hat, mag dem Bürger zwar Kriterien an die Hand geben, politische Konzepte verschiedener Parteien zu beurteilen; sie richtet sich sozusagen an den Gesetzgeber. Für den Juristen, der an die (Vor-)Entscheidung des Gesetzgebers gebunden ist[62], ist sie daher nur von mittelbarem Interesse.

Insgesamt kann man für die juristische Arbeit Folgendes festhalten: Die zweiteilige **269** Form, in der *Rawls* seine Grundsätze der Gerechtigkeit darstellt, hebt sehr deutlich hervor, daß man immer zwei unterschiedliche – aber dennoch aufeinander bezogene – Aspekte beachten muß, wenn man sich mit dem Recht befaßt: Nämlich einmal den der „Freiheit" und dann den des „Wohles" oder des „Guten"[63]. Oder anders ausgedrückt: Einmal den des „Verfahrens", zum andern den der „gerechten Verteilung" oder der „Ordnung". Die heutige deutsche Rechtswissenschaft orientiert sich fast ausschließlich an dem Aspekt der Ordnung und behandelt den Aspekt des Verfahrens fast nur unter dem Gesichtspunkt der Durchsetzung, Feststellung oder Gewährleistung der vorausgesetzten Ordnung. Dagegen kommt das Verfahren kaum in seiner Funktion in den Blick, Kriterien der Gerechtigkeit zu sein[64]. Demgegenüber hat in der deutschen Rechtssoziologie *N. Luhmann* vielleicht zu einseitig den Aspekt des Verfahrens betont (dazu Rz 303 ff.).

---

61 Dazu *J. Rawls*, Gerechtigkeit, S. 360 ff.
62 Zum Verhältnis von „Gerechtigkeit des Gesetzgebers" und „Gerechtigkeit des Richters" vgl. *Pawlowski*, Moral, S. 11 ff.
63 Dazu *J. Rawls*, Gerechtigkeit, S. 486 ff.
64 Dazu *Pawlowski* ZZP 80, S. 345 ff.

3. Der sog. Kommunitarismus (A. MacIntyre, Ch. Taylor)

270 Das von *J. Rawls* entwickelte Konzept, das man dem politischen Liberalismus zuordnet[65], hat eine lebhafte internationale Diskussion ausgelöst. In dieser sind dann auch Gegenentwürfen vorgelegt worden[66], die naturgemäß die Aspekte einbeziehen, die schon die Nachfolger *I. Kants* hervorgehoben haben[67]. Einer Gruppe von Kritikern – die von sehr unterschiedlichen Ansätzen ausgehen – schreibt man dabei eine Position zu, die man als „Kommunitarismus" bezeichnet[68]. Das einigende Band dieser Ansätze, das in unserem Zusammenhang interessiert[69], ist die *Kritik an* dem *Universalismus* des liberalistischen Konzepts – den man zwar nicht ganz verwirft, aber doch einzuschränken sucht. Man weist daraufhin, daß eine *universalistische* Moral nur die Kontakte der Personen regeln könne, die sich als Fremde begegnen[70] – oder spricht polemisch von einer „Ethik für Hotelbewohner".

270a Besonders klar kommt das Anliegen dieser Kritiker in einer Abhandlung *A. MacIntyres*[71] zum Ausdruck, die den Titel trägt „Ist der Patriotismus eine Tugend?". Denn bei dem mit Patriotismus angesprochenen Zusammenhang liegt einerseits auf der Hand, daß dieser anleitet, zwischen den Angehörigen verschiedener Gruppen (Nationen, Völker, Gesellschaften) zu unterscheiden – weshalb man bei dem Verhalten ihnen gegenüber nicht (bzw. jedenfalls: nicht nur) auf universell geltende Regeln abstellen kann. Wenn man sich dann aber daran erinnert, daß es selbst im Neuen Testament heißt „lasset uns Gutes tun an jedermann, *allermeist aber an des Glaubens Genossen*"[72], dann leuchtet andererseits ein, daß sich die besondere Solidarität und Verbundenheit, der die Kommunitaristen im Hinblick auf Moral und Ethik entscheidende Bedeutung zuschreiben, im Zusammenhang von Ethik und Moral nicht unbedingt als negativ darstellen muß. Wenn also der Patriotismus auch einzelne veranlas-

---

65 Dazu nur *K. Seelmann*, Rechtsphilosophie (Fn. 1), § 10 Rz 21 oder die Abhandlung von *R. Dworkin*, Why liberals should believe in Equality. The New York Review of Books, 1983, 32.

66 Dazu *K. Seelmann*, Rechtsphilosophie (Fn. 1), § 10 Rz 24 ff. m.Nachw.

67 Vgl. z.B. *R. Nozick*, Anarchy, State and Utopia. Oxford 1974, deutsch von H. Vetter, Anarchy, Staat, Utopia. 1976.

68 So z.B. *A. MacIntyre*, After Virtue. London 1981, deutsch von W. Rhiel, Der Verlust der Tugend. 1987; *Ch. Taylor*, Aneinander vorbei: Die Debatte zwischen Liberalismus und Kommunitarismus. In: A. Honneth (Hrsg.), Kommunitarismus. Eine Debatte über die moralischen Grundlagen moderner Gesellschaften. 1993, S. 103 ff.; *M. Walzer*, Spheres of Justice. A Defense of Pluralism and Equality. 1983, deutsch von H. Herkommer, Sphären der Gerechtigkeit. 1992. Dazu u.a. *W. Brugger* ARSP 80 (1994), 318 ff.; *ders.* AöR 123 (1998), S. 337 ff.; *K. Seelmann*, Rechtsphilosophie (Fn. 1), Rz 24 ff. oder *E. Tugendhat*, Vorlesungen über Ethik. 1993, S. 200 ff.

69 Daneben geht es den als „Kommunitaristen" eingeordneten Autoren meist auch noch um den Nachweis, daß man moralische Urteile nicht von den historischen oder gesellschaftlichen Bedingtheit ablösen könne, die sie tragen – d.h. es geht ihnen auch noch um inhaltliche Fragen; vgl. dazu nur die ausführliche Darstellung von *A. MacIntyre*, After Virtue (Fn. 68) und dazu die Kritik bei *E. Tugendhat*, Ethik (Fn. 68), S. 200 ff., 208 ff.

70 So u.a. *M. Walzer* Die kommunitaristische Kritik am Liberalismus. In: A. Honneth (Hrsg.), Kommunitarismus. Eine Debatte über die moralischen Grundlagen moderner Gesellschaften. 1993, S. 157 ff., 162.

71 In: A. Honneth (Hrsg.), Kommunitarismus. Eine Debatte über die moralischen Grundlagen moderner Gesellschaften. 1993, S. 84 ff.

72 Galater, Vers 10.

sen kann, den Angehörigen der eigenen Gruppe Vorteile *auf Kosten* anderer zuzusprechen – und also insofern „unethische Verhaltensweisen" begünstigen mag –, so ist doch nicht zu verkennen, daß die unmittelbare emotionale Solidarität mit dem Nächsten stärkere ethische und moralische Impulse vermitteln kann als sie sich aus (nur) rationalen Erwägungen ergeben.

Die genauere Überlegung zeigt denn auch, daß es bei den universalistischen und kommunitaristischen Aspekten der Moral um unterschiedliche Fragen geht – wie *Ch. Taylor*[73] in seiner Abhandlung „Aneinander vorbei" andeutet: Geht es bei dem kommunitaristischen Aspekt um die Frage, was uns antreibt und uns dazu bewegt, ethisch zu handeln, so geht es bei dem universalistischen oder liberalistischen Aspekt darum, was sich der Einsicht als ethisch oder moralisch darstellt. So hebt auch *E. Tugendhat*[74] in seinem Plädoyer für eine universalistische Moral hervor, daß das moralische Gefühl nicht „von Natur eingerammt" sei, sondern immer auf einem „ich will" beruhe[75], aufgrund dessen man sagen könne „er ist einer von uns"[76]. **271**

Sowie man also darauf bestehen sollte, daß der Möglichkeit der Verallgemeinerung im Hinblick auf Ethik, Moral und Recht eine unverzichtbare Bedeutung zukommt, so sollte man andererseits nicht vergessen, daß uns die faktische Verbundenheit mit bestimmten Menschen dazu treibt, Verantwortung für sie zu übernehmen und ihnen Gutes zu tun: So wie man *unbedingt* darauf bestehen soll, daß man zum **Beispiel** keinem Menschen das Recht auf Gleichbehandlung verweigern darf und daß es ungerecht und unmoralisch ist, einen anderen zu berauben oder zu verletzen, weil er nicht weiß, sondern farbig, nicht christlich, sondern atheistisch oder moslemisch usf. ist, so ist doch andererseits evident, daß zum **Beispiel** die Zuweisung der Verantwortlichkeit für den Unterhalt bestimmter Personen oder die Regelung einer ausgleichenden Verteilung der Vermögensrechte u.ä.m. nur den Angehörigen bestimmter solidarischer Gemeinschaften zumutbar ist. **271a**

4. Die „natürlichen rechtlichen Verhältnisse" (Ernst Wolf)

Man könnte nun der Meinung sein, daß die bisher behandelten Definitionen des Rechts nur deshalb so wenig für unsere Fragen nach den „Quellen des Rechts" hergeben, weil sie das Recht nur formal zu bestimmen suchen. Diesem Mangel wäre also abzuhelfen, wenn wir eine Definition (bzw. einen Begriff) des Rechts finden, die von vornherein auf bestimmte Inhalte Bezug nimmt. Denn dann ist zu erwarten, daß man auch erkennen kann, woher diese Inhalte stammen. Hier kann man auf die Ausführungen von *Ernst Wolf* zurückgreifen, dessen Definition des Rechts diesen Anforderungen zu entsprechen scheint. **272**

---

73 Vgl. Fn. 68.
74 Ethik (Fn. 68), S. 60 ff., 93 f, 96, 125, 195.
75 *E. Tugendhat*, Ethik (Fn. 68), S. 88 ff.
76 Was man nicht als prinzipiell parteilich ansehen dürfe, da diese Feststellung nur dann parteilich sei, wenn sie sich auf eine partikuläre Gemeinschaft beziehe; *E. Tugendhat*, Ethik (Fn. 68), S. 195,

272a   Danach sind „Recht" die rechtlichen Verhältnisse. Ein „rechtliches Verhältnis ist ein personhaftes Ordnungsverhältnis zwischen Menschen"[77] – was dann in den weiteren Ausführungen im einzelnen genauer definiert und festgelegt wird.

Wolf definiert hierzu das Gattungsmerkmal „Ordnungsverhältnis" und das Artmerkmal „personhaft" usf. – und kommt dabei zu einer ganzen Reihe von Festlegungen, so zum **Beispiel** der „Wirklichkeit" und der „Realität"[78] der rechtlichen Verhältnisse, des Verhältnisses von Recht und Sittlichkeit, Recht und Politik usf. Aus diesen Bestimmungen ergeben sich dann im dogmatischen Teil eine Reihe weiterer Konsequenzen – so zum **Beispiel** die Ablehnung des § 1 BGB[79], die Ablehnung der „juristischen Personen"[80] oder des Satzes „Eigentum verpflichtet" (Art. 14 II GG)[81] usf.

272b   In unserem Zusammenhang ist von Bedeutung, daß *Wolf* bei dieser genaueren Bestimmung des Rechtsbegriffs zwischen „natürlichen" und „hergestellten" rechtlichen Verhältnissen unterscheidet[82]. „Natürliche rechtliche Verhältnisse" sind danach diejenigen, die sich allein aus der Existenz von Menschen ergeben, die also nicht das Bestehen einer „Gesellschaft" oder eines „Staates" voraussetzen[83]. *Wolf* zählt hierzu die vom Schrifttum als „Menschenrechte" bezeichneten rechtlichen Verhältnisse, abstammungsrechtliche Verhältnisse, Besitz- und Eigentumsrecht u.a.m. „Hergestellte rechtliche Verhältnisse" sind dann die durch Rechtsgeschäft etc. und durch die staatliche Gesetzgebung hergestellten rechtlichen Verhältnisse – d.h. das positive Recht. Diese „hergestellten rechtlichen Verhältnisse" sind möglich, weil „natürliche rechtliche Verhältnisse" existieren, die durch Vereinbarungen inhaltlich geändert werden können[84]. Grundlage allen Rechts sind also die „natürlichen rechtlichen Verhältnisse". Ohne sie gibt es kein Recht.

273   Aus dieser Definition des Rechts läßt sich also erheblich mehr ableiten, als aus den früher behandelten Definitionen *I. Kants* oder *R. Stammlers*. Wir könnten jetzt also daran gehen, im einzelnen zu prüfen, was sich aus dieser „Realen Rechtslehre", wie *E. Wolf* sie nennt[85], für unsere Frage nach den „Quellen des Rechts" ergibt – und damit für die Frage nach der richtigen Methode der Rechtsanwendung. Dabei zeigt sich aber sofort, daß der größere Inhaltsreichtum dieses Rechtsbegriffs auf dem Rekurs auf die „natürlichen rechtlichen Verhältnisse" beruht. Daraus ergibt sich zwar, daß den Menschen bestimmte (subjektive) Rechte zustehen und daß sie Vereinbarungen treffen können. Aus ihnen ergibt sich damit aber für unsere Frage nicht mehr als aus dem Rekurs auf die Lehre vom Staatsvertrag bei *I. Kant* und *J.G. Fichte* oder aus dem

---

77 Allgemeiner Teil des bürgerlichen Rechts. 3. Aufl. 1982, S. 1; vgl. auch JZ 1970, S. 441 ff., 446. Eine Darstellung der „Realen Rechtslehre" *E. Wolfs* gibt *R. Vierwethery*, Rechtswissenschaftlicher Begriff oder soziale Wirklichkeit. 1983, S. 47 ff.
78 *Wolf*, Allg. Teil (Fn. 77), S. 14 ff., unterscheidet zwischen „Wirklichkeit" (in der Welt wirken) und Realität (Bewußtseinsunabhängigkeit).
79 *E. Wolf*, Allg. Teil (Fn. 77), S. 188 ff., 192; dazu schon *Wolf-Naujoks*, Anfang und Ende der Rechtsfähigkeit des Menschen. 1955, S. 118 ff.
80 *E. Wolf*, Allg. Teil (Fn. 77), S. 650 ff.
81 Lehrbuch des Sachenrechts. 2. Aufl. 1979, S. 129.
82 *E. Wolf*, Allg. Teil (Fn. 77), S. 9 ff.
83 *E. Wolf*, Allg. Teil (Fn. 77), S. 9 ff., 55 ff.; 62 ff.
84 *E. Wolf*, Allg. Teil (Fn. 77), S. 11 f., Sachenrecht (Fn. 81), S. 117 f.
85 Dazu auch *E. Wolf* AcP 170, S. 181 ff., 205 ff.

Ausgang vom Eigentum bei *G.F.W. Hegel* (Rz 248 ff.). Der größere Inhaltsreichtum dieses Rechtsbegriffs führt also nur dazu, daß er in der Rechtsdogmatik eine Reihe von Begriffsbildungen verbietet (wie den der juristischen Personen, der Teilrechtsfähigkeit usf.)[86]; er macht aber nicht deutlich, was denn nun „Quelle des Rechts" ist – d.h. wie heute positives Recht zustandekommt oder zustandekommen muß.

Die von *E. Wolf* vertretene „reale Ontologie" führt i.ü. zu Ableitungen, die nicht zu überzeugen 274 vermögen. So überrascht es zwar nicht, wenn er folgert, daß Recht nicht gesellschaftlich bedingt sei[87], nachdem er das gesellschaftliche Verhältnis als „einverständliches persönliches Verhältnis" definiert hat. Es bleibt nur völlig offen, ob diese Definition die Sachverhalte erfaßt, die gemeint sind, wenn andere Autoren das Recht als „gesellschaftlich bedingte Ordnung" zu erklären suchen. So gibt es gesellschaftliche Verhältnisse in einem gewissen Sinn augenscheinlich auch schon bei Primaten – Pavianen, Gorillas etc. Sollte unser Recht, dessen Erkenntnis Bewußtsein voraussetzt, von diesen phylogenetisch bedingten „gesellschaftlichen Verhältnissen" unabhängig sein? Auch wenn *Wolf* folgert, daß das Recht „dem Staate vorausgehe" und daher nicht von ihm abhängen könne, weil eine politische Ordnung auch auf unrechtmäßigem Verhalten beruhen könne[88], so vermag das auch nur den zu überzeugen, der ihm in der Ableitung der „natürlichen rechtlichen Verhältnisse" folgt, die nur das Existieren von Menschen voraussetzten. Auch hier ist augenscheinlich wieder alles Spätere in das „nur Existieren von Menschen" hineingelegt, wobei fraglich bleibt, ob *Menschen* ohne Gesellschaft und ohne staatliche Ordnung existiert haben oder existieren können – oder anders ausgedrückt: Wobei fraglich bleibt, inwieweit unser Recht durch unsere natürlichen Bedingtheiten oder durch unsere freien Entscheidungen bestimmt ist.

Damit zeigt sich also, daß ein Rechtsbegriff mit größerem Inhaltsreichtum gegenüber 275 den *formalen* Definitionen nicht unbedingt vorteilhaft ist. Er führt vielmehr zu dogmatischen Bindungen, die die Dogmatik des Rechts nicht gerade fördern. Die Suche nach einem Rechtsbegriff, der von vornherein auf bestimmte Inhalte Bezug nimmt, erweist sich somit als Irrweg. Gerade *Wolfs* Bestreben, das Recht als Grundlage der menschlichen Freiheit zu „sichern" – und es deshalb Gesellschaft und Staat als Maßstab voranzustellen –, führt notwendig zur Festlegung eines bestimmten rechtlichen Inhalts, der erkennbar zeitgebunden ist, was sich schon in der Verbindung von „natürlichen Rechten" und „Menschenrechten" zeigt.

Carl August Emge[89] hat daher zu Recht die besondere Bedeutung der Erkenntnis *I.* 276 *Kants* hervorgehoben, daß es nicht darum gehen kann, den Begriff des Rechts so zu definieren, daß er „die lebendige Wirklichkeit" zu erfassen vermag. *Emge* sah den Fortschritt in der Klärung der Probleme, die nach seinem Eindruck „inzwischen" stattgefunden hat – nämlich seit *Kants* Feststellung, daß die Juristen noch immer eine Definition zu ihrem Begriff vom Recht suchen –, zu Recht gerade in der allgemeinen Verbreitung dieser Erkenntnis *Kants* begründet. Daher hat *Emge* auch nachdrücklich darauf hingewiesen, daß die „Vorstellung von der Erfassung der lebendigen Wirklichkeit" eine naiv-pragmatische und damit dogmatische Auffassung über den Sinn des

---

86 Was dazu zwingt, die damit angesprochenen Sachprobleme mit Hilfe anderer, m.E. weniger sachgerechter Begriffe darzustellen.
87 *E. Wolf*, Allg. Teil (Fn. 77), S. 59.
88 *E. Wolf*, Allg. Teil (Fn. 77), S. 41.
89 Rechtsphilosophie, S. 86 ff.

Begriffs voraussetzt. Der Rechtsbegriff soll nicht zufällige historisch gewordene Inhalte festschreiben, sondern deutlich machen, was das Rechtliche des jeweiligen Rechts ausmacht und was das Recht mit anderen Gegebenheiten verbindet. Wenn er aber das Rechtliche des Rechts hervortreten lassen soll – und zwar nicht nur des heutigen, sondern auch des früheren Rechts –, dann kann er nicht auf bestimmte Inhalte des Rechts Bezug nehmen. Denn diese sind jeweils durch die historisch gewordenen sozialen Grundlagen bedingt. *Emge*[90] sah daher den Erfolg der „inzwischen" gewonnenen Klärung zu Recht in der Erkenntnis der Komplexität des Rechtsbegriffs, wie sie sich in den verschiedenen Bedeutungen des Wortes „Recht" andeutet (Recht im dogmatischen, historischen, ethischen etc. Sinn)[91].

276a   Der Begriff des Rechts muß danach so festgelegt werden, daß er die Voraussetzungen des Rechts und dessen Beziehungen zur Wirklichkeit thematisieren läßt; er muß also das Recht als bedingt (zum **Beispiel** als historisch bedingt) und abhängig und nicht (nur) als unabhängig ausweisen. *Emge*[92] hat deshalb auch hervorgehoben, daß der Begriff des Rechts den der Gesellschaft voraussetze – und nicht umgekehrt. Man erkennt daher heute allgemein an, daß man sich bei der Bestimmung des Rechtsbegriffs bzw. bei der Definition des Rechts nicht auf bestimmte rechtliche Inhalte beziehen kann.

5. Das Recht und die „Werte"

277   Die neueren rechtsphilosophischen Darstellungen verzichten daher durchweg darauf, sich auf eine genaue Definition des Rechts festzulegen. Sie begnügen sich vielmehr mit einer weitgehend offenen Charakterisierung des Rechts – indem sie es wie zum **Beispiel** *K. Larenz* – als „verbindlich gewußte Ordnung menschlichen Zusammenlebens unter der Anforderung der Gerechtigkeit" ansprechen –, um dann von ihrem jeweiligen Ansatz her die „Grundlagen"[93] oder die „Grundprobleme"[94] des Rechts oder die „mannigfachen historisch wandelbaren Beziehungen zwischen verschiedenen Gruppen rechtlicher, d.h. allesamt am Recht und seinem Namen teilhabender Erscheinungen"[95] zu untersuchen.

277a   Bei diesen Untersuchungen stellt sich die Beziehung dieser allgemeinen „Grundlagen" oder „Erscheinungen" zu den heutigen Inhalten des Rechts jeweils als ein besonderer Problemzusammenhang dar, mit dem sich dann die verschiedenen rechtsphilosophischen Ansätze auf ihre Art auseinandersetzen. Der Sache nach geht es bei dieser Problematik immer darum, die Inhalte des jeweiligen Rechts einmal als bedingt bzw. kontingent (zufällig) darzustellen – nämlich als Produkt einer Entschei-

---

90 Rechtsphilosophie, S. 93; hierzu auch *R. Zippelius*, Wesen, S. 4 ff. und ausführlich *K. Engisch*, Gerechtigkeit, S. 10 ff.

91 *C.A. Emge*, Rechtsphilosophie, S. 90 ff.; vgl. hierzu auch *K. Engisch*, Gerechtigkeit S. 52 ff.

92 Rechtsphilosophie, S. 249.

93 So z.B. *H. Henkel*, Rechtsphilosophie, S. 9; *R. Coing*, Rechtsphilosophie, S. 181 ff.; vgl. auch *A. Kaufmann* JuS 1978, S. 361 ff.

94 So z.B. *H. Ryffel*, Rechtsphilosophie, S. 6.

95 So z.B. *K. Engisch*, Gerechtigkeit, S. 55

dung oder einer Entwicklung. Man geht somit von der **notwendigen Positivität des Rechts** aus. Aus dem Rechtscharakter des jeweiligen Rechts ergibt sich aber andererseits, daß sich auch dessen Inhalte nicht als willkürlich oder beliebig darstellen dürfen – zum **Beispiel** als Ergebnis der Launen oder Interessen eines Herrschers (Rz 37 f.)[96]. Dem Recht muß vielmehr eine gewisse „Notwendigkeit" zukommen, wenn es die Rechtsgenossen „verpflichten" soll. Es geht also in diesem Zusammenhang darum, die jeweiligen Inhalte des Rechts weder als völlig beliebig noch als völlig notwendig darzustellen; ihnen muß vielmehr sowohl eine gewisse Notwendigkeit als eine gewisse Willkürlichkeit (Zeitbedingtheit) zukommen.

a) Der „Wertrelativismus"

Die Problematik dieses „sowohl – als auch" versucht man nun heute allgemein mit dem Begriff des „Wertes" zu erfassen. Denn dieser Begriff scheint die Möglichkeit zu bieten, Notwendigkeit und Willkür angemessen zu vereinen. Wenn man von Werten spricht, meint man einerseits nicht über etwas Beliebiges zu sprechen; Werte scheinen aber andererseits auch nicht völlig eindeutig bestimmt und festgelegt zu sein. Es geht bei ihnen vielmehr um die genauere Verbindung dieser beiden Aspekte. Wir haben allerdings schon gesehen, daß man dem Wertbegriff eine derartige Vermittlungsfunktion nur zuweisen kann, wenn man nicht von *absoluten* Werten ausgeht, deren richtiges Verhältnis der menschlichen Erkenntnis zugänglich ist (dazu Rz 183 ff.). Die heutigen rechtsphilosophischen Bemühungen setzen daher überwiegend ein *Wertrelativismus*[97] voraus, der in verschiedenen Ausprägungen durch die Werke *Max Webers*[98] und *Gustav Radbruchs*[99] in den Sozialwissenschaften und in der Rechtswissenschaft einen großen Einfluß gewonnen hat. **278**

Der Wertrelativismus geht davon aus, daß die Werte zwar insoweit der menschlichen Erkenntnis zugänglich sind, als man sie als mögliche Ziele menschlichen Handelns und Strebens erfassen und darstellen kann *und* als man angeben kann, was die Verwirklichung eines bestimmten Wertes hemmt und fördert. Dabei stellt sich aber immer wieder heraus, daß Handlungen oder Organisationen, die die Verwirklichung des einen Wertes fördern, die Verwirklichung eines anderen Wertes hemmen – hier sei nur an das Verhältnis von Freiheit und Sicherheit oder Freiheit und Gleichheit erinnert. **Die Frage, welcher dieser Werte** im Konfliktsfall **dem anderen vorzuziehen ist**, soll dann aber nach dem Wertrelativismus **nicht** mit Hilfe der menschlichen **Er- 278a**

---

96 Dazu u.a. *J. Habermas*, Faktizität und Geltung. 3. Aufl. 1993, S. 57 ff.
97 Dazu *C.A. Emge*, Über die Grundlagen des rechtsphilosophischen Relativismus. 1916 und die Darstellung bei *K. Engisch*, Gerechtigkeit, S. 246 ff.; *K. Acham*, Philosophie der Sozialwissenschaft. 1983, S. 230 ff.; *P. Strasser* ARSP 66 (1980), S. 305 ff., informativ ist auch die Darstellung von *H. Steinberger* in: Festschrift für W. Geiger. 1974, S. 243 ff.
98 Dazu insbesondere dessen Abhandlungen „Die Objektivität" sozialwissenschaftlicher und sozialpolitischer Erkenntnisse. 1904 und „Der Sinn der Wertfreiheit der soziologischen und ökonomischen Wissenschaften". 1917, in: Ges. Aufsätze zur Wissenschaftslehre. 2. Aufl. 1951.
99 Dazu dessen „Rechtsphilosophie", 1914, 6. Aufl. hrsg. v. E. Wolf, 1963; zur Biographie *Radbruchs G. Spendel*, Jurist in einer Zeitenwende. 1979. In ähnlicher Weise wirken auch die Lehren *V. Krafts*, vgl. dazu dessen Werk „Die Grundlagen einer wissenschaftlichen Wertlehre". 1951.

kenntnis zu beantworten sein; sie wird **vielmehr** als Gegenstand eines **Bekenntnisses** charakterisiert.

Historische Grundlagen von „Werten": Die Bedeutung von Weltanschauung und Religion

279 In diesem Zusammenhang sind insbesondere die Darstellungen *Wolfgang Fikentschers* von Interesse, die eindrucksvoll deutlich machen, in welchem Maße die Entscheidung für bestimmte Werte in grundlegenden religiösen oder weltanschaulichen Vorstellungen verwurzelt ist. *Fikentscher* beschreibt nämlich in seinen „Methoden des Rechts in vergleichender Darstellung"[100] die verschiedenen „Wege des Rechts" – d.h. die unterschiedlichen Arten des Denkens über das Recht – in den verschiedenen euroasiatischen Kulturbereichen. Als Koordinatenkreuz seiner Darstellung dienen ihm dabei die im weiteren Sinne „religiösen Lösungen" der Frage nach dem richtigen Leben in dieser Welt, wie sie in den Entwürfen der Aufklärung der „Achsenzeit" (*Karl Jaspers*)[101] zwischen dem 8. und 4. Jahrhundert vor Christus in dem Gebiet zwischen Gibraltar und Japan entwickelt worden sind. Denn diese Entwürfe haben augenscheinlich auch Konsequenzen für das jeweilige Denken über das Recht. Anlaß dieser Entwürfe war dabei die Erfahrung, daß die Befolgung der in Idolen, Göttern etc. ausgedrückten Lebensregeln und Normen (Auslegungen der Welt) den Menschen trotz aller Bemühungen kein *richtiges* Leben in der Welt garantieren konnte – eine Erfahrung, von der uns noch heute die bewegten Klagen des Alten Testaments über das „Leid des Gerechten angesichts des Wohllebens der Sünder" einen ergreifenden Eindruck vermitteln. *Fikentscher* legt nun dar, daß die verschiedenen Kulturen auf diese Erfahrung gewissermaßen mit drei Antworten oder Gruppen von Antworten reagiert haben:

280 Die östlichen Religionen und Philosophien haben auf diese Unzulänglichkeit allen menschlichen Strebens in der Welt mit der Empfehlung reagiert, sich – innerlich – von dieser Welt zu lösen. Man kann dem Unheil nur entgehen, wenn man sich von der Welt zurückzieht, wenn man dem Rad (dem Kreislauf) der Wiedergeburt entsagt. Und es ist verständlich, daß Kulturen, die dieses religiöse Ziel der (innerlichen) Lösung von der Welt anerkennen, auch in ihrem Denken über das Recht Bindungen keinen besonderen Wert beimessen – seien es nun staatliche oder eheliche Bindungen oder seien es Bindungen an Dauerverträge etc.: Sich an die Welt (an Sachen oder Menschen) zu binden, ist vielmehr falsch, sündhaft.

280a Von diesen fragmentierenden Antworten, die den einzelnen auf sich selbst zurückweisen, unterschied sich dann einmal der Entwurf der „tragischen Kulturen", wie er uns insbesondere aus der klassischen griechischen „Polis" bekannt ist: Auch dieser Entwurf ging von der Unzulänglichkeit allen menschlichen Strebens aus; demgegenüber war dann die Polis der Versuch, die Folge dieser Unzugänglichkeit mit Hilfe einer solidarischen Vereinigung der Bürger abzumildern: So ist die Welt; wir können dies nicht ändern, aber laßt uns versuchen, das Beste daraus zu machen. Dieser Versuch versprach dem einzelnen jedoch nicht nur Schutz; er unterwarf ihn vielmehr auch den möglicherweise fehlerhaften Entscheidungen der Polis – was die Entscheidung und das Schicksal des *Sokrates* eindrücklich deutlich macht: Wenn die Polis der einzige Garant ist, der ein *richtiges* Leben in der Welt ermöglicht, dann muß man ihre Entscheidungen auch hinnehmen, wenn sie nicht richtig sind.

---

100 Zum Folgenden insb. Bd. I und IV. 1975, 1977; dazu u.a. *Pawlowski* BB 1978, S. 563 f.

101 Zur Kritik dieses Begriffs u.a. *Fritz Schachermeyr*, Griechische Geschichte. Entwicklung und Zusammenbruch. 1960; hier zitiert nach der Heyne-Geschichte-Taschenbuchausgabe 1978, S. 406 f.

Eine dritte Antwort findet sich dann in dem jüdisch-christlichen Denken seit *Deutero-* **281** *Jesaja*[102], also seit dem 6. Jahrhundert vor Christus[103]. Danach stehen die Menschen einem „extraponierten Gott" gegenüber, vor dem alle im Unrecht sind, der sie aber durch die Zusage der Vergebung zum Handeln in der Welt befreit. Diese Denkstruktur stiftet einmal die Gleichheit und Gemeinsamkeit der Menschen. Sie begründet zum andern aber auch – und das ist das Neue gegenüber den Entwürfen der tragischen Kulturen – die Möglichkeit des Denkens von „unentziehbaren Rechten". Diese sind gewissermaßen „bei Gott aufbewahrt", der die Menschen in gleicher Weise (gleichberechtigt) zum Handeln befreit. Dieses Denken findet dann nach *Fikentscher* seinen organisatorischen Ausdruck in der Grundrechtsdemokratie.

Schon diese Hinweise lassen erkennen, daß man jeweils auf völlig andere Werte und Wertordnungen verwiesen wird, je nachdem welcher dieser drei Antworten man selbst zuneigt: Wo man Vertrauen und Bindung an andere als sündhaft ansieht, wird der Wert menschlicher Bindungen anders beurteilt werden als dort, wo die Gemeinschaft der – einzige – Schutz gegen die Unbilden des Schicksals ist usf.

Historische Grundlagen von „Werten": Die Bedeutung ökonomischer Strukturen

Ergänzend sei bemerkt, daß diese Erklärung der Grundlagen des Wertrelativismus, die seine **282** Verwurzelung in Grundstrukturen der Weltauslegung und damit in einem weiteren Sinne *religiösen* bekenntnishaften Einstellungen zur Welt aufdeckt, andere Erklärungsmuster nicht ausschließt. So kann man zum **Beispiel** in der einleitenden Darstellung *F. Schachermeyrs* zur „Griechischen Geschichte"[104] ein Erklärungsmuster für die Grundlagen des Wertrelativismus finden, das die Interpretation *W. Fikentschers* ergänzt.

Schachermeyr macht nämlich auf die Bedeutung der unterschiedlichen Organisationsformen aufmerksam, die sich bei dem Übergang von den nahrungssammelnden (food gathering) Gesellschaftsformen zu den nahrungsproduzierenden (food producing) Gesellschaftsformen ausgebildet haben, bedingt durch die unterschiedlichen ökonomischen Gegebenheiten. Die ackerbautreibenden Gesellschaften bedurften einer territorialen Verteidigung und mußten daher gebietsbezogene Organisationsformen entwickeln, während sich für die Viehzüchter (Nomaden) personale Verbandsstrukturen anboten. *Schachermeyr* macht dabei plausibel, daß sich die Folgen der Gewöhnung an die eine oder andere Organisationsart auch dann noch auswirkten, als infolge der Verbindung von Populationen dieser beiden Gesellschaftsformen (zum **Beispiel** infolge Eroberung usf.) die ursprünglichen ökonomischen Anlässe entfielen[105]. Dies erklärt

---

102 Die 66 Kapitel des im Alten Testament enthaltenen Buches des Propheten *Jesaja* werden heute allgemein 3 (oder mehr) Verfassern zugeordnet, die zu unterschiedlichen Zeiten gelebt haben. So weist man (grob gesagt, die Einzelheiten sind umstritten) die Kapitel 1-40 dem Propheten *Jesaja* zu, der von der Mitte des 8. Jahrhunderts an in Palästina gewirkt hat. Die Kapitel 40-55 (deren Botschaft sich in vielem mit der später von *Jesus von Nazareth* verkündeten Botschaft berührt) ordnet man dann einem Propheten unbekannten Namens zu, den man meist *Deutero-Jesaja* nennt, der im babylonischen Exil (also im 6. Jahrhundert) gewirkt hat; während die Kapitel 56-66 auf einen oder mehrere Autoren unbekannten Namens verweisen, die im 5. Jahrhundert in Jerusalem gewirkt haben, die man unter der Bezeichnung *Trito-Jesaja* zusammenfaßt; vgl. dazu *J. Fichtner*, Jesaja (m.Nachw.). In: Brunotte/Weber, Evangelisches Kirchenlexikon. Bd. II, 2. Aufl. 1962.

103 Dieses Denken hat übrigens nach *Fikentschers* Meinung insbesondere in den Diskussionen der *Calvin*-Kritiker um *Wilhelm dem Schweiger* seinen konsequenten Ausdruck gefunden; dazu nur Methoden, Bd. I (Fn. 100), S. 301 ff.

104 *F. Schachermeyr*, Griechische Geschichte (Fn. 101); dort zum Folgenden insbesondere S. 15 ff., 29 ff.

105 Dazu *F. Schachermeyr*, Griechische Geschichte (Fn. 101), S. 27 f., 33 f.

auch seine Auffassung von der Entwicklung der hellenischen Demokratie: Nämlich als Fort-führung der ursprünglich verbandsbezogenen („demokratischen") Organisationsform der hel-lenischen Eroberer der griechischen Städte. Auch diese Konstruktion macht einsichtig, in wel-chem Maße eine zunächst notwendige Entscheidung für die eine oder andere Gesellschaftsor-ganisation die „Gesittung" – d.h. die Entscheidung für bestimmte Werte – bestimmt[106]. Im Zu-sammenhang des Personalverbandes stellen sich andere Verhaltensweisen als wertvoll (richtig) dar als im Zusammenhang des Territorialverbandes[107] usf. Die Gewöhnung an eine zunächst gewissermaßen notwendige Gesittung, ihre Tradierung und Ausarbeitung in der Er-ziehung etc. bestimmen dann den Lauf der Entwicklung.

283   Dieses sich jeweils ergänzende Verhältnis der hier angedeuteten Erklärungsmuster für die Grundlagen des Wertrelativismus macht wohl genügend deutlich, wie sehr man seinen Er-kenntnisbereich beschränkt, wenn man sich bei der Analyse oder Erklärung derartiger Ent-scheidungen auf einen *Bereich* von Ursachen beschränken würde, seien es nun „materielle", „ideelle" oder „strukturelle" Ursachen. Beide Erklärungsmuster, die leicht noch um weitere ergänzt werden können, machen mit jeweils ihren Mitteln auf ihre Weise deutlich, wie die Herausbildung bestimmter Einstellungen und Werthaltungen durch gegebene „Umstände", „Beziehungen" und „Verbindungen" bestimmt war – d.h. also, gewissermaßen unter me-chanischem Zwang erfolgte. Sie erweisen sich so in ihrem Nebeneinander als notwendige Ergänzung des jeweils anderen materiellen oder ideellen Erklärungsmusters – als Ergänzun-gen, die in ihrer Verbindung einen Fortschritt in Richtung auf die Wahrheit bieten (Rz 67 ff., 71).

284   **Der Wertrelativismus verweist** also **die Frage nach der richtigen Wertordnung** und damit nach dem richtigen Verhältnis der verschiedenen Werte **aus dem Bereich des „Erkennens" in den Bereich des „Bekennens"** und „Glaubens" – und bestimmt damit auch das Verhältnis von „Notwendigkeit" und Zeitbedingtheit („Willkür"): Die Notwendigkeit ergibt sich nicht aus der Erkenntnis, sondern aus dem Bekenntnis. Und das Bekenntnis stellt sich dem einzelnen zwar als notwendig dar, die empirische Verschiedenheit der jeweils vertretenen Bekenntnisse macht aber gleichzeitig deren (Zeit-)Bedingtheit deutlich.

285   Damit ist zwar für die empirischen Sozialwissenschaften ein großer Bereich für die empirische Wertforschung (Rz 233) eröffnet. Diese Wissenschaften können mit Hilfe der Methoden der Umfrageforschung untersuchen, zu welchen Werten sich die Bürger (oder die Richter, An-wälte, Arbeitnehmer etc.) „bekennen". Und sie können untersuchen, welche gesetzlichen oder organisatorischen Maßnahmen geeignet sind, die Verwirklichung der mehrheitlich anerkann-ten Werte besser zu fördern, als es bisher der Fall ist[108]. Die Rechtssoziologie kann die vorhan-denen Rechtsnormen daraufhin untersuchen, welche Werte sie befördern können[109] u.ä.m. Wir haben aber bereits festgestellt, daß die Erkenntnisse, die sich aus derartigen Forschungen er-geben, uns bei der genaueren Bestimmung der juristischen Methode nicht weiterhelfen: Weil die Angehörigen eines Minderheitsbekenntnisses (die Dissidenten) nach unserer Verfassung von Rechts wegen nicht gehalten sind, sich dem Bekenntnis der Mehrheit anzuschließen

---

106   Dazu z.B. die Hinweise in *F. Schachermeyr*, Griechische Geschichte (Fn. 101), S. 18.
107   Dies betont der Sache nach auch *W. Fikentscher*, Methoden I, S. 18, 54, 218 ff.; IV, S. 418 f., wenn er hervorhebt, welche Bedeutung es für die Struktur des Rechts hat, wenn es in einem Gebiet einmal zur Herausbildung von politischen und wirtschaftlichen Organisationsformen gekommen ist, die man als „Feudalismus" bezeichnet.
108   Darauf baut die oben Rz 232 ff. geschilderte „soziale Wertungsjurisprudenz" auf.
109   Darauf baut die oben Rz 221 ff. geschilderte „objektive Wertungsjurisprudenz" auf.

(Rz 237 ff.) – weil also die Tatsache, daß die Mitglieder unserer Rechtsgemeinschaft mehrheitlich diese oder jene Werte anerkennen, noch nicht festlegt, daß diese Werte auch mit den Mitteln staatlichen Zwangs durchgesetzt werden dürfen.

Mit Hilfe dieses Wertbegriffs und der durch ihn bestimmten Vermittlung von Notwendigkeit und Willkür (Zeit-Bedingtheit, reiner Positivität) kann man nun augenscheinlich grundlegende Strukturen unseres Gemeinwesens angemessen darstellen: Das Bekenntnis zu verschiedenen, einander gleichwertigen Zielen (Werten) verbindet Parteien und Glaubensgemeinschaften (Konfessionen) untereinander und stellt sie als gleichberechtigte, konkurrierende Institutionen nebeneinander in den Rahmen unserer Verfassung. Der **Wertrelativismus entspricht** also dem **Pluralismus** unseres Gemeinwesens (Rz 8 f., 15 ff.). Das macht gleichzeitig deutlich, daß dem damit abgelehnten Konzept einer *absoluten* (absolut richtigen) Wertordnung nur eine Verfassung entsprechen würde, die eine Instanz vorsieht, die für alle verbindlich festlegt, was nun die richtigen Werte sind – wobei es keinen großen Unterschied macht, ob diese Bestimmung einem charismatisch ausgewiesenen einzelnen (Papst, Kaiser, Führer etc.) oder einer in sich organisierten Gruppe von einzelnen (Zentralkomitee, Adel, Fachleute) zugewiesen wird[110]. **286**

H. Kelsen[111] hat daher zu Recht darauf hingewiesen, daß derjenige, der weiß oder zu wissen meint, welches die richtige, beste soziale Ordnung ist, nicht darauf verzichten kann, diese Ordnung durchzusetzen; er kann ihre Durchsetzung nicht von der Zustimmung der Mehrheit abhängig machen. Der auf dem Wertrelativismus aufbauende Pluralismus enthebt die Rechtsgemeinschaft dagegen in gewissem Umfang von der Notwendigkeit, die Verhaltensweisen und die sie stützenden Überzeugungen der Rechtsgenossen in einem größeren Umfang einander anzugleichen, als es für den Bestand der staatlichen Organisation – von deren Funktionsfähigkeit unser Leben abhängt – erforderlich ist. Der *Wertrelativismus* erweist sich also insoweit als *friedensstiftend* – als Motor der Toleranz. **286a**

Allerdings zeigt der Rückgriff auf die für die Funktionsfähigkeit unserer Staatsorganisation erforderliche Gemeinsamkeit des Verhaltens – und damit auch der Bekenntnisse –, daß die Freiheit des Bekenntnisses auch in einem demokratisch und pluralistisch organisierten Gemeinwesen Beschränkungen unterliegt, die sich nicht aus dem Konzept des Wertrelativismus selbst ergeben: Wir zwingen zum **Beispiel** die „Zeugen Jehovas" zum Wehrersatzdienst oder zur Duldung von Bluttransfusionen bei ihren Kindern usf. Man versucht i.a., diesen Erscheinungen dadurch Rechnung zu tragen, daß man von der Notwendigkeit einer „Minimalethik" bzw. eines „Grundkonsenses" spricht[112] – weil man nämlich meint, auch auf dem Boden des Pluralismus einzelnen bzw. einer bestimmten Gruppe von Werten eine allgemeine (absolute) Ver- **287**

---

110 Vgl. dazu *Pawlowski*, Rechtswissenschaft, § 5, 2, S. 35 ff.; 7, 3, S. 140 ff. sowie *ders.* ZZP 80, S. 345 ff.
111 Allgemeine Staatslehre, 1925, S. 368 ff., auf die Verbindung zwischen dem Glauben an eine allein richtige Wertordnung und Monarchie oder Diktatur verweist auch *K.J. Arrow*, Social Choice and individual Values. 1951, S. 1. Fn.
112 Dazu u.a. *Arthur Kaufmann* JuS 1978, S. 361 ff., 364 und zur Kritik dieser Auffassung *Pawlowski*, Rechtswissenschaft, § 7, 1, S. 125 ff.

bindlichkeit zusprechen müssen. *W. Fikentscher*[113] und *K. Larenz*[114] greifen dazu auf den Begriff der **Grundwerte** zurück[115].

287a Aber wenn auch dieser Hinweis auf die erforderlichen „Grundwerte" und auf eine „gemeinsame Wertbasis", die unsere Demokratie trotz allen Pluralismus erfordert und voraussetzt, heute immer häufiger zu hören ist, so hilft dies doch nicht darüber hinweg, daß man damit den Pluralismus (also die Glaubensfreiheit) aufhebt. Denn man kann auch diese Grundwerte entweder nur mit Hilfe eines absoluten Wertbegriffs rechtfertigen, der davon ausgeht, daß diese Werte der menschlichen Erkenntnis zugänglich sind – und dann hat man sich mit den damit verbundenen Einwänden und Konsequenzen auseinanderzusetzen (Rz 15 ff.)[116]. Oder man muß die allgemeine Geltung dieser Grundwerte auf bestimmte Entscheidungen (Bekenntnisse) zurückführen: Dann sind wir aber wieder bei unserer Frage nach der Herkunft des „Rechts".

288 Die Verbindung von Wertrelativismus (Pluralismus) und demokratischer Staatsform läßt aber auch **deutlich** werden, **daß der Wertrelativismus nicht rein (folgerichtig) durchgehalten werden kann,** was *Hans Ryffel*[117] mit Nachdruck hervorgehoben hat. *Ryffel* hat nämlich darauf aufmerksam gemacht, daß man die Möglichkeit einer rationalen – d.h. nicht nur propagandistisch auf Bekehrung gerichteten – Diskussion zwischen den Vertretern (Bekennern) verschiedener Werte ausschließt, wenn man davon ausgeht, daß der Rang bzw. das richtige Verhältnis der Werte nicht der Erkenntnis, sondern *nur* dem Bekenntnis zugänglich ist. Denn eine rationale Diskussion setzt voraus, daß die Diskussionspartner *von der Möglichkeit* von Beweis und Widerlegung ausgehen – also von der Möglichkeit von „Erkenntnis". Kann man aber nicht darüber diskutieren, ob es richtig ist, diese oder jene Werte vorzuziehen – weil dies nur Gegenstand eines Bekenntnisses und nicht Gegenstand einer Erkenntnis sein *kann* –, dann bleiben für den Konfliktsfall nur die Mittel der Manipulation (letztlich der Gewalt), um eine für erforderlich gehaltene Gemeinsamkeit des Handelns (und der Bewertungen) durchzusetzen. Damit erweisen sich die Annahmen des Wertrelativismus dort, wo es – wie im Recht – um die notwendige Gemeinsamkeit des Verhaltens geht, als disfunktional. Denn im Recht geht es zunächst um Bindung, nicht um Zwang (Rz 37). Nach den Annahmen des Wertrelativismus wird das Recht aber der Mehrheit (d.h. der Macht) und nicht der seine Richtigkeit beweisenden Diskussion und Argumentation zugewiesen. Und die Mehrheit, die danach ihren Willen durch-

---

113 Methoden IV, S. 401 ff.

114 *K. Larenz*, Richtiges Recht, S. 160; ebenso jetzt u.a. *B. Rüthers*, Rechtstheorie. 1999, Rz 639.

115 Dazu die Dokumentation von G. Gorschenek (Hrsg.), Grundwerte in Staat und Gesellschaft. 1977 mit Vorträgen von *Helmut Schmidt, Helmut Kohl* und *Werner Maihofer* vor der katholischen Akademie Hamburg.

116 Über die Schwierigkeiten informiert instruktiv die Darstellung von *J. Crawford* in Verfassung und Recht in Übersee, 17. Jahrgang, hrsg. von H. Krüger, 1984, S. 133 ff., über „The Australian Law Reform-Commission's Reference on the Recognition of Aboriginal Customary Law"; dazu *Pawlowski*, Wildemann-F., S. 172 ff., 177 ff.; vgl. zur Pluralismusdiskussion *A. Schwan*, in: Simon, Freiheit, S. 171 ff.; *G. Schwardtländer* ebenda, S. 205 ff.; *E.-W. Böckenförde*, Staat, Gesellschaft, Freiheit, 1976, S. 60; informativ auch *M. Trapp* ARSP 72 (1986), S. 153 ff.

117 Rechtsphilosophie, S. 269 ff.; zust. z.B. *G. Ellscheid* in: Kaufmann/Hassemer, Rechtsphilosophie (Fn. 1), S. 179 ff., 191; *K. Larenz*, Richtiges Recht, S. 168 ff.; ähnlich auch *J. Rawls*, Gerechtigkeit, S. 60 ff., *G. Dux*, Strukturwandel der Legitimation. 1976, S. 46 ff., 259 ff.; *H. Steinberger*, Geiger-F. (Fn. 97), S. 243 ff.; dagegen z.B. *K. Engisch*, Gerechtigkeit, S. 265 ff.

setzt, weiß aufgrund dieser Annahme, daß sie nicht auf die bessere Einsicht der Minderheit hoffen kann, sondern nur auf deren Bekehrung – was ihr Verhältnis zu und ihr Verhalten gegenüber der Minderheit bestimmen wird.

Auf diese dem Wertrelativismus inhärente Konfliktsträchtigkeit haben insbesondere *M. Weber*[118] und *N. Hartmann*[119] hingewiesen – letzterer in seiner Rede von der „Tyrannei der Werte"[120], ersterer in seiner Rede vom „Kampf der Werte"[121], für den er dramatische Worte findet: „Die alten vielen Götter, entzaubert und daher in Gestalt unpersönlicher Mächte, entsteigen ihren Gräbern, streben nach Gewalt über unser Leben und beginnen untereinander wieder ihren ewigen Kampf. Das aber, was dem modernen Menschen so schwer wird, und der jungen Generation am schwersten, ist, einem solchen *Alltag* gewachsen zu sein."   **288a**

Diese Disfunktionalität wird auch nicht überwunden, wenn man mit *Hans Kelsen* Wertrelativismus (Pluralismus) und Demokratie verknüpft – weil dem Wissen um das Richtige die Autokratie entspreche, der kritisch relativistischen Haltung aber die Demokratie[122]. Denn diese Argumentation kann zwar deutlich machen, daß auch der Pluralismus bestimmte Bekenntnisse ausschließen[123] kann und u.U. sogar muß: So zum **Beispiel** die Standpunkte, die den Pluralismus selbst aufheben wollen. *H. Ryffel*[124] bezeichnet die Position *Kelsens* daher als „gemäßigten Relativismus". Die Verbindung von Relativismus und Demokratie macht aber nicht deutlich, wie in dem demokratischen Rahmen die Auseinandersetzung der gemäßigten Standpunkte, die in ihm allein zugelassen sind, doch möglich ist. *Kelsen* hebt zwar hervor, daß auf der Grundlage des Relativismus das Recht als Zwangsordnung nur so beschaffen sein dürfe, „daß auch die Minderheit, weil nicht absolut im Unrecht, nicht absolut rechtlos, jederzeit zur Mehrheit werden" könne[125].   **289**

H. Ryffel[126] bemerkt zu dieser Darstellung *Kelsens*, daß sie sich nur halten lasse, wenn die Beteiligten jenseits des faktischen Relativismus auch anerkennen, daß es etwas allein Richtiges gibt, das von dem jeweiligen Standpunkt unabhängig und ihnen insofern gemeinsam ist. Denn nur dann hat es Sinn, daß Mehrheit und Minderheit miteinander reden. Denn ohne diese Vorstellung unterscheiden sich Mehrheit und Minderheit nicht durch (vielleicht irrige oder vermeintliche) „Einsichten" oder „Erkenntnisse" voneinander, sondern nur durch „Empfindungen", „Bedürfnisse" oder „Interessen". Will man aber Empfindungen oder Interessen ändern, so ist es sinnlos, die Einsicht der anderen anzusprechen. **Wechsel zwischen Mehrheit und Minder-**   **289a**

---

118 Wissenschaft als Beruf. In: J. Winckelmann (Hrsg.), *M. Weber*, gesammelte Aufsätze zur Wissenschaftslehre. 2. Aufl. 1951, S. 588 oder ders., *M. Weber*, Soziologie, weltgeschichtliche Analysen, Politik. 1956, S. 310, 316.
119 Ethik. 4. Aufl. 1962, S. 524 ff., 576.
120 Dazu H. Schelz (Hrsg.), Die Tyrannei der Werte. 1979 mit Beiträgen von *C. Schmidt* (aus dem Jahre 1967), *E. Jüngel* und *H. Schelz* und i.ü. *Pawlowski*, Methodenlehre, Rz 851 ff.
121 Dazu *Pawlowski*, Festschrift für R. Specht. 1995, S. 281 ff.
122 Dazu insbesondere *H. Kelsen*, Staatslehre (Fn. 111), S. 368.; *ders.*, Vom Wesen und Wert der Demokratie. 1929 sowie Staatsform und Weltanschauung. 1933.
123 *H. Kelsen*, Staatslehre (Fn. 111), S. 370.
124 Rechtsphilosophie, S. 285 ff.
125 Was letztlich über den Relativismus hinausführt und ihn aufhebt; dazu *H. Ryffel*, Rechtsphilosophie, S. 285 ff.
126 Rechtsphilosophie, S. 285 ff.

heit und Kompromisse zwischen beiden sind nach diesen Annahmen vielmehr **nur möglich aufgrund von Manipulationen** – zum **Beispiel** durch Erwecken neuer Bedürfnisse oder durch Einschüchterung –, **nicht aber durch Verbreitung von Erkenntnissen und Einsichten.**

290   Das würde es im übrigen auch nahelegen, die Anwendung von Gewalt als normales Mittel der Manipulation einzuplanen: Denn die Gewalt erweist sich als falsch oder unangemessen nur aufgrund der Erkenntnis, daß es ein unbedingt besseres Mittel der Konfliktbeseitigung gibt – nämlich die Einigung auf etwas, was man für „richtig" oder jedenfalls für „richtiger" hält als den gewaltsamen Konflikt. Eine derartige Einigung setzt aber die Annahme vor, daß die Streitenden jenseits des Streites etwas Gemeinsames haben, von dem sie ausgehen, von dem aus sie sich einigen können – und dieses Gemeinsame nennen wir gemeinhin „Vernunft"[127]. Solange es dagegen *nur* um Empfindungen, Bedürfnisse, Interessen und dergleichen geht, läßt sich die Anwendung von Gewalt nicht als „falsch" ausscheiden; es ist dann vielmehr nur eine Frage der Zweckmäßigkeit und der jeweiligen Umstände, ob sich die Anwendung von Gewalt als richtig (d.h. als bestes Mittel) darstellt, die Bedürfnisse etc. und die von ihnen getragenen Werte zu verwirklichen. Bedürfnisse und Empfindungen etc. können zwar manchmal nachhaltiger verbinden und binden als Erkenntnisse; sie können aber ebensogut zum Gegenteil führen.

291   Anders verhält es sich schon mit der neuestens von *W. Fikentscher*[128] dargelegten Konzeption, nach der sich die „Grundrechtsdemokratie" als Konsequenz eines religiös fundierten Grundverständnisses der Welt darstellt (Rz 279 ff.). Denn Recht – und d.h. in dieser Konzeption „freiheitliches Recht" – kann in einer Gemeinschaft, die auf diesem Konzept aufbaut, nur auf dem Boden der Gleichordnung erkannt und verwirklicht werden: Weil die Menschen vor dem geoffenbarten Gott alle im Unrecht sind, können sie untereinander einem anderen gegenüber nie absolut (völlig) im Recht sein. Und *Fikentscher* begründet die Entscheidung für Grundrechtsdemokratie auch in einer Weise, die sie als begründet (rational, vernünftig) ausweist. Man kann und muß darüber diskutieren. Diese Konzeption ermöglicht also ihrem Vertreter, mit jedem anderen eine offene Diskussion auf dem Boden der Gleichordnung (und daher in Freiheit) zu führen. Als allgemeine (für alle) zugängliche Lösung der durch den Wertrelativismus gestellten Problematik scheint sie mir aber dennoch nicht geeignet – und zwar wegen ihrer Voraussetzung der Offenbarung Gottes. Denn diese kann – wenn sie Offenbarung sein soll – keine menschliche Leistung sein, und daher auch nicht allgemein zumutbar. Wir werden in Hinblick auf das Recht weiterhin diskutieren müssen „sive deus non daretur", nur unter Hinweis auf die menschliche Erkenntnis.

b) Das Recht als Erkenntnis des „gemeinsamen Richtigen"

292   Die Darstellung *Hans Ryffels*[129] hat dann einen Weg gewiesen, der über die beschriebenen Schwierigkeiten des Wertrelativismus hinweghilft. *Ryffel* hat nämlich zur Verbesserung des Konzepts des Wertrelativismus vorgeschlagen, bei den Diskussionen zwischen den Vertretern verschiedener Werte von der Annahme eines „gemeinsam Richtigen" auszugehen – weil dies Argumentationen und Bemühen um gemeinsame Erkenntnis ermöglicht und legitimiert. Dabei ist aber gleichzeitig dafür Sorge zu tragen, daß diese Annahme nicht ihrerseits zum Rückfall in die Vorstellung von einer

---

127 Dazu schon *Pawlowski*, Rechtswissenschaft, § 5, 2, S. 39 ff.
128 Methoden IV, Kap. 31 ff.
129 Rechtsphilosophie, S. 289 ff.; dazu *K. Larenz,* Richtiges Recht, S. 184 f. oder *J. Habermas,* Theorie Kom. H. I, S. 134 ff., 172 ff., 190 ff.

absoluten Wertordnung führt. D.h. man muß gleichzeitig von der Annahme ausgehen, daß das „Richtige" (die richtige Wertordnung) als solches nicht (oder genauer: noch nicht) der menschlichen Erkenntnis zugänglich ist. Die Vorstellung von dem „gemeinsamen Richtigen" dient sozusagen als „regulative Idee". *Ryffel* hat mit diesem Konzept also einmal die Konsequenzen des Naturrechts oder der „materialen Wertethik" vermieden (nämlich die Tendenz zur Autokratie) und zum anderen auch die Nachteile des Relativismus (nämlich den Verlust der gemeinsamen Diskussionsgrundlage). Er hat damit ein Konzept beschrieben, das einmal Toleranz befördern kann und das zum anderen den Verlust an rationalem Pathos vermeidet, der sonst mit dem konsequenten Relativismus verbunden ist, nach dem man sich nicht mehr um das Richtige zu bemühen braucht, weil es dieses nicht gibt.

Ryffel [130] hat diesen Vorschlag mit der Beobachtung begründet, daß sich im Verlauf der europäischen Rechtsentwicklung ein **normativer Wandel des Politischen** vollzogen habe, den er als **Ablösung der vorgegebenen Ordnungen durch eine aufgegebene Ordnung** (Rz 7) zu charakterisieren sucht. Danach stellt sich uns das Recht nicht mehr als ein Komplex bestimmter, überkommener und somit vorgegebener Verhaltensmuster dar. Es ist jetzt vielmehr als eine Beschreibung der Aufgaben zu verstehen, die die Rechtsgemeinschaft in der Organisation des Zusammenwirkens aller Bürger im gemeinsamen Handeln zu verwirklichen sucht. Und dieser Wandel ist dabei nicht nur etwas, was sich in den Köpfen der Menschen abgespielt hat; er hat vielmehr auch zu institutionellen Veränderungen geführt *und* er bestimmt daher das Verständnis (die Interpretation) unserer Institutionen. Unsere staatliche Ordnung und unsere staatlichen Organisationen sind nach diesem Wandel nicht mehr – gewissermaßen ontologisch – als Ausprägungen einer vorgegebenen (heiligen!) Ordnung zu verstehen; sie *sind* nicht richtig und sie nehmen nicht in Anspruch, richtig zu sein. Sie stellen sich jetzt vielmehr als (Hilfs-)Mittel dar, die es uns ermöglichen, den Weg zum Richtigen (zum richtigen Leben) zu suchen, uns darüber auseinanderzusetzen und zu verständigen – sie sind daher veränderungsfähig, vorläufig [131]. Keiner der Beteiligten kann danach für sich in Anspruch nehmen, das Richtige bereits zu besitzen und allein im Recht zu sein – sei es nun ein Privatmann oder ein Amtsträger oder sei es ein „Organ", eine Institution. Ja, auch unsere Verfassung beschreibt nicht etwa einen Fundus des bereits erreichten Richtigen, den es jetzt noch durch weitere Bemühungen anzureichern gilt. Sie grenzt vielmehr *nur* Handlungsbereiche ab, garantiert Handlungsvoraussetzungen und eröffnet dadurch Handlungsmöglichkeiten. Und sie gewährt durch die Regelung von Zuständigkeiten die Möglichkeit von Auseinandersetzung und Zusammenarbeit in Richtung auf die gemeinsame Erarbeitung der aufgegebenen richtigen Ordnung. Auch unsere Verfassung *ist* noch nicht „richtig", sondern *nur* Hilfsmittel auf dem Weg zum Richtigen – und zwar ein Mittel, das je nach dem Stande unserer Erkenntnis verbessert werden kann und muß (wenngleich es sich empfehlen mag, Verfassungen seltener zu verbessern als andere Gesetze). Denn als „aufgegebene Ordnung" ist die Gerechtigkeit – das Richtige – ein Ziel, das der einzelne nicht von sich aus erreichen kann, sondern – wenn überhaupt – nur im Zusammenwirken aller Bürger. – Bei diesen Aussagen ist allerdings zu beachten, daß auch sie nur analytischen Charakter haben, also „Möglichkeiten" beschreiben (Rz 254).

293

Diese Beschreibung der Erkenntnis von Werten weist ersichtlich eine weitgehende Ähnlichkeit mit der Beschreibung von Erkenntnis auf, die wir bei der Beschäftigung

294

---

130 Rechtsphilosophie, S. 93, 190, 338 ff.; dazu die Beiträge von *Heyen, Ryffel und Pawlowski* in: E.V. Heyen (Hrsg.), Vom normativen Wandel des Politischen. 1984, S. 43 ff., 183 ff., 87 ff. oder I. *Mittenzwei*, Teleologisches Rechtsverständnis. 1988, S. 199 ff.
131 Dazu *Pawlowski*, Ryffel-F., S. 87 ff., 92 ff.

mit den neueren wissenschaftstheoretischen Konzepten kennengelernt haben – also bei der Beschäftigung mit dem Problem der theoretischen Erkenntnis. Auch nach diesen Konzepten ist Erkenntnis das Ergebnis einer Übereinstimmung (Bestätigung) von Theorie (d.h. von theoretischen Annahmen oder Voraussetzungen) und Feststellungen, wobei die absolute, unbedingte Wahrheit dieser Erkenntnisse problematisch bleibt: Weil nicht ausgeschlossen werden kann, daß die heutige Erkenntnis durch spätere Feststellungen falsifiziert wird. Sicher – beweisbar – ist nur die Erkenntnis, daß etwas falsch ist. Danach kann also der Erkennende auch bei der theoretischen Erkenntnis nicht davon ausgehen, daß er im Besitz der *absoluten* Wahrheit ist, daß er über die Wahrheit verfügen kann, während andere von ihr ausgeschlossen sind. Jeder Widerspruch kann nur durch argumentative, methodisch „richtige" Widerlegung überwunden werden – nicht aber durch Berufung auf die bereits erkannte *verfügbare* Wahrheit. „Theoretische Erkenntnisse" und „Werterkenntnisse" stellen sich damit gleichermaßen als Schritte auf dem Wege der Annäherungen an die Wahrheit dar[132]. Die Wahrheit ist und bleibt das Ziel der Erkenntnis.

295 Wenn der Erkennende aber mit seiner Erkenntnis *die* ganze bzw. die absolute Wahrheit zu haben meint, so verfehlt er gerade damit das Ziel seiner Erkenntnis: die Wahrheit. Erkenntnis als Annäherung an die Wahrheit kann man also nur erlangen – eine derartige Erkenntnis ist nur möglich –, wenn der Erkennende eine bestimmte Haltung einnimmt, eine Haltung, die immer sein Verhältnis zu anderen und sein Verhalten gegenüber anderen betrifft: Man kann nur dann *wahre* Erkenntnis erlangen, wenn man von vornherein darauf verzichtet, *seine* Erkenntnis zu verabsolutieren; wenn man also immer wieder bereit ist, auf Einwände und Widersprüche anderer einzugehen und sie nicht nur durch Berufung auf die einmal erkannte Wahrheit abweist. **Die Wahrheit** von theoretischen Erkenntnissen und von Werterkenntnissen **hat** danach also zunächst **eine** subjektive **(persönliche) Voraussetzung,** die die Person des Erkennenden betrifft. Nur wenn diese persönliche Voraussetzung gegeben ist – nämlich der Verzicht auf die Verabsolutierung von Erkenntnissen – ist wahre (theoretische oder Wert-)Erkenntnis möglich; erst wenn diese persönliche Voraussetzung gegeben ist, stellt sich das weitere Problem der Wahrheit der Inhalte der Erkenntnis[133].

Wahrheit von Erkenntnis ist danach also weder allein das Problem „richtiger Inhalte" (wahrer Sätze) noch allein das Problem „richtiger Haltungen" (natürlicher, absolut geltender Gesetze). Denn wahre Sätze wie der „sie bewegt sich doch" das *G. Galilei* – können als absolute Wahrheiten gerade die Wahrheit verfehlen: zum **Beispiel** als Beweis (Basis) für ein heliozentrisches Weltbild. Und daß „richtige Haltungen" allein nicht die Wahrheit verbürgen, ist evident: Der „beste Wille" hilft nichts, wenn man die tatsächlichen Verhältnisse falsch beurteilt. **Zur Wahrheit von Erkenntnissen gehört** beides: **Die richtige Haltung des Erkennenden und der richtige Inhalt der Erkenntnis.**

296 Diesem Konzept der Werterkenntnis entsprechen nun augenscheinlich wiederum grundlegende Strukturen unseres Gemeinwesens: So erweist sich zum **Beispiel** das

---

132 Auch *K. Hübner*, Kritik, S. 273 ff., der sich in Anschluß an *T.S. Kuhn* (Rz 60) gegen die Vorstellung der „Annäherung an die Wahrheit" wendet, hebt dennoch die „Gleichartigkeit" von „naturwissenschaftlichen" und „geschichtswissenschaftlichen" Erkenntnissen hervor; vgl. Kritik, S. 322 ff.
133 Dazu eingehend *J. Simon*, Wahrheit, S. 366 ff. und auch S. 244 ff., 279 ff., 304 ff., 316; vgl. auch *R. Bubner*, Geschichtsprognose und Handlungsnormen. 1984, S. 190 ff.

Parlament dadurch als *Organ der Rechtssetzung* (als Gesetzgeber, also als Instanz, die das bestehende Recht durch besseres Recht ersetzt)[134], *weil* es eine Diskussion über die *richtige* Gesetzgebung ermöglicht. Denn wenn eine Parlamentsmehrheit ihre Ziele nur mit Hilfe der Abstimmung durchsetzen würde, ohne zu versuchen, ihre Gesetzesvorschläge zur Diskussion zu stellen und sie als „richtig" auszuweisen – nämlich als Verbesserung des vorhandenen Rechts –, so würde sie damit den Parlamentarismus selbst aufheben. So wie also das gleichberechtigte Nebeneinander verschiedener „Parteien" etc. in dem Nebeneinander unbeweisbarer Werte abgebildet wird (Rz 286), so erfordert die angemessene Beschreibung von Rechtssetzung oder Gesetzgebung die Annahme der – möglichen – einsehbaren „Richtigkeit" der Gesetzgebungsvorschläge bzw. der Gesetzgebungsentscheidungen: Weil sich die Gesetzgebung ohne diese Annahme gegenüber der Minderheit *nur* als ein Akt der Herrschaft darstelle würde – nämlich als Ausübung von Macht. Macht hat aber die Mehrheit auch, ohne „Recht" zu haben; Recht kann man ihr neben der Macht nur dann zusprechen, wenn sie versucht, auch den Einwänden der Minderheit gerecht zu werden, sie zu widerlegen etc., um so zum gemeinsam Richtigen zu gelangen.

Ein – vermeintlicher – Realist könnte einwenden, daß man damit nur die Wirklichkeit **297** idealistisch zu verklären suche. Und so meinen auch viele, im Bereich von Politik und Gesetzgebung täglich immer wieder feststellen zu können, daß die Entscheidungen nur auf der Ausnutzung von Macht beruhen (zum **Beispiel** der Stimmenzahl); man weist darauf hin, daß sie auch durchweg nur den Interessen der jeweiligen Mehrheit entsprechen und die Interessen der Minderheit nur soweit berücksichtigen, als es erforderlich ist, um Unruhen zu vermeiden etc. Es scheint daher nur der ideologischen (idealistischen) Propaganda oder Verschleierung zu dienen, wenn man diese Entscheidungen auch noch als „richtig" zu qualifizieren sucht. Demgegenüber stellt sich dann der Wertrelativismus als ehrlicher dar, wenn er deutlich macht, daß sich eben diese Mehrheit (das Mehrheitsbekenntnis) gegenüber der Minderheit nur auf die Mehrheit (und d.h. auf die Macht) berufen kann – und nicht auf die „Richtigkeit" der Mehrheitsmeinung. Und der durchschlagende Erfolg des Wertrelativismus beruht nicht zuletzt auf der Erfahrung, daß man in der Politik und im Gesetzgebungsverfahren mit Hilfe von rationalen Argumenten und Beweisen eben meist keine Einigung erzielt – so daß die erforderliche Gemeinsamkeit des Verhaltens letztlich nur mit Hilfe der Inanspruchnahme von Macht (zum Beispiel der Stimmenmehrheit) hergestellt wird. Und gerade diese *allgemeine* Erfahrung stützt immer wieder den juristischen Positivismus (Rz 120 ff., 177 ff.).

Bei derartigen Argumentationen gehen aber verschiedene Aspekte durcheinander: Es **298** ist natürlich unbestreitbar, daß im politischen und rechtlichen Prozeß auch Macht angewandt wird und angewandt werden muß. Man kann soziale Ordnung nach unserer Erfahrung nicht allein durch die Verbreitung von Erkenntnis und Einsichten gewährleisten. Und das einmal wohl auch deshalb, weil wir uns selbst nicht immer nach unseren Einsichten und Erkenntnissen richten. **Es erscheint daher als zweckmäßig, die Einsicht durch Sanktionen zu fördern.**

---

134 Dazu *Pawlowski*, Moral, 11 ff. sowie *ders.* DÖV 1976, S. 505 ff.

Die „Schlechtigkeit" des Menschen oder der Verhältnisse ist aber nicht der einzige und auch nicht der entscheidende Grund, der die Verbindung von Recht und Macht notwendig macht. Denn auch wenn wir einmal unterstellen, daß sich alle Rechtsgenossen immer nach ihrer Einsicht verhalten, so ist damit noch nicht gewährleistet oder auch nur wahrscheinlich, daß man in der relativ **kurzen Zeit,** in der politische und gesetzgeberische (und auch richterliche) Entscheidungen gefällt werden müssen, die *richtige* Entscheidung – also den möglicherweise *richtigen* Gesetzesvorschlag[135] – so aus den vorhandenen Erkenntnissen und Verhältnissen ableiten kann, daß aufgrund dieser gemeinsamen Erkenntnis eine Einigung zustandekommt. Diese **Einigung** muß dann **durch die Abstimmung ersetzt** werden – weil wir nicht abwarten können, bis sich die *richtige* Erkenntnis allgemein verbreitet hat. Dieser **Einigungsmangel ist aber nur ein Anzeichen dafür, daß das anstehende Problem noch nicht völlig geklärt ist** – daß es also noch nicht völlig gelöst ist.

298a   Wir kennen i.ü. ähnliche Situationen auch aus dem Bereich der Technik, in der uns die theoretischen Erkenntnisse auch nicht immer zu dem Zeitpunkt zur Verfügung stehen, in dem wir sie „brauchen". Aus der Tatsache, daß zu einem bestimmten Zeitpunkt eine gemeinsame Rechtserkenntnis nicht erreicht wird, folgt aber nicht, daß es diese „Erkenntnis" nicht „gibt" – daß sie nicht möglich ist[136]. Wir kennen vielmehr eine Vielzahl von Fällen, in denen zunächst strittige Gesetze später allgemein als richtig erkannt und anerkannt werden[137] – wie sich auch die Einsicht in die Richtigkeit einer Anzahl theoretischer Erkenntnisse nicht immer sofort durchsetzt.

299   Nun leuchtet es ein, daß man nicht auf mögliche künftige Erkenntnisse Bezug nehmen kann, wenn man den heutigen Zustand darstellen und Prognosen für eine wahrscheinliche Entwicklung aufstellen will. Denn man hat diese künftigen Erkenntnisse nicht – hätte man sie, dann wären sie gegenwärtige Erkenntnisse. Die Annahmen des Wertrelativismus tragen daher zu Recht die begrifflichen Hilfsmittel, die der Reproduktion und Darstellung der *heutigen* Verhältnisse dienen sollen, in denen es die künftigen Erkenntnisse noch nicht „gibt". Geht es dagegen um die richtige, gestaltende (Fort-)Entwicklung der Verhältnisse, dann stellt sich die Beschränkung auf die vorhandenen Erkenntnisse nicht mehr als legitim dar. **Man muß** jetzt vielmehr **die Möglichkeit künftiger neuer – besserer – Erkenntnisse einbeziehen, wenn man realistisch entscheiden will**: Denn was sollte heute die Möglichkeit künftiger neuer Erkenntnisse ausschließen oder auch nur unwahrscheinlich machen? Wer in diesem Zusammenhang darauf verzichtet, nach dem „gemeinsamen Richtigen" zu suchen, weil es dieses noch nicht *geben wird* – und nur das würde das Suchen danach als überflüssig erscheinen lassen –, ist also kein Realist, sondern jemand, der sich – vergeblich – vor dem Neuen verschließt, der keine Entwicklung mehr will.

---

135 Oder die – möglicherweise – „richtige" Widerlegung eines Gesetzesvorschlag der Minderheit.

136 Dazu schon *Pawlowski* ZfA 1974, S. 405 ff., 434 f. sowie *ders.* DÖV 1976, S. 505 ff.

137 So haben sich die in der Konferenz europäischer Kirchen (KEK) vereinigten evangelischen Kirchen lutherischer, reformierter (calvinistischer) und sonstiger Herkunft in der Leuenberger Konkordie u.a. auf eine gemeinsame Darstellung der Lehre vom Abendmahl geeinigt. Und man hört auch von evangelischen und katholischen Theologen, daß sich auch diese heute auf eine gemeinsame Darstellung der Lehre vom Abendmahl bzw. von der „Messe" einigen können – infolge von theologischen Erkenntnissen, die man im 16. und 17. Jahrhundert wohl gebraucht hätte, die aber damals – noch – nicht gemacht wurden. „Möglich" waren sie damals wie heute.

c) Zur Funktion des Wertbegriffs

Damit wird aber deutlich, daß dem Wertbegriff nur eine begrenzte Funktion zu- **300**
kommt. Er erweist sich in seiner Vermittlung von Notwendigkeit und Willkür (Zeitbedingtheit) als angemessenes Mittel, die vorhandenen Strukturen unseres Gemeinwesens zu erfassen und *darzustellen* – also dessen, was bereits geworden ist, was sich
bei uns entwickelt hat. Man kann mit seiner Hilfe die Kräfte oder Mächte, die unsere
Institution und Organisation tragen, zusammenfassend darstellen. Geht es aber um
die künftige Entwicklung, d.h. um die Frage, wie man sich in diesem so beschriebenen Rahmen entscheiden *soll* – und zwar „allgemein verbindlich" (und deshalb „richtig") –, dann verbietet die in ihm enthaltene Komponente der Willkür den Rückgriff
auf vorhandene Werte (Bekenntnisse). Deren Kenntnis mag zwar dazu verhelfen, die
„wahrscheinliche Entwicklung" zu prognostizieren (dazu Rz 306 f.). Dies kann aber
gerade dem nicht helfen, der fragt, was *er* zu der *richtigen* Entwicklung beitragen soll
– d.h. zu der Entwicklung, die ohne seine Entscheidung (ohne seinen Eingriff) nicht
eintreten würde (Rz 365 ff.). **Der Wertbegriff** hat also eine angebbare Funktion im
Rahmen der empirischen Sozialwissenschaften, nicht aber im Zusammenhang der
rechtswissenschaftlichen (juristischen) Überlegungen und Methoden; er **dient der
Reproduktion und Darstellung des Vorhandenen, nicht der Lösung von
Entscheidungsproblemen**[138].

Wir können daher bei unserer Frage nach der *richtigen* Vorstellung oder dem *richti-* **301**
gen Begriff von Recht (Rz 243 f.) nicht auf den Wertbegriff zurückgreifen. Denn man
kann mit seiner Hilfe zwar nachweisen, daß das Recht durch die (Wert-)Bekenntnisse
beeinflußt wird – oder von einem anderen Aspekt her gesehen: durch die Einstellungen der Rechtsgenossen. Und man kann mit seiner Hilfe auch deutlich machen, daß
die Erkenntnis des Rechts an bestimmte persönliche Voraussetzungen gebunden ist –
nämlich an den Verzicht auf die Verabsolutierung der eigenen Erkenntnis (Rz 295).
Und diesen *persönlichen* Voraussetzungen der Rechtserkenntnis trägt unsere Rechtsgemeinschaft organisatorisch dadurch Rechnung, daß sie bestimmte *Verfahren der
Rechtserkenntnis* organisiert hat – Gesetzgebungs-, Gerichts-, Verwaltungsverfahren
usf. –, die gewährleisten sollen, daß diese persönlichen Voraussetzungen die Rechtserkenntnis auch *wirklich* bestimmen.

Damit bleibt aber die Frage weiterhin offen, wieweit die Einstellungen oder Bekennt- **301a**
nisse der Rechtsgenossen in diesen Verfahren aber nun tatsächlich das Recht bestimmen und *bestimmen sollen*. Sie ist nach dem Zusammenhang der bisherigen Überlegungen, nach denen sich das „gemeinsam Richtige" als der wahre Inhalt der Rechtserkenntnis darstellt (Rz 292 ff.), auch teilweise der künftigen Erkenntnis der Beteiligten (der Rechtsgenossen) überlassen. Diese Erkenntnis wird zwar beeinflußt werden
durch deren vorhandenen Einstellungen (Bekenntnisse, Wertungen); sie kann aber als
das „gemeinsame Richtige" nicht von einem einzelnen aus den vorhandenen Einstellungen abgeleitet werden. Und sie steht vor allem als künftige Erkenntnis *heute* noch
nicht zur Verfügung. Soweit sie als Erkenntnis des „gemeinsamen Richtigen" bereits
vorhanden ist, ist sie das allgemein anerkannte Recht, das zum **Beispiel** in *den* gesetz-

---

138 Dazu *Pawlowski* JuS 1976, S. 351 ff. sowie *ders.*, Duden-F., S. 349 ff.

lichen Vorschriften enthalten ist, die alle als richtig anerkennen und über deren Inhalt (über deren Auslegung) es keine unterschiedlichen Theorien gibt. Von diesem „Recht" können wir aber nur sagen, daß es unproblematisch ist, solange es allgemein für richtig gehalten wird. Im Streitfall, d.h. dann, wenn es nicht mehr von allen für richtig gehalten wird, kann man aus ihm allein wieder nichts ableiten oder beweisen.

302 Und damit bleibt auch der *richtige* Inhalt des Recht[139] weiterhin problematisch. Auch die neueren rechtsphilosophischen Bemühungen haben uns somit zwar – ebenso wie die formalen Bestimmungen des Rechts durch *Kant* oder *Stammler* – wertvolle Einsichten über die Struktur des Rechts vermittelt. Die eigentümliche Verbindung von Notwendigkeit und Positivität (Willkür oder Zeitbedingtheit) ergibt sich nicht mehr wie nach den Annahmen des Wertrelativismus aus dem Bekenntnischarakter der Werturteile (der Wertungen) oder aus deren Verwurzelung in der irrationalen Seite der Menschen, in deren Empfindungen, Trieben etc. Sie stellt sich vielmehr (auch)[140] als Folge des Fortschritts der Rechtserkenntnis dar[141] – und damit als Gegenstand einer eigenen Wissenschaft, nämlich der Rechtswissenschaft. Diese wird und muß wie andere Wissenschaften auch ihren Gegenstand nach dem jeweiligen Stand ihrer (Rechts-)Erkenntnis bestimmen. Wir wollen jetzt noch sehen, inwieweit sie sich dabei auf Erkenntnisse der Rechtssoziologie stützen kann – so zum **Beispiel** auf deren Bestimmung des Rechtsbegriffs.

§ 10   Recht und Rechtssoziologie

1. Der Rechtsbegriff der funktionalen Systemtheorie: N. Luhmann

303 Für den Juristen sind hier die rechtssoziologischen Ausführungen *Niklas Luhmanns*[1] von besonderem Interesse[2]. Denn dessen systemtheoretischer Ansatz scheint dem ebenfalls an „Systemen" interessierten Juristen am ehesten Ergebnisse zu verspre-

---

139 Und zwar auch der „richtige Inhalt" des Verfahrensrechts – was zur Vermeidung von Mißverständnissen festgehalten werden soll.

140 Die Bedingtheit der Rechtserkenntnis auch durch die irrationale Seite des Menschen braucht und soll nicht geleugnet werden; zu dem Verhältnis von „Vernunft" und „Wertung" schon *Pawlowski*, Rechtswissenschaft, § 5, S. 340 ff.

141 Und damit in gewisser Weise als Folge menschlicher Irrtümer, die aber nur z.T. der nicht-rationalen Seite des Menschen zuzurechnen sind.

1 Rechtssoziologie. 1972, 2. Aufl. 1983; dazu auch *N. Luhmann*, Zweckbegriff und Systemrationalität. 1968 (hier zitiert nach der Suhrkamp-Taschenbuchausgabe, 1972) und daneben die Diskussion *Habermas/Luhmann*, Theorie der Gesellschaft oder Sozialtechnologie? – Was bringt die Systemforschung? 1971. – Eine gute Zusammenfassung der Lehren *Luhmanns* bietet *F. Scholz*, Freiheit als Indifferenz. 1982.

2 Vgl. zur Rechtssoziologie i.ü. die Abhandlungen in Hoffman-Riem/Mollnau/Rottleuthner (Hrsg.), Rechtssoziologie in der Deutschen Demokratischen Republik und in der Bundesrepublik Deutschland. 1990 oder die Darstellung von *K.D. Opp*, Soziologie im Recht. 1973; *Th. Raiser*, Einführung in die Rechtssoziologie. 2. Aufl. 1973; *M. Rehbinder*, Rechtssoziologie. 1977; *Kl. Röhl*, Rechtssoziologie. Ein Lehrbuch. 1987; *Hans Ryffel*, Rechtssoziologie, Eine systematische Orientierung. 1974 und noch immer G. Winkelmann (Hrsg.), Max *Weber*, Rechtssoziologie. 3. Aufl. 1973.

chen, auf die er bei seinen eigenen Überlegungen zurückgreifen kann. Da der Systembegriff im übrigen für die Rechtswissenschaft von besonderer Bedeutung ist, sollen im Folgenden zunächst einige Grundbegriffe der funktionalen Systemtheorie dargestellt werden, an der sich *Luhmann* zunächst orientiert hat, um damit den Umgang mit den unterschiedlichen Vorstellungen von „System" zu erleichtern.

Dabei geht es allerdings nicht darum, den letzten Stand oder gar die gesamte Ent- **304** wicklung der Lehren *N. Luhmanns*[3] darzustellen, dessen späteren Darstellungen der Systemtheorie sich nach der Übernahme der Theorie der „autopoietischen Systeme"[4] (dazu Rz 64 ff. und noch Rz 339 ff.) zum Teil von seinen früheren Analysen unterscheiden. Und es geht auch nicht um eine Auseinandersetzung mit dem „wissenschaftstheoretischen Ansatz" *Luhmanns*[5], der seinen Analysen schließlich den Status einer „posttranszendentalen, naturalen" Erkenntnistheorie zuschrieb – wonach sich dann die Systemtheorie nicht (nur) als analytisches Mittel der Erkenntnis (als „begriffliches Arbeitsmittel") darstellt, sondern als „Beschreibung der Realität". Soweit die Systemtheorie nämlich beansprucht, gewissermaßen an die Stelle der Philosophie (des Bewußtseins) zu treten[6], tritt ihr gegenüber die beschränkte (Rz 25 ff.) Autonomie der Rechtswissenschaft in ihr Recht – die *Luhmann*[7] selbst anerkannt hat (Rz 66), wenn er die Rechtswissenschaft darauf verwies, der Systemtheorie die gedanklichen Hilfsmittel zu entnehmen, die sich für ihre besonderen Aufgaben als geeignet erweisen. Die folgende Darstellung versucht daher nicht der inneren Einheit der *Luhmannschen* Theorie gerecht zu werden, sondern bezieht sich je nach Bedarf auf verschiedene Entwicklungsstufen dieser Theorie.

a) „Ontologische" und „funktionale" Systemtheorie

Zunächst ist auf die grundlegenden Unterschiede aufmerksam zu machen, die zwi- **305** schen dem neueren – funktionalen – Systembegriff und dem älteren ontologischen Systembegriff bestehen[8], der noch weithin unser Verständnis bestimmt. Unter **System** verstand man (und versteht man in vielen Zusammenhängen auch heute noch) einen **Zusammenhang eines Ganzen mit seinen Teilen**, und zwar einen geordneten Zusammenhang. Das Ganze ist dabei mehr (oder etwas anderes) als die Summe seiner Teile. Man spricht daher auch vom **Übersummenprinzip.**

---

3 Vgl. zur letzten Entwicklung *N. Luhmann*, Soziale Systeme, Grundriß einer allgemeinen Theorie. 1984 sowie *ders.*, Die soziologische Beobachtung des Rechts. 1986 und Das Recht der Gesellschaft. 1993.

4 Die gewissermaßen die „ontologischen" und „funktionalen" Systemtheorien (dazu gleich Rz 305 ff.) in sich vereinigt, die *Luhmann* zunächst als unvereinbar einander gegenübergestellt hatte.

5 *N. Luhmann*, Soziale Systeme, S. 30, 246, 647 ff.; *Luhmann* hat damit in gewisser Weise für seine Darstellung den gleichen Status beansprucht, den *Schelling* für seine „positive Philosophie" (Rz 264) in Anspruch nahm – nämlich nicht nur „negative" (analytische) Möglichkeitsaussagen zu bieten, sondern positive Existenzaussagen. Er hat auch darauf hingewiesen, daß das Verhältnis seiner Darstellung zu den Lehren *Fichtes* und *Schellings* noch aufzuarbeiten sei; Soziale Systeme, S. 60.

6 Von der *Luhmann*, Soziale Systeme, S. 649, sagte, daß ihr Ansatz „nicht zu überbieten sei", aber seine Plausibilität verloren habe.

7 Indem er darauf hinweist, daß die Systemtheorie keinen Anspruch auf Notwendigkeit erhebe; vgl. Soziale Systeme, S. 34 oder *ders.*, soziologische Beobachtung (Fn. 3), S. 19.

8 Zum Folgenden *N. Luhmann*, Zweckbegriff, S. 55 ff.

So besteht zum **Beispiel** das Rechtssystem *nicht* einfach in der *Summe* der vorhandenen Rechtsnormen. Diese sind vielmehr „Teile" des „Rechtssystems" (nur) insoweit, als sie sich in einen stufenweisen Ableitungszusammenhang von allgemeinen und besonderen Normen oder von Ober- und Unterbegriffen einordnen und so – über die Summe der Gesetze hinaus – eine einheitliche (widerspruchsfreie) Rechtsordnung bilden (Rz 150 f.). Das „Ganze", das ein „Mehr" gegenüber der Summe seiner Teile darstellt, entsteht dabei dadurch, daß die Teile einen über sie hinausgehenden „Zweck" erfüllen: Sie weisen zu bestimmten Verhaltensweisen an, die untereinander vereinbar sind, *und* bilden so die Einheit des Rechts etc.

306   Die so bestimmten Begriffe des Ganzen und seiner Teile beziehen sich nun auf „vorhandene Gegebenheiten"; sie bezeichnen „Seiendes" – schon Vorhandenes. Daher kann man mit ihrer Hilfe Änderungen (also „Zukünftiges") nicht direkt abbilden. Will man dies dennoch, so muß man die Änderungen in die Gegenwart projizieren – was dann die Dialektik (das Hin und Her) von „Sein" und „Werden" begründet, bzw. vom Recht her gesehen: die Dialektik von Kausalität und Finalität. Hier kann man mit der Beschreibung des Vorhandenen einmal ohne besondere theoretische (wenn auch vielfach mit faktischen) Schwierigkeiten die *notwendigen* Änderungen erfassen – also die Änderungen, die sich aus dem Vorhandenen aufgrund des *Kausalablaufs* mit Notwendigkeit ergeben. Will man aber heute auch bereits die *nicht notwendigen* Änderungen erfassen – also Änderungen, die auf freien menschlichen Handlungen beruhen –, so bedarf es daneben einer besonderen Kategorie, die auch diese Änderungen in das „heute" projiziert. Hier greift man i.a. auf den Begriff der Finalität oder der Teleologie (Zweckgerichtetheit) zurück, die man dem menschlichen Verhalten zuschreibt. Im Zusammenhang der Beschreibung des „Rechtssystems" fällt damit die Aufgabe, die aufgrund menschlicher Handlungen zu erwartenden Änderungen in die Gegenwart zu projizieren, dem „Wertbegriff" zu, dessen Aufgabe es ja gerade ist, die besondere (nämlich normative) Notwendigkeit „freier" menschlicher Handlungen auszudrücken (Rz 278). Man meint daher, mit Hilfe der Beschreibung der – objektiv vorhandenen – Werte oder (Be-)Wertungen auch schon heute die künftigen „freien" Handlungen erfassen zu können, weil diese Handlungen durch die Werte bestimmt und insofern „notwendig" sein werden.

307   *Luhmann*[9] hat nun herausgearbeitet, daß man mit dieser Beschreibung die soziale Wirklichkeit nur dann angemessen erfassen kann, wenn man unter Werten einen Zusammenhang „objektiv richtiger Zwecke" versteht – wenn man also von einer „objektiv vorhandenen" (absoluten) Wertordnung ausgeht. Denn nur dann kann man die Werte als – richtige – Zwecke *aller* einzelnen verstehen und beschreiben. Und nur dann kann man also das „zukünftige Handeln" *aller* einzelnen durch den Rückgriff auf die „richtige" Teleologie oder Finalität des (freien) Handelns in die Gegenwart projizieren. Gibt man diese Voraussetzung auf – wozu wir seit *R. Descartes* und *I. Kant* neigen (Rz 245 ff.) –, so kann man mit Hilfe der Teleologie oder Finalität des Verhaltens zwar noch die Probleme und Fragen angemessen thematisieren, die sich bei den Handlungen eines einzelnen ergeben, nicht aber die Probleme der staatlichen oder gesellschaftlichen Handlungssysteme.

9 Zweckbegriff, S. 18 ff., 37 ff. und öfter.

Denn vom einzelnen aus gesehen bleibt es weiterhin möglich, Zukünftiges vermittels der ihn leitenden Zwecke in die Gegenwart zu projizieren. Denn der einzelne kann und wird sein Handeln weiterhin nach seinen Zwecken „auslegen" (interpretieren); er wird bei seinen Plänen davon ausgehen, daß er sich in Zukunft ebenso wie heute an denselben Leitbildern etc. orientieren wird – zum **Beispiel** daß es auch morgen für ihn richtig sein wird, nicht zu stehlen oder nicht abzutreiben.

Für die Soziologie (und auch für die Rechtswissenschaft) reicht dieser Rekurs auf die Zwecke des einzelnen aber nicht mehr aus. Denn deren „Richtigkeit" kann heute nicht mehr „objektiv", sondern nur noch „subjektiv" beschrieben werden: unter Hinweis auf ein bestimmtes Bekenntnis und daher nicht allgemein verbindlich (Rz 278). Die Fragen, die vom einzelnen gesehen mit den Begriffen Zweck und Wert angesprochen werden, sind daher in Hinblick auf „die Gesellschaft" oder auf „die Rechtsgemeinschaft" mit Hilfe anderer Begriffe zu thematisieren[10]. Denn die einführenden Überlegungen zum Verhältnis von Recht und Moral (Rz 10 ff.) sowie die Diskussion der Konsequenzen des Wertrelativismus oder -pluralismus (Rz 278 ff.) haben bereits deutlich gemacht, daß man im Hinblick auf *unsere* Gesellschaft bzw. Rechtsgemeinschaft nicht davon ausgehen kann, daß sie ebenso wie eine Einzelperson mit ihren Entscheidungen und Handlungen (nur) bestimmte untereinander verträgliche Zwecke (oder) verfolgt – bzw. nur *einen* Plan: Weil unser Staat Glaubens- und Gewissensfreiheit garantiert und daher soweit wie möglich zu gewährleisten sucht, daß seine Bürger und auch die ihn tragenden Institutionen in seinem Schutze nebeneinander gegensätzliche Ziele verfolgen.

307a

So scheidet zum **Beispiel** die Möglichkeit, die richtige Entwicklung durch den Hinweis auf „Werte" in die Gegenwart zu projizieren, aus, wenn man mit unseren früheren Überlegungen (Rz 292 ff.) davon ausgeht, daß sich die „Richtigkeit" der künftigen Entwicklung nach dem „gemeinsam Richtigen" bestimmt, das heute noch nicht voll beschrieben werden kann.

Die Analysen *Luhmanns* verdeutlichen also, daß man die auf künftigen menschlichen Handlungen beruhenden Änderungen nur dann durch die Beschreibung von Werten in die Gegenwart projizieren kann, wenn das Handeln der beteiligten Rechtsgenossen durch *eine* Wertordnung gesteuert wird (bzw. unter dem Aspekt der Wirtschaft: durch *einen* Plan), nicht aber, wenn sich die Handlungen der einzelnen an verschiedenen Werten orientieren bzw. unter dem Aspekt der Wirtschaft: an verschiedenen individuellen Plänen. Die begrifflichen Mittel, die die ältere Systemvorstellung bietet, reichen also zwar aus, die Fragen und Probleme von Gesellschaftsorganisation zu thematisieren, in denen nur eine Glaubens- oder Weltanschauung herrscht, die also insofern nach dem Bilde eines einzelnen Menschen konstruiert und analysiert werden können. Zur Darstellung und Analyse der Probleme eines pluralistisch verfaßten Gemeinwesens reichen sie dagegen nicht aus. Und das deshalb, weil man zwar die Zulässigkeit von „Handlungen" innerhalb von Glaubensgemeinschaften nach dem Vorbild der für aus der Sicht eines einzelnen zulässigen Handlungen konstruieren und darstellen kann, nicht aber die „Handlungen" eines pluralistisch verfaßten Gemeinwesens: Denn Glaubensgemeinschaften müssen wie die einzelnen „konsistent" handeln; sie sind gerade dadurch gekennzeichnet, daß sie sich an konsistenten Wertordnungen orientieren und sich zum **Beispiel** nicht einmal für und einmal gegen die Sünde (die proletarische Revolution etc.) entscheiden.

308

---

10 Gegen die Übertragung der Entscheidungsprinzipien des Einzelnen auf die Verfassung der Gesellschaft auch *Kenneth Arrow*, Social Choice and individual Values. 1951, S. 2 oder *J. Rawls*, Gerechtigkeit, S. 45 ff., 214 f. in seiner Kritik des Utilitarismus.

308a Pluralistische Organisationen verzichten demgegenüber gerade darauf, die einzelnen über einen bestimmten engen Rahmen hinaus auf gemeinsame Verhaltensweisen und Bekenntnisse festzulegen (Rz 15 ff., 24, 286) – so daß sich die Handlungen in ihrem Zusammenhang nicht mehr nach dem Bild der Handlungen eines einzelnen darstellen und analysieren lassen: Ein pluralistisch verfaßtes Gemeinwesen kann vielmehr – anders als der einzelne – sein künftiges Verhalten nebeneinander von widersprüchlichen „Wertungen" (Zwecksetzungen) bestimmen lassen[11], so zum Beispiel – abwechselnd oder in Koalition – von „individualistisch" *und* „kollektivistisch" orientierten Parteien. Dies wird nämlich dadurch möglich, daß es die Auswirkungen dieser Zweckverfolgung in gewisser Weise „neutralisiert" – nämlich dadurch, daß es für die Verfolgung verschiedener Zwecke verschiedene Institutionen (Subsysteme) einrichtet usf. Die Probleme, die sich bei dieser Organisation ergeben, lassen sich daher nicht mehr mit Begriffen thematisieren, die im Hinblick auf das Handeln eines einzelnen Menschen konzipiert worden sind, der konsequent seine Pläne und Zwecke verfolgt.

309 *Luhmann* hat daher den älteren Systembegriff aufgegeben und sich an einem neueren Begriff von „System"[12] orientiert. Der Begriff „System" bezeichnet in seinen Darstellungen nicht den Zusammenhang eines Ganzen mit seinen Teilen – *Luhmann* bezeichnete als System also nicht vorhandene Wesenheiten oder „Entitäten". Der Ausdruck „**System**" bezeichnet im Zusammenhang seiner Theorie vielmehr einen Funktions- bzw. Strukturzusammenhang[13] von Mechanismen, und zwar einen Zusammenhang, dessen Einheit **durch die Grenze zwischen Innen und Außen konstituiert** wird.

System ist danach zum **Beispiel** ein sich auf Dauer konstituierender Zusammenhang von Handlungen, die durch ihren „Sinne" aufeinander bezogen sind, der Informationen von außen empfängt und dann von ihm selbst verarbeitete Informationen (Entscheidungen) nach außen abgibt – wobei er sich selbst als Handlungszusammenhang aufrechtzuerhalten (zu stabilisieren) sucht. Dieser **Grundsatz der Bestandserhaltung** kennzeichnet alle Systemtheorien. Man muß also den **funktionalen Systembegriff** *Luhmanns* zunächst einmal von dem älteren „ontologischen Systembegriff" unterscheiden[14].

310 **Dabei unterscheidet sich** das „Innere" des Systems dadurch vom „Äußeren" – also von der „Welt" oder „Umwelt" –, daß es eine größere Ordnung aufweist, bzw. anders ausgedrückt, daß in ihm weniger Ereignisse auftreten können, als sie im „Äußeren" zu finden sind. **Das Innere des Systems weist weniger Komplexität auf**[15] **als die Umwelt.** Dies wird u.a. dadurch bewirkt, daß das System die „objektive Situation" durch eine „subjektive" ersetzt – es richtet sein Handeln nicht an der Wirklichkeit aus, sondern an seiner Vorstellung von der Wirklichkeit[16], die durch die Art seiner Wahrnehmung und Verarbeitung der Wahrnehmung bestimmt wird. **Die (Um-)Welt enthält ihre Einheit immer durch das System.**

---

11 Dazu *N. Luhmann*, Zweckbegriff, S. 227 ff. und auch *Pawlowski* Die politische Meinung, Jahrg. 1976, S. 49 ff.

12 Dazu *N. Luhmann*, Zweckbegriff, S. 166 ff. und hier insbesondere S. 175: „Systeme müssen daher zunächst äußerst formal als *Identitäten* begriffen werden, *die sich in einer komplexen und veränderlichen Umwelt durch Stabilisierung einer Innen/Außen-Differenz erhalten*". Zur Geschichte des Systembegriffs *N. Luhmann*, Soziale Systeme, S. 20 ff.; vgl. dazu aber auch oben Fn. 4.

13 Zum Dilemma von Funktion und Struktur *N. Luhmann*, Zweckbegriff, S. 260 ff.

14 Zuletzt beschränkte *N. Luhmann* seine Darstellung weitgehend auf die Analyse selbstreferentieller, „autopoietischer" Systeme, d.h. von Systeme, die sich durch den Rückbezug auf ihre Einheit selbst reproduzieren; dazu u.a. *N. Luhmann*, Soziale Systeme, S. 58 ff., 354 ff.

15 *N. Luhmann*, Zweckbegriff, S. 176 f. sowie *ders.*, Soziale Systeme, S. 48.

16 *N. Luhmann*, Zweckbegriff, S. 182 f. sowie *ders.*, Soziale Systeme, S. 36.

Daneben ist dieser „funktionale Systembegriff" von dem **kybernetischen Systembe-** **311** **griff** abzugrenzen[17], der durch die Diskussion über die „kybernetische Jurisprudenz" (*O. Ballweg*)[18] ebenfalls Bedeutung für die Rechtstheorie erlangt hat. Die von *Luhmann* beschriebenen Systeme unterscheiden sich also nicht nur als „funktionale Systeme" grundlegend von den älteren, ontologischen Systemen, sondern ebenso als *„semantische Systeme"* grundlegend von den „syntaktischen bzw. kybernetischen Systemen"[19].

Luhmann[20] ging es vor allem um Handlungssysteme, also um Zusammenhänge „bewußtem" menschlichen Verhaltens, dessen Zusammenhang durch den „Sinn" des Verhaltens hergestellt wird – wobei man beim „Verhalten" das „Beobachten" und das „Handeln" zwar nicht trennen, aber doch unterscheiden kann (Rz 88). Die Orientierung an dem „Sinn" des Verhaltens verweist auf Bedeutung und damit auf „Semantik". Und das schließt es aus, diese Systeme mit kybernetischen Systemen gleichzusetzen – zum **Beispiel** mit Computersystemen. Denn diese Systeme können nur durch „syntaktische Folgen" gebildet werden – und d.h. letztlich: durch Zahlenfolgen. Mit ihrer Hilfe kann man daher zum **Beispiel** nur Auswahlmechanismen beschreiben, die zwischen „objektiv" (mit Hilfe allgemeiner Sätze) definierten Alternativen auswählen, nicht aber Mechanismen, die bei der Auswahl auf den durch „Bewußtsein" und „Verstehen" vermittelten „Sinn" von (freien) Handlungen abstellen[21].

Die Gesellschaft als System

Man muß dabei übrigens beachten, daß *Luhmann*[22] mit dem (Handlungs-)System **312** nicht einen Zusammenhang von handelnden Wesen etc. bezeichnete, sondern einen Zusammenhang von „Mechanismen".

Danach ist also zum **Beispiel** „die Gesellschaft" als System (oder „die Justiz" als Subsystem der Gesellschaft) nicht ein Zusammenhang von Menschen. Die Gesellschaft stellt sich bei *Luhmann* als „System" vielmehr als ein Zusammenhang von „Handlungsmechanismen" dar – also von Normen, Interpretationsmustern, Organisationsmodellen usf. –, nicht aber von Menschen. Geht es daher um die Beziehung eines Systems (zum **Beispiel** einer Organisation) zu ihren „Angehörigen" – wie um die Beziehung eines Betriebes zu den Betriebsangehörigen (zu den Arbeitern) –, dann erscheinen die Arbeiter selbst nicht als „Teile" des Betriebes; sie gehören vielmehr als „Privatpersonen" zur Umwelt des Betriebes; die Beziehung zwischen „Betrieb" und Arbeiter wären dann als Beziehungen zwischen zwei „Systemen" zu analysieren. „Gesellschaft" und „Gesellschaft als System" bedeutet also im Zusammenhang der funktionalen Systemtheorie etwas anderes als zum **Beispiel** in der Umgangssprache oder auch in der po-

---

17 *N. Luhmann*, Zweckbegriff, S. 157 ff. Diese Unterscheidung ist durch seine späteren Analysen zwar relativiert worden, nach denen sich „semantische" und „syntaktische" Systeme gewissermaßen als zwei verschiedene „Ebenen" des Systems verstehen lassen. Das schließt jedoch nicht aus, sie weiterhin aus analytischen (und Darstellungs-)Gründen zu unterscheiden.

18 Rechtswissenschaft und Jurisprudenz. 1970, S. 77 ff.

19 Dazu oben zu Fn. 18.

20 Zweckbegriff, S. 176 ff., 182 ff.; dies gilt auch für die autopoietischen Systeme; dazu *N. Luhmann*, Soziale Systeme, S. 64 ff.

21 Wir stoßen damit also wieder in einer etwas anderen Form auf die früher (oben Rz 85 ff., 92 f.) geschilderte Diskussion darüber, ob neben der „theoretischen Erkenntnis", die mit Begriffen und Sätzen arbeitet, die letztlich in Zahlenfolgen abgebildet werden können, noch eine andere Form der Erkenntnis beschrieben werden kann und muß, die mit Begriffen arbeitet, deren Inhalt durch die Beziehung auf das Bewußtsein eines – uns gleichen – „Subjekts" bestimmt wird.

22 Soziale Systeme, S. 67 ff.

litischen Diskussion – was nicht selten verkannt wird: „Er gehört zur guten Gesellschaft" verweist auf die Ausdrucksweise der „ontologischen Systemtheorie", nach der „dieser Mensch" ein „Teil" der „Gesellschaft" ist.

Der Mensch als System

313   Das Gleiche wiederholt sich übrigens bei der Beschreibung des Menschen. Auch dieser ist als solcher kein „System" sondern eher eine Einheit sehr unterschiedlicher Systeme; so kann man ihn zum **Beispiel** als „psychisches System" beschreiben (zu dem dann aber nicht der Körper oder das Gehirn gehören); man mag daneben auch seinen Körper als System beschreiben, woraus sich dann die Möglichkeit ergibt, die Beziehungen zwischen „psychischem System" und „Nervensystem" etc. zu analysieren. Im Hinblick auf die Theorie der autopoietischen Systeme hat *Luhmann*[23] darüber hinaus festgestellt, daß der Mensch nicht als „System" gedacht werden kann: „Es gibt keine Systemeinheit von mechanischen und bewußten, von chemischen und sinnhaften Operationen ... Der Mensch mag für sich selbst oder für Beobachter als *Einheit* erscheinen, *aber* er ist kein System ..., um eine andere Ebene der Systembildung, das Bewußtsein, zu Operationen zu reizen"[24]. Das Verhältnis zwischen diesen verschiedenen Systemen, die das *psychische* System in seiner Umwelt vorfindet, wird dann mit den Begriffen *basale Selbstreferenz* und *Emergenz* beschrieben[25]: „Die Umwelt ist der *Grund* des Systems, und Grund ist immer etwas *ohne Form*."[26]

314   Im Hinblick auf unsere früheren Überlegungen ist schließlich von Interesse, daß die Erkenntnisse, die mit Hilfe der Arbeitsmittel der „funktionalen Systemtheorie" gewonnen werden, in ähnlicher Weise problematisch (unsicher) bleiben wie die Erkenntnisse, die mit dem Arbeitsmittel des „kritischen Rationalismus" gewonnen werden (Rz 57 ff., 67 ff.). Denn nach der funktionalen Systemtheorie wird das „System" durch die Grenze zwischen „Innen" und „Außen" konstituiert. Daher lassen sich mit seiner Hilfe nur dann Erkenntnisse erlangen, wenn (solange) ein „Außen" vorhanden ist. Man kann also mit Hilfe der funktionalen Systemtheorie zum Beispiel nie Erkenntnisse über die Gesellschaft als Ganzes erlangen – oder, genauer gesagt: nie gültige (sichere, wahre) Erkenntnisse über das „Ganze" der Gesellschaft. Denn man kann zwar – wie *Luhmann* anmerkte – mit Hilfe der funktionalen Systemtheorie die „Gesellschaft" als Ganzes insofern thematisieren, als man ihr ein wie auch immer beschaffenes, unbestimmtes „Außen" gedanklich zuordnet. Die so gewonnenen **Erkenntnisse** bleiben also immer „relativ"; sie sind **bezogen** auf die „subjektive" Situation des Systems (**auf die Systemperspektive**), die sich nach den Annahmen der funktionalen Systemtheorie der „objektiven Welt" zwar annähern kann, die aber schon **begrifflich von der „objektiven Welt" immer zu unterscheiden ist**.

315   Die funktionale Systemtheorie ist also nach ihren begrifflichen Hilfsmitteln so konstruiert, daß mit ihrer Hilfe nur ein „offenes" Denken[27] abgebildet werden kann[28], d.h.

---

23 Soziale Systeme, S. 66 ff.
24 Hervorhebungen vom Verf.
25 *N. Luhmann*, Soziale Systeme, S. 43 f., 600 ff., 608.
26 *N. Luhmann*, Soziale Systeme, S. 602.
27 Vgl. dagegen die Kritik *A. Zielckes* ARSP 63 (1977), S. 105 ff., der meint, daß sich mit Hilfe der Systemtheorie *Luhmanns* nur die „ergebnislose" (daher sinnlose) Arbeit des Systems darstellen lasse; differenzierter jedoch dann in seinem Werk über „Die symbolische Natur des Rechts. Analyse der Rechtssoziologie N. Luhmanns." 1980.

ein Denken, das sich nicht im Besitz der „Wahrheit" weiß, wenngleich es ihm immer um Erkenntnis geht und d.h. um Richtigkeit oder Wahrheit. Sie bietet daher anders als die „ontologische Systemtheorie" auch die Möglichkeit, – heute – abgelehnte Erkenntnisse „aufzubewahren". Denn im Zusammenhang einer ontologischen Systemtheorie kann man bei der Bestimmung des Verhältnisses des „Ganzen" zu seinen „Teilen" nur zu der Feststellung kommen, daß die Teile sich zu diesem Ganzen (in Hinblick auf dessen Zweck – Rz 305 ff.) vereinigen lassen *oder nicht* vereinigen lassen. **Die funktionale Systemtheorie** stellt dagegen von vornherein auf die nicht voll vorhersagbaren Beziehungen zwischen „Innen" und „Außen" ab. Und das **hält immer die Möglichkeit offen, daß – heute – abgelehnte Erkenntnisse morgen akzeptiert werden können:** Weil die Perspektive der Zeit nur über die gesetzmäßig vorgestellten Kategorien der Kausalität und Finalität einbezogen wird (Rz 306 ff.). Was – morgen – richtig sein kann, wird daher heute nur „bedingt" abgelehnt[29].

Die Ehe als System

Man mag sich dies am **Beispiel** der „Ehe" verdeutlichen: Im Zusammenhang einer *ontologischen Systemtheorie* wäre die Ehe als „Ganzes" bestimmt durch ihren *richtigen* Zweck: der lebenslänglichen Gemeinschaft oder der gemeinsamen Kindererziehung. Von da aus kann man dann nach dem *richtigen* Verhältnis der „Teile" dieses „Ganzen" fragen, nämlich nach dem richtigen Verhältnis (Verhalten) der Ehegatten. Dabei wird man feststellen, daß alle *die* künftig möglichen Verhaltensweisen – die sich in der Gegenwart in Normen erfassen lassen (Rz 306 f.) – als „falsch" auszuscheiden sind, die zu Widersprüchen führen: Weil diese den Bestand des Systems bedrohen und daher dem Zweck des Ganzen widersprechen. Diese „störenden" Verhaltensweisen „sollen" die Ehegatten daher unterlassen. Man kann und wird von diesem Ausgangspunkt her also feststellen, daß es eine Reihe „falscher" Verhaltensweisen gibt – nämlich die, die den Bestand des Systems „Ehe" gefährden. Und man wird feststellen, daß es daneben eine Reihe von Verhaltensweisen gibt, die die Ehegatten nicht in Widerspruch zueinander setzen. Deren Beschreibung legt dann fest, wie man sich als „Teil" des „Ganzen" Ehe (allein) *richtig* verhält.

Im Kontext einer *funktionalen Systemtheorie* käme die „Ehe" dagegen als ein Handlungszusammenhang in den Blick, der zwar von der sie umgebenden Gesellschaft (dem „Außen") beeinflußt wird und sich daher auf sie einstellt, der sich aber von der Gesellschaft durch seine – weniger komplexe (Rz 310) – innere Struktur abhebt. Von diesem Ausgangspunkt her stellt sich dann die Frage, wie die Ehe (-gatten) die zahlreichen kausalen und finalen Einflüsse, die von der Gesellschaft her auf sie einwirken, am besten verarbeiten. Denn diese Einflüsse, deren Art und Intensität sich dauernd ändert, können immer wieder das „Funktionieren" der Ehe ge-

316

---

28 Dem widerspricht es nicht, daß sich das System selbst – infolge der Selbstreferenz – als „geschlossen" darstellt. Dies ist vielmehr gerade Voraussetzung der „Öffentlichkeit" und „Offenheit" von Erkenntnis; dazu *N. Luhmann*, Soziale Systeme, S. 25, 357 ff. Die Geschlossenheit des Systems führt (wie bei *Hübner)* zu einer „relationalen Wahrheit" (Rz 61 ff.).

29 Insoweit weist die Systemtheorie eine deutliche Verwandtschaft mit der „dialektischen Methode" auf, wie sie u.a. der Philosophie *Hegels* zugrunde liegt. So wird z.B. im Zusammenhang der Rechtsphilosophie *Hegels* die „Freiheit" (das Recht als „Wirklichkeit der Freiheit") durch die Kategorie des „Besonderen" verbürgt (vgl. Rechtsphilosophie, §§ 6, 7, S. 31 f.), was ausschließt, an Weltstaat oder an „Weltgesellschaft" zu denken – d.h. „richtige" Erkenntnisse über sie zu formulieren (a.a.O., §§ 322, 331, S. 278 ff.). Diese Ähnlichkeit erkannte auch *N. Luhmann*, Soziale Systeme, S. 490, an, wenn er auch mehr die Unterschiede zwischen Systemtheorie und Philosophie des (Selbst-)Bewußtseins hervorhob, dazu Rz 304, 339 ff.

fährden – sei es, weil ihre Zahl und Intensität so ansteigt, daß die Ehe(-gatten) sie nicht mehr gemeinsam verarbeiten können (Gefahr der Entfremdung) oder sei es, daß ihre Zahl so abnimmt, daß die Ehegatten zu wenig Gelegenheit zu einem gemeinsamen Handeln gegenüber der Umwelt finden (Gefahr der Entleerung). Von daher wird man dann feststellen, daß es verschiedene Arten von Einrichtungen (Mechanismen) gibt, mit deren Hilfe die Ehegatten diesen „Störungen"[30] begegnen können: Sie können zum **Beispiel** beschließen, in Zukunft jeden Morgen oder Abend eine Stunde für gemeinsame Besprechungen zu reservieren oder in diesem Jahr einen gemeinsamen Urlaub zu organisieren usf. Die Brauchbarkeit derartiger Hilfsmittel wird sich dabei von Fall zu Fall anders darstellen, je nach Art der Störung, nach der Veranlagung und Erwartung der Beteiligten usf. Zum anderen wird sich kein Hilfsmittel als das „allein" richtige darstellen, schon weil man nicht weiß, ob man nicht morgen ein noch besseres Mittel findet.

Die äquifunktionalen Mechanismen

317   Die Theorie der funktionalen, semantischen Systeme bietet also Arbeitsmittel[31], mit deren Hilfe man vorhandene Zusammenhänge „sozialen Handelns" analysieren (beschreiben und interpretieren) kann – und zwar in der Form von „Wenn … dann"-Sätzen. Bei dieser Analyse geht es darum, verschiedene „Wenn … dann"-Folgen in ihrer Brauchbarkeit untereinander zu vergleichen und sie so als „äquifunktionale – und daher prinzipiell austauschbare – Mechanismen" zu beschreiben[32]. Die vergleichende Beschreibung zeigt dabei die jeweiligen Vor- und Nachteile der einzelnen Mechanismen, die sich aus den unterschiedlichen Voraussetzungen ihres „Funktionierens" ergeben oder aus den Unterschieden ihrer Folgen usf.; sie kann so „richtige" (weil bessere) Lösungen fördern. Die **Erkenntnis**(-leistung) **ergibt sich** demnach also **aus einem „Vergleich"** (u.U. erst aus einem „Theorien*vergleich*") und nicht direkt aus der Theorie selbst. Dies weist – wenn wir auf unsere früheren Überlegungen zur Philosophie zurückgreifen – eine gewisse Ähnlichkeit zu dem „Bewähren" von Theorien auf, wie sie der kritische Rationalismus darstellt (Rz 58). Andererseits ist nicht zu verkennen, daß sich das Verhältnis von Theorie und Wirklichkeit bei dieser Beschreibung anders darstellt als für den kritischen Rationalismus – nämlich als ein indirektes Verhältnis: Werden „Theorie" und „Tatsache" nach dem Schema des kritischen Rationalismus direkt konfrontiert, so bezieht sich eine systemtheoretische Analyse nur „indirekt" auf die Erfahrungen – die einmal von der einen und dann auch aus anderer Sicht analysiert und interpretiert werden. Zudem kommen bei dieser funktionalen Analyse immer gleichzeitig sowohl empirische (Kausal-)Zusammenhänge als auch normative Zusammenhänge in den Blick. *Luhmann*[33] hat daher zu Recht darauf hingewiesen, daß die vielfach geforderte Trennung von „normativer" und „empirischer" Forschung von der *funktionalen* Systemtheorie her stark relativiert wird.

---

30 Wobei sich das Vorhandensein von Einflüssen (Störungen) übrigens als „normal" darstellt und nicht (nur) als Fehler und Gefährdung: nämlich als Aufgabe, deren Fehlen ebenfalls stören kann.

31 *N. Luhmann* betonte dagegen allerdings die „Realität" der Systeme, die für ihn in der (Um-)Welt „vorhanden" sind (und sich so nicht nur als Produkt unserer „Interpretation" der (Um-)Welt darstellen). Dies kann in unserem Zusammenhang jedoch dahinstehen; es hängt mit seiner Wendung zu einer „posttranszendentalen, naturalen Erkenntnistheorie" (Rz 64 ff., 339 ff.) zusammen.

32 Vgl. dazu *N. Luhmann*, Zweckbegriff, S. 236 ff. sowie *ders.*, Soziale Systeme, S. 562.

33 Zweckbegriff, S. 236 ff., 243 ff.

Ein **Beispiel** für diese Art der Erkenntnis bietet u.a. die funktionale Analyse des nulla-poena- **318**
Prinzips[34] (vgl. Art. 103 GG), das das kontinentale Strafrecht anerkennt. Diese Analyse läßt
nämlich erkennen, daß dieses Prinzip im kontinentalen Strafrecht auf seine Weise dieselbe
„Funktion" erfüllt, die das angelsächsische Strafrecht der „Jury" übertragen hat – also dem
„echten" Geschworenen-Gericht, in dem allein die als Geschworene ausgelosten Bürger das
Urteil fällen und zwar ohne Beteiligung professioneller Richter. Danach sind also das nulla-
poena-Prinzip und das Prinzip der Jury äquifunktionale Mechanismen: Beide Prinzipien erweisen sich als mögliche Antworten auf die Frage, wie man das Ausufern der staatlichen Strafen verhindern und die Strafgewalt des Staats in angemessenen Grenzen halten kann.

Unser kontinentales Recht versucht dies mit Hilfe *inhaltlicher* (materieller) Festlegungen: **318a**
Nach dem nulla-poena-Prinzip darf der Staat nur die Handlungen bestrafen, die vorher durch
„allgemeine Gesetze" – und d.h. auch durch „allgemein anerkannte"[35] Gesetze – mit Strafe bedroht waren; ihm (bzw. dem staatlichen Richter) ist es daher verwehrt, die für bestimmte
Handlungen angeordneten Sanktionen auf „rechtsähnliche" Fälle zu übertragen (Analogiever-
bot).

Das angelsächsische Recht versucht dagegen, die staatliche Strafgewalt durch *organisatori-
sche* (formelle bzw. verfahrensrechtliche) Festlegungen zu begrenzen: Der Staat darf nur bestrafen, wenn 12 durch Los ausgewählte Mitbürger (die „Jury") in Abwesenheit des „gelehrten
Richters" den Angeklagten einstimmig für „schuldig" erklärt haben – weil man davon ausgeht
und i.a. auch davon ausgehen kann, daß sich von Zwölfen mindestens einer dem Versuch einer
unangemessenen Ausdehnung staatlicher Strafen widersetzen wird.

Vergleicht man nun die Wirkungsweise dieser beiden Mechanismen – was hier natur- **319**
gemäß nicht im einzelnen durchgeführt werden kann –, so wird bald deutlich, daß sie
unterschiedliche Vor- und Nachteile haben und daß sie jeweils nur angemessen
„funktionieren", wenn bestimmte (soziale) Voraussetzungen vorhanden sind. So ist
es offenbar ein Mangel des nulla-poena-Prinzips, daß es die Bestrafung „rechtsähnli-
cher" Handlungen verhindert.

Ein **Beispiel** hierfür bietet die bekannte Ablehnung der Verurteilung wegen „Stromdieb-
stahls"[36], weil man damals den elektrischen Strom nicht als „bewegliche *Sache*" qualifizieren
konnte, was § 242 StGB für die Bestrafung verlangte. Eine „Jury" wird und braucht sich durch
derartige Überlegungen nicht von der Bestrafung abhalten zu lassen – und damit von der
Gleichbehandlung des „rechtlichen Gleichen", nämlich der Strom- und der Kohle-„Diebe".

Demgegenüber leidet das Jury-Prinzip darunter, daß man in den Fällen keine Bestra- **319a**
fung (und damit keine Gleichbehandlung) erreicht, in denen der Täter mit – zufälli-
gen – Wertungen der Jury übereinstimmt:

Beispiele hierfür bieten die Freisprüche bei Tötung „in flagranti" ertappter Ehebrecher in
Frankreich oder die früheren Freisprüche bei der Ermordung von Negern in den amerikanischen Südstaaten.

Die **Beispiele** lassen erkennen, daß die Funktionsfähigkeit beider Mechanismen von **319b**
unterschiedlichen (sozialen) Voraussetzungen abhängig ist: Das Jury-Prinzip setzt
nämlich einen relativ hohen Grad von sozialer und ideologischer Homogenität voraus

---

34 Dazu u.a. *B. Schünemann*, nulla poena sine lege? 1978.
35 Weil vom Parlament als Repräsentanten der Allgemeinheit erlassen.
36 Vgl. RGSt 29, S. 111 ff. (1896); S. 165 ff. (1899); dazu *Pawlowski*, Methodenlehre, Rz 648.

– weil sich sonst immer ein Geschworener findet, der eine Bestrafung ablehnt[37]. Das „nulla-poena-Prinzip" setzt dagegen einmal einen „guten Gesetzgeber" voraus, d.h. es bietet keinen Schutz mehr, wenn sich ein einzelner (Mensch) oder eine bestimmte Gruppe des Gesetzgebungsmonopols bemächtigen[38]. Und das nulla-poena-Prinzip funktioniert im übrigen nur bei einer relativ präzisen Methode der Auslegung von Gesetzen, d.h. dann, wenn ein bestimmtes Ausbildungsniveau der Richter gewährleistet ist usf. Es wird daher zum Beispiel auch dann gefährdet, wenn im Strafrecht die Unterschiede von ausdehnender Auslegung und Analogie (dazu Rz 203 ff.) zu sehr verwischt werden. Diese Bemerkungen machen also deutlich, daß die „funktionale Analyse" mit ihrem „Systemvergleich" durchaus zu Erkenntnissen führen kann, die zur „Verbesserung" bestehender Organisationsformen beitragen können.

b) Zweckprogramme und Konditionalprogramme

320 Für Juristen ist in diesem Zusammenhang von besonderem Interesse, daß *Luhmann*[39] mit Hilfe des funktionalen Systembegriffs zwei unterschiedliche Entscheidungsmodelle beschrieben hat, für die einerseits gerade die gerichtlichen und andererseits die unternehmerischen Entscheidungen die kennzeichnenden **Beispiele** bieten. Seine Beschreibung weist dabei einen unverkennbaren Zusammenhang mit der Fragestellung auf, die man früher unter den Stichworten Gesinnungs- und Verantwortungsethik diskutiert hat[40]. Bei diesen Diskussionen ging es nämlich darum, ob man sich bei praktischen Entscheidungen daran orientieren solle, wozu die Entscheidung führt (also an den Folgen: **Verantwortungsethik**) oder an den vorhandenen Normen (**Gesinnungsethik**). In der Terminologie *Luhmanns* geht es bei dieser Frage darum, ob die Entscheidungen in einem System entsprechend der Verantwortungsethik orientiert an einem **Zweckprogramm** (also orientiert an den Folgen bzw. am „out-put" der Entscheidung) getroffen werden sollen oder entsprechend der Gesinnungsethik orientiert an einem **Konditionalprogramm** (also an den Voraussetzungen bzw. am „in-put" der Entscheidung).

321 Die funktionale Systemtheorie bietet nun die Möglichkeit, **bei dieser Frage zwischen verschiedenen Entscheidungssituationen zu differenzieren** und damit für unterschiedliche Gruppen von Entscheidungen auch unterschiedliche Entscheidungs-

---

37 England hat daher Ende der 70er Jahre auch das Erfordernis der einstimmigen Verurteilung aufgegeben; zur Bestrafung genügt jetzt die Zustimmung einer qualifizierten Mehrheit der „Jury". Das läßt erwarten, daß man sich in England bald auch um einen anders organisierten Schutz gegen die Ausuferung staatlicher Strafen bemühen wird.

38 Was gegenüber der „Jury" wenig hilft, da deren Entscheidungen durch Gesetze kaum zu steuern sind. „Laien" gehen mit Gesetzen anders um als „gelehrte Richter". So berichtet z.B. *W. Churchill* in seinen „Aufzeichnungen zur europäischen Geschichte." Knaur Taschenbuch Nr. 177, 1968, S. 192, von einem englischen Gesetz aus dem Jahre 1650, das Ehebruch mit dem Tode bedrohte, und bemerkt dazu: „... eine Grausamkeit, die durch die Tatsache gemildert wurde, daß sich die Geschworenen durch nichts von der Schuld der Angeklagten überzeugen ließen". Vgl. hierzu auch die Ausführungen von *R. Schnur* Die Verwaltung 1977, S. 141 ff., 148, über die besondere „Nähe" des professionellen Juristen zum jeweiligen politischen System.

39 Dazu *N. Luhmann*, Zweckbegriff, S. 93 ff. sowie *ders.*, Rechtssystem, S. 24 ff.

40 Zum Folgenden *Pawlowski*, Duden-F., S. 349 ff., 356 ff.

modelle zu empfehlen. Denn die funktionale Analyse zeigt, daß sich bei Entscheidungen nach einem Zweckprogramm, bei dem man sich an den Folgen der Entscheidung orientiert, sofort das Problem stellt, ob und in welchem Umfang man die Folgen einer Entscheidung überhaupt übersehen kann und/oder muß. Denn infolge des fortlaufenden Wirkungszusammenhangs führt jede Entscheidung zunächst einmal zu unendlich vielen Folgen, die man bei der Entscheidung nicht alle überblicken und nicht alle berücksichtigen kann. Hier hat *Luhmann* aber darauf aufmerksam gemacht, daß *eine Reihe von Entscheidungen so organisiert ist*, daß der Entscheidende jedenfalls *die* Folgen seiner Entscheidung feststellen und berücksichtigen kann, die für die Entscheidung von Bedeutung sind.

Dies ist zum **Beispiel** im Rahmen unserer Wirtschaftsordnung bei unternehmerischen Entscheidungen durch die Organisation des Unternehmens selbst gewährleistet, und zwar durch die Rentabilitätsrechnung. Denn nach dieser Organisation der (Wirtschafts-)Unternehmen muß eine bestimmte Entscheidung immer dann getroffen werden, wenn sie erforderlich ist, um dem Unternehmen mehr Gewinn (Geld, Kapital) zu verschaffen (Zweckprogramm).

In der **Entscheidungssituation des Unternehmers** kann der Entscheidende also die Folgen seiner Entscheidung deshalb überblicken (und sich daher auch an ihnen orientieren), weil sich diese Folgen innerhalb eines bestimmten Zeitraums in Geld ausdrücken lassen müssen; er kann daher die weiteren (Spät-)Folgen seiner Entscheidung außer Acht lassen. Diese hängen nämlich von den späteren Entscheidungen über die Verwendung des „verdienten" Geldes ab. Die Organisation des Unternehmens (und die Wirtschaftsordnung) sorgt also dafür, daß die Verschiedenheit der *Folgen* durch die Umrechnung in Geld *neutralisiert* wird. **322**

Daneben zeigt die funktionale Analyse, daß ähnliche Neutralisierungsmechanismen dafür sorgen, daß sich der einzelne bei seiner **(Alltags-)Entscheidung** i.a. nicht um die „Spätfolgen" seiner Entscheidungen zu kümmern braucht, und sich daher an den unmittelbaren Folgen seiner Entscheidung orientieren kann: Weil er nämlich einmal davon ausgehen kann, daß er die weiteren Folgen auch durch weitere Entscheidungen beeinflussen kann – und weil er im übrigen seine Person zum Maßstab seiner Entscheidung machen und daher nach seinen Neigungen und Wünschen entscheiden kann; denn die Folgen seiner Entscheidung betreffen primär ihn selbst. Diese Voraussetzungen liegen aber bei „sozialen Entscheidungen" (d.h. bei Entscheidungen über „gesellschaftliche" oder „rechtliche" Beziehungen) nicht vor[41]. **322a**

A. *Podlech*[42] hat schließlich darauf aufmerksam gemacht, daß auch unser geltendes Recht **Zweckprogramme** festlegt – nämlich im weiten Umfang **im Verwaltungsrecht**. **322b**

Dies zeigt u.a. das **Beispiel** der Generalklausel des § 1 PolG Baden-Württ[43], nach der die Polizeibehörden Maßnahmen zu treffen haben, um von der Allgemeinheit oder von den einzelnen Gefahren abzuwenden, durch die die öffentliche Sicherheit und Ordnung bedroht werden.

---

41 Zur Analyse „politischer Entscheidungen" *Pawlowski*, Duden-F., S. 349 ff., 365 ff.; weitere Möglichkeiten dieser Unterscheidung von Entscheidungstypen je nach der Entscheidungssituation bei *W. Fach* ARSP 69, (1978), S. 35 ff.

42 Gehalt und Funktionen des allgemeinen verfassungsrechtlichen Gleichheitssatzes. 1971, S. 107 f.

43 Vergleichbare Bestimmungen enthalten nach dem Vorbild des § 14 preuß. PVG auch die anderen Polizeigesetze.

Man spricht dann meist von „Ermessensverwaltung". Diese „Zweckprogrammierung" wird dadurch möglich, daß die Gesetze den Behörden einmal die Ziele ihres Handelns vorschreiben und dazu einen Katalog von zulässigen Maßnahmen beschreiben, die sie einsetzen können, um diese Ziele zu erreichen. Führt dann der Einsatz einer Maßnahme – wider Erwarten – nicht zum Ziel, dann kann die Behörde weitere Maßnahmen ergreifen. D.h. sie kann die (Spät-)Folgen ihrer Entscheidung durch weitere Handlungen beeinflussen – und sie so „neutralisieren".

323 In der **Entscheidungssituation des Richters** ist es dagegen anders. Dieser muß bei seinen Entscheidungen davon ausgehen, daß er deren „Spätfolgen" wegen des fortlaufenden Wirkungszusammenhangs weder übersehen, noch durch spätere Entscheidungen beeinflussen kann[44]. Er könnte sich bei seinen Entscheidungen daher nur dann an deren Folgen orientieren, wenn er sich ohne jede innere Rechtfertigung mit einem Blick auf die „unmittelbaren" Folgen begnügen würde.

So kann zum **Beispiel** ein Urteil über eine Zahlungsklage dazu führen, daß ein potentieller Erfinder (Sohn einer Prozeßpartei) sein Studium abbricht und dann nichts erfindet – oder daß infolge der finanziell ungünstigen Situation eine Familie auseinanderfällt etc. Und der Richter weiß, daß er dies alles im Rahmen seines Verfahrens nicht ermitteln kann und vielfach sogar nicht ermitteln darf. Wollte er sich daher in seiner Entscheidungssituation an den Folgen seiner Entscheidungen orientieren, so könnte er also nur aufgrund zufälliger persönlicher Kenntnisse und Eindrücke entscheiden – und d.h. aufgrund der Kenntnis eines willkürlich herausgegriffenen, mehr oder weniger umfangreichen Teils der Folgen. Das reicht aber für eine „rationale" Entscheidung offenbar nicht aus.

323a Da damit bei gerichtlichen Entscheidungen eine Orientierung an den Folge ausscheidet, bedarf es also in dieser Entscheidungssituation besonderer „Mechanismen", die überhaupt (rationale) Entscheidungen möglich machen. Und diese Mechanismen müssen offenbar die Regelung des „in-puts" betreffen, d.h. die Regelung der für das System relevanten Informationen. Man hat daher die Entscheidbarkeit von Rechtsstreitigkeiten für die Gerichte dadurch hergestellt, daß man die Entscheidung an bestimmte (festgelegte) Voraussetzungen bindet: An das Vorliegen bestimmter fixierter Tatbestände, an die jeweils bestimmte (Rechts-)Folgen geknüpft werden. Danach muß eine bestimmte Entscheidung (Wahl einer bestimmten Rechtsfolge) immer dann betroffen werden, wenn ein bestimmter Tatbestand vorliegt (Konditionalprogramm).

324 Das Reizwort der „Folgenorientierung" hat in den rechtswissenschaftlichen Diskussionen leider zu vielen Mißverständnissen Anlaß gegeben. Wir sind darauf bereits bei der Darstellung der juristischen Methodenlehre gestoßen, die heute den Richter fast überwiegend darauf verweist, sich jedenfalls bei der „Rechtsfortbildung" an den „Folgen" seiner Entscheidung zu orientieren (Rz 117 ff.). Diese **Mißverständnisse** beruhen vielfach darauf, **daß man nicht zwischen den „sozialen Folgen" und den „Folgen" für das Rechtssystem unterscheidet.**

324a Überlegt man nämlich, welche Folgen eine geplante Entscheidung für das Rechtssystem hat, dann geht es bei diesen Überlegungen um die allgemeinen Folgen dieser oder jener Entscheidung (nämlich um die Folgen, die sich aus der jeweiligen Entscheidung für den Zusammenhang des Rechtssystems ergeben) – und nicht darum,

---

44 Dazu jetzt auch *G. Roellecke* DRiZ 1996, S. 172 ff., 178.

wozu die einzelne Entscheidung in dem vorliegenden Einzelfall führt: welche Folgen sie also für die beteiligten Parteien hat. Und es geht damit der Sache nach nicht um die „Folgen", sondern um die „Voraussetzungen" der Entscheidungen: Wenn ein Gericht (oder ein Rechtswissenschaftler) bei der Lösung eines bestimmten Problems, das (noch) nicht durch die vorhandenen (geschriebenen) Norm geregelt ist, eine neue Norm formulieren muß, so kann es diese, wie allgemein anerkannt, nicht willkürlich „setzen". Es muß sie vielmehr als Bestandteil des geltenden Rechts ausweisen – sie aus dem Recht „ableiten". Dafür genügt es nicht, daß sich die „sozialen Folgen" dieser Entscheidung von den Vorstellungen des Gerichts her als „wünschbar" darstellen. Das Gericht muß vielmehr nachweisen, daß die neue Norm mit den vorhandenen Normen vereinbar ist – daß sie in die vorhandene Systematik des Rechtsgebietes „paßt", den anerkannten dogmatischen Unterscheidungen nicht widerspricht usf. Die „Rechtsfortbildung" darf nicht zu einem „Widerspruch" im vorhandenen Rechtssystem führen, sie muß vielmehr einen bestehenden „Widerspruch" beseitigen (Rz 208, 214)[45]. Dies sind jedoch alles Überlegungen, die sich bei dem Entscheidungsmodell der Systemtheorie auf die in-put-Grenze des Systems beziehen: auf die Ausformulierung und Ausdifferenzierung des Konditionalprogramms. Und dabei müssen ebenso wie in anderen Fällen die „sozialen Folgen" bzw. die „Spätfolgen" der Entscheidung außer Betracht bleiben. Es muß weiterhin unerheblich bleiben, ob das Urteil zum Konkurs eines Unternehmens führt etc.

K. Larenz[46] hat zwar gemeint, daß die Gerichte – und insbesondere das BVerfG – jedenfalls **325** bei „gesetzesüberschreitenden Rechtsfortbildungen" (wie der Gesetzgeber) auch die sozialen (Spät-)Folgen ihrer Entscheidungen zu berücksichtigen hätten. Dem ist jedoch nur insoweit zuzustimmen, als die Gerichte bei der Formulierung neuer Normen immer auch bedenken müssen, ob diese – im Rahmen der vorhandenen Systematik des jeweiligen Rechtsgebietes (Rz 207, 214) *und* der vorhandenen Justizorganisation (vgl. Rz 121 ff.) – auch praktisch „funktionieren". Man muß also prüfen, ob die neuen Normen die Funktionsfähigkeit der rechtlichen Organisation nicht beeinträchtigen, sondern steigern. *M. Kriele*[47] spricht insofern zu Recht von einer „Stimmigkeitskontrolle". Derartige Prüfungen und Überlegungen beziehen sich jedoch immer auf die „input-Grenze" des Entscheidungssystems: Sie legen fest, welche „Informationen" (Tatbestände) für die Entscheidung des Gerichts über die „Rechtsfolgen" (Rz 111) erheblich sind.

Es hilft daher im Zusammenhang unserer Rechtsordnung[48] zum **Beispiel** auch nicht weiter, **325a** wenn man mit *R. Alexy*[49] in Anschluß an *R. Dworkin*[50] zwischen „Normen" und „Prinzipien" unterscheidet – wonach es sich dann als Aufgabe der Rechtsfortbildung darstellt, aus den Prinzipien, die sich in der Realität immer nur mehr oder weniger verwirklichen lassen, subsumier-

---

45 Dazu ausf. *Pawlowski*, Methodenlehre, Rz 400 ff., 417 ff.

46 *Larenz/Canaris*, Methodenlehre, 4.4, S. 184; ähnlich auch *Koch/Rüßmann*, Juristische Begründungslehre. 1982, S. 235, 246 ff.

47 Theorie, S. 332 f.

48 Ob und inwiefern sich dies z.B. im Zusammenhang der US-amerikanischen Rechtsordnung und der US-amerikanischen Justizorganisation anders darstellt, muß und kann hier dahinstehen. Es sei nur bemerkt, daß sich u.a. die Stellung, die der zentrale Supreme Court im Zusammenhang der US-amerikanischen Justizorganisation einnimmt, von der des BVerfG sehr unterscheidet.

49 Insbes. in: Theorie der Grundrechte. 1985, zust. *R. Dreier*, Recht – Staat – Vernunft. 2. Aufl. 1994, S. 73 ff., 83 ff.

50 Taking Rights serioulsy. 2. Aufl. 1978; deutsch: Bürgerrechte ernstgenommen. 1984.

bare Normen (Rz 105 ff.) abzuleiten, die dann das Recht festlegen, das *unter den heutigen Umständen* den Prinzipien am besten entspricht. Denn es leuchtet zwar ein, daß man die vom BVerfG z.T. ausgearbeitete „Wertlehre"[51] auch als eine „Lehre von den verfassungsrechtlich festgelegten Prinzipien" interpretieren kann, die jeweils zu „optimieren" – also mit Hilfe normativer Mechanismen so zu interpretieren – sind, daß sie unter den heutigen Umständen möglichst weitgehend verwirklicht werden. Auf dem Hintergrund der Analysen *N. Luhmanns* wird aber deutlich, daß sich aus der Beschreibung des Verhältnisses von „Prinzipien" und „Normen" oder „Regeln" Aufgaben ergeben, wie sie in der Entscheidungssituation des Gesetzgebers und der Verwaltung (Rz 323) zu erfüllen sind – und erfüllt werden können, da diese Entscheidungsträger die Mittel und die Möglichkeit des Eingriffs (und damit der Korrektur) haben, wenn sich die Entscheidung anders auswirkt, als sie es planten. Es wird auf diesem Hintergrund aber ebenso deutlich, daß es nicht angeht, einem Richter die Aufgabe zu übertragen, „Werte" oder „Prinzipien" zu optimieren: Weil der Richter die Aufgabe hat, den ihm vorliegenden Einzelfall „richtig" (also möglichst gerecht) zu entscheiden. Und im Zusammenhang dieser Aufgabe würde er die sich in den „Grundrechten" oder „Prinzipien" festgelegten „Werte" nur dann „optimieren" können, wenn sich die Verschiedenheit der Folgen unterschiedlicher Entscheidungen neutralisieren ließe – etwa durch die Umrechnung in Geld (Rz 321).

Hier macht aber nicht zuletzt das **Beispiel** der Abtreibung deutlich, daß es bei der richterlichen Entscheidung nicht darum gehen kann, die in Rede stehenden „Werte" oder „Prinzipien" zu „optimieren: Weil es nämlich zynisch wäre, nach einer Abtreibung davon zu sprechen, daß hier das Leben des Kindes und die Freiheit der Mutter „optimiert" worden seien[52]. Denn wenn es auch Sinn macht, den Gesetzgeber aufzufordern, die Verhältnisse möglichst so zu regeln, daß die Zahl der Abtreibungen minimiert wird, so liegt doch auf der Hand, daß der Richter, der über einen Einzelfall zu entscheiden hat, diese Aufgabe nicht erfüllen kann.

326   Aus dieser Analyse der Entscheidungsprogramme ergeben sich offensichtlich auch Erkenntnisse, die im Rahmen der rechtswissenschaftlichen Methodendiskussion von Interesse sind. So bestätigt sich unsere frühere Feststellung, daß man den Richtern bei der Rechtsfortbildung nicht ohne genauere Festlegung empfehlen kann, „wie ein Gesetzgeber" zu urteilen – d.h. politisch, im Hinblick auf die Folgen seiner Entscheidung (Rz 117). Eine derartige Empfehlung wäre nur sinnvoll, wenn man dem Richter gleichzeitig Mechanismen anbietet, die es ihm erlauben, sich bei seiner Orientierung auf die unmittelbaren Folgen (welche?) zu beschränken[53] usf. Aus dieser Analyse ergeben sich aber andererseits (noch) keine Erkenntnisse, die uns bei der genaueren Bestimmung des „Konditionalprogramms" helfen könnten – also bei der Frage, wie der Richter unvollkommene und lückenhafte Tatbestandsbeschreibungen präzisieren kann.

---

51   Dazu zu Recht krit. *E.-W. Böckenförde*, Festschrift für Robert Spaemann. 1987, S 1 ff.; *U. Diederichsen* AcP 198 (1998), S. 171 ff. und ausf. *Pawlowski*, Methodenlehre, Rz 851 ff. sowie *ders.* in: Einwirkungen der Grundrechte auf das Zivilrecht, Öffentliche Recht und Strafrecht – Mannheimer Fakultätstagung über 50 Jahre Grundgesetz. 1999, S. 39 ff.
52   Dazu ausf. *Pawlowski*, Methodenlehre, Rz 94. ff., 734 ff., 901 ff.
53   So auch *N. Luhmann*, Rechtssystem, S. 45 ff.

c) Zur Funktion des Rechts im Rahmen von Handlungssystemen

In seiner Rechtssoziologie[54] ging *N. Luhmann* dann von der Frage aus, welche Funktion **327** dem Recht im Handlungssystem zukommt – d.h. im System der durch ihren Sinn aufeinander bezogenen Handlungen. Und er versucht, diese Funktion (und damit auch den Begriff) des Rechts von dem Aspekt seiner Ersetzbarkeit durch andere Regelungsmechanismen her zu erfassen. Dabei bestimmt er das Recht zunächst ganz allgemein als eine besondere Form des „Sollens", das als Grundbegriff verschiedene Regelungsmechanismen des Handlungssystems zusammenfassend bezeichnet. **Funktion des „Sollens" ist es, im Rahmen von Handlungssystemen die Komplexität der Umwelt des Systems** zu reduzieren – d.h. sie **vereinfacht zu reproduzieren**[55] **und damit das Handlungssystem instandzusetzen, eine von verschiedenen möglichen Handlungsalternativen zu wählen** oder anders ausgedrückt: zu entscheiden.

Diese **Reduktion von Komplexität**, die bei *Luhmann* eine große Rolle spielt, soll **328** hier etwas genauer beschrieben werden[56]. Ihre Notwendigkeit ergibt sich daraus, daß der Mensch in einer komplexen Welt lebt, in der es immer mehr Möglichkeiten (mehr Handlungsalternativen) gibt, als verwirklicht werden können.

Man kann zum **Beispiel** zu einem bestimmten Zeitpunkt in die Vorlesung gehen oder ins Kino, zum Schwimmen, in eine Kneipe usf. Aber man kann immer nur eine dieser Möglichkeiten verwirklichen: Man muß sich für eine entscheiden. Und dies geschieht so, daß man von den verschiedenen Möglichkeiten eine nach der anderen ausscheidet – weil sie nicht den eigenen Zwecken entspricht, weil sie zu Sanktionen führt etc. –, bis nur eine übrig bleibt, bis man also die „Komplexität" der Möglichkeiten auf eins „reduziert" hat.

Diese – komplexen – **Möglichkeiten sind** dazu noch „**kontingent**" (nicht notwendig, **329** sondern zufällig). Ihre Verwirklichung hängt sowohl von eigenen als auch von fremden Entscheidungen ab; sie ist nicht voll determiniert – zum **Beispiel** durch Natur-Kausalität.

Daher kann zum **Beispiel** nach der Entscheidung für die Vorlesung das weitere Erleben anders ausfallen, als man es bei der Entscheidung erwartet hat: Die Vorlesung, für die man sich entschieden hat, war entweder für einen anderen Zeitpunkt angekündigt oder sie fällt wegen Verhinderung des Dozenten aus[57] usf.

Um in dieser komplexen (Um-)Welt sinnvoll handeln zu können und nicht immer ent- **329a** täuscht zu werden, wählt man nun verschiedene Prämissen aus: Man erwartet, daß

---

54 Zum Folgenden *N. Luhmann*, Rechtssoziologie, S. 27 ff

55 *N. Luhmann*, Soziale Systeme, S. 47.

56 Und zwar von der Darstellung der „Rechtssoziologie" (S. 31 ff.) aus. Von der Theorie selbstreferentieller Systeme her stellt sich „Reduktion von Komplexität" dann jeweils als „Komplexitätsdifferenz" dar – nämlich als die „vereinfachte Reproduktion" der komplexen Umwelt durch das (selbstreferentielle) System; dazu *N. Luhmann*, Soziale Systeme, S. 148 ff. Diese Darstellung hebt die frühere jedoch nicht auf, sie ergänzt sie vielmehr um die erweiterte Selbstbeobachtung des Systems selbst.

57 *N. Luhmann*, Rechtssoziologie, S. 32 ff., sprach hier von einer „doppelten Kontingenz der sozialen Welt", die deren Komplexität steigert. Die „Kontingenz" der – sich zunächst kausal (notwendig) entwickelnden – Welt ergibt sich nicht nur aus den eigenen („freien") Eingriffen in diesen Kausalablauf, die (zusammen mit den eigenen „Irrtümern") dazu führen, daß man etwas anderes erlebt, als man erwartet hat. Die Kontingenz der – sozialen – Welt wird vielmehr dadurch gesteigert und gewissermaßen verdoppelt, daß man mit anderen umgeht, denen man ebenso wie sich selbst die Fähigkeiten zu „freien" (nicht notwendigen) Handlungen zuerkennt.

sich andere in bestimmter Weise verhalten (daß zum Beispiel der Dozent die Vorlesung nicht ausfallen läßt); und man erwartet, daß andere bestimmte Erwartungen an einen selbst hegen (man erwartet, daß der Dozent erwartet, daß der Student die Vorlesung auch besucht) usf. Aus diesem Zusammenhang von Erwartungen, Erwartungserwartungen und Erwartungserwartungserwartungen ergibt sich schon eine bestimmte Stabilisierung der Verhaltensweisen.

330 In seinen weiteren Analysen hat *Luhmann*[58] dann verschiedene Stufen der „Erwartung" unterschieden, die sich durch den Grad ihrer Verallgemeinerung (Generalisierung, Abstraktion) voneinander abheben – wobei zu bemerken ist, daß diese Unterscheidungen nicht der Beschreibung verschiedener „psychologischer Zustände" dienen. Ziel dieser Beschreibungen ist vielmehr die analytische Klärung des Handlungsbegriffs, die es dem Soziologen ermöglichen soll, das Handeln in der Gesellschaft in adäquaten Begriffen abzubilden. Nach seiner Darstellung erweist sich das Recht als ein Mittel (neben anderen) zur Stabilisierung genereller Erwartungen, indem es zu Reduktion der Komplexität der Umwelt beiträgt und damit „richtige Entscheidungen" ermöglicht.

330a In dieser Beschreibung hat *Luhmann* zunächst hervorgehoben, daß man hinsichtlich einer bestimmten Einzelperson[59] aufgrund der Kenntnis ihrer persönlichen Zwecke, Neigungen und Eigenschaften ein bestimmtes Verhalten erwartet – auf das man sich dann bei der Wahl der eigenen Handlungen einstellen kann. Man kann aber auch ohne Kenntnis der individuellen Eigenschaften eines anderen von diesem ein bestimmtes Verhalten erwarten – wenn dieser nämlich in einer bestimmten „Rolle" auftritt: als Vater, Briefträger usf. Diese Erwartungen sind zwar augenscheinlich schon abstrakter, als die Erwartungen aufgrund persönlicher Kenntnis; sie beziehen sich aber immer noch auf bestimmte Personen, denen man begegnet. Man erwartet vielfach aber auch ein bestimmtes Verhalten, ohne die Personen zu identifizieren, die es bewirken, nämlich dann, wenn man weiß, daß bestimmte Verhaltensweisen durch Programme (Bräuche, Rechtsnormen etc.) institutionalisiert sind: So erwartet man zum **Beispiel**, daß man auf Beerdigungen keine Personen in weißer Kleidung trifft oder daß Bahnschranken beim Herannahen eines Zuges geschlossen werden usf. Eine weitere, noch abstraktere Stufe von Erwartungen ergibt sich dann aus der Kenntnis der in unserer Welt anerkannten „Werte"; *Luhmann*[60] bezeichnete sie als „Gesichtspunkte der Vorziehenswürdigkeit von Handlungen", die „unspezifiziert (lassen), welche Handlungen anderen vorgezogen werden, und … damit nur sehr unbestimmte Anhaltspunkte für Bildung … von Erwartungen geben". Ihre Kenntnis läßt also zum **Beispiel** Trends erwarten.

331 Trotz der verschiedenen Mechanismen zur Reduktion von Komplexität erlebt der einzelne immer wieder „Enttäuschungen", die er verarbeiten muß, um weiterhin sinnvoll handeln zu können, d.h. um weiterhin davon ausgehen zu können, daß er sich mit Grund für die eine oder andere Handlungsalternative entscheidet. Bei den möglichen Reaktionen auf Enttäuschungen – d.h. auf den Eintritt anderer als der erwarteten Erlebnisse – unterschied *Luhmann*[61] dann zwischen **kognitiven und normativen Re-**

---

58 Rechtssoziologie, S. 80 ff.
59 Mit „Person" ist dabei weder eine – abstrakte – Rolle noch der Mensch selbst (z.B. als psychisches System) gemeint. Person meint hier vielmehr ein Bündel bestimmter Erwartungen; *N. Luhmann*, Soziale Systeme, S. 429.
60 Rechtssoziologie, S. 88.
61 Rechtssoziologie, S. 40 ff.

aktionen: Man reagiert **auf Enttäuschungen** *kognitiv*, wenn man aus der Enttäuschung *lernt* – d.h. wenn man aufgrund der Enttäuschung seine Erwartungen ändert und sie der (neuen) Erfahrung anpaßt. Man reagiert *normativ*, wenn man zwar zur Kenntnis nimmt, daß nicht dasjenige eintritt, was man erwartet hat, ohne deshalb seine Erwartungen aufzugeben – d.h. sie als „falsch" zu qualifizieren. Die normative Erwartung stimuliert vielmehr zu dem Bestreben, die künftigen Erfahrungen zu ändern.

Luhmann [62] hat dies an dem **Beispiel** der neuen Sekretärin verdeutlicht, von der jemand erwartet, daß sie blond ist und fähig, Schreibmaschine zu schreiben. Ist sie nun nicht blond, sondern rot, so wird man kognitiv (lernend) reagieren: Man erwartet sie in Zukunft „rot". Kann sie nicht Schreibmaschine schreiben, so wird man vielfach normativ reagieren: Man hält seine Erwartung aufrecht und sagt nicht, daß man falsche Erwartungen gehegt habe; man reagiert vielmehr empört, fordert die Sekretärin auf, jetzt das Maschineschreiben zu lernen usf.

Normative Erwartungen sind also dadurch gekennzeichnet, daß man die kognitive (lernende) Haltung ablehnt. *Luhmann* [63] hat die **normative Erwartung** daher **als „kontrafaktisch stabilisierte"** Erwartung bestimmt, d.h. als Erwartung, die auch aufrechterhalten werden kann (und aufrechterhalten wird), wenn die Erfahrung sie nicht bestätigt. **331a**

Dieses Aufrechterhalten von Erwartungen bedarf allerdings besonderer Veranstaltungen. Denn normative Erwartungen, die immer wieder enttäuscht werden, lassen sich nicht aufrechterhalten: Wenn alle stehlen, wird auch der größte Gegner des Diebstahls stehlen; spätestens dann, wenn ihm das letzte Hemd gestohlen wurde. *Luhmann* [64] hat jedoch hervorgehoben, daß man normative Erwartungen nicht nur mit Hilfe von Sanktionen stützen kann, sondern daß hier eine ganze Reihe von Verhaltensweisen eingesetzt werden können. Wenn daher auch Norm und Sanktion nach dieser Beschreibung eng zusammenhängen, so machen doch die Hinweise auf die Möglichkeit, die Normprojektion durch andere als rechtliche Veranstaltungen zu stützen, deutlich, daß man zwischen dem Prozeß der Normbildung und dem Sanktionsmechanismus unterscheiden muß[65]. **332**

Erscheint zum **Beispiel** der Freund nicht zur Verabredung im Café, so kann man auf vielfältige Weise zeigen, daß man selbst sich „richtig" verhalten hat und so die normative Erwartung unterstützen. Und *Luhmann* hat zu Recht darauf aufmerksam gemacht, daß man auf eine derartige Unterstützung der – enttäuschten – normative Erwartung (der Normprojektion) insbesondere dann angewiesen ist, wenn Dritte (Zuschauer) vorhanden sind. Man kann sich dann an Dritte wenden (an den Ober, der den Freund kennt) oder an den Freund selbst; man kann weggehen und den Freund seinem Schaden überlassen, man kann auf fiktiven Entschuldigungen bestehen usf.

Die kontrafaktische Stabilisierung von Erwartungen hängt nun in großem Umfang davon ab, inwieweit andere (Dritte) den normativen Erwartungen des einzelnen zustimmen – was man allgemein unter dem Stichwort der „Geltung" der Normen the- **333**

---

62 Rechtssoziologie, S. 42 ff.
63 Rechtssoziologie, S. 43.
64 Rechtssoziologie, S. 61 ff.
65 *N. Luhmann*, Rechtssoziologie, S. 66 f.

matisiert. *Luhmann* hat hier darauf aufmerksam gemacht, daß man sich im großen Ganzen mit einer fiktiven Zustimmung der anderen begnügen müsse: Weil nämlich die Aufmerksamkeit der anderen ein knappes Gut ist (und dies auch in weitem Umfang bleiben soll): Einmal weil die anderen etwas anderes zu tun haben und zum anderen, weil eine verstärkte Aufmerksamkeit auf bestimmte Erscheinungen gerade nicht die Stabilisierung von Erwartungen verspricht, wie u.a. der *Kinsey*-Report gezeigt hat. Danach kann es bei der Stabilisierung von normativen Erwartungen nicht darum gehen, einen faktischen (abzählbaren) Konsens herzustellen[66]. Man muß vielmehr den vorhandenen Konsens möglichst zweckmäßig ausnutzen – „überziehen", wie *Luhmann*[67] es nannte.

333a Man kann nun diese kontrafaktische Stabilisierung durch das „Sollen" im Handlungssystem (Rz 329) mit Hilfe verschiedener Mechanismen erreichen (einrichten, institutionalisieren): Durch Sitten und Brauchtum, durch die Moral, durch Ideologien etc. – und auch durch das Recht. **Recht ist danach also eine bestimmte Art, kontrafaktisch stabilisierte Erwartungen zu institutionalisieren** – und sie damit im gesellschaftlichen Handlungssystem aufrechtzuerhalten. Die Funktion des Rechts – und damit dessen besondere Eigenart, dessen „Wesen" – ergibt sich dann aus der Beschreibung der Unterschiede, die zwischen der Wirkungsweise des Rechts und der anderen Stabilisierungsmechanismen bestehen – also zum **Beispiel** aus der Analyse der Unterschiede der Wirkungsweisen von Recht, Sitte und Moral[68]. Und man kann in gleicher Weise auch die unterschiedliche Leistungskraft verschiedener Arten von „Recht" (zum **Beispiel** von „positivem Recht" und „Naturrecht") im Zusammenhang verschiedener Handlungssystem verdeutlichen u.a.m.

333b Das Recht stellt sich danach zunächst als eine *kongruent generalisierte* Verhaltensweise dar[69], was die geläufige Verbindung von Recht und Sanktion bestätigt. Denn wenn auch Recht nicht nur vorliegt, wenn auch bestimmte Sanktionen verfügbar sind[70], so lassen sich generalisierte Verhaltenserwartungen doch am besten dadurch institutionalisieren, daß man Sanktionen für ihre Durchsetzung zur Verfügung stellt.

d) Differenzierungsstufen des Rechts

334 Ein **Beispiel** für einen derartigen Vergleich verschiedener Arten von Recht bietet *Luhmanns*[71] Beschreibung dreier unterschiedlicher Stufen von Rechtssystemen, die sich durch den Grad ihrer Komplexität qualitativ voneinander abheben, nämlich des „archaischen Rechts", des „Rechts der vorneuzeitlichen Hochkulturen" und des „neuzeitlichen positiven Rechts".

---

66 So daß man fragen kann, „welche Richtung der Hochschulreform die Bauern, welche Gerichtsverfassung die Hausfrauen, welche Großhandelskonditionen die Studienräte bevorzugen"; dazu *N. Luhmann*, Rechtssoziologie, S. 72.

67 Rechtssoziologie, S. 67.

68 Dazu u.a. *Pawlowski*, Moral, S. 139 ff., 148 ff.

69 *N. Luhmann*, Rechtssoziologie, S. 94 ff.

70 *N. Luhmann*, Rechtssoziologie, S. 100.

71 Rechtssoziologie, S. 45 ff.

Luhmann beginnt hier mit der analysierenden Darstellung der **archaischen Rechts-** **335**
ordnungen, die dadurch gekennzeichnet sind, daß sich der Handlungszusammenhang (das System) des Rechts noch nicht (oder kaum) von anderen Handlungszusam-
menhängen abgrenzen läßt. Recht, Moral, Sitte und Kultus bilden hier noch eine undifferenzierte Einheit[72]. Und das heißt, daß zum **Beispiel** die Bedürfnisse des Tauschverkehrs in demselben Zusammenhang definiert und geregelt werden wie die
Bedürfnisse einer Familie oder Sippe an der Wahrung des Familienzusammenhangs.
Archaische Rechtsordnungen sind daher durch diffuse Rollendefinitionen gekennzeichnet: Rechtsprechung vollzieht sich gleichzeitig in der Rolle als Sippengenosse
bzw. Familienmitglied und in der des Richters – was zum **Beispiel** Rechtsprechung
„ohne Ansehen der Person" (d.h. ohne die Stellung eines Beteiligten als Vater, Sohn
oder Onkel zu berücksichtigen) ausschließt. Neutrales Recht würde in diesem System
als inhuman empfunden. Dabei verhindern die diffusen Rollendefinitionen weitgehend eine Anpassung bestehender Normen an veränderte Verhältnisse und Bedürfnisse: Weil sich mangels innersystematischer Differenzierungen des Normensystems
Änderungen nicht auf bestimmte Teilbereiche beschränken lassen. Eine Änderung
des Tauschverkehrs betrifft vielmehr gleichzeitig auch den Kultus, den Familienzu-
sammenhang etc. Die vorhandenen Normen fixieren also Recht und Unrecht auf
Dauer (statisch) und bieten so wenig Verhaltensalternativen.

In den **vorneuzeitlichen Hochkulturen** findet man dann ein komplexeres Konzept **336**
des Rechts, das mehr Verhaltensalternativen zuläßt: In diesen Kulturen haben sich
mit der beginnenden Arbeitsteilung eindimensional definierte Rollen ausgebildet –
im Rechtsbereich zunächst mit der Einrichtung eines Subsystems „Rechtsprechung"
durch die Ausdifferenzierung eines besonderen Rechtsmechanismus „Verfahren"
(also eines besonderen Verfahrensrechts). Das Recht als Inbegriff der Verhaltensregeln (das materielle Recht) wird aber auf dieser Stufe weiterhin durch diffus bestimmte Rollenträger geprägt. Recht war und ist die objektiv richtige, gute Ordnung,
in der der einzelne gleichzeitig als Bürger, Kaufmann, Christ etc. lebt – wobei ihn die
eine Rolle gleichzeitig in den anderen Rollen bestimmt. Wer Verkäufer *und* Christ ist,
wird in seiner Verkäufer- (und Gläubiger-)Rolle durch das Christ-Sein gebändigt.

So wird zum **Beispiel** seine Vorstellungen über das, was ein Gläubiger tun darf oder soll, von
seinen Vorstellungen über das beeinflußt[73], was ein Christ darf oder soll. Das (materielle)
Recht stellte sich daher infolge dieser Abhängigkeit von und Verflechtung in die unterschiedlichsten Handlungszusammenhänge weiterhin als eine statische – auf Dauer gerichtete und daher „notwendige" – Ordnung dar. Es kann aber jetzt in einem gewissen Umfang dem Wandel
der Verhältnisse angepaßt werden, und zwar durch das *neutrale* Subsystem „Rechtsprechung"
– da dieses als Handlungszusammenhang eingerichtet ist, der sich *nicht* auf den Familienzu-
sammenhang oder den Kultus etc. bezieht und daher mit seinen Änderungen des Rechts nicht
in weitere Zusammenhänge eingreift.

---

72 Dazu *E. Bloch*, Naturrecht und menschliche Würde. 1961, S. 260: „Was unerwachsen, dem stehen
noch viele entfernte Dinge nahe beieinander" oder die Darstellung bei *J. Habermas*, Theorie Kom.
H. II, S. 235 ff.
73 Ein Christ durfte z.B. keine Zinsen verlangen – was bekanntlich dazu geführt hat, daß die Bankge-
schäfte zunächst den Juden überlassen wurden: Man brauchte zu den Bankgeschäften Juden – was
dann wiederum für die Ausbildung des Antisemitismus von Bedeutung war.

337   Mit dieser Steigerung seiner Binnenkomplexität reagiert das Rechtssystem von der Systemtheorie her gesehen auf die Steigerung der Komplexität seiner „Umwelt" – d.h. auf die Vermehrung der Verhaltensmöglichkeiten der einzelnen und der Gesellschaft, die die wirtschaftlichen, technischen und sonstigen Entwicklungen mit sich bringen. Denn das Rechtssystem übernimmt aus seiner Umwelt Informationen; es hat diese zu verarbeiten, um sie dann wiederum seiner Umwelt zu übermitteln, nämlich als „Entscheidungen". Wird die Umwelt komplexer und unübersichtlicher – bietet sie also mehr Verhaltensalternativen –, dann muß das Rechtssystem mehr und komplexere Informationen aufnehmen und verarbeiten; es muß daher seine Leistungsfähigkeit (Kapazität) erhöhen, wenn es nicht überfordert werden und damit seine Stabilität verlieren soll. Diese Erhöhung der Aufnahme- und Verarbeitungskapazität erreicht es dadurch, daß es mehr systeminterne Mechanismen ausbildet („ausdifferenziert"), die den verstärkten Informationszufluß sichten und verarbeiten können.

Eine höhere Komplexität der „Umwelt" (des „Außen") führt also entweder zum Zusammenbruch des Systems oder zur Erhöhung der Binnenkomplexität des Systems (des „Innen") – d.h. zur Arbeitsteilung, zur Bildung von „Subsystemen". Mit deren Hilfe können dann mehr Informationen verarbeitet werden, die das System aus der Umwelt übernimmt oder mit deren Hilfe das System auch die Umwelt für sich differenzieren kann, indem es nämlich mehrere „Grenzen" zur Umwelt aufbaut, und so zum **Beispiel** einem „Subsystem" die Aufgabe überträgt, auf Straftaten zu achten, einem anderen auf Störungen usf.[74] Im Verlauf der Rechtsgeschichte haben dann eine Reihe weiterer Differenzierungen die Anpassungsfähigkeit des Rechtssystems noch erhöht[75].

338   Die weiteren Beschreibungen *Luhmanns* machen dann deutlich, daß die Ausbildung eines Subsystems „Gesetzgebung" in den **neuzeitlichen Rechtssystemen** zu einer weiteren **qualitativen Steigerung des Komplexitätsgrades von Rechtsordnungen** geführt hat: „Recht" wird jetzt hervorgebracht durch die arbeitsteilige Zusammenarbeit verschiedener aufeinander bezogener Subsysteme – so von Gesetzgebung und Rechtsprechung, die sich gegenseitig steuern[76]. So führen zum **Beispiel** Änderungen der Gesetze zu Änderungen der Rechtsprechung, die ihrerseits wieder zu neuen Gesetzen führen usf. Damit ändert sich ersichtlich die Struktur des Rechtssystems und damit der innere Zusammenhang des Rechts. Das Rechtssystem wird jetzt durch **reflexive Mechanismen**[77] gesteuert – d.h. durch Entscheidungsmechanismen, die nicht (nur) über Handlungen entscheiden, sondern über Entscheidungen. Das Recht setzt sich nicht länger nur aus Normen 1. Ordnung zusammen, d.h. aus Normen, die Handlungen regeln; es wird vielmehr bestimmt durch „Normen 2. Ordnung" – d.h. durch Normen, die nicht Handlungen regeln, sondern die Produktion von Normen, die ihrerseits Handlungen regeln. Das Recht ist damit nicht mehr wie bisher eine statische, auf Dauer angelegte Ordnung: Der Inhalt des Rechts stellt sich nicht mehr als „not-

---

74 Dazu *N. Luhmann*, Zweckbegriff, S. 244 f.

75 So können Anklage, Verteidigung, Kautelarwesen (d.h. die Entwicklung von Vertragsformen etc.) besonderen Subsystemen zugewiesen werden.

76 Dazu *Pawlowski* DÖV 1976, 505 ff.

77 Zu diesem Begriff *N. Luhmann* Soziale Welt, Jahrgang 1966, S. 1 ff. sowie *ders.*, Zweckbegriff, S. 337 f.

wendig" dar, sondern als Produkt von Entscheidungen[78], die auch anders hätten ausfallen können.

e) Die Theorie der „autopoietischen Systeme"

Seit den 80er Jahren hat *N. Luhmann*[79] schließlich seine systemtheoretischen Analysen noch weiter vertieft, indem er die Theorie der „autopoietischen Systeme" übernahm (dazu schon Rz 64 ff.) – also einen Theorienzusammenhang, der Elemente der funktionalen und der ontologischen Systemtheorie in sich vereinigt und der zunächst im Hinblick auf biologische Phänomene entwickelt worden ist. Man spricht in diesem Zusammenhang auch von „selbstreferentiellen Systemen" oder von **„Selbstorganisation"**. Diese Theorie erweitert und vertieft zunächst einmal die Vorstellung von den „reflektiven Mechanismen" (Rz 338) bzw. von Reflexion überhaupt. Bei der „Reflexion" geht es darum, Erkenntnis dadurch zu gewinnen (zu vertiefen, von „falschem Schein" zu befreien etc. – dazu Rz 99 f.), indem man sie „auf sich selbst" bezieht: Reflexion heißt Zurückbeziehen (auf sich selbst). Diese Vorstellung von Reflexion ist daher mit „Bewußtsein" verbunden. Sie war gewissermaßen das gedankliche Hilfsmittel der „Philosophie des Bewußtseins"[80] (dazu oben Rz 73 ff., 97 ff., 248 ff.). Selbstreferenz – bzw. Autopoeisis – beschreibt nun eine vergleichbare Erscheinung, jetzt aber nicht mehr gebunden an das Vorhandensein von „Bewußtsein".

339

Analysiert man nun die Vorstellung vom „Bewußtsein", so zeigt sich, daß dieses darin besteht, daß es seine Einheit (und damit sich selbst) fortlaufend dadurch herstellt (reproduziert), daß es alle seine Inhalte (Gegenstände) auf sich bezieht. D.h., das Bewußtsein verbindet alle seine Inhalte mit der Vorstellung, daß *ich* sehe, fühle, denke und erkennt sie damit als „seine" Elemente[81], indem es sich von ihnen unterscheidet[82] und ihnen dadurch ihren Sinn verleiht.

339a

Die Theorie der „autopoietischen Systeme" sucht nun nachzuweisen, daß man diesen Systemen (wie zum **Beispiel** den „Immunsystemen" des Körpers – oder auch gesellschaftlichen Systemen) gleichartige Leistungen zuschreiben muß. Wurde nach der Philosophie des Bewußtseins „Einheit" nur durch „Bewußtsein" hergestellt, so kann man dies jetzt auch von „Immunsystemen", „gesellschaftlichen Systemen" etc. aussagen: So unterscheiden Immunsysteme die Träger der Infektion von sich selbst und beziehen sich darauf (begründen also dadurch ihre Einheit), indem sie ihre Organisation auf die Vernichtung von Infektionsträgern einstellen usf. Man kann (und muß zur vollen Erkenntnis) ihre Wirkungsweise zwar auch noch dadurch erklären, daß man sie von ihren chemischen, physikalischen etc. Grundlagen her analysiert. Als „Immunsysteme" kommen sie aber erst in den Blick, wenn man sie als Systeme zur Abwehr

---

78 Hierzu auch *J. Simon*, Wahrheit, S. 392 oder *J. Habermas*, Faktizität und Geltung. 3. Aufl. 1993, S. 57 ff.

79 Soziale System, S. 57 ff., 296 ff.; *ders.*, Rechtssoziologie, S. 354 ff.; Zeitschrift für Rechtssoziologie 1985, S. 1 ff.; oder Soziologische Beobachtung (Fn. 3). Dazu auch die Darstellung von *G. Teubner*, Das Recht als autopoietisches System. 1989 oder *ders.*, Festschrift für J. Esser. 1995, S. 191 ff. sowie in: R. Martinsen (Hrsg.), Das Auge der Wissenschaft. 1995, S. 137 ff.

80 *N. Luhmann*, Soziale Systeme, S. 60, hat daher auch hervorgehoben, daß die Verbindung zwischen der Theorie der „autopoietischen Systeme" und der Identitätsphilosophie *Fichtes* und *Schellings* noch der Klärung bedürfe.

81 Ein „leeres Bewußtsein" ist eben kein „Bewußtsein", es muß vielmehr zunächst die Vorstellung (den Gegenstand) „ich" enthalten.

82 Und sei es nur sein denkendes „ich" von dem gedachten „ich".

von Infektionen sieht und sie so von den chemischen und physikalischen Prozessen (von ihrer Realitätsgrundlage, ihrer „Emergenz"[83] – Rz 313) unterscheidet.

340 Der „Fortschritt" in der Erkenntnistheorie, den die Theorie der „autopoietischen Systeme" gegenüber der Philosophie des Bewußtseins zu bieten meint, besteht nun darin, daß „Wissen" und „Lernen von Wissen" nicht länger nur etwas ist, was „nur" im Bewußtsein stattfindet – und daher nur dem Bewußtsein zugeschrieben werden kann. Man kann vielmehr beobachten und feststellen, daß auch „Immunsysteme" lernen (d.h. Wissen erlangen und speichern) usf. „Wissen" und auch „Erkenntnis" stellen sich damit als etwas dar, das wir in unserer Umwelt vorfinden und beobachten können.

Dazu kommt, daß der Gegenstand dieser Erkenntnis (dieses Wissens) nicht nur gewissermaßen „mechanisch" bestimmt ist – also nicht nur „Materie" ist (d.h. den Kausalgesetzen unterliegt – Rz 88). Man kann von dem „autopoietischen System" vielmehr in vergleichbarer Weise wie vom „Individuum" (von der Person) sagen, daß sie nicht „subsumierbar" sind: Man kann nicht die „Innensicht" des – fremden – Systems übernehmen[84]; man kann aber „Erkenntnisse" über die in unserer Umwelt vorhandenen Systeme gewinnen, indem man sie in Bewegung setzt etc. (Rz 93, Fn. 93). Gegenstand und Vorgang der Erkenntnis sind damit ersichtlich in einer Weise beschrieben, nach der sich als Gegenstand der Erkenntnis nicht nur (Natur-)Gegenstände und -Gesetze darstellen, sondern auch „Normen", „freies Handeln" usf.

341 Es leuchtet ein, daß es diese Entwicklung der Systemtheorie erlaubt, eine Anzahl vieler Aspekte rechtlicher Erscheinungen zu analysieren – so insbesondere Probleme der „Steuerung der Gesellschaft"[85]. Der Jurist (und die Rechtswissenschaft) wird die Entwicklung dieser Gedankengänge daher aufmerksam verfolgen. Wir haben aber bereits darauf hingewiesen, daß es die Systemtheorie schon von ihrem Ansatz her ausschließt, an die Stelle der Rechtswissenschaft zu treten (Rz 66); sie liefert vielmehr gerade Argumente für eine notwendige „Autonomie" der Rechtswissenschaft. Daher hat *Luhmann*[86] in seiner Rechtssoziologie hervorgehoben, daß kein Import „normativer Qualität" aus der „Umwelt" in das Rechtssystem stattfinde. Diese sei zwar der Umwelt gegenüber „kognitiv" offen – aber (als System) „normativ geschlossen". Er betont dabei die Notwendigkeit, die – vereinfachende (dazu Rz 310, 314, 327 ff.) – Selbstbeschreibung des Rechts von der soziologischen Analyse zu unterscheiden.

f) Rechtswissenschaft und Systemtheorie

342 Wir wollen hiermit die Darstellung der systemtheoretischen und rechtssoziologischen Ausführungen *N. Luhmanns* abbrechen. Denn es ist wohl schon deutlich ge-

---

83 *N. Luhmann*, Soziale Systeme, S. 45 f., 650, 658.

84 Bzw. man kann es nur „in der Liebe": durch Interpenetration; dazu oben Rz 93, Fn. 92 und i.ü. *N. Luhmann*, Soziale System, S. 289 ff., 330 ff.

85 Dazu *Teubner/Willke* Zeitschr. f. Rechtssoziologie 1984, S. 4 ff. sowie *N. Luhmann* Zeitschr. f. Rechtssoziologie 1985, S. 1 ff.; vgl. auch *Pawlowski*, Wildenmann-F., S. 172 ff. sowie *ders.*, Jahrb. Rechtssoz. u. Rechtsth. Bd. 13 (1987), S. 113 ff.

86 Rechtssoziologie, S. 357 ff., 360.

worden, daß die Analyse heutiger und früherer Rechtsordnungen mit Hilfe der Mittel, die die funktionale Systemtheorie bietet, eine Reihe von Erkenntnissen vermittelt, die für die Juristen von großem Nutzen sein können.

So machen zum **Beispiel** die Analysen der Voraussetzungen konditional- und zweckprogrammierter Entscheidungen (Rz 320 ff.) deutlich, daß eine juristische Methodenlehre, die dem Richter unvermittelt empfehlen würde, „wie ein Gesetzgeber" auf die sozialen Folgen seiner Entscheidungen abzustellen, grundlegende metajuristische Erkenntnisse außer Acht läßt und damit in die Irre führt: da sie nämlich verkennt, daß die Folgen einer Entscheidung wegen des fortlaufenden Wirkungszusammenhangs prinzipiell unübersehbar sind und daher keine Kriterien dafür angibt, auf welche „Folgen" man sich dann bei der Entscheidung beschränken kann[87]. Und die Beschreibung der „reflexiven Mechanismen" unserer Rechtsordnung läßt zum **Beispiel** erkennen, daß eine juristische Methodenlehre aus dem Zusammenhang unseres Rechtssystems in ältere Strukturen zurückverweist, wenn sie die Gerichte bei der „Rechtsfortbildung" (oder besser: bei der Rechtsgewinnung oder Rechtserkenntnis) unmittelbar auf „materielle" Vorstellungen vom Recht verweist – also auf Naturrecht, Werte, rechtsethische Prinzipien, auf die allgemeine Moral u.ä.m.

Diese Analysen machen insbesondere deutlich, **daß der Richter** bei der Vorbereitung und Erarbeitung seiner Entscheidung immer auch **seinen eigenen „Ort" im Rechtssystem mit in die Überlegungen einbeziehen muß** – also **seine Stellung in der Rechtsorganisation**[88]: weil er sich anachronistisch und nicht systemkonform verhalten würde, wenn er sich bei der „Rechtsgewinnung" oder „Rechtsfortbildung" an seiner Vorstellung von „Naturrecht" orientieren würde (Rz 186 f., 307 f.).   **343**

D.h. zum **Beispiel**, daß sich der Richter bei der Formulierung neuer „Entscheidungsnormen" nicht – oder doch nicht entscheidend – daran zu orientieren hat, ob die von ihm formulierte „Norm" zu einem Verhalten anweist, das *er* als angemessen und daher „richtig" oder als politisch bzw. jedenfalls als rechtspolitisch erwünscht beurteilt. Er muß bei der Auswahl zwischen verschiedenen Entscheidungsalternativen vielmehr zunächst und vor allem prüfen, wie die von ihm zu formulierende Norm in den Zusammenhang – in den „Funktionsablauf" (Rz 325) – der normativen Mechanismen hineinpaßt, die er vorfindet und die er mit seinen Mitteln und in der Stellung, die er in der Organisation einnimmt, nicht ändern kann. D.h. er muß bei seiner Entscheidung berücksichtigen, daß die von ihm formulierte „Norm" das Verhalten des einzelnen nicht unmittelbar regelt, sondern immer nur ein Datum unter anderen darstellen wird, auf das die Rechtsgenossen selbst wiederum kognitiv oder normativ reagieren können[89].

Die systemtheoretischen und rechtssoziologischen Analysen *Luhmanns* bieten damit dem Juristen eine Reihe wertvoller Erkenntnisse. Diese machen ihm aber nur deutlich, welche Versuche der rechtswissenschaftlichen Dogmatik oder Methodenlehre in die Irre führen: Sie haben also für den Juristen nur eine kritische Funktion. Dagegen bleibt weiterhin offen, wie die Juristen und in welcher Art die Rechtswissenschaft die   **344**

---

87 Wie dies z.B. nach § 32 I BVerfGG der Fall ist, der den Erlaß einer einstweiligen Anordnung zur vorläufigen Regelung eines Zustandes davon abhängig macht, daß dies zur Abwehr schwerer Nachteile, zur Verhinderung drohender Gewalt oder aus einem anderen wichtigen Grund zum gemeinen Wohl dringend geboten ist; dazu u.a. BVerfG NJW 1999, S. 1951 f. (1. Kammer des Ersten Senats).
88 Dazu ausf. *Pawlowski* ZfA 1974, S. 405 ff. sowie *ders.*, Methodenlehre, Rz 254, 444 ff., 525 ff., 573 ff.
89 Dazu ausf. *Pawlowski*, Ryffel-F., S. 87 ff. sowie *ders.*, Wildemann-F., S. 172 ff.

ihnen gestellten Probleme lösen können und sollen. *Luhmann*[90] hat am Ende seiner Rechtssoziologie auch selbst darauf hingewiesen, daß die Soziologie und die Rechtssoziologie die Fragen und Probleme der Rechtswissenschaft nicht direkt erreichen und behandeln könne, weil die Rechtswissenschaft – im Unterschied zur Soziologie – eine Entscheidungswissenschaft sei und daher auf Voraussetzungen und Argumentationsmittel angewiesen ist, „auf die sich die soziologische Theorie nicht einlassen würde". **Rechtswissenschaft und Soziologie** (jedenfalls die der Systemtheorie verpflichtete Soziologie) **unterscheiden sich** danach einmal **durch ihr Abstraktionsniveau,** zum anderen aber durch ihr Erkenntnisinteresse. Die Soziologie (und auch die Rechtssoziologie) ist auf die Erkenntnis und Beschreibung von „Wenn-dann"-Abläufen gerichtet, d.h. auf die Erkenntnis dessen, was unter bestimmten Voraussetzungen sein wird; die Rechtswissenschaft richtet sich dagegen auf die Erkenntnis dessen, was heute an Recht vorhanden *ist.*

345   Damit erledigen sich der Sache nach auch die vielfältigen „juristischen" Angriffe auf die Position *Luhmanns*, die sich darauf stützen, daß dieser die Fragen nach der „Gerechtigkeit" (d.h. nach der inhaltlichen „Richtigkeit" des Rechts) ausklammere und auf „reine Machtansprüche" etc. baue[91]. Denn es hat wenig Sinn, *Luhmann* vorzuwerfen, daß er Systemtheorie und Rechtssoziologie betrieben hat – und nicht gleichzeitig Rechtsphilosophie oder Rechtswissenschaft. Bei systemtheoretischen und rechtssoziologischen Analysen kann und braucht man aber die Frage der Rechtswissenschaft nach der Richtigkeit (Gerechtigkeit) des Rechts nicht zu behandeln. Man kann zwar *H. Ryffel*[92] darin zustimmen, daß *Luhmann* in seiner Systemtheorie und Rechtssoziologie „sonst der Rechtsphilosophie vorbehaltene Fragen aufnimmt" – und auch, wie man ergänzen kann, sonst der allgemeinen Philosophie vorbehaltene Fragen. Er hat dabei sogar das Problem der „Gerechtigkeit" behandelt[93]. Dies geschah aber immer explizit in einer Art, bei der es von vornherein nicht um eine „normative" – verbindliche – Antwort auf diese Fragen ging. Wenn *Luhmann* daher das Funktionieren der rechtlichen Mechanismen im System der Gesellschaft gewissermaßen nach dem Konzept von „Druck und Gegendruck sowie wechselseitigem Kalkül" beschrieb[94], so spricht das nicht gegen die Richtigkeit oder Brauchbarkeit seiner Analysen, da er damit gerade dasjenige erfaßte, was unter dem Aspekt der funktionalen Systemtheorie erforderlich und was von da aus zugänglich ist – ohne daß damit weitere Fragen ausgeschlossen sind oder überflüssig werden.

346   Man mag sich das Verhältnis von Rechtssoziologie und Rechtswissenschaft zum Recht an dem Erfahrungsbereich der „Liebe" verdeutlichen: Auch hier gibt es eine Anzahl von Erkenntnisbemühungen (Forschungsrichtungen), die sich auf die „äußere" (physiologische) Seite der Liebe beschränken. In diesem Zusammenhang kann man dann den Ablauf der (körperlichen) Liebe als Abfolge von „Druck und Gegendruck und wechselseitigem Kalkül" beschreiben – als Reiz und Antwort usf. Diese Untersuchungen können auch zu interessanten Feststellungen führen, ohne aber damit „die Liebe" voll zu erfassen. Die eigentliche Problematik der Liebe stellt sich

---

90 Rechtssoziologie, 1. Aufl., S. 354 (zur 2. Aufl., die diese Aussagen der Sache nach bestätigt, vgl. Rz 341); „soziologische Beobachtung" (Fn. 3), S. 19 ff.; ähnlich auch *R. Schnur* Die Verwaltung, 1972, S. 141 ff., 149 ff.

91 Dazu *P. Gilles*, Schiedermair-F., 1976, S. 183 ff. m.w.Nachw.

92 Rechtssoziologie, S. 108.

93 *N. Luhmann*, Rechtssoziologie, S. 187 ff. und ausführl. *ders.* Rechtstheorie 4 (1973), S. 131 ff.

94 So die Kritik *H. Ryffels*, Rechtssoziologie, S. 114.

nämlich wie das Problem der „Richtigkeit des Rechts" im Kontext der sinnhaft-symbolischen „Realität", wie *Luhmann*[95] es nannte, dessen Erforschung und Bearbeitung er im Hinblick auf das Recht der Rechtswissenschaft zuwies.

In diesem sinnhaft-symbolischen Kontext spielen dann bei der Liebe Ausdrucksformen eine **347** Rolle, die ihren Sinn und ihre Bedeutung entweder „aus der Übung der Gesellschaft" oder aus der Entwicklung der Beziehungen der Liebenden erhalten – aus ihrer „Biographie". Der Soziologe kann dabei u.a. feststellen, daß sich „Liebe" unter Verwendung solcher Formen abspielt – zum **Beispiel** mit „Küssen", an dessen Stelle in anderen Gesellschaften das äquifunktionale (Rz 317) „Aneinanderreiben der Nasen" steht. Solange man aber derartige Feststellungen trifft und „die Liebe" damit von außen betrachtet, „liebt" man nicht. Von innen betrachtet ist der „Kuß" die Liebe selbst, die man erfährt und nicht ein „äquifunktionaler Mechanismus". In vergleichbarer Weise ist Gegenstand der Rechtswissenschaft im Kontext der sinnhaft-symbolischen Realität (der „**Innenbetrachtung**") das Recht als Verwirklichung „der Gerechtigkeit" – während für die **Außenbetrachtung** der **Rechtssoziologie** „unser Recht" zum **Beispiel** im Verhältnis zum angelsächsischen Recht ein äquifunktionaler Mechanismus zur Lösung von Steuerungsfragen ist (dazu Rz 318 ff.).

In diesem Zusammenhang sei angemerkt, daß man alle Ergebnisse oder Erkenntnisse, die man **348** mit Hilfe *systemtheoretischer Analysen* gewinnen kann, eben mit Hilfe dieser Methode auch als „Täuschungen" entlarven kann, bzw. als *Mittel der Manipulation* – was *D. Suhr*[96] instruktiv beschrieben hat. Denn es geht bei der funktionalen Systemtheorie um die „Reduktion vorhandener Komplexität" (Rz 328 ff.), die als notwendig dargestellt wird. Dies kann man auch so interpretieren, daß es der Systemtheorie darum gehe, „Täuschungsmechanismen" als notwendig darzustellen, die dafür sorgen, daß sich „die Welt" anders darstellt, als sie „an sich" ist – nämlich einfacher bzw. weniger komplex. Um aber die Systemtheorie in dieser Weise entlarven zu können, muß man selbst einen gewissermaßen „absoluten" Standpunkt einnehmen. Denn solange man davon ausgeht, daß man sich nur darauf verlassen kann, daß man sich auf nichts verlassen kann (*D. Suhr*)[97], solange stellt sich auch die „Reduktion der Komplexität" als „notwendig" dar – weshalb es nur noch darum gehen kann, mit Hilfe welcher Mittel sich diese Aufgabe „richtig" (d.h. in der bestmöglichen Weise)[98] bewältigen läßt. Und das ist dann augenscheinlich ein Problem, über das man immer wieder diskutieren kann und muß (nämlich immer dann, wenn man zum **Beispiel** neue „Mittel" erfindet). Weiß man dagegen, was wahr und richtig ist, entfällt auch der Anlaß zu derartigen Diskussionen[99].

Die Analysen *Luhmann* lassen also erkennen, auf welche verschiedene Weise **349** „Recht" geworden ist und werden kann. Und sie bestätigen auf ihre Art das Ergebnis der wissenschaftstheoretischen und rechtsphilosophischen Bemühungen, die wir früher kennengelernt haben: Die Beschreibung der „reflexiven Mechanismen" bieten ein Pendant zu den Konzepten der „theoretischen Erkenntnis", wie sie *K. Popper* und *H. Albert* beschrieben haben (Rz 57 ff.), wie auch zu dem Konzept der „Werterkenntnis" (bzw. besser: der Erkenntnis des „gemeinsam Richtigen"), wie es *H. Ryffel* beschrieben hat (Rz 292 ff.). Denn nach dieser Analyse stellt sich „das Recht" als Pro-

---

95 Rechtssoziologie, S. 360.
96 Situation, S. 83 ff.
97 Situation, S. 14; „Die Erfahrung ..., daß auf Nichts Verlaß ist, – auf *sie* wenigstens können wir uns verlassen, – auf *sie* müssen wir daher unsere Praxis bauen."
98 *D. Suhr*, Situation, S. 85, spricht plastisch von der Art, die die Beteiligten am besten zufriedenstellen kann.
99 Ein Beispiel hierfür bietet u.a. die Theorie *Th. Geigers*, vgl. dazu den Text unten Rz 350 ff., 361 f.

dukt wechselseitig aufeinander bezogener Subsysteme dar: als Ergebnis des Zusammenspiels[100] von Gesetzgebung, Rechtsprechung und – was hier nicht berücksichtigt wurde – Verwaltung, sowie der Aktivitäten verschiedener Gruppen (Verbände). Und daraus folgt, daß sich die Rechtswissenschaft als Methode der Rechtserkenntnis – also der Erkenntnis des heute gemeinsam Richtigen bzw. der heute möglichen Gerechtigkeit – nicht einseitig darauf beschränken kann, sich um die Erkenntnis und Feststellung einer inhaltlich bestimmten, normativen Ordnung zu bemühen[101]. Rechtserkenntnis setzt vielmehr angesichts der „reflexiven Struktur" des heutigen Rechtssystems (Rz 338 ff.) voraus, daß man gleichermaßen die materiellen (inhaltlichen) und formellen (verfahrensbestimmten oder methodischen) Bezüge des Rechts thematisiert und diskutiert. **Rechtserkenntnis verweist** danach in vergleichbarer Weise wie „theoretische Erkenntnis" oder „Werterkenntnis" (als Erkenntnis des gemeinsamen Richtigen) **sowohl auf persönliche als auch auf inhaltliche Kriterien** (Rz 295). Und es ist Aufgabe der Rechtswissenschaft – und nicht der Soziologie oder Rechtssoziologie –, diese Kriterien genauer zu erfassen und zu beschreiben.

2. „Realistische" Rechtsbegriffe

350   Damit bleibt allerdings noch offen, ob die Rechtswissenschaft bei dieser Aufgabe nicht doch auf den Erkenntnissen einer Rechtssoziologie aufbauen kann, die nicht wie die *N. Luhmanns* von der Systemtheorie ausgeht. Und hier scheint der Jurist am ehesten von den Rechtssoziologen Hilfe erwarten zu können, die sich nicht mit der Normativität sondern mit der Faktizität des Rechts befassen – die das Recht also wie *Emile Durkheim* (1858-1917)[102] als gesellschaftliche „Tatsache" verstehen. Denn es hat sich gezeigt, daß im Verlauf der Entwicklung des Rechts und der Rechtswissenschaft gerade die Verbindung von „Recht" und „Wirklichkeit" problematisch geworden ist, da die heutige Rechtswissenschaft sich überwiegend auf die Behandlung der juristischen Normen beschränkt, die – anders als noch bei *C.F. von Savigny* – nicht mehr von vornherein mit den *sozial wirksamen* Normen verbunden sind. Diese Verbindung wird heute vielmehr erst durch den „Willen des Gesetzgebers" gestiftet (Rz 160), also durch eine Kategorie, deren genauere Bestimmung selbst zweifelhaft geworden ist (Rz 174). Von daher liegt es nahe, sich bei der Suche nach einer Antwort auf die Frage nach dem Recht und der Gerechtigkeit nicht allein auf die Rechtswissenschaft zu beschränken, die sich der Frage nach dem („idealen", „geistigen") Sollen widmet, sondern von vornherein auch die Erkenntnisse einer (Rechts-)Soziologie heranzuziehen, die sich um die Erfassung der Realität (der „Tatsachen") bemüht, die das Recht gestaltet.

---

100   Dazu *Pawlowski* DÖV 1976, S. 505 ff.
101   Dagegen auch P. *Gilles*, Schiedermair-F., S. 183 ff., 190 ff.
102   Vgl. neben dessen erstem großen Werk „de la division du travail social." 1893, 8. Aufl. 1967, dessen „Les règles de la methode sociologique." 1895, 17. Aufl. 1968 sowie dessen „Leçons des sociologie – Physique des moeurs et du droit." 1950 (Vorlesungen von 1902/03); dazu die Darstellung bei *H. Ryffel*, Rechtssoziologie, S. 78 ff. oder *Kl. Röhl*, Rechtssoziologie, § 4, S. 20 ff.

Bei einer derartigen „realistischen bzw. empirischen Rechtssoziologie"[103] geht es also nicht nur um die sog. **Rechtstatsachenforschung**[104], wie sie von *Arthur Nußbaum* (1887-1964)[105] als Hilfswissenschaft der Rechtsdogmatik, Rechtspraxis und Gesetzgebung begründet wurde – und bei der es um die Erfassung und Beschreibung der verschiedenen Erscheinungen der „Rechtspraxis" geht, was es dann der Rechtsdogmatik ermöglicht, konkreter und wirklichkeitsbezogener zu argumentieren. Dieser Zweig der Rechtswissenschaft wird auch heute von den Juristen gepflegt und bietet unverzichtbare Hilfen für die Rechtsdogmatik[106] und die Gesetzgebung – wie zum **Beispiel** die vom Bundesjustizministerium der Justiz herausgegebenen Untersuchungen von *Drukarczyk/Duttle/Rieger*, Rechtstatsachenforschung, Mobiliarsicherheiten[107] deutlich machen.

350a

a) Analytische bzw. empirische Rechtssoziologie

Im Hinblick auf die empirische Rechtssoziologie kann man zunächst auf die zahlreichen wissenschaftlichen Aktivitäten von Soziologen und Juristen verweisen, die den empirischen Weg auch für die Gesellschaftswissenschaften akzeptieren (*Kl. Röhl* [108]) bzw. die die Soziologie als eine empirisch-theoretische Wissenschaft betreiben (*K.-D. Opp*)[109]. Denn man erhält damit einen Zugang zu einer ganzen Reihe von Begriffen und Theorien, die im Zusammenhang der juristischen Arbeit durchaus von Interesse sind. Hier sei nur an die im Zusammenhang der „sozialen Wertungsjurisprudenz" angesprochenen Probleme erinnert, zu denen die Verwendung der Gutachten anerkannter Markt- und Meinungsforschungsinstitute im Markenrecht geführt hat (Rz 234 ff.). Und es liegt auf der Hand, daß sich für derartige Methoden in verschiedenen rechtlichen Zusammenhängen weitere unterschiedliche Anwendungsbereiche ergeben[110] mit ähnlichen Auswirkungen auf die Entwicklung der Rechtsprobleme – nicht zuletzt im Rahmen der Beweisstation[111] oder im Verwaltungsrecht (Rz 323)[112].

351

---

103 Dazu *Kl. Röhl*, Rechtssoziologie, § 11, 6, S. 71 f. – neben der es dann „geisteswissenschaftliche" (verstehende, phaenomenologische etc.) Soziologien geben mag; dazu *Kl. Röhl*, Rechtssoziologie, § 11, 6, S. 71, § 23, S. 185 ff. oder *K.-D. Opp*, Soziologie (Fn. 2), III, S. 65 ff.

104 Dazu M. Rehbinder (Hrsg.), *Arthur Nußbaum*, Die Rechtstatsachenforschung. 1968 sowie die Darstellung bei *H. Ryffel*, Rechtssoziologie, S. 39 ff. oder *Kl. Röhl*, Rechtssoziologie, § 8, 4, S. 47 ff. und i.ü. die Angaben bei *D. Strempel* in: Hoffman-Riem/Mollnau/Rottleuthner (Hrsg.), Rechtssoziologie (Fn. 2), S. 307 ff.

105 Vgl. einerseits dessen Programmschriften: Die Rechtstatsachenforschung – Ihre Bedeutung für Wissenschaft und Unterricht. 1914; Ziele der Rechtstatsachenforschung. 1920; Die Rechtstatsachenforschung. 1955 (dazu die vorhergehende Fn.) und andererseits dessen dogmatische Werke, in denen er die Ergebnisse dieser Rechtstatsachenforschung verwertet: Das deutsche Hypothekenwesen. 1913; Die Zwangsversteigerung und die Zwangsverwaltung. 1916; Das Nießbrauchsrecht des BGB unter den Gesichtspunkten der Rechtstatsachenforschung. 1919.

106 Dazu u.a. *Chiotellis/Fikentscher* (Hrsg.), Rechtstatsachenforschung, Methodische Probleme und Beispiele aus dem Schuld- und Wirtschaftsrecht. 1985; *O. Hartwig*, Rechtstatsachenforschung im Übergang. 1975 oder *R. Werle*, Justizorganisation und Selbstverständnis der Richter. 1977.

107 1985; dazu u.a. *Pawlowski/Smid* Zeitschr. f. Rechtssoziologie 1986, S. 75 ff.

108 Rechtssoziologie, § 11, 6, S. 71; *Röhl* spricht dabei von einem „Als-ob-Positivismus".

109 Soziologie (Fn. 2), III, S. 65 ff.

110 Dazu die Darstellung bei *Kl. Röhl*, Rechtssoziologie, § 15, S. 105 ff.

111 Dazu nur die bei *Kl. Röhl*, Rechtssoziologie, § 14, S. 87 ff. dargestellten Probleme aus dem Haftpflichtrecht.

112 Dazu nur die bei *Kl. Röhl*, Rechtssoziologie, § 14, S. 87 ff. dargestellten Probleme aus dem Polizeirecht.

351a Von besonderer Bedeutung sind derartige Untersuchungen schließlich im Bereich des privatrechtlichen Organisationsrechts[113] – also im Familienrecht oder im Unternehmensrecht (Kartellrecht etc.). Dies hat seinen Grund darin, daß der Gesetzgeber das privatrechtliche Verhalten der Beteiligten nur sehr indirekt beeinflussen kann[114], während er den Beteiligten im öffentlichen Recht direkt bestimmte Verhaltensweisen vorschreiben (so im Verwaltungsrecht) oder jedenfalls untersagen (so im Strafrecht) kann. Von daher stellen sich den Beteiligten die gesetzlichen Regeln auf dem Gebiet des Privatrechts (anders als auf dem Gebiet des öffentlichen Rechts) von vornherein nur als Gegebenheiten dar, die sie soweit wie möglich zur Durchsetzung ihrer privaten Ziele einzusetzen trachten und nicht zur Verwirklichung der Ziele des Gesetzgebers. Daraus ergibt sich bei der rechtlichen Behandlung der zivilrechtlichen Organisationen ein besonderes Bedürfnis nach Untersuchungen, denen man entnehmen kann, wozu die Bürger die privatrechtlichen Organisationsformen nun tatsächlich verwenden. Und das hat zur Folge, daß die zivilrechtlichen Normen weniger als die öffentlichen Normen darüber Auskunft geben, wie sich die Rechtsgenossen tatsächlich verhalten – was sowohl für die Rechtsdogmatik als auch für die Rechtsprechung von Interesse ist (dazu Rz 225 ff.). Daher gehören die *Familiensoziologie*[115] und die *Unternehmenssoziologie*[116] zu den besonders entwickelten Teilen der Rechtssoziologie.

351b Im Verbindung mit dem öffentlichen Recht hat sich dann die sog. Implementationsforschung[117] als ein besonderer Zweig der Rechtssoziologie entwickelt. Bei dieser Forschung geht es insbesondere darum, wie man gewährleisten kann, daß verwaltungsrechtlich ausgeformte Handlungsprogramme, die sich unmittelbar an einen Verwaltungsstab richten und so die bewußte Handlungsgrundlage der Vollzugsbehörden darstellen, auch ausgeführt werden.

Hierbei stellt man zum **Beispiel** – einleuchtend – heraus, daß es in diesem Zusammenhang nicht nur auf die (subjektive) Motivation der Vollzugsträger zur Normanwendung ankommt. Die Durchführung der verwaltungsrechtlich ausgeformten Handlungsprogramme hängt vielmehr weitgehend auch davon ab, daß den Vollzugsträgern eine ausreichende personelle, tech-

---

113 Dazu u.a. *Kl. Röhl*, Rechtssoziologie, § 49, S. 421 ff. sowie *ders.* in: Hoffman-Riem/Mollnau/Rottleuthner (Hrsg.), Rechtssoziologie (Fn. 2), S. 266 ff.

114 Dazu im Hinblick auf die Ehe eingehend *Pawlowski*, Die „Bürgerliche Ehe" als Organisation. 1983, S. 5 ff.

115 Dazu nur *H. Rosenbaum*, Formen der Familie. 1982; *Coester-Waltjen/Coester*, Formation of Marriages. In: International Encyclopedia of comparitive Law. Vol. IV, Chapt. 3 oder *M. Rheinstein*, Marriages Stability, Divorces and the Law. 1972 und i.ü. die Angaben bei *Gernhuber*/Coester-Waltjen, Lehrbuch des Familienrechts. 4. Aufl. 1994, § 1, S. 1 ff. oder *Kl. Röhl*, Rechtssoziologie, § 45, S. 379 ff.

116 Dazu nur *G. Teubner*, Unternehmensdemokratie und Verbandsverfassung. 1978 oder *Th. Raiser*, Das Unternehmen als Organisation. 1969 und i.ü. die Angaben bei *Emmerich/Sonnenschein*, Konzernrecht. 5. Aufl. 1993.

117 Dazu nur *R. Mayntz*, Durchsetzung und Wirksamkeit des Rechts in der Sicht der Soziologie. In: M. Irle u.a., Die Durchsetzung des Rechts. Symposium der Fakultät für Rechtswissenschaft der Universität Mannheim. 1984, S. 9 ff. m.w.Nachw.; *K.-D. Opp*, Soziologie (Fn. 2), VI, S. 127 ff. oder *W. Hoffman-Riem*, Zur notwendigen Verbindung von Effektivitätsforschung und Implementationsforschung. In: Hoffman-Riem/Mollnau/Rottleuthner (Hrsg.), Rechtssoziologie (Fn. 2), S. 126 ff., 266 ff. und i.ü. die Angaben bei *Kl. Röhl*, Rechtssoziologie, § 36, S. 300 ff.

nische und arbeitsmäßige Kapazität zur Erledigung der Aufgaben zugewiesen wird, daß im Hinblick auf die Beteiligung weiterer Behörden keine zu hohen Abstimmungs- und Koordinierungskosten entstehen, daß die für das Programm verantwortlichen Instanzen den Implementationsprozeß fortlaufend, aber nur punktuell eingreifend flexibel steuern usf.

Wenn es allerdings um die Übertragung empirischer Feststellungen in normative Zu-   **352** sammenhänge geht, so ergeben sich auch im Umgang mit den Erkenntnissen der empirisch-theoretischen Rechtssoziologie nicht selten Probleme. Dabei zeigt jedoch die genauere Betrachtung jeweils, daß sich diese Probleme nicht aus den Erkenntnissen der Rechtssoziologie ergeben, sondern aus den Fragen, die Vertreter der Rechtswissenschaft an die Rechtssoziologie (bzw. an Rechtssoziologen) stellen, und die diese dann verständlicherweise nicht selbst wieder in Frage stellen, sondern mit ihren Mitteln beantworten.

Beispiele bieten hier immer wieder die Feststellungen zu Generalklauseln – wie u.a. zu den §§ 138 oder 826 BGB oder zu 1 UWG: Wer meint, daß Generalklauseln den Gerichten die Kompetenz zu einer eigenen Gesetzgebung zuweisen (dazu Rz 117 ff.), bei der sich diese u.a. an der herrschenden Moral oder an den Verkehrssitten zu orientieren hätten[118], wird die normative Gestaltung in diesen Fällen von den Erkenntnissen der Rechtssoziologie abhängig machen. Wer meint, daß dies aus Rechtsgründen nicht möglich sei, wird demgegenüber auf andere Kriterien verweisen (dazu Rz 237 ff.)[119]. Es liegt aber auf der Hand, daß sich Probleme dieser Art aus dem Streit über die richtige (angemessene) *rechtliche* Behandlung dieser Probleme ergeben – also aus der Rechtswissenschaft selbst und nicht aus dem Verhältnis von Rechtswissenschaft und Rechtssoziologie.

Soweit es dann um den Rechtsbegriff geht – also um die richtige Vorstellung von   **353** Recht, nach der sich dann die „richtige Methode" der Rechtswissenschaft bestimmt (Rz 243) –, wird deutlich, daß man die Feststellung *I. Kants, daß* die Juristen immer noch eine Definition zu ihrem Begriff vom Recht suchen (Rz 244), im Hinblick auf die empirisch-theoretische Rechtssoziologie in abgewandelter Form wiederholen kann bzw. daß auch für die empirisch-theoretische Rechtssoziologie die Feststellung *C.A. Emges* gilt, daß der Fortschritt, der seit jener Feststellung *Kants* stattgefunden hat, in der Erkenntnis der Komplexität des Rechtsbegriffs besteht (Rz 276)[120].

b) Theodor Geiger und die Upsala-Schule

Das Verhältnis von Rechtswissenschaft und Rechtssoziologie stellt sich allerdings   **354** ganz anders dar, wenn man sich auf die Untersuchungen der Vertreter der sog. „Uppsala-Schule" des *Rechtsrealismus (Axel Hägerström, V.A. Lundstedt*[121], *K. Olive-*

---

118 So z.B. *G. Teubner*, Standards und Direktiven in Generalklauseln. 1991, S. 29 ff., 65 ff.; dazu i.ü. die Darstellung bei *Kl. Röhl*, Rechtssoziologie, §27, 2, S. 224 ff.

119 Dazu i.ü. *Pawlowski*, Allg. Teil, Rz 498 ff.

120 Dazu nur die Ausführungen *Kl. Röhls*, Rechtssoziologie, § 26, 6, S. 218 ff. zu der Frage, ob sich für die Rechtssoziologie ein pluralistischer oder ein monistischer Rechtsbegriff empfiehlt – was er als Definitionsfrage bestimmt.

121 Vgl. dessen Werke: Die Unwissenschaftlichkeit der Rechtswissenschaft, Bd. 1. Die falsche Vorstellung vom objektiven Recht und subjektiven Rechten. 1932; zur „Uppsala-Schule" im übrigen die Darstellung bei *Ryffel*, Rechtssoziologie, S. 93 ff. oder *Kl. Röhl*, Rechtssoziologie, § 7, S. 40 ff.

crona) und des ihr nahestehenden *Theodor Geiger* (1891-1952)[122] bezieht, die das Recht im Rahmen einer erfahrungswissenschaftlich begründetet Rechtslehre als Erscheinung der wahrnehmbaren Wirklichkeit zu erfassen und zu beschreiben suchen[123]. Diese rechtssoziologischen Bemühungen um eine „Sozial- oder Rechts-Physik" (*Durkheim*), die das Recht gewissermaßen als einen gesellschaftlichen Mechanismus von Druck und Gegendruck darstellen, sollen hier anhand *Theodor Geigers* „Vorstudien zu einer Soziologie des Rechts" (1947) skizziert werden, die diese Position der Rechtssoziologie in besonderem Maße systematisch darstellen.

355 *Th. Geiger*[124] hatte sich in Übernahme der positivistischen Wissenschaftskonzeption (Rz 55 ff., 82 ff.) zum **Ziel** gesetzt, **das Recht und seine Grundlagen in „Termini der wahrnehmbaren Wirklichkeit zu erfassen"** und damit die Rechtslehre aus „den Gedankensümpfen der Metaphysik und Ideologie" herauszuholen, die zum **Beispiel** die Vorstellungskomplexe „Norm", „Geltung", „Pflicht" etc. verwässern und verfälschen. Er ging dabei von der *sozialen Interdependenz* des Menschen aus – davon, „daß Menschen in ihrem Dasein aufeinander eingestellt und angewiesen sind"[125]. Dies ist verbunden mit einer „geselligen Ordnung als Gebarens-Koordination", da der einzelne mit einer gewissen Sicherheit voraussehen können muß, wie andere sich in typischen Situationen verhalten[126]. Gebarensmodelle können dabei durch Gewohnheiten (habituelle, subsistente[127] Normen) in unterschiedlicher Weise gestaltet werden[128]. Unter „Normen" verstand *Geiger* dabei nicht „Imperative" oder sonstige „Sollsätze" – nicht leeres metaphysisches Phrasenwerk, wie er sagte. Die „Wirklichkeit einer Norm ist (vielmehr) ihre Wirkungs-Chance": **Eine Norm ist wirklich, wenn eine äußere Macht den Normadressaten zum normgemäßen Verhalten drängt**[129] – wenn die Norm also durch „sozialen Druck" sanktioniert ist. Die Verbindlichkeit oder Geltung einer Norm bestimmt sich daher nach dem Wahrscheinlichkeitsgrad ihrer Verwirklichung[130], d.h. nach der Wahrscheinlichkeit, mit der sie angewandt wird, sei es dadurch, daß die Adressaten sie befolgen, oder sei es dadurch, daß sie wegen Nichtbefolgen mit Sanktionen belegt werden. Dieser Wahrscheinlichkeitsgrad kann für die Vergangenheit statistisch festgestellt und für die Zukunft auf-

---

122 Vgl. sein Werk „Vorstudien zu einer Soziologie des Rechts", 1947; hier zitiert nach der von P. Trappe besorgten Ausgabe, 1964 (Soziologische Texte Bd. 20). Zu *Geiger* i.ü. die Darstellung bei *W. Zitscher* ARSP 65 (1979), S. 21 ff. oder *Kl. Röhl*, Rechtssoziologie, § 7, S. 41 ff.

123 Informativ für die von unserer Sicht sehr unterschiedene Perspektive der amerikanischen Rechtswissenschaft das Werk von *Julius Stone*, Social Dimensions of Law and Justice. 1966, wovon *J. Tamelo* 1976 „das Wesentliche und für den deutschen Leser Erhebliche" in dem dreibändigen Werk „Lehrbuch der Rechtssoziologie" in deutscher Sprache herausgegeben hat.

124 Rechtssoziologie, S. 40.

125 *Th. Geiger*, Rechtssoziologie, S. 46 f.

126 *Th. Geiger*, Rechtssoziologie, S. 48 ff.

127 *Th. Geiger*, Rechtssoziologie, S. 58, unterschied dabei zwischen den subsistenten Normen, die in Wirklichkeit maßgebend sind, und den Verbalnormen, bei denen wieder zwischen „deklarativen" (Sittenregeln) und „proklamativen" Normen (Satzung) zu unterscheiden ist.

128 *Th. Geiger*, Rechtssoziologie, S. 57 ff., 95 ff.

129 *Th. Geiger*, Rechtssoziologie, S. 65 ff., 68.

130 *Th. Geiger*, Rechtssoziologie, S. 207 ff.

grund eines „Verbindlichkeitskalküls" über die zu erwartenden Befolgungs- und Sanktionsquoten in der Form einer Wahrscheinlichkeitsaussage formuliert werden[131].

Von diesem Ausgangspunkt her hat *Geiger* dann die Unterschiede in der Wirkungs-　　**356** chance verschiedener Arten von Normen (des Rechts, der Moral, der Sitte etc.) thematisiert, die er nach der Art ihrer Sanktionierung voneinander abgrenzte: Rechtliche Normen sind danach – im großen Ganzen[132] – die Normen, deren „Wirkungschance" durch die Einrichtung staatlicher Sanktionen gewährleistet wird; moralische Normen diejenigen, deren Wirkungschance durch „gesellschaftliche Sanktionsmechanismen" konstituiert wird usf.

Dabei ist zu beachten, daß die Einrichtung von Sanktionsmechanismen nicht der eigentliche und letzte Grund für die Geltung der „Normen" ist, daß also zum **Beispiel** Anordnung staatlicher Sanktionen für bestimmte Handlungen nicht die Rechtsnorm als solche erst konstituiert. **Die Geltung** (Wirkungschance) **des Rechts beruhte** nach *Geiger* vielmehr **auf einer „gesellschaftlichen Gesamtverursachung"**[133] – d.h. der Staat kann bei der Errichtung bestimmter Sanktionsmechanismen sozusagen (wie bei *Ph. Heck*) als „Transformator gesellschaftlicher Kräfte" auftreten (Rz 167).

Es ist deutlich, daß *Geiger* damit zum **Beispiel** für rechtspolitische Fragestellungen einen wei-　　**357** teren Bereich praktisch-empirischer Forschung eröffnet hat. Aus seinem Ansatz ergeben sich Anhaltspunkte für Methoden, mit deren Hilfe man feststellen kann, ob bestimmte Ziele besser mit den Mitteln rechtlicher Sanktionsmechanismen erreicht werden können oder eher auf dem Wege der informellen *gesellschaftlichen* Sanktionierung usf.[134] Und es liegt auf der Hand, daß die Ergebnisse derartiger Untersuchungen bei rechtspolitischen Entscheidungen sehr hilfreich sein können – auch wenn man rechtspolitische Fragen nicht allein mit ihrer Hilfe entscheiden kann.

Daneben eröffnet *Geigers* Ansatz die Möglichkeit, das Problem zu thematisieren, wie – sozial wirksame – Normen „entstehen"[135]. Und er verspricht damit auch Erkenntnisse darüber, wie man vorgehen muß, um „die Gesellschaft" zu bestimmten Verhaltensweisen zu motivieren – zum **Beispiel** durch das Aussetzen von „Belohnungen", durch Organisation von „beispielhaftem Verhalten" usf.

Geiger wollte aber mit Hilfe seines Ansatzes nicht nur die heute sozial wirksamen　　**358** Normen erfassen und beschreiben, sondern darüber hinaus auch die Fragen der Rechtsanwendung und Entscheidung – d.h. die Probleme der Feststellung und Fortentwicklung des Rechts[136]. Er verwarf auch in dieser Hinsicht alle Rekurse auf „Sollenssätze", „Werte" etc. als „reine Ideologie" – und dementsprechend auch die juristische Dogmatik.

131　*Th. Geiger*, Rechtssoziologie, S. 103, 207 ff., 277 ff.
132　*Th. Geiger*, Rechtssoziologie, S. 220 ff. hat dabei hervorgehoben, daß man von seinem Ansatz her nicht notwendig darauf angewiesen ist, den Rechtscharakter nicht sanktionierter Normen (z.B. des Völkerrechts) zu leugnen. Denn die Unterscheidung verschiedener Arten von Normen dient nach seinem Ansatz nur der besseren Beschreibung des vorhandenen; man kann sich bei diesen Unterscheidungen daher am üblichen Sprachgebrauch orientieren.
133　*Th. Geiger*, Rechtssoziologie, S. 170.
134　Diese Problematik verfolgen vielfach auch die Untersuchungen heutiger Rechtssoziologen – wie u.a. die von *E. von Blankenburg*, *N. Reich* oder *G. Winter.*
135　Dazu *Th. Geiger*, Rechtssoziologie, S. 92 ff.
136　*Th. Geiger*, Rechtssoziologie, S. 169 ff.

So kann es nach seiner Meinung zum **Beispiel** bei der Auslegung der Norm eines Gesetzes nicht darum gehen, festzustellen, für welche Tatbestände diese Norm „Geltung" *hat*: „weil dieses nicht in der Welt der Erscheinungen *feststeht*". Es könne vielmehr nur darum gehen, „welchen Gebarensmodellen durch Sanktionsverhängung rechtliche Verbindlichkeiten verliehen werden solle"[137]. Und dieses könne nicht durch „rechtswissenschaftliche Schlüsse" sondern nur durch „rechtskonstruktive Entschlüsse" festgelegt werden – und zwar durch Entschlüsse, die einer theoretischen Begründung nicht zugänglich seien[138].

358a   *Geiger* schloß sich in dieser Hinsicht mit einigen Modifikationen[139] dem theoretischen **Wertnihilismus** der Uppsala-Schule an. Danach sind Aussagen über Werte „Gefühlskundgebungen"; sie sind als solche weder wahr noch falsch, sondern theoretisch gänzlich sinn- und inhaltslos[140]. Das Gute ist die ideelle Objektivierung einer gefühlsmäßigen Stellungnahme zu gewissen Handlungsweisen[141]. Über die „Chimäre des Guten", d.h. über Wertaussagen (bzw. über deren „Richtigkeit") kann man daher nur einen ideologischen Streit führen[142].

Das darf man allerdings nicht dahin mißverstehen, daß *Geiger* nun dafür eingetreten sei, „daß bisher für gut erachtete Handlungen in Wirklichkeit schlecht seien" oder „daß man tun kann, was einem beliebt". *Geiger*[143] wandte sich vielmehr gegen diese Folgerungen. Er trat zwar anders als die Uppsala-Schule[144] auch für einen „praktischen Wertnihilismus" ein und verwies hinsichtlich der primären (praktischen) Bewertungen auf die „soziale Interdependenz" (auf das „Sosein" des Menschen) und nicht auf irgendwelche theoretische Ideen. Der theoretische und praktische Wertnihilismus führt aber nur zur Ablehnung jeglicher Wer*turteile*. Diese werden auf reine Gefühlsaussagen[145] reduziert: „In einer wertnihilistischen Gesellschaft würde die unverblümte soziale Interdependenz wieder die ordnende Kraft sein, nachdem die Moral … sich selbst als soziale Lebensordnung ad absurdum geführt hat. Widersprüche zwischen den geforderten Gebarensweisen[146] würden nach wie vor bestehen. Aber der Widerspruch ist hier rein tatsächlicher Art, ist kein wertmoralisches Problem, sondern eine Aufgabe des Manövrierens im gesellschaftlichen Milieu." Die Rechtsnorm drückt in diesem Zusammenhang dann aus, daß man mit bestimmten Sanktionen zu rechnen hat, wenn man bestimmte Verhaltensweisen nicht unterläßt[147].

---

137   *Th. Geiger*, Rechtssoziologie, S. 260.
138   *Th. Geiger*, Rechtssoziologie, S. 313 ff.
139   Dazu *Th. Geiger*, Rechtssoziologie, S. 313 ff.; diese Ausführungen lassen zwar erkennen, daß zwischen der Uppsala-Schule und *Geiger* mit großer emotionaler Beteiligung ein Streit über Einzelheiten geführt wurde – für unsere Zwecke kommt es aber diese Einzelheiten nicht an.
140   *Th. Geiger*, Rechtssoziologie, S. 313; durch diese Aussage unterscheidet sich der „Wertnihilismus" von dem früher (oben Rz 278 ff.) dargestellten „Wertrelativismus", der – innerhalb eines gegebenen Rahmens – durchaus richtige (wahre) oder falsche Aussagen über Werte für möglich und sinnvoll hält.
141   *Th. Geiger*, Rechtssoziologie, S. 319.
142   *Th. Geiger*, Rechtssoziologie, S. 329.
143   Rechtssoziologie, S. 325 ff.
144   *Geiger* wandte sich insofern gegen die Uppsala-Schule, als diese nur einen „theoretischen Wertnihilismus" vertrat – d.h. behauptete, nur „Werturteile" (also Aussageformen) zu verwerfen, während sie das „praktische Wertleben" unberührt lasse. Demgegenüber betonte *Geiger*, Rechtssoziologie, S. 314 (m.E. zu Recht), daß der theoretische Wertnihilismus auch den praktischen Wertnihilismus erzwinge.
145   Dazu auch die Analysen von J. *Habermas*, Theorie Kom. H. I, S. 139 ff., 149 f.
146   Die nämlich einzelne Gruppen fordern (der Verf.).
147   *Th. Geiger*, Rechtssoziologie, S. 335 f.

Nach diesem Ansatz kann es also nicht Aufgabe des Richters sein, nach der normativ **359**
richtigen (gerechten) Entscheidung des Streits zu suchen, denn die Vorstellung einer
normativen „Gerechtigkeit" ist ja in ihrem „hohlen Pathos" entlarvt[148]. Der Richter
wird sich vielmehr bemühen, möglichst effektiv zu urteilen, d.h. so zu entscheiden,
daß sein Urteil möglichst nicht von einer höheren Instanz aufgehoben wird, bzw. –
wenn er selbst die höchste Instanz ist –, so zu urteilen, daß sein Urteil auf möglichst
wenig Widerspruch in der Gesellschaft oder in anderen Teilen der Staatsorganisation
stößt. Und er wird sich dabei im übrigen an seiner unmittelbaren – gefühlsmäßigen –
Eigenbewertung des Falles orientieren: Rechtsprechung ist daher nach *Geiger* immer
auch „Rechtsschöpfung"[149]. Die „rechtskonstruktive Begründung" des Urteils (das
„juristische Raisonnement"[150]) hat dabei die Funktion, um Zustimmung zu der *Bewertung* (der Wertaussage) des Richters zu werben; es soll dazu führen, daß alle –
oder doch möglichst viele – ebenso unmittelbar wie der Richter sagen: „Pfui über den
Dieb" bzw. „Dieser Diebstahl ist eine schlechte Handlung"[151].

Diese Analysen *Geigers* heben Zusammenhänge hervor, die in der gegenwärtigen rechtswis- **359a**
senschaftlichen Diskussion zu wenig beachtet werden. So wird danach zum **Beispiel** deutlich,
daß ein Richter bei seinen Urteilen berücksichtigen muß, an welcher Stelle in der Justizorganisation er „urteilt"[152]. Und das entspricht auch seiner Aufgabe, *Recht* zu sprechen. Denn es
kann nicht seine Aufgabe sein, ohne besondere Gründe gegen eine feststehende Rechtsprechung *seines* Obergerichts anzugehen, weil er damit den Parteien nur Kosten verursacht – und
eben nicht „Recht" sprechen würde. Und die Richter eines Obergerichts, dessen Funktion es
ist, die Einheitlichkeit und Kontinuität der Rechtsprechung zu wahren, können nicht ihrer jeweiligen Einsicht folgen, heute so, morgen so und übermorgen wieder so entscheiden usf. Sie
müssen vielmehr „von Rechts wegen" eine kontinuierliche Entscheidungspraxis entwickeln.
Gegenüber einer Rechtsdogmatik, die das Recht ausschließlich nach „materiellen" (inhaltlichen) Kriterien bestimmt und es als eine inhaltlich bestimmte normative Ordnung beschreibt[153], betont *Geiger* also zutreffend die Offenheit und Unbestimmtheit des Rechts: Seine
Abhängigkeit vom „Verfahren der Rechtserkenntnis".

Die Analysen *Geigers* scheinen damit eine Grundlage zu bieten, von der wir bei un- **360**
serer Frage nach der Herkunft (Quelle) des Rechts und damit nach der richtigen Methode der Rechtsanwendung (Rz 243 f.) ausgehen können – wenn er auch die Frage
nach dem „richtigen" Recht gerade als Scheinproblem entlarvt. Rechtsanwendung
und insbesondere Rechtsprechung stellen danach bestimmte technische Probleme –

---

148 *Th. Geiger*, Rechtssoziologie, S. 335.
149 *Th. Geiger*, Rechtssoziologie, S. 251 ff., 260, 274 ff. und öfter. Diese Konsequenz der Analysen
  Geigers macht seinen Ansatz so attraktiv für die Juristen, die dem Richter die Aufgabe der „Rechtsfortbildung" als eigenschöpferische, gesetzgebende Tätigkeit zuweisen. Denn dieser Ansatz scheint
  die Möglichkeit zu bieten, diese Qualifizierung gegen naheliegende Einwendungen z.B. aus dem
  Verfassungsrecht (vgl. dazu oben Rz 123 f., 240 ff.) abzusichern. Daher berufen sich auch solche
  Juristen vielfach auf *Geiger*, die im übrigen im Gegensatz zu ihm in ihren Arbeiten an der üblichen
  juristischen Dogmatik festhalten, worüber sich *H. Ryffel*, Rechtssoziologie, S. 107, zu Recht wun-
  derte.
150 *Th. Geiger*, Rechtssoziologie, S. 176.
151 So *Th. Geiger*, Rechtssoziologie, S. 176 f., 313 ff., 318 f.
152 *Pawlowski*, Allg. Teil, Rz 31, 59 f.; vgl. hierzu auch die Argumentation des OLG München in
  FamRZ 1976, S. 634 unter Nr. 3.
153 Dagegen auch P. *Gilles*, Schiedermair-F., S. 183 ff., 190 f. sowie *Pawlowski* ZZP 80, S. 345 ff.

und *Geiger* macht deutlich, mit welchen Hilfsmitteln diese Probleme zu lösen sind: Nämlich durch den Rekurs auf das eigene unmittelbare Empfinden in Anpassung an die vorhandenen gesellschaftlichen Bedingungen, an die institutionalisierten Sanktionsmechanismen, in Hinblick auf die zu erwartenden Belohnungen, unter Berücksichtigung der Prognosen über die wahrscheinlichen Reaktionen der anderen usf.

Aus seinen Analysen ergibt sich übrigens gleichzeitig, wie den Einwendungen zu begegnen ist, die sich aus dem Zusammenhang unserer Verfassungsorganisation gegen dieses Entscheidungsmodell ergeben – also zum **Beispiel** dem Einwand, daß die Richter nach unserer Verfassung nicht legitimiert seien, Urteile auf ihre eigene (individuelle, persönliche) Bewertung zu stützen (Rz 123 ff., 240 ff.). Denn wenn man mit *Geiger* davon ausgeht, daß sie dies – notwendig – immer tun, dann hilft dagegen keine Berufung darauf, daß es anders sein „sollte". Derartige Einwendungen stellen sich so nur als Versuche dar, die Erkenntnis des wirklichen (notwendigen) Ablaufs der richterlichen Entscheidungen metaphysisch zu verfälschen oder ideologisch zu verschleiern. Wer Rechts*wissenschaft* betreiben will, scheint also diese Einwendungen beiseiteschieben zu müssen.

c) Positivismus und Metaphysik

361 Wir haben aber bereits früher festgestellt, daß hinter der Methode des **Positivismus,** sich gegenüber den Verfälschungen der Metaphysik auf die empirische „Wirklichkeit" zu berufen, **eine verkürzte Philosophie** steht (Rz 44, 85, 97). Und das Beispiel der richterlichen Entscheidungen zeigt gerade dem Juristen, daß dieser Hinweis auf „die Wirklichkeit" nicht so überzeugend ist, wie es zunächst scheinen mag. Denn wie man auch immer über Normen, Werte etc. denken mag, so ist doch nicht zu bestreiten, daß es für den Inhalt der richterlichen Entscheidung von Bedeutung *ist*, ob sich der Richter bei seiner Entscheidung an „normativen Ordnungen", „Werten" u.ä.m. orientieren zu sollen glaubt oder nicht. Und *Geiger*[154] hat auch gegenüber der Uppsala-Schule gerade hervorgehoben, daß „Wertideen" zwar illusionär seinen, daß aber „Illusionen" dennoch *Ursache* bestimmter Verhaltensweisen sein können. Man scheint zwar nicht viel Worte darüber verlieren zu brauchen, daß es „besser" ist, sich bei seinen Entscheidungen nicht von „Illusionen", sondern von „Erkenntnissen" leiten zu lassen. Als „Illusion" (d.h. als verfälschende oder verfälschte Vorstellungen) stellen sich normative Konzepte aber nur nach den Annahmen des Wertnihilismus dar. Im übrigen machen die Analysen *Geigers* in keiner Weise einsichtig[155], inwiefern es „richtig" (besser) ist, sich bei den Entscheidungen nicht an normativen Konzepten, sondern (nur) an sozial wirksamen Normen (d.h. an Normen mit „nicht normativer Bedeutung")[156] zu orientieren – ja im Rahmen seines Ansatzes besteht nicht einmal die Möglichkeit, diese Frage zu thematisieren. Denn es ist gerade sein Ziel, den gesetzmäßigen (und d.h. den *notwendigen*) Ablauf des Entscheidungsvorgangs zu erfassen, und zu beschreiben, nach welchen Gesetzen sich Entscheidungen *vollziehen*. Und wer erkannt hat, wie entschieden *wird* – d.h. nach welchen Gesetzmäßigkeiten

---

154 Rechtssoziologie, S. 313 ff.
155 Wenn man sich hierzu nicht auf die Ausführungen über die Formen der „Moral" beziehen will; *Th. Geiger.* Rechtssoziologie, S. 303 ff.
156 *Th. Geiger*, Rechtssoziologie, S. 66.

und damit notwendig –, der kann nicht mehr darüber nachdenken, ob und wie man auch anders entscheiden könnte und sollte.

Damit erhebt der „juristische Realismus" anders als die vorher skizzierten empirisch-theoretischen Rechtssoziologien oder gar die Rechtstatsachenforschung den Anspruch, mit seiner Methode nicht „nur" die durch das Recht bereits strukturierte Wirklichkeit zu erfassen, sondern die entscheidenden Kriterien des Rechts *selbst*. *H. Ryffel*[157] hat daher im Hinblick auf diese rechtssoziologischen Bemühungen m.E. zu Recht von einer Rechtssoziologie als „usurpatorischer Rechtstheorie" gesprochen.

Wir stoßen hier also wiederum auf eine Problematik, die wir schon verschiedentlich angesprochen haben – nämlich auf die Frage, ob neben der wissenschaftlichen Erkenntnis von Gesetzmäßigkeiten durch Überprüfung von Gesetzeshypothesen noch eine weitere Form wissenschaftlicher Erkenntnis möglich und erforderlich ist (Rz 81 ff., 92 ff.). Diese Frage stellt sich jetzt in einem Zusammenhang, der einen direkten Bezug zu den Problemen der Rechtswissenschaft erkennen läßt; sie wird damit dem Juristen zugänglich. Wir wollen ihr daher noch etwas genauer nachgehen, da dies auch das Verhältnis von Rechtswissenschaft und Rechtssoziologie verdeutlichen kann.   **362**

§ 11 Das Entscheidungsproblem

Erinnert man sich bei der Beschäftigung mit den Analysen *Th. Geigers* an die anfänglich dargestellten Bemühungen um die *richtige* Methode der wissenschaftlichen Erkenntnis (Rz 55 ff., 82 ff.), dann wird bald deutlich, daß und weshalb *Geiger* Normen und Werte aus dem Bereich dieser Erkenntnis ausgeschlossen hat und ausschließen mußte: Es ging ihm einmal um „Tatsachenzusammenhänge", die er in „Termini der (sinnlich) wahrnehmbaren Wirklichkeit" erfassen wollte (Rz 355). Und es ging ihm zum anderen nicht um das „Verstehen", sondern um das theoretische „Erklären" dieser Tatsachen. Und Tatsachen bzw. Tatsachenzusammenhänge werden „erklärt" durch Theorien, die angeben, nach welchen „Gesetzmäßigkeiten" diese „Tatsachen" auftreten (Rz 88). Erkenntnis – und auch wissenschaftliche Erkenntnis – richtet sich danach ausschließlich auf die gedankliche Verknüpfung von „Wahrnehmungen" (Erscheinungen) nach dem Schema von „Ursache und Wirkung"; sie kann damit nur zu „wenn … dann-Sätzen" führen: also zur Erkenntnis von Kausalgesetzen. In diesem Zusammenhang erweisen sich aber sowohl normative Ordnungen als auch normative (und nicht nur deskriptive – Rz 300)[1] Werte zu Recht als sinnlos, da sie die Annahme der „Freiheit" (der freien, nicht kausal determinierten Entscheidung) voraussetzen (Rz 249). Sie können zwar als einmal entstandene Vorstellungskomplexe, die als Wertaussagen wahrnehmbar sind, selbst Ursache bestimmter Wirkungen werden – was *Geiger*[2] auch hervorhebt. Sie erscheinen in diesem Zusammenhang aber nicht in   **363**

---

157 Rechtssoziologie, S. 40

  1 Ausführlich zum Unterschied zwischen dem „normativen" und dem „deskriptiven" Wertbegriff *Pawlowski*, Duden-F., S. 349 ff.
  2 Rechtssoziologie, S. 67.

ihrer normativen Bedeutung. Denn die wissenschaftliche Erforschung ihres Entstehens wird und muß wiederum erweisen, welche „Wahrnehmungen" Ursache dieser Vorstellungskomplexe waren. „Normative Ordnungen" als Vorstellungskomplexe können also, so gesehen, nur Transformationen (Übersetzungen) anderer Wahrnehmungen sein – oder nach *Geiger* „Verfälschungen". Normative Probleme im eigentlichen Sinne können daher erst in den Blick kommen, wenn man diesen Zusammenhang von „wenn … dann-Folgen" (von „notwendigen Gesetzmäßigkeiten") verläßt – d.h. wenn man nicht mehr (nur) nach Ursachen fragt und Erklärungen sucht, sondern „Möglichkeiten".

364 Wir stoßen damit augenscheinlich auf die Problematik, die in der Philosophie und Rechtsphilosophie unter dem Stichwort der **Willensfreiheit** abgehandelt wird[3]. Es kann und muß hier jedoch dahinstehen, was zu dieser weit verzweigten Problematik des „freien Willens" zu sagen ist, die nicht nur im Hinblick auf das Problem von Verdienst und Schuld[4], sondern in verschiedenen Zusammenhängen sehr unterschiedliche Fragen aufwirft. Spricht man doch schon von „Freiheit" heute vielfach in einer Art, die mit den früher mitgeteilten rechtsphilosophischen Überlegungen (Rz 249 ff.) nichts mehr zu tun hat. Kann man nach den Analysen *I. Kants* und seiner Nachfolger von Freiheit überhaupt erst sprechen, wenn man von Grundsätzen und Kriterien spricht (Rz 250), so verbindet man heute in der Politik und auch in der Rechtswissenschaft mit „Freiheit" meist die Vorstellung der Abwesenheit jeglicher Bindung[5]. Das schließt es aus, das Problem der Willensfreiheit hier allgemein anzusprechen[6] oder gar abzuhandeln. Die folgenden Überlegungen werden sich vielmehr allein auf das Problem der *Entscheidung* beschränken, das den Juristen vom richterlichen Urteil her besonders interessiert.

365 Ein Entscheidungsproblem entsteht dann, wenn man aufgefordert ist, (sich) zu entscheiden – wenn man entscheiden soll, aber nicht weiß, *wie* man (sich) entscheiden soll. Es ist dabei dadurch gekennzeichnet, daß sich dem Entscheidenden verschie-

---

3 Dazu u.a. *H. Ryffel*, Rechtsphilosophie, S. 146 ff.; *H. Henkel*, Rechtsphilosophie, S. 190 ff.; *W. Keller*, Das Problem der Willensfreiheit, 1965 sowie *N.B. Kvastadt* ARSP 65 (1979), S. 305 ff.; *H. Foth* ARSP 65, S. 347 ff., 356 ff.; *R. Theis* ARSP 65, S. 369 ff. *Geiger*, Rechtssoziologie, S. 52, meint – von seinem Ansatz her konsequent –, daß „die Frage nach der Freiheit des Willens vermutlich ein bloßes Scheinproblem und die Antwort des Indeterminismus eine Erschleichung" sei. Seine Ausführungen zu diesem Problem bleiben i.ü. sehr an der Oberfläche.

4 Diese u.a. für das Strafrecht bedeutsame Frage steht bei den rechtsphilosophischen Darstellungen meist im Vordergrund, dazu u.a. die Darstellung bei *H. Henkel*, Rechtsphilosophie, S. 190 ff.; *H. Coing*, Rechtsphilosophie, S. 244 ff. und i.ü. *K. Engisch*, Die Lehre von der Willensfreiheit in der strafrechtlichen Doktrin der Gegenwart. 2. Aufl. 1965.

5 Vgl. z.B. *R. Hepting*, Ehevereinbarungen. 1984, S. 195: „Freiheit bedeutet … Freiheit von *jeglicher* Bindung"; grundlegender *J. Schapp*, Freiheit, Moral und Recht. 1994, S. 177 ff., der hervorhebt, daß sich in der Moderne der von *Th. Hobbes* geprägte Begriff der natürlichen Freiheit gegenüber dem von *I. Kant* geprägten Begriff der moralischen Freiheit als der „geschichtsmächtigere" erwiesen habe – und daher die heutige Sicht des Bürgers zum Staat maßgebend bestimme. Man bleibt damit aber für *I. Kant* und seine Nachfolger auf der Ebene des „Zufalls" (Rz 249).

6 Zu den Problemen, die sich in diesem Zusammenhang z.B. im Hinblick auf die Lehre von der (privatautonomen) Willenserklärung ergeben, *Pawlowski*, Rechtsgeschäftliche Folgen nichtiger Willenserklärungen. 1966, § 10, S. 232 ff.

dene Handlungs*möglichkeiten* bieten, von denen er eine wählen muß. Ein Entscheidungsproblem entsteht also (noch) nicht, wenn man weiß, was man (inhaltlich) will und nur noch das einzige, noch unbekannte Mittel sucht, dieses Ziel zu verwirklichen – sondern erst dann, wenn man sich vor eine *Wahl* zwischen verschiedenen Möglichkeiten gestellt sieht. In dieser Lage hilft es aber dem, der entscheiden soll, augenscheinlich nicht, wenn man ihn in irgendeiner Weise darauf hinweist, was er tun *wird*[7]; für ihn geht es vor der Entscheidung nur darum, was er tun (wie er sich entscheiden) *soll*. Und diese Frage kann man augenscheinlich nur stellen, wenn man davon ausgeht, daß man dieses oder jenes tun *kann* –, daß die Entscheidung also noch nicht feststeht.

Man kann diesen Zusammenhang zwar auch so beschreiben, daß sich die Offenheit **366** der Entscheidung als eine rein subjektive (psychologische) Erscheinung darstellt: Man geht davon aus, daß die Entscheidung schon jetzt bereits feststeht, was der Entscheidende nur noch nicht „weiß". Eine spätere Analyse[8] der gefällten Entscheidung, die die „Gründe – Ursachen – der Entscheidung offenlegt, kann dies dann auch bestätigen. Die Vorstellungen der „Offenheit der Entscheidung" erweist sich so als Folge einer notwendigen Unkenntnis, die dazu führt, daß man kausale Abläufe subjektiv als Tätigkeit erlebt (nämlich als Folge von Entschlüssen) – und damit „verfälscht"[9]. Es kann hier aber dahinstehen, ob diese Art der Beschreibung (die unverkennbar metaphysischen Charakter hat) „richtig" bzw. wahr ist, da sie die Entscheidungsprobleme nämlich weder ändert noch weiterführt. Denn der Inhalt einer zu treffenden Entscheidung hängt weiterhin davon ab, wie sich der zur Entscheidung Aufgerufene bei seiner Wahl zwischen den verschiedenen Entscheidungs*möglichkeiten* verhält – an welchen Kriterien (Konzepten, Entwürfen) er sich orientiert, wo er nachforscht oder Hilfsmittel sucht. Und für dieses Verhalten ist wiederum von Bedeutung, was er im Hinblick auf die Vorbereitung von Entscheidungen für gut, zweckmäßig, oder hilfreich hält. Für dieses Verhalten haben also Vorstellungskomplexe Bedeutung, die davon ausgehen und notwendig davon ausgehen müssen, daß man sich verschieden verhalten (verschieden entscheiden) *kann*, wobei nur eine dieser Möglichkeiten als „gesollt" verwirklicht wird. Ob man diese Art der Vorstellung als notwendig subjektive – illusionäre, verfälschende – „Wahrnehmung eines Kausalablaufs" oder als „zutreffende Beschreibung des wirklichen Vorgangs" interpretiert, hat dabei für das Entscheidungsproblem keine Bedeutung[10]. Man sollte sich vor allem darüber klar sein, daß

---

7 Dieser Hinweis mag ihm zwar dazu verhelfen, aus der Entscheidungssituation dadurch herauszukommen, daß er aufgrund dieses Hinweises erkennt, was er „will" – weil er sich z.B. daran erinnert, daß er in ähnlichen Situationen schließlich am Ende immer dieses oder jenes Ziel verfolgt hat; dazu ausf. *Pawlowski*, Duden-F., S. 349, 359 ff. In vielen Entscheidungssituationen wird es aber gar nicht darauf ankommen, was der Entscheidende „will"! Es geht in ihnen nur darum, was er „soll".

8 Oder z.B. die Beobachtung eines Entscheidenden, bei der man aufgrund der persönlichen Kenntnis des Entscheidenden vielfach dessen Entscheidung schon prognostizieren kann, wenn er selbst noch nicht sagen kann, wie er entscheiden wird. Der Lehrer wird nicht selten bereits „wissen", wie seine Schüler entscheiden werden, wenn diese es noch nicht „wissen".

9 In diese Richtung weisen die Ausführungen *Th. Geigers*, Rechtssoziologie, S. 54 ff. zum Problem der Willensfreiheit.

10 Vgl. dazu auch *J. Habermas*, Theorie Kom. H, I, S. 134, 155 ff., 172 ff.; *B. von Freytag-Löringshoff* in: Simon, Freiheit, S. 37 ff. illustriert dies damit, indem er hervorhebt, daß ein Mensch wie ein Stein

man sich für eine bestimmte Ausformung der Metaphysik entscheidet und sich damit in den Gedankensümpfen der Metaphysik verirrt (Rz 83) – was *Geiger* gerade vermeiden will (Rz 352) –, wenn man das Erlebnis der „Offenheit" der Entscheidung als „subjektiv notwendige Verfälschung der Wirklichkeit" interpretiert.

367 Die Diskussion der Lehren *Th. Ge*igers macht also wiederum deutlich, in welcher Weise man mit Hilfe eines vermeintlichen „Realismus", der mit der Illusion der Metaphysik aufräumt und die durch sie begründeten „Täuschungen" beseitigt, einen „absoluten" Standpunkt rechtfertigen kann: Indem man die Möglichkeit der Wahl zwischen verschiedenen Entscheidungen als „Illusion" entlarvt, wird die einzelne Entscheidung der Kritik entzogen – sie stellt sich ja als „notwendig" dar. Und das ist nun augenscheinlich eine „metaphysische Aussage", und zwar eine Aussage einer Metaphysik, über die man nicht mehr diskutieren kann, da sie sich nicht mehr als Metaphysik versteht. Man entgeht aber der Metaphysik nicht dadurch, daß man nicht über sie spricht oder sie vergißt.

Dies sollte man übrigens auch bedenken, wenn man sich im Strafrecht mit den Problemen der „Willensfreiheit" (Rz 364) befaßt, die bei der genaueren Bestimmung des Schuldprinzips von Bedeutung sind: Auch das Strafrecht wird nicht „wissenschaftlicher", wenn man es nur von den verschiedenen Präventionsgedanken[11] her analysiert und den Komplex der „Schuld"[12] wegen des Metaphysikverdachts weitgehend ausspart. Man bleibt auch damit der Metaphysik verhaftet, nur einer anderen als früher.

368 Bei Entscheidungen geht es also darum, aus den verschiedenen möglichen Verhaltensweisen (aus dem, was man tun *kann*), diejenige auszuwählen, die man für „die beste", „die richtige" etc. hält (das, was man tun *soll*)[13]. Das Problem aller Entscheidungen besteht also darin, Kriterien zu gewinnen, aus denen sich ergibt, was denn nun in diesem Falle „das Beste", „das Richtige" etc. ist. Bei dieser Frage hat man nun augenscheinlich zwei Aspekte genauer zu unterscheiden, die allerdings in der konkreten Entscheidungstätigkeit vielfach nur vermischt auftreten: Was „die beste" Entscheidung ist, bestimmt sich vielfach nach vorhandenen Sachzusammenhängen bzw. nach den vorhandenen technischen Gegebenheiten und Möglichkeiten[14]. Und wir hatten schon festgestellt, daß *Geigers* Analysen diesen Aspekt zutreffend hervorheben (Rz 359), der in der gegenwärtigen rechtswissenschaftlichen Diskussion nicht

---

als schwerer Körper fällt – und eben doch anders als ein Stein: Er zappelt, versucht sich festzuhalten usf. Und er kann das Fallen u.U. beenden oder abwenden, wenn er durch Denken etwas zum Festhalten findet – was er ohne Denken nicht gefunden hätte.

11 Dazu die Darstellung von *B. Schünemann*, in Schünemann (Hrsg.), Grundfragen des modernen Strafrechtssystems. 1984, S. 46 ff., 155 ff.; *H. Achenbach*, (ebenda), S. 140 ff.; *E. Schmidhäuser*, Festschrift für H.H. Jescheck. 1985, S. 485 ff., 500 ff.

12 Dazu schon *Pawlowski*, Rechtswissenschaft, § 11, S. 246 ff., 270 ff. und vor allem die instruktive Darstellung von *W. Schild* über „Ende und Zukunft des Strafrechts" in ARSP 68 (1982), S. 71 ff.

13 Auch *Geiger* versucht mit seiner Analyse zu bestimmen, wie man am besten entscheidet – was besonders seine scharfe Polemik gegen „normatives" (wertorientiertes) Entscheidungsverhalten zeigt. *H. Ryffel*, Rechtssoziologie, S. 106, weist daher zu Recht darauf hin, daß auch *Geiger* nicht ohne allgemeine Werturteile auskommt und damit seinen „Wertnihilismus" konkludent aufgibt – indem er nämlich eine bestimmte Technik der Entscheidung und damit bestimmte Entscheidungsalternativen als „die besten" auszuweisen sucht; vgl. dazu noch gleich den Text Rz 370 ff.

14 So scheiden für einen Richter z.B. die Entscheidungsalternativen aus, die mit der Rechtsprechung seines Obergerichts nicht vereinbar sind – nicht weil diese „normativ gesehen" nicht „die besten" sein könnten, sondern weil ihre Wahl nur dazu führt, daß der Prozeß in einer höheren Instanz fortgeführt wird – weil sie also der Partei nur höhere Kosten verursachen; dazu oben Rz 359.

immer ausreichend beachtet wird – in der man vielfach den Eindruck gewinnt, daß es nur darum gehe, einen genügend starken „politischen Willen" zu organisieren, um bestehende Probleme zu lösen. Man muß sich aber darüber klar sein, daß die Lösung von Rechtsproblemen in derselben Weise juristisch-technische Kenntnisse und Überlegungen erfordert, wie die Lösung medizinischer Probleme Kenntnisse der Technik[15] usf. Bei den juristischen Entscheidungen stellen sich insofern also ebenso wie bei handwerklichen oder wissenschaftlichen Antworten zunächst eine Reihe technischer Probleme.

Mit der genauen Erfassung dieser technischen Gegebenheiten (des „Möglichen") ist **369** aber noch nicht festgelegt, *was* denn nun *die beste Entscheidung ist* – jedenfalls nicht in allen Fällen. Denn wenn auch die Erforschung der Möglichkeiten in einer Reihe von Fällen zu der Erkenntnis führen mag, daß man nur eine Möglichkeit hat – und damit sich nicht zu entscheiden braucht –, so führt diese Erforschung in anderen Fällen zu der Erkenntnis, daß in ihnen, technisch gesehen, verschiedene Entscheidungen *möglich* sind. Für diese Fälle empfiehlt ja *Geiger*[16] auch, sich dann an dem eigenen, unmittelbaren – gegenwärtigen – Empfinden zu orientieren; andere verweisen hier auf „absolute" oder „relative" Werte; der Jurist wird in diesem Zusammenhang auf „das Recht" zurückgreifen wollen usf. Man mag nun hier so oder so argumentieren und dies oder jenes für angemessen, richtig oder zweckmäßig halten: Entscheidend ist zunächst, daß man hier Anlaß hat, zu argumentieren und dieses „normative" Entscheidungsproblem zu thematisieren, da es augenscheinlich nicht mit dem vorher angesprochenen technischen Problem zusammenfällt[17].

Th. Geiger konnte also die Aufgabe der Rechtsprechung deshalb als rein technisches **370** Problem darstellen, weil er in Hinblick auf den normativen Aspekt der Entscheidungen auf das „unmittelbare Empfinden" des Entscheidenden verwies (auf dessen soziale Interdependenz) – ohne die „Richtigkeit" oder Angemessenheit dieser Empfehlung einer bestimmten Entscheidungstechnik selbst zu thematisieren. Eine derartige Diskussion ist nach seinem Ansatz schon deshalb sinnlos, weil es von vornherein ausgeschlossen erscheint, hier theoretische Erkenntnisse zu gewinnen. Denn wenn Erkenntnisse nur in Aussagen über gesetzmäßige (und d.h. notwendige) Abläufe bestehen, dann kann man mit ihrer Hilfe keine Kriterien für eine „Wahl" zwischen verschiedenen Möglichkeiten beschreiben. Oder anders ausgedrückt: Dann erlauben sie keine Aussagen, die auf die – subjektive – Entscheidungssituation des Individuums abstellen, das „wählen" soll. Angesichts der zentralen Bedeutung des Entscheidungsproblems vermag es aber nicht zu überzeugen, daß man von vornherein den Versuch aufgeben soll, hier zu Erkenntnissen zu gelangen – und d.h. auch: hier zu argumentieren und zu diskutieren und nicht nur zu appellieren (d.h. zu predigen). Damit wird also wiederum von einem anderen Aspekt her deutlich, daß man sich nicht nur um die Erkenntnis von gesetzmäßigen Abläufen bemühen sollte, sondern auch um die Erkenntnis von Zusammenhängen, in denen es auf die „Individualität" der Beteiligten

---

15 Dazu *Pawlowski*, Methodenlehre, Rz 592 ff., 608 ff., 629 ff.
16 Rechtssoziologie, S. 313 ff.
17 Hierzu auch *D. Suhr*, Situation, S. 74 ff., der zwischen „Wert(schätzungs-)differenzen" und „Wert(schätzungs-)irrtümern" unterscheidet.

ankommt (Rz 88 ff.) – in denen man also mit Begriffen und Aussageformen arbeiten muß, die die Möglichkeit von Entscheidungen (d.h. von Freiheit und nicht – *nur* – von Notwendigkeit) voraussetzen. Und unsere Überlegungen haben auch deutlich gemacht, daß man diese Freiheit nur erhalten kann, wenn man die Verbindung von gesetzmäßigen Abläufen und Individualität in der Reflexion zusammenhält (Rz 97 ff., 248 f., 292 ff.).

371   Thematisiert man aber nun die Frage nach der „besten" (und daher richtigen) Lösung des Entscheidungsproblems und sucht man damit normative Kriterien, dann wird man wiederum auf die Diskussion verweisen, von der wir bei der Darstellung der juristischen Methodenlehre und der Rechtsphilosophie berichtet haben. Man muß sich damit auseinandersetzen, auf welche „normativen Konzepte" man in diesem Zusammenhang zurückgreifen kann und soll, wie man diese auffinden und genauer präzisieren kann. Und wir haben dabei auch schon festgestellt, daß in dieser Hinsicht gegenüber dem verbreiteten Rekurs auf „absolute" oder „relative" Werte mannigfache Bedenken bestehen (Rz 127 ff., 183 ff.). In Hinblick auf *ethische Entscheidungen* – d.h. in Hinblick auf die Frage des einzelnen nach dem, was er tun soll – kann man dabei *Geiger* in seiner Polemik gegen die „Wertmoral" durchaus beipflichten[18]. Und auch für eine Reihe anderer Entscheidungen scheint mehr für den Rekurs auf das „unmittelbare Empfinden" zu sprechen als für den Rekurs auf „normative Werte"[19].

372   Bei *juristischen Entscheidungen* und deren Vorbereitung wird man aber eine andere normative Technik als den von *Geiger* empfohlenen Rückgriff auf das eigene, unmittelbare Empfinden empfehlen müssen. Dabei geht es auch hinsichtlich der normativen Seite der juristischen Entscheidungen gerade darum, eine juristische *Technik* der Entscheidung zu beschreiben. Denn wenn wir uns um eine wissenschaftliche Erkenntnis des Rechts – als des heute gemeinsam Richtigen (Rz 292 ff., 298) – bemühen, dann muß sich diese Erkenntnis auch methodisch *beschreiben lassen*, also in ihrem technischen Vollzug. Gegenüber *Geiger* ist dabei hervorzuheben, daß die dem Juristen aufgetragenen Entscheidungsprobleme sich nicht (nur) mit Hilfe seinswissenschaftlicher Techniken erfassen lassen – d.h. nicht nur mit Hilfe der Aufklärung der kausalen Abläufe –, sondern daß diese seinswissenschaftlichen Techniken durch „normwissenschaftliche Techniken" ergänzt[20] werden müssen, also durch Techniken, die mit begrifflichen Hilfsmitteln arbeiten, die nicht nur auf „sinnliche Wahrnehmungen" (und deren kausale Verknüpfung) verweisen. Man braucht vielmehr Techniken, mit deren Hilfe man Entscheidungen (Wahlen zwischen verschieden möglichen Handlungen) und damit „Zurechnungen" abbilden kann. Diese **„Zurechnungen" erfolgen im Kontext der sinnhaft-symbolischen Realität** (wie *N. Luhmann* es nannte), d.h. in dem Kontext, in dem es (auch) auf die individuelle Geschichte der Beteiligten ankommt, aus der einzelne Verhaltensweisen ihren bestimmten „Sinn" erhalten (Rz 86 ff., 346 f.).

---

18 Gegen die „Wertmoral" z.B. *Pawlowski*, Gesetz und Freiheit. 1969.
19 Zur „politischen Entscheidung" auch *Pawlowski*, Duden-F., S. 349 ff., 365 ff.
20 Nicht „ersetzt" werden müssen, wie es diejenigen zu meinen scheinen, die unter „Rechtsproblemen" lediglich „Subsumtionsprobleme" zu verstehen scheinen.

§ 12 Rechtswissenschaft als „Erfahrungswissenschaft"

Wir können hiermit unseren Überblick über die verschiedenen Ansätze der Rechtsphilosophie und Rechtssoziologie abbrechen, der über die Fragestellungen und Voraussetzungen unserer Rechtswissenschaft „aufklären" sollte. Die Fragestellungen
und Begriffe der Rechtswissenschaft werden dem Leser zwar problematischer geworden sein, als sie es vor dieser Information waren. „Aufklärung" (Rz 31) führt aber
überhaupt nicht zu einer größeren Sicherheit, und sie soll auch nicht dazu führen. Si-
cherer geworden sein sollte nur das Urteil darüber, was man beim Umgang mit dem
Recht zu vermeiden hat, weil es *nicht* – wenn auch z.T. nicht mehr – mit unserem
Recht zu vereinbaren ist: Nämlich den unmittelbaren Rückgriff auf das eigene moralische Urteil, auf politische Vorstellungen, auf Naturrecht usf.

373

Als Ergebnis der bisherigen Überlegungen können wir im übrigen festhalten, daß
sich die Rechtswissenschaft nicht nur auf eine Form der Fragestellung und Erkenntnis und auf die darauf gestützte Technik beschränken kann. Sie darf nicht nur nach
Kausalabläufen und Kausalgesetzen fragen – und auch nicht nur nach „Bewertungen" (Subsumtionen) und Sollensnormen. *Die Rechtswissenschaft muß sich vielmehr
von vornherein um eine Methode von Erkenntnis bemühen, die beide Formen der Erkenntnis und beide „Techniken" verbindet* [1]. Daher haben für sie einmal neben philosophischen und sonstigen Überlegungen die soziologischen und insbesondere rechtssoziologischen Bemühungen ihre Bedeutung, die mit Hilfe seinswissenschaftlicher
Methoden die bestehenden Gesetzlichkeiten des menschlichen (gesellschaftlichen)
Verhaltens zu erforschen und zu beschreiben suchen – also die sog. empirisch-analytischen Sozialwissenschaften [2]. Denn die mangelnde Kenntnis der kausalen Abläufe
führt zu „falschen" Entscheidungen, d.h. zu Entscheidungen, die andere Wirkungen
zeigten, als sie haben „sollen". Die Rechtswissenschaft muß daher immer darauf sehen, inwieweit ihre Methoden der „Kritik" dieser Wissenschaften standhalten. Die
analytisch-empirischen Sozialwissenschaften haben somit für die Rechtswissenschaft zunächst eine kritische Funktion.

Daneben haben aber die Erkenntnisse dieser Sozialwissenschaft auch eine positive
Bedeutung für die Rechtswissenschaft. Denn die Erkenntnis bisher unbekannter Gesetzmäßigkeit des menschlichen Verhaltens erhöht die Zahl der Handlungsmöglichkeiten – und damit der Entscheidungsalternativen. Diese Wissenschaften können daher erkennen lassen, wo der Rechtswissenschaft neue Aufgaben zuwachsen. Und sie
stellen ihr auch neue Mittel zur Verfügung, auf die sie zur Bewältigung der neuen
(und zur besseren Bewältigung alter) Aufgaben zurückgreifen kann (dazu das Beispiel Rz 235 ff.). Die Ergebnisse der analytisch-empirischen Sozialwissenschaften
können also die Rechtswissenschaft zur Entwicklung neuer normativer Konzepte an-

374

---

1 Dazu auch *N. Luhmann*, Legitimation durch Verfahren. 1969, S. 13: „Weder reine Rechtslehren noch
reine Wirklichkeitslehren können einem Thema gerecht werden, das in vorgegebenen Sinnstrukturen
und im wirklichen Verhalten *zwei* Pole hat, die in Bezug aufeinander als variabel gedacht werden müssen" oder *Fikentscher*, Methoden IV, S. 651: „Es ist der Reiz der Jurisprudenz, daß sie versuchen muß,
… beides zu bewältigen, naturwissenschaftliches Unglück und moralische Schuld".
2 Dazu die Darstellung bei *H. Ryffel*, Rechtssoziologie, S. 183 ff., 315 ff.

regen; sie liefern jedoch keine Kriterien für die – verbindliche – Lösung dieser neuen Aufgaben: Sie liefern keine Entscheidungen und keinen Entscheidungsmaßstab (Rz 347).

375   Bei der Beschäftigung mit den Darstellungen *N. Luhmanns* hat sich zudem gezeigt, daß, die Erkenntnisse der verstehenden, explikativen Sozialwissenschaften in vergleichbarer Weise für die Rechtswissenschaft von Bedeutung sind (Rz 342 ff.). Diese Sozialwissenschaften behandeln zwar – ähnlich wie die Rechts- und Sozialphilosophie – mehr die normative Seite der Entscheidungsproblematik, indem sie den Zusammenhang (die Konsistenz) und die Entwicklungsmöglichkeit verschiedener normativer Konzepte analysieren (Rz 335 ff.). Sie berücksichtigen dabei aber – anders als die herkömmliche Rechts- und Sozialphilosophie – stärker die Verbindung zwischen „normativen Konzepten" und „Institutionen" (Organisationen, Verfahrensregelungen etc.) und gelangen damit auf ihre Art ebenso zu Erkenntnissen, denen gegenüber sich geläufige Argumentationsmuster der Rechtswissenschaft als „falsch" erweisen können (kritische Funktion). Sie geben daneben der Rechtswissenschaft ebenso wie die empirisch-analytischen Sozialwissenschaften Anregungen zur Entwicklung neuer Entscheidungskonzepte. Ziel ihrer Erkenntnis – und daher auch Ergebnis ihrer Untersuchungen – sind aber im übrigen ebenso wie bei den analytisch-empirischen Sozialwissenschaften „allgemeine Gesetzmäßigkeiten" und „allgemeine Zusammenhänge", nicht aber der individuelle Bereich, dem die Entscheidung zuzuordnen ist – worauf *N. Luhmann* ausdrücklich hingewiesen hat (Rz 346).

376   Aus diesem Nebeneinander von realwissenschaftlichen und normativen Erkenntnissen könnte man nun allerdings den Schluß ziehen – und man tut es heute vielfach (Rz 128) –, daß die Rechtswissenschaft soviel „wissenschaftlichen Gehalt" habe, als sie die Erkenntnisse der Sozialwissenschaften übernimmt. Was dann die Rechtswissenschaft darüber hinaus im Hinblick auf die Produktion von *verbindlichen* Entscheidungen leistet, stellt sich dann positiv ausgedrückt als „Rechtsschöpfung" dar, negativ ausgedrückt aber als „reine Dezision", als nur emotional begründete Entscheidung. Die rechtsdogmatische Begründung oder Konstruktion dieser Entscheidungen erhält dadurch den Charakter einer – letztlich nicht einsehbaren – nachträglichen Rechtfertigung. Rechtsdogmatik stellt sich dann als „Rechtfertigungswissenschaft", die der Sache nach nicht „Wissenschaft", sondern nur – verschleiernde – Technik ist. Wer also nach mehr Rationalität und „Wissenschaftlichkeit" in der Rechtswissenschaft strebt, muß sich danach mit der analytisch-empirischen oder der verstehend-explikativen Rechtssoziologie befassen – oder mit der Sozialpsychologie, der Politologie, der Ökonomie etc. –, nicht aber mit der Rechtsdogmatik, also nicht mit dem, was Rechtswissenschaft eigentlich ausmacht.

377   Unsere Überlegungen legen es demgegenüber nahe, aus dem skizzierten Verhältnis der Rechtswissenschaft zu den verschiedenen Sozialwissenschaften eine andere Folgerung zu ziehen: Die Rechtswissenschaft stellt sich danach als eine besondere Sozialwissenschaft dar, deren Erkenntnisinteresse sich auf die Produktion verbindlicher (richtiger) sozialer Entscheidungen richtet[3]. Damit haben die Erkenntnisse der analytisch-empirischen wie auch der verstehend-explikativen Sozialwissenschaften weiterhin für sie eine hohe Bedeutung. Denn man kann nur dann erkennen, was die heute

richtige Entscheidung ist, wenn man die sozialen Gesetzmäßigkeiten und Zusammenhänge beachtet. *H.W. Schünemann*[4] spricht daher zu Recht davon, daß sozialwissenschaftliche Erkenntnisse für die rechtswissenschaftliche Diskussion eine „Sensibilisierungsfunktion" haben. Die Rechtswissenschaft kann sich aber mit der Verwertung der Erkenntnisse dieser Nachbarwissenschaften nicht begnügen; sie kann und muß vielmehr darüber hinaus und vor allem auf einen nur ihr zugänglichen Fundus von Erfahrungen und Erkenntnissen zurückgreifen, nämlich auf „das Recht" – auf unser Recht, das seinerseits das Ergebnis einer Diskussion ist, die über mehrere tausend Jahre geführt worden ist[5].

Die Teilnahme an diesem Diskussionszusammenhang vermittelt dem heutigen Juristen einen **378** zum **Beispiel** einen Zugang zu den Bestimmungen des aedilizischen Edikts über Gewährleistungsansprüche beim Kauf[6] oder zu der rechtlichen Problematik des Prozesses gegen Orest, wie sie *Aischylos* schildert[7], wie auch zu den Diskussionen des Talmud[8] oder zu dem Kommentar zum Dekalog in den ersten Büchern der Bibel[9], und zwar einen Zugang, der nicht erst über die genauere Kenntnis der gesellschaftlichen Verhältnisse vermittelt werden muß; auch der heutige Jurist kann diese Texte in ihrer Verbindung zur rechtlichen Problematik unmittelbar verstehen, wenn auch eine Beschäftigung mit den sozialgeschichtlichen etc. Zusammenhängen sein Verständnis vertiefen wird. Und die Teilnahme an diesem mehrtausendjährigen Diskussionszusammenhang, der zu Erkenntnissen und Erfahrungen im Hinblick auf „rechtliche" (soziale, gemeinsam richtige) Entscheidungen führt, macht es der Rechtswissenschaft möglich, bei der Entscheidung über das, was heute richtig (gerecht) ist, nicht allein auf allgemeine Gesetzmäßigkeiten und die emotionale Wertung des Richters zu verweisen. Diese besonderen Erfahrungen und Erkenntnisse, die der Rechtswissenschaft zugänglich sind, ermöglichen dem Juristen vielmehr eine methodisch abgesicherte Erkenntnis dessen, was heute das „gemeinsam Richtige" ist.

Wer erst beginnt, sich in die Rechtswissenschaft einzuarbeiten, wird allerdings noch **379** nicht beurteilen können, ob dieses Verständnis von Rechtswissenschaft „richtig" oder „angemessen" ist, ob es „trägt". Dies wird man erst feststellen können, wenn sich im Verlauf des Studiums der Rechtswissenschaft und in der Rechtspraxis bestätigt, daß man durch „kunstgerechtes" Anwenden der juristischen Methode oder Methoden „richtige" (gerechte) Entscheidungen finden kann – was selbst ein so hervorragender Jurist wie *J. Esser* bezweifelte (Rz 129)[10]. Man kann aber auch am Anfang des juristischen Studiums bereits erkennen, daß ein derartiges Verständnis der Rechtswissen-

---

3 So auch *Fr. Müller*, Recht – Sprache – Gewalt. Elemente einer Verfassungstheorie. I, 1975, S. 22; Methodik, S. 71 ff., der nachdrücklich betont, daß die Jurisprudenz als eine besondere Sozialwissenschaft Entscheidungswissenschaft sei.

4 Sozialwissenschaft und Jurisprudenz. 1976, S. 134; *ebenso Fr. Müller* JZ 1977, S. 381 ff., 386.

5 Ähnlich auch *J. Schapp*, Subjektives Recht, S. 51 ff.

6 Vgl. Digesten XXI.

7 Dazu die Darstellung bei *Pawlowski*, Moral, S. 171 ff. bzw. ARSP 77 (1991), S. 95 ff.

8 Vgl. hierzu „Der babylonische Talmud", ausgewählt, übersetzt und hrsg. v. R. Mayer, 1963 (Goldmann-Taschenbücher Nr. 1330-1332), und dort besonders S. 277 ff.

9 Vgl. hierzu z.B. die Unterscheidungen in der „Tierhalterhaftung" in 2. Mose 21, Vers 28 f., wo ausgeführt wird, daß der Herr, dessen Ochse einen Menschen getötet hat, durch Hingabe des Ochsen von seiner Verantwortlichkeit frei werden kann, das aber nicht, wenn er auf die besonderen Gefährlichkeiten des Tieres bereits hingewiesen worden ist.

10 Vgl. dazu aber auch das dem Anfänger zugängliche Beispiel bei *Pawlowski*, Methodenlehre, Rz 282 ff.

schaft möglich ist, und daß es sich aus den verschiedensten Gründen empfiehlt – insbesondere dann, wenn man die „Rationalität" des Entscheidungsverfahrens erhöhen will. Im übrigen kann man den angehenden Juristen an dieser Stelle nur auf die Erfahrung der älteren Juristen verweisen, die bereits Entscheidungen vorbereiten mußten und entschieden haben – sei es im Studium oder sei es in der juristischen Praxis. Diese werden bestätigen, daß sie bei der Vorbereitung ihrer Entscheidungen meist mit Material umgehen mußten, das nicht ihre Emotionen, sondern ihren Verstand und ihr Wissen ansprach.

380 Man kann und muß also der heute vielfach verbreiteten Kritik – auch von Sozialwissenschaftlern – an der Rechtswissenschaft und ihrer Methode zwar in gewisser Hinsicht zustimmen: Soweit sich diese nämlich gegen eine Rechtswissenschaft richtet, die sich allein auf die Bearbeitung „normativer Probleme" beschränkt, also auf Subsumtionsfragen, „Wertungsfragen" u.ä.m. Gegenstand einer Rechtswissenschaft, deren Ziel die Erkenntnis des heute gemeinsam Richtigen ist, können nicht nur „juristische Normen" sein – also staatliche Gesetze und die sie ergänzenden rechtsfortbildenden Leitsätze der obergerichtlichen Entscheidungen. Diese Art von Rechtswissenschaft bedarf wirklich einer „Verwissenschaftlichung", einer Ergänzung durch weitere rationale Verfahren der (Rechts-)Erkenntnis. Man muß diesen Kritikern nur dann widersprechen, wenn sie im Hinblick auf die „Ergänzungen" auf die verschiedenen Soziologen oder auf bestimmte Formen der Sozialphilosophie (wie zum **Beispiel** auf „marxistische" Philosophie) verweisen. Die zu Recht kritisierten Mängel einer rein normativ orientierten Rechtswissenschaft können nur durch eine Verbesserung der Rechtswissenschaft selbst überwunden werden – durch die Einbeziehung der Realität des Rechts, wie zum **Beispiel** der durch die Justizorganisation und ihre Implikationen begründeten rechtlichen Verbindlichkeiten (Rz 359).

381 Unsere bisherigen Überlegungen lassen im übrigen erkennen, daß die Beschäftigung mit den „Grundlagenfächern" der Rechtswissenschaft, zu denen neben der hier behandelten Rechtsphilosophie und Rechtssoziologie auch die Rechtsgeschichte gehört, dem Juristen bei dem Umgang mit den Gesetzen und dem Recht helfen. Es hat sich vielfach gezeigt, daß es für den Umgang insbesondere mit älteren Gesetzen – wie dem Bürgerlichen Gesetzbuch, der Zivilprozeßordnung oder dem Gerichtsverfassungsgesetz – erforderlich ist, sich auch über die Vorstellungen und Absichten des „historischen Gesetzgebers" zu informieren (Rz 161, 171 f., 210 u. öfter). Und in Hinblick auf das Verständnis älterer Texte ergeben sich schon immer ähnliche Schwierigkeiten, wie sie heute im Zusammenhang des pluralistischen Staates beim Umgang mit moralischen Urteilen auftreten (Rz 25): Man neigt zunächst immer dazu, die Erklärungen und Handlungen aller Gesetzgeber, Autoren usf. von unserer Zeit her zu verstehen und zu beurteilen[11] – und man erliegt damit leicht einem Mißverständnis. Wer heute wissenschaftlich – methodisch – mit dem Gesetz und Recht umgehen will, muß sich dabei immer wieder darum bemühen, sich über die vielfältigen Bedingtheiten seiner eigenen Perspektiven klar zu werden. Der richtige Umgang

---

11 Man muß als Jurist wissen, daß man über Fragen und Probleme zu entscheiden (zu „urteilen) hat, über die sich Philosophen und Politiker bzw. Politologen *zu Recht* streiten. Man kann dies nicht, weil man „klüger" wäre als die Philosophen oder Politiker, sondern weil man Jurist ist – und weil sich im Zusammenhang der Rechtswissenschaft aus der je vorhandenen („Rechts-") Organisation – wie z.B. der Justizorganisation – Kriterien ergeben, die die Entscheidung sonst unentscheidbarer Fragen ermöglichen; dazu *Pawlowski*, Methodenlehre, Rz 444.

mit dem Recht setzt viel „Reflexion" voraus – Informationen über und Umgang mit den Grundlagenfächern der Rechtswissenschaft –, um dadurch sich selbst und seinem unmittelbaren Urteil gegenüber Abstand zu gewinnen: So sagte *I. Kant*, wie bemerkt (Rz 247), daß es „eine herrliche Sache um die Unschuld (sei), nur ist es wiederum sehr schlimm, daß sie sich nicht wohl bewahren läßt und leicht verführet wird".

Diese Distanz gegenüber den eigenen Überzeugungen, Vorstellungen und Normen darf den Juristen jedoch nicht davon abhalten, das Recht und dessen Gerechtigkeit zu seiner „persönlichen Sache" zu machen. Dem Juristen, für den das Recht nur Technik ist und bleibt, nicht aber ein – wenn auch unvollkommener – Ausdruck der Gerechtigkeit, wird das Recht letztlich unverständlich bleiben.

Sachverzeichnis

Die Zahlen verweisen auf die Randnummern des Buches

213

Notizen

Notizen

Notizen

Notizen